Conferência

PORTUGAL/UNIÃO EUROPEIA E OS EUA
Novas Perspectivas Económicas num Contexto de Globalização

Colóquios IDEFF n.º 3

INSTITUTO DE DIREITO ECONÓMICO, FINANCEIRO
E FISCAL DA FACULDADE DE DIREITO DE LISBOA

Conferência

PORTUGAL/UNIÃO EUROPEIA E OS EUA

Novas Perspectivas Económicas num Contexto de Globalização

Organização

EDUARDO PAZ FERREIRA, DOUG ROSENTHAL
E LUÍS SILVA MORAIS

Colóquios IDEFF n.º 3

Conferência
PORTUGAL/UNIÃO EUROPEIA E OS EUA
Novas Perspectivas Económicas num Contexto de Globalização

AUTORES
Vários

EDITOR
EDIÇÕES ALMEDINA. SA
Av. Fernão Magalhães, n.º 584, 5.º Andar
3000-174 Coimbra
Tel.: 239 851 904
Fax: 239 851 901
www.almedina.net
editora@almedina.net

PRÉ-IMPRESSÃO | IMPRESSÃO | ACABAMENTO
G.C. GRÁFICA DE COIMBRA, LDA.
Palheira – Assafarge
3001-453 Coimbra
producao@graficadecoimbra.pt

CAPA: Criada pela autora em Wordl (www.wordle.net)

Setembro, 2010

DEPÓSITO LEGAL
315856/10

Os dados e as opiniões inseridos na presente publicação
são da exclusiva responsabilidade do(s) seu(s) autor(es).

Toda a reprodução desta obra, por fotocópia ou outro qualquer
processo, sem prévia autorização escrita do Editor, é ilícita
e passível de procedimento judicial contra o infractor.

Biblioteca Nacional de Portugal – Catalogação na Publicação

PORTUGAL – UNIÃO EUROPEIA E OS E.U.A.

Portugal - União Europeia e os E.U.A. : novas perspectivas económicas num contexto de globalização / [org.] Instituto de Direito Económico, Financeiro e Fiscal da Faculdade de Direito de Lisboa comis. org.Eduardo Paz Ferreira. - (Cadernos IDEFF)
ISBN 978-972-40-4303-6

I - UNIVERSIDADE DE LISBOA. Faculdade de Direito. Instituto de Direito Económico, Financeiro e Fiscal
II – FERREIRA, Eduardo Paz, 1953-
  CDU 339
      336
      346
      061

Introdução

Desde o *'séjour'* em França de Jefferson e as viagens de Tocqueville na América do Norte, tem existido uma profunda atracção e interesse mútuos entre a Europa ocidental e a nova Nação dos Estados Unidos da América (EUA). A filosofia europeia Iluminista inspirou os *'founding fathers'* da América e, por seu turno, os Europeus que se reviam numa ideia de progresso histórico reconheceram, desde o início, uma ideia de *'excepcionalismo'* americano como a projecção dos seus próprios ideais numa terra de novas oportunidades.

Tal atracção mútua não deixa de encerrar alguns *clichés* e alguma desconfiança recíproca, bem ilustrados nos escritos de Henry James, no início do século XX. Este, de algum modo, incarnou uma ponte de ligação entre esses dois mundos. Por vezes, essa atracção mútua desemboca numa espécie de jogo de espelhos, onde cada uma das partes projecta na outra vários dos seus receios e preconceitos mais profundos. Em contrapartida, para além dessas diferenças, que vêm regularmente à superfície agitar as águas desta relação transatlântica, subsiste uma profunda grande afinidade em termos de valores e objectivos partilhados pelas sociedades europeia(s) e americana.

O presente Livro – através do qual se publicam as actas, revistas e convertidas em Artigos de análise, da **Conferência Internacional** realizada em Lisboa, no Verão de 2008, sobre **as relações económicas e jurídicas entre a União Europeia (UE) e os EUA** – propõe-se cobrir, em áreas fundamentais do *Direito* e da *Economia*, algumas das *semelhanças* e das *diferenças* exis-

desta área e a primeira a ser concretizada depois da segunda guerra mundial e das reformas sociais da Administração Johnson nos anos sessenta). A segunda, correspondeu à reforma global da regulação financeira, aprovada pelo Congresso Norte-Americano em Julho de 2010 (conquanto algo 'diluída' face aos seus objectivos iniciais mais ambiciosos).

Nessas duas áreas críticas, os EUA e a UE, embora partindo de posições muito diferentes, poderão estar a aproximar-se entre si (em moldes muito mais convergentes do que seria expectável em 2008). A UE encontra-se também a concluir uma reforma profunda do sistema de regulação financeira, na sequência das propostas delineadas no Relatório Larosière, da Primavera de 2009. Já nos sectores da saúde e da segurança social, o ponto de partida da UE é muito diferente – por vezes mesmo oposto – em relação ao dos EUA. De qualquer modo, também nesses planos as recentes dificuldades financeiras e as novas debilidades estruturais públicas entretanto 'descobertas', levaram vários Estados Membros da UE a uma profunda reforma dos seus sistemas de saúde e de segurança social, tornando-os, ao mesmo tempo, menos generosos e financeiramente mais exigentes para um número maior dos seus cidadãos.

No seu conjunto, estes movimentos de reforma iniciados nos EUA e na UE poderão dar origem a um novo *middle ground* onde os modelos económicos e sociais norte-americanos e europeus se aproximarão entre si e no âmbito do qual se poderá esperar uma interacção muito produtiva entre os dois lados do Atlântico (com múltiplas ideias a serem importadas ou assimiladas nos dois sentidos, ao longo do que até há pouco tempo parecia ser um eixo de significativas divergências transatlânticas). Todavia, continuam a registar-se fundadas preocupações dos dois lados do Atlântico quanto ao sucesso das reformas regulatórias e dos novos modelos de intervenção pública na economia, sobretudo se não se conseguirem reduzir os elevados níveis de desemprego (atingindo, por exemplo, valores de 9,5% nos EUA, sem melhorias significativas registadas há mais de um ano). Ainda mais problemática ou dilemática é a necessidade experimentada de induzir ou reforçar um crescimento económico ainda débil enquanto volumosos défices mantêm as finanças públicas sob elevada pressão. Não há respostas fáceis para este dilema.

Todas as promessas ou perspectivas de reforma que vimos referindo poderão, afinal, ficar sem concretização. A UE parece conhecer um impasse político e institucional, mantendo-se numa encruzilhada crítica, originada pela crise da dívida pública e pela consequente crise do Euro. Nos EUA, as reformas da primeira metade da Administração Obama conduziram a um ensurdecedor coro de críticas contra um alegado excesso de intervenção pública na economia. De qualquer forma, mesmo que a famosa afirmação de Keynes se mostre uma vez mais verdadeira ('*In the long run we are all dead*') – uma vez que, a médio prazo, a maior parte das previsões económicas se revelam infrutíferas – como Editores da presente publicação, esperamos que as discussões críticas que esta encerra possam trazer alguma luz para a discussão global destes problemas e assim contribuir para os movimentos de reforma agora em curso, quer nos EUA, quer na UE.

Julho 2010

Eduardo Paz Ferreira
Douglas Rosenthal
Luís Silva Morais

Introduction

Since Jefferson's '*séjour*' in France and Tocqueville's travels through North America, there has been mutual interest and attraction between Western Europe and the new nation of the United States of America (USA). Europe's illuminist Philosophy inspired America's Founding Fathers and the more progressive Europeans have, from the start, acknowledged an idea of American '*exceptionalism*' as the projection of their own ideals in a new land of promise.

This mutual attraction involves some *clichés* and some mistrust, well depicted in the writings of Henry James in the beginning of the Twentieth Century. He personified the bridge between the two. Sometimes, such mutual attraction results in a game of mirrors, through which each party projects into the other some of its fears and prejudices. Conversely, beyond these differences, which periodically surface and agitate the waters of this transatlantic relationship, there remains a fundamental affinity in terms of shared values and goals of European and American societies.

This Book – through which we publish the proceedings of an **International Conference** held in Lisbon in the Summer of 2008 on the **economic and legal relationship between the European Union (EU) and the USA** – aims to cover, in important areas of *Law* and the *Economy*, some of the *similarities* and *differences* between the two sides of the Atlantic, after the end of the Cold War and on the wake of a major international economic crisis that deeply affected Europeans and Americans (albeit in different ways). The Conference took place in a crucial moment, when the economic crisis was gaining considerable momentum, leading to predictions about the possible end of economic globalization (as we had known it during the two decades of transition to the Twenty-first Century).

Reality may quickly reflect, or contradict, intellectual trends. During the Conference some of the major imbalances of the legal and economic systems of the USA and the EU, were discussed, including, *e.g.*, the challenges for regulation – or lack of regulation in shadowy grey areas – of derivative, securitization markets and hedge funds. These concerns about under-regulation, particularly expressed by William Allen, have proven prescient. Other problems also surfaced such as the burden of debt and debt instruments in the myriad of economic transactions that paved the way for economic growth in the USA and the EU after the Internet bubble at the turn of century (and also the growing burden of debt in the everyday life of common citizens on the two sides of the Atlantic). This too we considered here before most intellectual symposia recognized the urgency of these issues. After the Summer 2008 discussions at our International Conference the international economic storm clouds gathered into a major international banking hurricane. After the mishandled collapse of Lehman Brothers in the Autumn of 2008 the financial and banking crisis evolved, in turn, into a serious sovereign debt crisis (particularly plaguing the EU, but also the domestic US states, especially New York and California). ***Some of the updated Articles arising from the lectures given in the Conference duly follow and criticize these later developments. Other Articles anticipate many of these developments.***

Together, they form a body of intellectual discussion in which – however diverse the voices of the different authors may be – the need of regulatory reform and of profound and extensive reforms of social security, the health systems and tax systems is clearly stated. The more acute moments of the economic and banking crisis that were experienced in the second half of 2008 and 2009 have rendered *urgent* many ideas for reform in the fields of economic regulation, social security and health systems that were put forward as rather controversial proposals and suggestions in the course of our June 2008 Conference, whose updated proceedings we are now publishing.

Actually, a major political – and social – factor that intervened between the date of our June 2008 Conference and the present time, was the election of Barack Obama as U.S. President in November 2008. That election, which not coincidentally occurred near the peak of the financial crisis, paved the way for two major reforms with fundamental repercussions both for the legal and the economic systems of the USA (but which have also proved divisive to the extreme, generating a political turmoil that would be difficult to foresee by the end of 2008). The first was the comprehensive healthcare reform bill approved by the US Congress in the first quarter of 2010 (which, despite seeming a missed opportunity to a lot of more progressive minds, represents a major overhaul in this area, and the first to be produced after the Second World War and the social reforms of the Johnson Administration in the sixties). The second was the comprehensive, even if watered down, reform of financial regulation approved by the US Congress in July 2010.

In both of those crucial areas, the USA and the EU, while starting from very different positions, may be coming closer to each other (much closer that could perhaps be expected in 2008). The EU is also finalising a major reform of financial regulation, following the proposals put forward by the Larosière Report in the Spring of 2009. In the fields of healthcare and social security, the EU's starting point is much different – sometimes almost opposed – from that of the USA. However, the new financial hardship and the newfound structural/financial weaknesses of the State have led many EU Member States to a profound reform of their healthcare and social security systems, making them, at the same time, less generous and more demanding on a greater part of their citizens.

On the whole, these reform movements initiated in the USA and in the EU may bring about a *new middle ground* where American and European economic and social models come closer and where a very productive *interplay* may be expected between the two sides of the Atlantic (with ideas being imported or assimilated both ways across what used to be thought as a major transatlantic divide). However, concern remains on both sides of the Atlantic that regulatory reform will fail if high levels of unemployment (9½% in the US which has resisted significant improvement for more than a year), cannot be reduced. Even more problematic is the need for economic growth while government deficits are held in check. There is no easy answer to this challenge.

These promises may not be fulfilled in the end. The EU seems to be politically and institutionally 'blocked' at a major crossroad arising from the crisis of sovereign debt and the consequent Euro crisis. In the USA, the reforms of the first half of the Obama Administration have led to a chorus of critics, which claim an alarming excess of public intervention in the economy. Even if Keynes famous statement proves right again ('*In the long run we are all dead*') – since economic predictions for the medium term do not work in most cases – we, as Editors of this book, hope that the discussions it reports may shed some light and contribute to the reform movements that are now unfolding, both in the USA and in the EU.

July – 2010

Eduardo Paz Ferreira
Douglas Rosenthal
Luís Silva Morais

CONFERÊNCIA INTERNACIONAL
PORTUGAL/ UE E OS EUA
NOVAS PERSPECTIVAS ECONÓMICAS
NUM CONTEXTO DE GLOBALIZAÇÃO

Organizadores
Eduardo Paz Ferreira (Presidente do IDEFF)
Doug Rosenthal (Constantine Cannon/American Law Institute)
Luís Silva Morais (Vice-Presidente do IDEFF)

Auditório da Faculdade de Direito de Lisboa (FDL)
23 a 27 DE JUNHO DE 2008

Programa

23 JUNHO

9h30 – SESSÃO DE ABERTURA

ANTÓNIO SAMPAIO DA NÓVOA (Reitor da Universidade de Lisboa)
LUÍS AMADO (Ministro dos Negócios Estrangeiros)
AUGUSTO SILVA DIAS (Vice-Presidente do Conselho Directivo da Faculdade de Direito de Lisboa)
MARGARIDA MARQUES (Directora da Representação da Comissão Europeia em Portugal)
RUI MACHETE (Presidente da Fundação Luso-Americana para o Desenvolvimento)
EDUARDO PAZ FERREIRA (Presidente do IDEFF)

10h00 – 13h00 – PRIMEIRA SESSÃO

As Novas Sociedades de Informação na Europa e nos EUA – O seu Impacto na Economia e nas Políticas Públicas

Painel

Moderador: Douglas Rosenthal

Thomas Myrup Kristensen | Scott Hemphill | F. M. Scherer | David Hart | Francisco Pinto Balsemão | Zeinal Bava

14h15 – 16h50 – SEGUNDA SESSÃO

Europa e EUA – Modelos económicos e sociais em confronto?

Painel

Moderador: José Sérvulo Correia

Carl Schramm | Peter Schuck | Jean Pisani-Ferry | Jorge Braga Macedo | Eduardo Paz Ferreira

17h00 – 19h30 – TERCEIRA SESSÃO

Sistemas jurisdicionais e o seu impacto sobre a conflitualidade económica – nos EUA e na UE

Painel

Moderador: Luís Noronha do Nascimento

Kenneth Feinberg | Josef Azizi I Barry Carter | José Narciso Cunha Rodrigues | Rui Moura Ramos | Miguel Poiares Maduro I Fernando Araújo

24 JUNHO

9h30 – 12h30 – QUARTA SESSÃO

As relações políticas e diplomáticas entre a Europa e os EUA – Uma História de Alianças e Tensões

Painel
Moderador: EDUARDO PAZ FERREIRA
JEREMY SHAPIRO | EUSEBIO MUJAL-LEON | JOSÉ MEDEIROS FERREIRA | CARLOS GASPAR | FERNANDO NEVES

14h30 – 17h00 – QUINTA SESSÃO

Desenvolvimento Sustentável das Finanças Públicas e da Segurança Social dos dois lados do Atlântico – Que contrato social para uma nova geração?

Painel
Moderador: GUILHERME D'OLIVEIRA MARTINS
VITO TANZI | PETER SCHUCK | MICHEL BOUVIER | TEODORA CARDOSO | JOÃO FERREIRA DO AMARAL | FERNANDO RIBEIRO MENDES | NAZARÉ COSTA CABRAL

25 JUNHO

9h30 – 12h45 – SEXTA SESSÃO

Relações comerciais Europa/EUA no quadro da OMC e da disciplina do investimento estrangeiro dos dois lados do Atlântico

Painel
Moderador: LUÍS DE LIMA PINHEIRO
Barry Carter | Gary Clyde Hufbauer | Jacques Bourgeois | | Marco Bronckers | François Souty | Teresa Moreira

14h30 – 17h50 – SÉTIMA SESSÃO

Mercados de Valores Mobiliários – A supervisão financeira e a integração das bolsas dos dois lados do Atlântico

Sessão Introdutória

Ministro de Estado e das Finanças – Fernando Teixeira dos Santos

Painel
Moderador: Luís Silva Morais
William Allen | Maria Velentza | Colin Carter | Karel Lannoo | Carlos Tavares | Miguel Galvão Teles

18h00 – 19h30 – OITAVA SESSÃO

O Governo dos Grupos Empresariais e as novas tendências da auditoria – à luz das regras do 'International Accounting Standards Board' (IASB)

Painel
Moderador: Luís Silva Morais
William Allen | Stephen Wagner | Pedro Romano Martinez | António de Sousa

26 JUNHO

9h30 – 1 3h00 – NONA SESSÃO

Concorrência e Regulação na Europa e nos EUA – um processo de larga convergência e algumas divergências

Painel
Moderador: Manuel Sebastião
Ministro da Cultura | F. M. Scherer | Donald Baker | Harry First | Ernst-Joachim Mestmäecker | Piet Jan Slot | Holger Dieckamn | Luís Silva Morais

14h15 – 16h45 – DÉCIMA SESSÃO

A Globalização e os Processos de Reforma Fiscal – A Concorrência Fiscal Internacional

Painel

Moderador: José Xavier de Basto

Gary Clyde Hufbauer | Pascal Saint-Amans | José Silva Lopes | Amaral Tomás | Paulo Macedo | Freitas Pereira | Carlos Loureiro | Clotilde Celorico Palma

17h15 – 18h30 – DÉCIMA PRIMEIRA SESSÃO

Problemas de dupla tributação – Portugal/UE – EUA

Painel

Moderador: Manuel Lopes Porto

Philip Morrison | Pascal Saint-Amans | Ana Paula Dourado | Manuel Pires

27 JUNHO

10h00 – 12h30 – MESA REDONDA

Empresas portuguesas no mercado norte-americano e empresas americanas no mercado português – experiências cruzadas

Moderador: José Gomes Ferreira

Basílio Horta | Alfredo Baptista | António Rebelo de Sousa | José Joaquim Oliveira

15h00 – 17h30 – MESA REDONDA

Relações Luso-Atlânticas e Euro-Atlânticas Pós-Iraque

Moderador: Dr. José António Teixeira

Rui Machete | Eduardo Lourenço | José Lamego | Luís Andrade | Doug Rosenthal

18h00 – SESSÃO DE ENCERRAMENTO

Oradores provenientes de algumas das mais importantes organizações nacionais e internacionais:

Comissão Europeia | OCDE | Tribunal de Justiça das Comunidades Europeias | Tribunal Europeu de Primeira Instância | Tribunal Constitucional | Supremo Tribunal de Justiça | Tribunal de Contas | Ministério dos Negócios Estrangeiros | Ministério da Defesa | Fundação Luso-Americana para o Desenvolvimento | Comissão de Mercado de Valores Mobiliários | Universidade de Harvard | Universidade de Georgetown | Universidade de Yale | Universidade George Washington | Colombia Law School | Universidade de Nova York – School of Law | Universidade de Paris – I Panthéon-Sorbonne | College de l'Europe | Harvard Kennedy School | Universidade de Hamburgo | Universidade da Virgínia | Universidade da Califórnia | Universidade do Michigan | Universidade George Mason – School of Public Policy | Universidade da Pennsylvania – Wharton School | Universidade Paris-Dauphine | Universidade de Leiden | Max Planck-Institut | World Trade Institut-Universidade de Berna | Center for Law & Business da Universidade de Nova York | Cornell Law School | Universidade de La Rochelle | Faculdade de Direito de Lisboa | Faculdade de Direito de Coimbra | Faculdade de Economia da Universidade Nova de Lisboa | Faculdade de Ciências Sociais e Humanas da Universidade Nova de Lisboa | Instituto Superior de Economia e Gestão | Universidade Lusíada | Fundação Kauffman | Centre for European Policy Studies – CEPS | European Capital Markets Institute | Deloitte & Touche LLP's US Center for Corporate Governance | American Law Institute | Instituto Francês de Relações

Internacionais – IFRI | Instituto Português de Relações Internacionais | Microsoft | Google | Deloitte | Millenium BCP | Portugal Telecom | Impresa | Instituto de Direito Económico Financeiro e Fiscal

Patrocinadores:
Ministério dos Negócios Estrangeiros
Representação da Comissão Europeia em Portugal
Fundação Luso-Americana para o Desenvolvimento
Fundação Calouste Gulbenkian
Ambassade de France au Portugal
Institut Franco-Portugais
Goethe Institut Portugal
Millennium BCP
EDP
Fundação Portugal Telecom
Deloitte
ISLA Lisboa

Com o apoio de:
Agência para o Investimento e Comércio Externo de Portugal
Ministério da Cultura
Embaixada dos EUA
Câmara de Comércio Luso-Americana
Associação de Amizade Portugal/EUA
Instituto Transatlântico Democrático
Instituto Português de Relações Internacionais
Câmara Municipal de Lisboa
Câmara Municipal de Sintra
Centro Nacional de Cultura
Almedina

As Novas Sociedades de Informação na Europa e nos EUA

Oradores:

Douglas Rosethal
David Hart
F. M. Scherer

*Doug Rosenthal**

Good morning, I'm Doug Rosenthal, the moderator of the first panel on the New Internet Information Society. We have an interesting panel, a tremendously interesting subject which I think going forward will almost automatically have to be a part of programmes in the future.

What I mean by the information society is what I identify as four levels of relationships with respect to information that we are seeing emerge in a rapid and startling way. At the top of my information society paradigm is the level of **the content providers** or content creators. These are the people who create data, who create knowledge, who create art, who create information – but who don't necessarily have a way to disseminate it to a broad audience – let alone to a global audience.

At the next level, the most dynamic level, are **the content packagers.** If one wanted to be more formulaic one could have subcategories here but I will not. These are the people who really develop the way the service is organized, the structure, the storage capacity, the software for interconnection. These are the basic service providers – Microsoft, Google, Yahoo, of course. But others: big broad content providers like YouTube, eBay, but also smaller providers of more targeted services and selective

---

* Constantine Cannon/American Law Institute.

information. The content packagers are the ones who really bring much of this knowledge information content onto the web, the World Wide Web, and make it accessible.

The third very important level is the **local access providers**. Often in the telecommunications industry, they are referred to as those who transfer the content over the last mile, from long distant internet data "pipes" – into our homes or into our offices or into our schools locally. And then the final, the fourth level, are the **consumers**, – those of us who use this information, these services. And then the hope is that we the consumers will feed back to the content creators approval, support cues, about what we want (and are willing to pay) to consume. These cues and signals and recognition and fees then can influence and shape what is created going forward.

Now with these four basic levels of the information society, we have more communications shared more widely, more quickly than could have been imagined even 10 years ago, not just in the developed world but everywhere. I've heard the statistic that now more than 50% of all adults, including in Africa and in Asia, have access at some point, maybe it's only to one cell phone in their village, but have access to a cell phone. With access to a cell phone there is, increasingly, access to the internet, access to much of the history, practices and loss of most post primitive societies. There is access to varied information services, enough access to make it possible for some gifted individual to become content creators who can possibly go and establish a market for their own innovative content. At each one of these four levels, a big issue – political and legal – is what intellectual property rights can and should be asserted to protect creations? It is relevant at every level from content creators to content consumers.

We have an extraordinary panel. We have first, an American national treasure; one of the great industrial organization economists of the last 50 years, F. M. Scherer. Mike Scherer, of the Kennedy School of Government at Harvard, has focused much of his work on the relationship between innovation, competition and intellectual property as well as on the structures, operations and efficiencies of marketplaces. Mike is going to talk a little about the history of other transformative technologies before the internet emerged, and what political issues were raised by them.

The second speaker is Thomas Myrup. He's Senior Director in Brussels of The Microsoft Corporation. It would seem deficient to have a programme talking about the information society without having a participant from Microsoft. Microsoft has been transformative in developing the information society.

The third speaker will be Zeinal Bava; he is the CEO of Portugal Telecom. He will talk, among other things, about what I referred to as the third level, the issues as seen from the vantage of a local access provider, from a last mile provider to households from the global internet.

The fourth speaker will be Scott Hemphill, Professor from Columbia Law School. He is one of the contributing scholars to the expert public debate about what is now perhaps the most focused and contentious legal issue with respect to the information society. That is whether there should be a common carrier model for internet access, whether there should be a neutrality among content packagers that so regardless of what the scope or complexity of the product or service offered on the internet, the same limited fee is paid by one and all. The alternative is that there can be discriminatory prices charged for more expensive services for which there is more demand. Internet neutrality has become a focus some assert, for the issue of equality of opportunity and the issue of freedom of information, keeping the internet free.

The next speaker will be Pinto Balsemão, a great man in Portugal and chairman of the Impresa group. He is going to talk about the problem of survival for the content creators and providers. All of us know the tremendous impact that the information society and the internet is having on newspapers and traditional media such as the publication of books, as well as commercial films, music DVDs, and network radio and television. I've seen a statistic which says that 55% of people, I don't know whether it's in Europe or in the United States or worldwide, get their daily news reports from the internet, not from television, not from newspapers, not from books, not from magazines.

The final speaker will be David Hart from the School of Public Policy at George Mason University in Washington, D.C. David has been a speaker here in Portugal before. He is going to talk about the kinds of knowledge and the impact of innovation or the kinds of knowledge opportunities that there are within this information society.

There are other issues that we are not directly addressing on this morning's panel. One is the tremendously important issue of security, national security on the internet. Can the internet be preserved against invasions of privacy and destruction of property? Can the information society be preserved against terrorism? It is one of the consequences of the information society that it can be a great advantage to terrorists in communicating privately with each other, undetected; but terrorists can also severely damage the ability of the system to function. We're also not particularly focusing on another major issue which is raised by the growth of the internet in countries like China and in the Middle East. This is the issue of censorship of the internet – the ability to block the true freedom and free range of communication within natural borders, and the desire in developed societies to block out child pornography and other things that are inappropriate to receive on the internet.

Before calling on our speakers, I want to encourage a free range of participation from our audience. We're starting late but I encourage you to, if you have a question, raise your hand – if the panel would permit us – and be recognized but if recognized, ask the question even in the middle of a talk because it's hard to get engagement if people have to wait until the end of the program, when we may be out of time.

So with that let me start with Mike Scherer.

DIGITALIZATION, GLOBALIZATION AND THE (PARTIAL) TRANSFORMATION OF INNOVATION

*David Hart**

I will talk about technology in a much broader sense than what we have heard so far today, and I also hope to provide you something of a bridge to other themes of the conference, notably globalization. I will discuss the impact of information and communication technologies on innovation as a whole. There is a feedback process in which information and communication technology breeds more information and communication technology. But, it also affects all kinds of other technologies, such as the new science of genomics, which depends on the ability to collect and analyze process and exchange massive amounts of information. The world's fastest computer, which is built by IBM and is called Blue Gene, supports genomic science. I suppose it is a sign of progress that the supercomputers of the world are being built to help us decode our genome rather than to design nuclear weapons, which is what is what they were originally designed for (although they still serve that function).

---

* University George Mason – School of Public Policy.

There is an acceleration of innovation that has stemmed from digitalization and along with it has come a deconcentration of the innovative process and an explosion of places that are contributing to innovation. Innovation is no longer as concentrated as it was in a few firms, agencies and organizations. That is one aspect of the transformation that I want to talk about, but I also want to remind you that it is a partial transformation – not every thing as changed. Innovation still depends on people, on legal systems, on public policy. Some of this themes have been brought out already in the panel. I will take you through a number of ways in which things have changed and the ways that things haven't change. This is admittedly at a high level of abstraction – a ten thousand meter view of the world. Finally I will point out that there are governance challenges that come along with this partial transformation that need to be tackled on a global basis. I want to suggest that the US and the EU should come together to lead that agenda.

I define innovation as the process by which new products or processes find practical use in society. The key words in this definition are practical use. It's not enough to have an idea; to have an innovation you have to have an impact on society. My presentation is organized around five kinds of "capital" that go into the innovation process. I'm going to work through each of these five types of capital and describe briefly what has changed in each area and what has not.

Let me begin with "intellectual capital," ideas. We often think of innovation as being the result of a "flash of creative genius." These words were used by the U.S. Supreme Court in 1941 to define what kinds of inventions could be patented. I want to suggest that information and communication technology by itself doesn't help us become more geniuses, to have blinding insights. There is a basic creative process that isn't changed by technology.

But most innovations are not this radical breakthroughs. Most of them are incremental, and they involve interactions of existing technologies or combinations of existing technologies. Incremental innovation, I would argue, has changed quite dramatically as a result of digitalization, Thomas Edison, the famous American inventor, once said that "genius is 1% inspiration and 99% perspiration." Perspiration brings these incremental innovations to life. That is why it is not unusual for the same idea to be had by different people in different places, "simultaneous invention" or "simultaneous discovery." That process of incremental innovation is greatly affected I think by digitalization, such as, the ability to publish and access information over the web, whether it is the archives of the patent office, or scientific journal articles, or other kinds of websites. This access makes it easier than ever to make new combinations of old ideas and to do so from almost anywhere. In my presentation, I present an image taken from "*Nature*" (the leading scientific journal), which portrays science as a kind of social brain, thanks to the different technologies that scientists and technologists are using to share ideas and to collaborate.

Another thing that hasn't changed in the realm of intellectual capital is that is impossible in advance to know what the value of an idea is. There is uncertainty in innovation. It is intrinsic to innovation that nobody knows what an idea is worth until is tried out in practice. So, put together the fact that the same ideas are occurring in more places and the fact that there is a lack of knowledge of which of these ideas will be valuable, and you have, I think, a recipe for more competition and conflict over who had the idea first, whose version is better, and so on.

That leads to my challenge in the governance domain. Can the intellectual property system handle this changing environment for incremental innovation? Of course, there are alternatives to intellectual property being developed, notably, open source. It also has some challenges, which I will not go to it, because other panelists here are more knowledgeable about that, but I think is worth considering whether public policy might want to support alternatives to intellectual property, particularly open source communities, more assertively. At the global level, we are going to need institutions that go beyond intellectual property law to govern intellectual capital and its relationship to the emergent global innovation system,

The second form of capital that I will consider is human capital. In order to innovate, you need not only great ideas, but also know-how and skills – things that can't be written down. This is the concept of tacit knowledge. The human element never goes away entirely. Interestingly, people who hold tacit knowledge are becoming more and more valuable around the world, and they are therefore moving around the world more and more. We see an immigration policy in many countries that is increasingly oriented towards those talents, a "positive selection" bias in immigration policy. It's a paradox of the information age that just as information is becoming available everywhere, people are moving around even more than ever, even though, they have the libraries of the world and the scientific journals of the world at their finger tips.

One small indicator of this trend is the relationship between recent emigrants and older emigrants to the OECD countries. In most countries, recent emigrants are more highly educated than older emigrants. In Australia, the United Kingdom, Canada and Ireland immigrants are much more educated than before. So, we have a global market for talent that we didn't have in the past.

Another thing that hasn't changed, however, is that people who are talented want to be together. This phenomenon is called geographical agglomeration by regional development specialists. We see it in Silicon Valley, in Cambridge Massachusetts, and in Cambridge England, but now also in Bangalore and Shangai and other places that didn't have agglomerations in the past. The reason is that in order to gain tacit knowledge you have to be near those who have it. That's why you sometimes hear the slogan "innovation is a contact sport."

Thomas Friedman famously proclaimed that the world is flat, but this observation suggests that we shouldn't move too fast to accept that conclusion. My former colleague Richard Florida points out that, at least with respect to human capital, the world is spiky, not flat. There are big differences in the endowments of regions in terms of their human capital. More places are well-endowed than in the past, but it is still a relatively small number. That points us to another global governance problem that may need to be on the agenda, the "brain drain." There are going to be places that are left without as much talent as they would have had, and that weakens their potential for economic development. That, in turn, raises the question of whether there should be some compensation to places that are losing talent. However, this issue isn't quite as simple as it sounds, and I will return to it shortly in another guise.

The third form of capital that I will consider is social capital. Social networks play a big role in innovation. We might like to think that science and innovation are primarily about what you know, but in fact, they are a lot about who you know as well. We see this in all kind of domains: the scientists who move to the top universities, the deals that flow to the top venture capitalists, the papers that go to the top scientific journals. Networks act as a filter. They help us to sort out bad ideas from good ideas. In an information environment where there is a lot of noise – and we know there is more noise than ever – social networks become even more important. So that hasn't changed.

Neither has the fact that trust is what glues these networks together. In order to believe someone, you need to trust them. One reason for the kind of geographical agglomeration that I described above is that this personal interaction that is created on a face to face basis allows trust to develop. So, there is a self reinforcing process. As networks are created, people can trust one another and that allows them to access deeper levels of ideas, again accelerating the innovation process as a whole.

Yet, although the basic mechanisms of social networking have not changed very much, the actual process is radically drastically changed by the availability of digital technology. In particular, what's new is the ability to *maintain* social networks once they have been created on a personal basis. We observe the many connections among the various geographical agglomerations around the globe, between Silicon Valley and Taiwan and Shanghai, between New-York and Moscow and Tel Aviv. These connections didn't exist before, or were not as strong as they are now. This is what Annalee Saxenian has called transnational technical communities, which are social networks that transcend borders. She shows that have been very important in fostering development in those new hotspots, like Bangalore, Shanghai, and Tel Aviv.

Again, I would offer just one small indicator of this process. The growth in articles that have authors from more than one country has grown from 8% to 20% over the past fifteen years. Going back to my theme of global governance, it may be that one way to address the brain drain is to facilitate these transnational technical networks, so that governments might purposefully stay in touch with their emigrants, the people who have moved and should move to the Silicon Valleys of the world. The goal would be for those people who have left to can contribute the knowledge they have gained back to the development of their home country.

The fourth kind of capital is organizational capital. Another way to foster the exchange of ideas is not through trust, but through belonging to a single organization. The logic of vertical integration is that ideas can flow between the providers of ideas and the users of ideas more easily, because they are part of the same organization. There is still a lot of sense in this logic – there is still a reason to have corporate R&D labs. Even though we hear a lot of discussion about the disintegration of the corporation, I don't think that is entirely accurate.

In fact we see the extension of internal corporate R&D networks around the world. Motorola, for example, has widely distributed its R&D personnel. In the 1990s, the company penetrated into Latin America, into Asia, and into Eastern Europe. Big companies have global reach in their R&D networks and there is something of an internalization of the global innovation system.

However, I would also argue that one thing that wasn't changed is that small and medium enterprises are still critical to innovation. Big firms have blind spots, they tend to be bureaucratic, and they tend to resist new ideas. So we need to make sure that there is room for SMEs in this new world. And that leads me to a global governance problem, standard setting. SMEs can be victimized by large companies in the standard setting process. In the extreme case, SMEs may be dissuaded from innovating at all.

Finally, let's consider financial capital, capital in the most traditional sense. I want to suggest that change has not been as radical as many people think, especially in the financing of innovation. Jumping straight to the data, what we see is that most venture capital is still invested in the home country of the investor. What is not invested at home is, for better or worst, still invested in North America. That's because the "no connecting flights rule" for venture capitalists hasn't changed. Venture capitalists do not want to go very far from home in order to stay on top of their investments; that is still true even in the digital era.

But one thing that may have changed is that the diffusion of the idea and the institutions of venture capital. More countries are trying to replicate the American success in this area. That has let us something of a "race to the bottom" to subsidize high tech investments across countries. Perhaps the best indicator of this process is the competition among countries to offer the most generous tax credit for research and development. This is the final item I would add to the governance agenda.

In conclusion, thanks to information and communication technology we are at the very beginning of the development of a global innovation system. What I mean by that is that it will be possible for innovators, inventors, and entrepreneurs to source all of these kinds of capital from all over the world. We are not there yet, but I think that capacity is growing. It is in more locations than it has been in the past. The system is truly emergent, because we don't really know exactly what form it will take. Human creativity always holds surprises. Who would have anticipated open source, Wikipedia, and blogs a few years ago?

So the one thing we can be sure is that we don't know exactly where this is heading. But I do think we can be confident that there will be major governance challenges as innovation becomes more global, and we might want to start thinking now about some kind of global governance mechanism. I don't have a blue print for this system; in fact, I think should evolve in a kind of incremental fashion, just as innovation does. It needs to be flexible enough to deal with the uncertainties that I mentioned and, I think it will vary from problem to problem.

We won't have a single solution to the wide range of problems of this new era.

The US and the EU have a interest in moving this conversation forward together. The conversation should be aimed at making sure that this system benefits everybody in the world, rather than seeking to lock in the advantages of US and Europe, such as they are right now. Of course the big elephant in the room is China. The purpose of this conversation shouldn't be to shut China out. There are 1.3 billion brains there that will benefit the US and Europe as well as China. The last thing that we need now is the creation of separate spheres of influence, as we saw in the Cold War period. Instead, any effort that the US and Europe carry forward together should embrace China, embrace India, and embrace other emerging economies, in order to create a shared system of governance that benefits all of us and is accorded legitimacy by all of these governments. The ultimate goal is that this new economy, a new economy that's based on knowledge, which is really ultimate public good, and on human creativity, which is the ultimate renewable resource, can achieve its full potential.

I thank the panelists for a terrific presentation; I think one point we can all agree on that is: in the future, when we do an inventory on social political economic and legal problems, we cannot escape information technology as a primary subject.

Thank you all very much.

THE HISTORICAL FOUNDATIONS
OF COMMUNICATIONS REGULATION

F. M. Scherer*

Doug Rosenthal asked me to provide a brief overview of the historical roots of radio and telephone governance as lessons for regulation of the Internet. I found this a challenging assignment, since the roots go deeper, back to the early postal systems and emergence of the telegraph as antecedents to radio and the telephone. So my survey sweeps wider.[1]

Natural Monopoly?

It would be too much to insist that early postal and telegraph systems were natural monopolies in the economist's strict sense, i.e., that a single supplier could carry out the

---

* Harvard University – April 2009 Revision.
[1] A variety of sources, both general and specific, has been tapped. General sources on early forms of communication include the magnificent 1910 (eleventh) edition of the Encyclopaedia Brittanica; Germany's more recent (1982) Brockhaus Lexikon; and the 2003 Oxford Encyclopedia of Economic History. Other sources will be identified as they are used.

desired level of business at lower costs than multiple firms. Proving natural monopoly is difficult. Even AT&T, supported by a small army of first-rate econometricians, was unable in its antitrust case during the 1970s convincingly to demonstrate its long-held belief that it was a natural monopoly. But what is clear is that some hallmarks of natural monopoly – notably, economies of scale – were present historically.

An important feature of postal service has always been the availability of service on a dependable schedule. At the modest volumes of mail carried between major cities during the 15th through the 18th centuries, this meant that average costs would be higher if trunkline operations on a given scheduled route were divided among two or more carriers than with a single carrier. There were advantages too of rapid and seamless coordination, if not within a single provider, then between a small number of providers – as the mail moved from one junction point onto a different route. And even today, the "last mile" – daily delivery of non-express mail from local post offices to individual residences (sustained widely only since the 19th Century) – is considered to approximate natural monopoly because duplication of routes would be more costly.

For electrical means of communication such as the telegraph and landline-based telephone, costs tended similarly to be higher when cables were duplicated by competing providers, both for the last mile and on lower-volume trunklines.

The tendency toward monopoly structures in mail and later electrical communication systems meant that monopoly prices might be charged. Since at least the 17th century in England, there was aversion to private monopolies and the prices to which they gave rise. Among other things, the availability of communications at modest prices was believed to foster commerce and hence to help build national strength.

And for the infant United States, speedy and reliable communications were an important element of nation-building. As Thomas Jefferson wrote to John Adams in 1777:[2]

> I wish the regulation of the post office adopted by the Congress last September could be put in practice. It was for the riders to travel night and day, and go their several stages three times a week. The speedy and frequent communication of intelligence is really of great consequence. ... Our people merely for want of intelligence which they may rely on are become lethargick and insensible of the state they are in.

To combat abuses of monopoly positions, nations and in some cases local governments intervened to regulate prices and often to make the relevant service providers state-owned or state-controlled enterprises. For postal services, state-owned monopoly eventually became the norm throughout most of the developed world. For telegraph and telephone, a more mixed approach is observed – emphasizing state monopoly in much of Europe, but with more reliance on private enterprises in the emerging United States. We demonstrate this by providing brief organizational histories.

Postal Service

Regular and systematic postal service available to the general public can be dated back to the 15th century. An early trace was a 1464 decree by King Louis XI, granting to a nobleman

---

[2] Lester J. Capon, ed., The Adams-Jefferson Letters (University of North Carolina Press: 1959), vol. I, pp. 4-5.

an exclusive "privilege" to provide postal service in France. In the Habsburg empire, Prince Franz von Taxis began regular postal service between Vienna and Brussels in 1495. He then extended his operations to other parts of the Habsburg domain, and in 1516 Emperor Karl V granted the Thurn and Taxis family a monopoly privilege to operate postal service throughout the empire, reaching as far as Spain. The empire was fragmented and the emperor's power was undermined as a result of the Thirty Years War (1618-48), and individual states began to operate their own postal services within their boundaries. The Napoleonic wars reduced the empire's span of control even more, and in 1803, the Thurn & Taxis privilege was abolished, to be taken over by state-owned postal systems. Coalescence of individual German states under Prussian leadership during the 1860s led to the emergence of a nearly nationwide government-owned Reichspost, although the states of Bavaria and Wuerttemberg maintained locally-owned postal systems separate from that of the Reich until the reorganizations following World War I.[3]

In England and Scotland, systematic postal service was also inaugurated during the late Middle Ages under royal exclusive privilege grants, called "patents" at the time, often for routes that covered only a part of the British land mass. There were frequent infringements on the grants and conflicts that led to the wholesale revocation of grants and their transfer to other parties in better grace with the sovereign. Among other things, there were complaints that postal service in Britain was inferior to the service in other lands by the Thurn and Taxis family,

---

[3] See Gustav Stolper et al., The German Economy: 1870 to the Present (Harcourt, Brace & World: 1967), p. 16.

which among other things operated mail service to England from the European continent. In 1635, the Crown first stepped in to prescribe maximum rates on key postal services. At about this time, monopoly patent grants by the Crown came under increasing criticism. They were ruled contrary to common law in the famous 1603 "Case of Monopolies,"[4] and in 1624 Parliament abolished Crown monopolies in principle with a Statute of Monopolies (widely honored in the breach). Postal service grants by the King were debated vigorously in Parliament during the 1640s and eventually abolished. However, new exclusive franchises were issued (i.e. "farmed" out) to private parties by the Postmaster under parliamentary authority. Several reorganizations followed, leading eventually to operation of the postal service under the direct leadership of a Postmaster. Adam Smith, fiercely opposed to government enterprise in most fields, lent grudging approval in 1776:[5]

> The post office is properly a mercantile project. The government advances the expence of establishing the different offices, and of buying or hiring the necessary horses or carriages, and is repaid with a large profit by the duties upon what is carried. It is perhaps the only mercantile project which has been successfully managed, I believe, by every sort of government. The capital to be advanced is not very considerable. There is no mystery in the business. The returns are not only certain, but immediate.

The English exclusive franchise "farming out" system was carried over into the American colonies. In 1753 Benjamin

---

[4] Darcy v. Allein, 11 Coke 84b-88b (1603).
[5] <u>An Inquiry into the Nature and Causes of the Wealth of Nations</u> (Modern Library edition: 1937), pp. 770-771. See also p. 682.

Franklin was promoted from postmaster in Philadelphia to co-postmaster for all of the colonies. He introduced many reforms, increased the frequency and speed of service, and by 1761 was able to begin paying substantial profits to the Crown.[6] The outbreak of the American Revolution in 1775 disrupted the Crown-franchised postal system, leading among other things to the interception of American patriots' letters by the British authorities and often to their publication (as traitorous documents) in journals friendly to the Crown. To combat this, the new American government created its own postal service. When the revolution succeeded, continuation of federally-owned postal service was enshrined in Article I, Section 8, of the U.S. Constitution and in the 1792 Post Office Act. In 1790, the first U.S. treasury secretary, Alexander Hamilton, saw profits from the postal service as an important source of revenue for funding the national debt.[7] In 1799 he proposed using postal service profits as collateral for loans to extend the continental road system.[8]

The implication of the U.S. Constitution and the 1792 enabling statute was that the U.S. Post Office would be a monopoly. When railroad networks began to cover the Eastern United States during the 1840s, private express services emerged, using the trains to permit more rapid delivery. The Post Office sought to enjoin their operation as inconsistent with its mono-

---

[6] Esmond Wright, Franklin of Philadelphia (Harvard University Press: 1986), pp. 84-86. In addition to a generous fixed salary, Franklin enjoyed free mailing of the newspapers he published at the time.

[7] Joanne Freeman, ed., Alexander Hamilton Writings (Penguin: 2001), p. 569 (from Hamilton's "Report on Public Credit").

[8] Ibid. p. 917 (in a Memorandum on Measures for Strengthening the Government).

poly franchise. During the 1850s, a vacuum left by the Postal Service on the Pacific Coast was filled by the mail carriage operations of Wells-Fargo. And starting in 1860, the Pony Express offered eight-day service from Missouri to San Francisco until transcontinental telegraph services began in October 1861. An even larger but little-known challenge to the Post Office's public monopoly came in 1906. William D. Boyce, founder of the Boy Scouts of America and publisher of magazines, organized a syndicate with capitalization of $300 million to privatize the Postal Service. In Congressional testimony he guaranteed that his private enterprise would reduce postage rates by one-half and pay the government all profits on capital in excess of seven percent.[9] The offer was not acted upon by Congress, but Boyce obtained what he really wanted – a holdback on planned increases in postage rates for his (and others') periodicals. Much later, significant competition was allowed for some products traditionally monopolized by the Post Office – first with the emergence of package delivery by United Parcel Service, then with the provision of overnight services by Federal Express and others, and most recently, with the shift of considerable commercial correspondence to the Internet. The Postal Service itself was transformed from a department of the U.S. federal government to a state-owned corporation, whose postage rates are controlled by a special Postal Regulatory Commission. The Commission's regulatory powers with respect to "competitive" services were cut back under the Postal Accountability and Enhancement Act of 2006.

---

[9] Republican-Times newspaper, Ottawa Old and New: A Complete History of Ottawa, Illinois (1914), p. 136.

A reason for public operation of postal services quite far removed from the logic of scale economies and natural monopoly is the desire of public authorities to monitor the mails and interdict communications posing a potential threat to the public realm. William Shakespeare sets the problem as early as the year 1415, when young King Henry V of England uncovers a conspiracy against him on behalf of France by the Earl of Cambridge, Lord Scoop, and Sir Thomas Grey. Exactly how the plot was discovered is left unclear, but Shakespeare implies that incriminating letters were intercepted:[10]

> Duke of Bedford: The king hath note of all that they intend, By interception which they dream not of.
>
> ...
>
> Henry: What see you in those papers that you lose
> So much complexion? – Look ye, how they change!
> ...
> Could out of thee extract one spark of evil
> That might annoy my finger? 'tis so strange,
> That, though the truth of it stands off as gross
> As black and white, my eye will scarcely see it.

The consequence for the "poor miserable wretches" was death.

Interception by the Crown of private letters continued to be a point of contention. The earliest known instance of a solution came in 1710, when an English Parliament seeking to limit the power of the Crown passed legislation allowing

---

[10] King Henry V, Act II, Scene II.

government personnel to read letters sent through the Royal Post only with an explicit warrant from the Secretary of State. One infers that such legal niceties were waived in the 1770s, when mail from suspected rebels in America was intercepted and published. As the disputes within the Bush II administration and between the administration and Congress over the tapping of telephonic and internet messages from potential terrorists reveal, the problem continues even to the present.

Telegraphy

Optical semaphore systems were deployed in the 18th century for communications on which speed was of the essence. The Rothschild banking family enhanced its fortune in 1815 by communicating from Waterloo to London, in part through a semaphore system, the news of Napoleon's defeat hours before pessimistic London Stock Exchange investors learned about the reversal of an earlier setback.

As with many inventions, there is some doubt as to who "invented" the telegraph.[11] The ultimately successful design was that of Samuel F. B. Morse in America, whose electromagnetic approach was conceived, demonstrated, and patented between 1832 and 1837. Morse's device was first tested on a line between Washington, DC and Baltimore in 1844. In Europe, however, an alternative device patented by Cooke and Wheatstone was tested along railway lines between London's Paddington Station and Slough in 1843. Philip Reis in Germany also shares

---

[11] For early history, see Bert Lundy, Telegraph, Telephone and Wireless: How Telecom Changed the World (U.S. Naval Postgraduate School: 2009). I am grateful to Professor Lundy for critical comments.

a claim to priority of early invention. The initial practical exploitation of the new technology was by private companies – in England, by the Electric Telegraph Company, incorporated in 1846, and then by five other companies; and in the United States, by Western Union and then several other private entities, many affiliated with the railroad lines along which the first telegraph lines were often strung. Morse offered to sell his patents to the U.S. Post Office, but the offer was turned down, and so telegraphy became and remained a private enterprise in the United States. Incorporated in 1851, Western Union absorbed other telegraph companies and came to dominate the U.S. industry by 1866, buying out its last significant rival in 1887.

In Europe the industry's evolution was quite different. France, Switzerland, Belgium, and Prussia among others moved quickly to state ownership of telegraphic services under their Post Offices. Observing the continental experience, commercial and government interests in Great Britain began in 1856 a campaign to nationalize the telegraph companies and place them under the Post Office. A report by a Post Office official alleged that:[12]

> ... the charges made by the telegraph companies were too high and tended to check the growth of telegraphy; that there were frequent delays of messages; that many important districts were unprovided with facilities; that in many places the telegraph office was inconveniently remote from the center of business... and that little or no improvement could be expected so long as the working of the telegraphs was conducted by commercial companies striving chiefly to earn a dividend and engaged in wasteful competition with each other ...

---

[12] Encyclopaedia Brittanica, 11th ed. (1910), vol. 26, p. 525.

In 1870 the private British companies were nationalized into the Post Office at a price of roughly £5.7 million, with payments to be spread over two decades. Telegraph traffic did rise sharply after nationalization, but the profits were disappointing.

Use of the telegraph soon spread to communications between nations, often through the successful laying of underwater cables beginning with a link across the English Channel in 1851. Most of the early underwater cables were laid by private companies, as was the first transatlantic cable, successfully inaugurated in 1866 by a U.S. – British joint venture, the Atlantic Telegraph Company, after several failed attempts. Some of the short-haul international cable links were nationalized, but most remained privately owned. J. H. Clapham reports that as of 1913, only 18 percent of the 516,000 kilometers of sea cables belonged to state-owned entities, mostly post offices.[13] There were however some important exceptions, notably, a cable between Canada and Australia undertaken by the British government in 1901. The private Eastern Telegraph Company, which had already extended lines from Europe to the Far East, protested this intrusion by the Imperial government into a field that had already attracted considerable private capital. The Colonial Office responded:[14]

> With the progressive development of society the tendency is to enlarge the functions and widen the sphere of action of the central government as well as of the local authorities, and to claim for them a more or less exclusive

---

[13] The Economic Development of France and Germany, 1815-1914 (Cambridge University Press: 1951), p. 363.

[14] Encyclopaedia Britannica, vol. 26, p. 528.

use of powers, and the performance of services where the desired result is difficult to attain through private enterprise, or where the result of entrusting such powers or services to private enterprise would be detrimental to the public interest, through their being in that event necessarily conducted primarily for the benefit of the undertakers rather than of the public. This tendency is specially manifested in cases where from the magnitude or other conditions of the enterprise the public is deprived of the important safeguard of unrestricted competition....

And so the nationalized program went forward.

The rapid spread of telegraphy required a standardized language through which electrical devices could communicate. Morse Code became the accepted standard, undoubtedly as a consequence of Western Union's first mover advantage. When international telegraph lines were laid, Morse Code was adapted in 1851 to accommodate the diacritical marks used in languages other than English. The need for standardization and coordination of interfaces persisted, and in 1865 the International Telegraph Union was created to act as a standards coordination agent. It continues to function even today as the International Telecommunication Union, with offices on the Place des Nations in Geneva.

Telephony

The advent of the telephone in the late 19th Century posed new public policy problems. There were economies of scale in extending wires to customers, especially for "the last mile," driving market structures toward either monopoly or in a few cases duopoly. In Europe the predominant solution was to incorporate telephone networks into the existing postal and telegraph monopoly, giving rise to the acronym PTT (for post – telegraph – telephone enterprises). In the United States the industry's development was led by private companies. From an early date, state agencies regulated telephone service prices (i.e., rates) within their local jurisdictions. In 1910 the Interstate Commerce Commission, created in 1887 to regulate railroads, was given responsibility for regulating interstate facets of the U.S. telephone industry, but it did so lackadaisically. In 1934 responsibility for interstate regulation was transferred to a new Federal Communications Commission, which addressed its difficult tasks somewhat more effectively but was eventually overwhelmed by the technological complexity of its mandate.

Unlike postal service but like the telegraph, invention patents assumed an important role in the industry's early history. Patent applications for what proved to be key inventions were filed on the same day in 1876 by Alexander Graham Bell, an independent inventor, and Elisha Gray, an employee of Western Electric, Western Union's telegraph equipment manufacturing subsidiary. Bell and Western Union settled their patent disputes in 1879, with Bell's commercial entities taking over Western Electric's patents and its local telephone service activities while the Bell companies agreed to stay out of Western Union's telegraph business. At the time, antitrust in the United States was at first non-existent and then weak. Under precedents developed during the second half of the 20th Century, the field-delineating agreements would almost surely have been declared illegal.

Many additional private companies entered the telephone service business in America, most commonly in urban areas in which the Bell System had not yet issued franchises. Bell's basic patents were upheld by the U.S. Supreme Court in 1888, and the Bell companies sued many of the new operators for infringement of telephone concept and equipment patents. They were successful in many of these suits, but non-Bell companies continued to proliferate, especially after the basic Bell invention patents expired. In 1902, 1.32 million Bell telephones were in use and 1.05 million phones had been installed by non-Bell companies.[15]

Early private company telephone operations in the United States focused on serving local areas. But advances in electrical and then electronic technology permitted the establishment of inter-city connections. The Bell companies were nearly alone in having the scale and technology to operate these so-called "long lines." For the Bell companies, being able to interconnect subscribers in a particular city with subscribers in other cities was a major advantage, enhancing the value of telephone service to users in a kind of network effect.[16] Bell in turn systematically denied interconnection to subscribers of the non-Bell companies, putting the rivals at a competitive disadvantage and enhancing their willingness to be taken over by the Bell System. Eventually this strategy was attacked by the U.S. federal antitrust authorities, and in 1913 Bell negotiated with the government the so-called Kingsbury commitment, agreeing to interconnect its inter-city and local facilities with independent companies if they adhered to interconnection standards set by Bell and to limit Bell's

---

[15] Much of this account is drawn from F. M. Scherer, "Technological Innovation and Monopolization," in W. D. Collins, ed., Issues in Competition Law and Policy (American Bar Association: 2008), vol. II, pp. 1033-1069.

[16] See M. L. Katz and Carl Shapiro, "Systems Competition and Network Effects," Journal of Economic Perspectives, Spring 1994, pp. 93--115.

acquisition of non-Bell telephone service companies. However, Bell continued to achieve leverage from its unique inter-city facilities by setting high prices for interconnection. Regulation of this important interface problem was performed after 1934 by the Federal Communications Commission. In Europe, of course, the interconnection problem was minimized because there was only one integrated telephone service provider in a given nation, namely, the state-owned monopoly. Setting the prices for "hand-offs" from one national provider to another at home in another European nation has continued to be a problem, addressed by the European competition policy authorities for cellular telephones in 2006.

Radio

The invention of radio led to industrial applications that posed new and difficult challenges for regulators. The first non-experimental use of radio was to transmit and receive primitive telegraphic messages. In 1901, Guglielmo Marconi achieved the first successful trans-Atlantic communications and began establishing radio service companies in European nations and the United States. Other private companies entered the field, but on the strength of their key patent holdings, validated inter alia by the U.S. Supreme Court, the Marconi companies maintained a commanding position.

The first commercial applications of the new radio technology were for ship-to-shore and ship-to-ship communications, of special interest to both shipping lines and national navies. In England, there was heated debate over the relative roles of private companies vs. the government in outfitting and operating radio stations. Private service companies, among others the

Marconi Marine Company, entered the field, but so also did the British Post Office. In 1906 the Post Office established its first radio station, and in 1909 it in effect nationalized the principal ship-to-shore land stations established previously by private companies. However, as the technology became more complex, it overstrained the Post Office staff's technical competence, and so in 1912 the Post Office contracted with Marconi to construct its "imperial chain" of stations. The compensation to Marconi was a front-end lump sum plus running royalties.[17]

The entry of the United States into World War I triggered fears that conflicting patent stalemates might hold back the development of radio communications essential to the war effort. Marconi's patents, among others, were forced into a patent pool eventually managed by the newly-formed Radio Corporation of America and shared by a number of other private companies.[18]

The extension of radio technology to voice communications and then broadcasting posed additional patent problems. Voice radio required a wider array of electronic oscillators and other tubes, including J.A. Fleming's thermionic valve, Reginald Fessenden's alternator, and Lee de Forest's triode, and as a consequence increased the number of patent-holding interests and the problem of mutual blockage. In the United States the problem was solved privately through patent-pooling, but the pool arrangements allocated exclusive spheres of interest to

---

[17] See S. G. Sturmey, The Economic Development of Radio (Duckworth: 1958), especially pp. 88-92.

[18] See U.S. Federal Communications Commission, staff report, Report on Telephone Investigation (two volumes, mimeo, 1939), vol. I, pp. 330--331.

participating companies and eventually induced intervention by the antitrust authorities.[19]

As World War I ended, two new uses of radio spread: "ham" operations in which private amateurs communicated with each other by radio, using first Morse Code and then voice messaging; and the broadcasting of news, music, and drama by local radio stations. Both new applications raised the threat of mutual interference at any given radio frequency, and so a system was needed to allocate frequencies or frequency bands to individual users. The interference problem was first addressed at an international conference in 1906, leading in the United States first to the Wireless Ship Act of 1910 and then, in 1912, to a Radio Act requiring all radio broadcasters, including ham operators, to obtain licenses and frequency allocations from the U.S. Department of Commerce. In 1927 the licensing task was transferred to a new Federal Radio Commission, whose duties in turn were absorbed in 1934 by the Federal Communications Commission. In Great Britain the task of issuing radio licenses was undertaken by the Post Office which, we have seen, was also actively engaged in point-to-point service operations. Coordination of frequency assignments at the international level was also necessary. The task was taken over by the International Broadcasting Union, established in 1925 and later absorbed into the International Telecommunication Union, whose origin, we have seen, was the International Telegraph Union of 1865.

In the United States there was litigation over the role of the Secretary of Commerce in making frequency allocations. Among other things, it was argued that early radio stations had

---

[19] See Scherer, "Technological Innovation and Monopolization," supra note 15.

secured first-mover property rights to the radio frequencies on which they began broadcasting. This problem was resolved in the Radio Act of 1927, but the idea of property rights in the radio frequency spectrum, with allocations being exchanged in market transactions, was advanced in a seminal article by Ronald Coase.[20] At first Coase's proposals gained little ground, but beginning in the 1980s, they became the foundation of new methods for allocating the spectrum in both the United States and Europe. To be sure, national governments and the International Telecommunication Union had to determine what portions of the spectrum were available for each of many possible uses. But once use allocations were settled, segments of the spectrum could be auctioned off by government to private parties, after which winning bidders obtained property rights and could trade their spectrum allocations further in a free market.

Broadcasting of radio programs to potentially broad consumer audiences began in the early 1920s. Here too, the role of government had to be determined. In the United States, the government allocated radio spectrum to private entities, who were then entitled, with only mild restrictions, to broadcast what they chose and to finance their broadcasting by selling advertising. The first commercial station was Westinghouse's KDKA in Pittsburgh, commencing operations in 1920. There were apprehensions from early on about the desirability of financing the new communications medium through advertising sales. U.S. Secretary of Commerce Herbert Hoover, for example, observed in 1924:[21]

---

[20] "The Federal Communications Commission," Journal of Law & Economics, October 1959, pp. 1-40.

[21] From Sylvia Harvey, "Radio and Television Industry: Industrial Organization and Regulation," The Oxford Encyclopedia of Economic History (Oxford University Press: 2003), vol. 4, p. 328.

I believe the quickest way to kill broadcasting would be to use it for direct advertising. The reader of the newspaper has an option whether he will read an ad or not, but if a speech by the President is to be used as the meat in a sandwich of two patent medicine advertisements, there will be no radio left.

Nevertheless, Mr. Hoover was forced as U.S. president beginning in 1929 to sandwich his radio broadcasts among advertisements. And of course, he was wrong on the commercial sustainability of radio, despite incessant complaints that the need to maximize advertising revenues by appealing to a low common denominator would lead to broadcasts of minimal quality – in the May 1961 words of FCC chairman Newton Minow, to a "vast wasteland" of content.

In the United Kingdom, the debate followed a different vector. In 1922, the Post Office was confronted with applications from 24 companies seeking licenses to commence radio broadcasting. This was too many, government officials argued, and eventually, to avoid among other things a "chaos of the ether" with many stations financing themselves through advertising, the British Broadcasting Company was created. At first BBC was owned by six radio equipment manufacturers, with the monolithic BBC being financed by tariffs on sales of equipment to radio listeners and later by an annual fee imposed upon listeners.[22] In 1927, however, the private interests were

---

[22] On the parallel nationalization of radio broadcasting in Germany, see Eric D. Weitz, Weimar Germany (Princeton University Press: 2007), pp. 238-245.

As a resident of Germany during the early 1970s, I often wondered how the public broadcasting authorities could tell whether we were in fact watching television or listening to radio, so that we were required to pay the fee. In an analysis of radio signal espionage I learned the answer – one

bought out and BBC was established as a state-owned corporation with a mandate to sustain high-quality broadcasting. The nationalized BBC broadcasting approach became the norm, with occasional private exceptions, in the rest of Europe. During the decades following World War II, however, the all-public-radio (and television) approach was relaxed, and licenses were issued to private parties broadcasting alongside the nationalized stations and financing their radio or television programs by selling advertising. And in the United States, a publicly-owned radio and television broadcasting entity, the Public Broadcasting System (PBS), was established in 1967 to broadcast high-quality and public-interest programming with financing from the federal government along with listener donations. Thus, in much of the world, a variable mixture of public and private ownership now prevails.

Conclusion

To sum up, the evolution of communications technology has posed many problems concerning the optimal interface between business and government. Quite generally, there has been continuing debate over the relative roles of private companies vs. government enterprises in providing communications service. And especially when private operation has been favored, several problems present themselves:

---

could with the appropriate induction apparatus listen from a distance to the signals being received. It was rumored that trucks patrolled the streets of Berlin with induction devices, but my impression was that the fee requirement was only weakly enforced.

* One is the traditional problem of natural monopoly or close-knit oligopoly, leading potentially to elevated prices and restricted service. Some kind of price regulation to maintain "reasonable" prices has often been imposed. And for content that is broadcast, which in effect becomes a public good, appropriate means of revenue-raising to cover costs must be worked out.
* Second, as technology advances, conflicting patent claims, if not settled amicably, may require government intervention to break stalemates and ensure rapid and widespread diffusion of the best techniques.
* Third, because communications systems, and especially those based upon electricity and electronics, must interoperate, some authoritative body must set interface standards and resolve language encoding disputes.
* Fourth, not only must the technology for interoperability exist, but firms operating in one geographic or product spectrum segment must be induced to cooperate with others in the mutual transmission and receiving of communication signals. Interconnection fees must be set at reasonable and non-discriminatory levels.
* Fifth, scarce resources, and especially the electromagnetic spectrum, must be allocated among competing users in a way that avoids interference and fosters efficient utilization.
* And finally, governments may have to intervene, and to restrain their own actions, to ensure that communicated messages are treated confidentially, subject to only the most compelling exceptions.

**Europa e EUA – Modelos Económicos
e Sociais em Confronto?**

Oradores:

Carl Schramm
Eduardo Paz Ferreira
Peter Schuck

EUROPE'S GREAT CHALLENGE

*Carl Schramm**

It's a great privilege and honor to be here with you and with these distinguished panelists. I thought I'd speak just for a moment about the nature of the American economy as I see it, and as I've written in several places. In many regards, professional economists, who help drive the framework for public policy in the United States, have largely missed a significant transformation of the American economy, which has happened over the last thirty years. It is particularly important to understand it at this moment when public policy, in the face of a recession, seems to be loudly declared in terms that would in fact rekindle a number of approaches that would be more appropriate for much more severe economic circumstances.

The point I'd make here – and I rely mainly on points I made two years ago in Vienna at the meeting of the European Finance Ministers – is that to understand our economy (and I think largely this is a model that has much more influence than is perceived), one has to appreciate that the Keynesian formula established and adopted under Franklin Roosevelt, and much

---

* President of the Kauffman Foundation, University of Virginia.

enforced subsequently, no longer explains in fact how the American economy works. Politicians and many intellectuals have invested in a view that our economy is really a balance between three major powers, namely: large government, large business, and large unions. In fact, that model basically broke apart in the nineteen eighties, when many of the Keynesian models could no longer explain reality. This was the period we remember as "stagflation" when we saw phenomena that, theoretically, could not coexist: little to no growth, very large levels of unemployment (over nine percent, an extraordinary postwar level), the highest rate of consumer price inflation. Powerful economists in the United States argued that we should establish a system of central planning, and offered as the model Japan's MITI. At the time the Japanese economy was doing extraordinary well.

Fortunately, this model of central planning that was offered never was established and, almost unobserved, we have in fact produced a significantly different form of economic relationships in the United States. Government has become, in some regards, much less important with the reversal of the regulatory apparatus in many industries where government, once upon the time, set the rules. We are all beneficiaries of the deregulation of the airline industry, for example; telecommunications is another good example. At the same time, we saw an expansion of the research capacity in our private universities, which did a great deal to fire a new way of innovation within our economy. We also saw a resurgence in the entrepreneurial class, if you will, in the United States, that had been largely counted out, or counted as dead, by the economic thought that prevailed through the sixties, seventies, and nineteen eighties. John Kenneth Galbraith, to cite one authority, declared in 1968 that going forward, all innovation in the United States will come from large industrial laboratories; and Paul Samuelson went further, saying that the era of the entrepreneur is dead. This at the exact same time Bill Gates and others were creating new industries and the revolution that we now call the Information Revolution.

Indeed, I would argue that it is the coming of entrepreneurs that has actually shifted the gravitational force of our economy very profoundly. They have in fact had huge implications for the way our largest companies exist and operate – this is suggested by the fact that the turnover rate of companies on the *Fortune* 500 list (the largest domestic companies) has, since 1980, nearly doubled compared to the preceding three decades.

Now, the implications of this, as I suggested at the beginning, are poorly understood in the United States but they are profound, and they are profound, Mr. Chairman, in the direction that your initial comments intimate. They are profound in terms of the operation of democracy; they are profound in terms of the capacity of the economy to create wealth; and they are enormous in terms of our social policies, including the capacity to support transfer payments. It's lost in the current moment, but the average American is at least two-thirds wealthier in real terms then he or she was in only nineteen eighty (while there is some variance in class structure it is hardly anywhere near what is often trumpeted in terms of disparities of wealth). Further, these numbers do not count any of the qualitative differences in the goods and services that people buy. So, for example, when I say the average person is this much wealthier, that doesn't account for the fact that now people have cellular telephones which they did not own in nineteen eighty – indeed the technology didn't exist. This raises questions about individual responsibility and the capacity of government; it has implications for personal freedom, for how one conducts university education. It has enormous implications for how capital markets operate, and indeed, tremendous implications for how law itself is to operate to regulate this. I don't see the implications of all these things. I do believe that these forces point clearly to changes and undermined assumptions about the state and it's relationship to individuals, for example, around the must discussed question at the moment – health insurance – suggesting that in many instances individuals should be able to afford either the care itself directly, or certainly private systems of health insurance.

This, I would suggest, actually opens the door for us to think much more rationally about support programmes for individuals who cannot fend for themselves either through physical, educational, or economic disabilities of one sort or the other.

I conclude by saying it's my great privilege to lead an organisation, the Kauffman Foundation, that puzzles through and supports research in all of these areas. The Kauffman Foundation is the largest single sponsor of private academic economic research in the United States and it is within the framework of the book that myself and my colleague Bob Litan have done, *Good Capitalism, Bad Capitalism* (with Will Baumol) that we are attempting to puzzle through these questions and those that my panellist will puzzle through with us this afternoon. Thank you.

Modelo Económico Europeu: e pur si Muove

Eduardo Paz Ferreira[*]

Começo por expressar a minha honra em participar neste painel em que estão presentes pessoas que admiro profundamente e são autoras de reflexões especialmente interessantes sobre as questões que aqui são abordadas, como acabamos de confirmar pelo teor das magníficas e diversificadas exposições. A circunstância de ser o último interveniente neste painel cria-me, pois, um natural desconforto. Colocado nessa situação tentarei fazer aquilo que defendo para o Estado social europeu, isto é, aproveitar as lições para procurar uma melhoria de resultados.

Esta conferência parte do pressuposto de que nos encontramos num mundo em mudança acelerada, que se confronta com questões novas e comuns e, por isso mesmo, começamos pela análise das perspectivas da sociedade de informação e o seu impacto sobre o modo como iremos viver. Parte, também, do pressuposto de que existem diferentes formas de aproximação aos desafios económicos e que essas diferentes formas originam

---

[*] Professor Catedrático da Faculdade de Direito da Universidade de Lisboa

modelos económicos e sociais diversos. Com toda a razão, recordou a importância de não esquecer o eixo Ásia-Europa, nesta reflexão.

Verificar em que medida é que esses modelos convergem ou se afastam é, em grande medida, o projecto fundamental deste painel e não o ignorarei mas, numa área em que as generalizações são sempre perigosas, procurarei concentrar-me um pouco no caso português.

Ao terminar a semana e depois de termos analisado as diferentes respostas dadas dos dois lados do Atlântico em relação a toda uma série de questões de importância fundamental estaremos, aliás, bem melhor colocados para extrair conclusões desse debate.

A primeira ideia que ocorre quando se pensa em modelo económico e social europeu é a de um regime económico que reconhece um papel económico fundamental ao Estado sobretudo em matéria de protecção e garantia dos direitos económicos e sociais, saúde, educação, segurança social, apoio no desemprego, absorvendo o sector público uma vasta fatia do Produto Interno Bruto através de impostos ou outras formas de contribuição, com a consequente redução das desigualdades sociais.

Historicamente, este modelo de Estado assentou, também, na criação de vastos sectores empresariais públicos, utilizados como instrumentos de política económica e, como tal dotados de uma escassa autonomia de gestão, condicionada pela necessidade de prosseguir objectivos de protecção dos consumidores ou de combate ao desemprego. As empresas do Estado constituíram, por outro lado, uma forte alavanca de sindicatos fortes e determinados a aprofundar a protecção social assegurada pelo Estado.

Esta tentativa de definição sofre do problema comum a qualquer forma de generalização, uma vez que, na realidade, se pode falar de diferentes modelos, dos quais é normal isolar pelo menos quatro: o anglo-saxónico, o continental, o nórdico e o mediterrânico.

O sistema anglo-saxónico é aquele que assegura um nível de protecção menos elevada, na sequência das profundas reformas introduzidas nas últimas décadas. No modelo nórdico encontramos uma carga fiscal especialmente elevada e que assegura uma contra-prestação expressiva do Estado em bens públicos. O modelo francês, tal como o mediterrânico, concentra-se especialmente na protecção do desemprego, apresentando como traço original a existência de um conjunto elevado de serviços públicos de interesse geral, enquanto que o segundo se preocupa essencialmente com a protecção contra o desemprego, mantendo as prestações públicas em níveis baixos.

Paralelamente, assiste-se a uma verdadeira busca do Santo Graal, aqui identificado com o modelo económico europeu ideal. Para Olivier Blanchard o modelo ideal é o da Holanda. Robert Kutner, num artigo publicado no último número da *foreign affairs*, escolhe a Dinamarca, que junta o melhor do mercado livre com o melhor do estado de bem-estar. Por mim seria tentado a pensar na Finlândia, onde foi possível construir uma sociedade de informação especialmente dinâmica com forte influência pública, contrariamente à experiência norte-americana e isto mantendo elevados níveis de protecção social.

A ideia de Estado de bem-estar afirma-se no período pós-guerra, ainda que possa reivindicar herdeiros bem mais longínquos, como a experiência de protecção social de Bismarck. Corresponde, por outro lado, à tradição cultural europeia de larga dependência dos poderes estatais e da transferência para o Estado de toda a protecção dos riscos.

Quando, pelo contrário, se aborda o modelo económico norte-americano parte-se de uma perspectiva fundamentalmente individualista em que o sucesso é possível para todos e assenta na protecção da esfera privada contra a intervenção do Estado, assim como dos poderes económicos na pureza dos princípios resultantes da oposição aos monopólios consagrada no Sherman Act.

Livres para concorrer os agentes económicos gerarão tanto mais riqueza quanto menores forem os constrangimentos a que estão sujeitos. São esses mesmos agentes económicos que deverão, através das suas escolhas definir qual a parcela de rendimento que estão dispostos a afectar a finalidades de cobertura da educação, saúde e protecção na velhice.

Nem sempre assim foi, no entanto. Recorde-se que, ainda que a efeméride não esteja a ser particularmente celebrada, decorrem este ano setenta e cinco anos sobre o lançamento do *New Deal* que, apesar de afastar os dogmas clássicos do liberalismo americano constituiu uma experiência de mobilização social que projectou a sua sombra sobre um período alargado de tempo.

A rotura dos consensos e alianças que estiveram por detrás do *New Deal* e a radical modificação do ambiente económico, particularmente sentida a partir do início da década de oitenta, justificarão este aparente desinteresse e, no entanto, não falta quem nos Estados Unidos apele a um *New Deal*, como é o caso paradigmático de Paul Krugman no seu último livro *The Conscience of a Liberal*.

Também na fascinante campanha eleitoral norte-americana verifica-se, da parte dos candidatos democratas, um especial apelo a soluções que encontram a sua inspiração mais remota no *New Deal* e, mais próxima, no modelo do Estado de bem-estar europeu

Um tanto paradoxalmente, tudo isto sucede no momento em que a Europa, ou pelo menos uma larga camada de europeus, descrê do Estado de bem-estar e vê os caminhos do futuro no modelo económico americano, vendo mesmo nessa aproximação a única possibilidade de futuro da Europa, como sucede com Alesina e Giavazzi.

A derrocada soviética fez emergir um conjunto de governos e opiniões públicas fortemente motivados por soluções económicas baseadas no modelo económico norte-americano e bastante indiferentes – o que não deixa de ser paradoxal – aos direitos dos trabalhadores e à protecção social.

A falência do modelo soviético parece ter tido também consequências na crise de entidade dos partidos socialistas e social-democratas que, ainda que por vezes tenham revelado alguma simpatia pelo sistema jugoslavo, marcaram quase sempre distâncias em relação àquelas experiências, não foram capazes de, libertos da carga odiosa do socialismo de Estado, formular alternativas válidas de política económica.

Os governos de esquerda ou centro-esquerda no poder uma década atrás cederam, assim, o poder a governos dominados por um ideário individualista e dispostos a reformas radicais no modelo económico-social.

Sublinhe-se, no entanto, que a defesa do Estado de bem-estar europeu esteve longe de ser apanágio dos partidos de esquerda. Muito pelo contrário, como o atesta a França gaulista ou a Itália dos tempos da democracia cristã.

Em todo o caso, há que assinalar que depois de décadas em que os Estados Unidos foram encarados de forma arrogante pelos europeus, as elites europeias acabaram por admirar a capacidade dos Estados Unidos para liderarem a revolução tecnológica, cativando os melhores quadros da Europa órfã, e assegurando uma produção muito rica nos domínios da ciência política, da filosofia e da economia, em contraste com a decadência da produção europeia.

A América que emergira da guerra-fria como grande triunfadora vai juntar ao prestígio militar e económico o prestígio intelectual, de que nem sempre gozou na Europa. A imagem da terra prometida em que o sucesso pessoal depende apenas do engenho e da capacidade de assumir risco começa a minar a busca de garantias por parte do Estado. O domínio avassalador dos think tank de matriz liberal, consolida a ideia que ecoa nas mais prestigiadas escolas de economia e gestão.

A eleição de Nicolas Sarkozy é, porventura, a mais espectacular demonstração dessa sensibilidade que muda, impressionando especialmente por se verificar num país onde a intervenção pública encontra uma especial tradição. Sintomaticamente, Jacques Attali, antigo conselheiro de Mitterand, preside à comissão que produz o relatório sobre a libertação do crescimento francês, que se alarga por um impressionante conjunto de sugestões de diminuição ou supressão da intervenção pública.

Aqui chegados importa, todavia, reconhecer que, se a nível das intenções e declarações políticas como das opiniões públicas poucas dúvidas parecem restar quanto ao empenho reformista, qualquer tentativa séria de levar por diante tais reformas se confronta de imediato com resistências profundas. Um recente artigo da Newsweek elencava o conjunto de governantes substituídos pelos eleitores, depois de um programa intenso de reformas e daqueles que se tinham visto compelidos a parar as reformas a fim de evitar tal destino.

A integração económica europeia que conheceu avanços impressivos viera, por seu turno, criar um ambiente propício à alteração do modelo social europeu ao definir um conjunto de liberdades económicas que obrigaram, em larga medida, à redução do instrumentário político-económico dos Estados membros e, sobretudo, por via da política da concorrência – a grande ignorada em tantos países europeus – que arrastou o desmantelamento dos monopólios do Estado e a prática impossibilidade de utilizar o sector empresarial público para fins de política económica e social.

É, no entanto, com o Tratado de Maastricht e a prioridade dada à convergência nominal sobre a convergência real, bem como o confisco da política monetária e a forte limitação da política orçamental, que se abrem bases decisivas para a destruição do modelo social europeu, com o claro preço do não no referendo do Tratado da Constituição francesa nos referendos francês e dinamarquês e com a consequência de eliminar um instrumento fundamental para os ajustamentos a efectuar nas economias europeias.

Para além de muitos outros aspectos que aqui não é possível abordar importa assinalar de uma forma especial a circunstância de o mandato conferido ao Banco Central Europeu se cingir apenas ao combate à inflação, omitindo o problema do emprego. Dificilmente, se podem, pois, encontrar aqui traços do modelo de bem-estar europeu.

Na Europa procura-se, pois, em larga medida o desmantelamento ou a reformulação do modelo do Estado de bem-estar social, enquanto que em certos sectores políticos e intelectuais norte-americanos se procura inspiração europeia para fazer face às dificuldades. Não deixa, aliás, de ser irónica a circunstância de os organizadores da conferência terem mais facilidade em encontrar norte-americanos defensores do modelo europeu do que europeus motivados por essa mesma causa.

Trata-se de um diálogo que só pode trazer vantagens a um e outro lado do Atlântico, uma vez ultrapassadas as opiniões mais radicais e mais embebidas politicamente.

Para compreender onde nos situamos é necessário sintetizar as críticas mais profundas ao modelo social europeu que se reconduzem fundamentalmente à sua insustentabilidade financeira, aos seus efeitos sobre o empreendedorismo e o trabalho e sobre a carga fiscal. Algumas delas são naturalmente críticas formuladas no interior que visam a melhoria de funcionamento do modelo, enquanto outras preconizam a própria substituição do modelo, considerado como insustentável em tempos de globalização.

As críticas formuladas em nome da sustentabilidade das finanças traduzem-se normalmente em posições tremendistas, assumidas entre nós pelo Compromisso Portugal ou por economistas como Medina Carreira que, em nome das finanças sãs, apontam a necessidade de redução drástica do nível da despesa social.

Mais importantes são as críticas relativas à ausência de espírito de empreendedorismo que aparece como uma consequência do modelo social europeu em que a existência de uma teia de cobertura pública contra o risco, induzindo uma diminuição do esforço pessoal. Bush não hesitou, mesmo, em afirmar que o mal dos franceses era a sua língua não ter uma expressão própria para entrepreneurship. Não me recordo de ter havido uma reacção séria por parte dos *entrepeneurs* franceses, mas o equívoco linguístico serve para ilustrar outros tantos equívocos. Carl Schram dá-nos a este propósito um grupo de excelentes conselhos sobre como melhorar esta situação.

Outra frente de crítica é a que se prende com a falta de estímulo ao trabalho que resultaria quer das leis laborais restritivas quer da garantia de prestação pelo Estado em caso de desemprego. O aparente sucesso de experiências da flexi-segurança parece apontar uma via. Trata-se aqui claramente de uma das áreas em que mais se exige algum *fine-tunning*, por forma a que as empresas assegurem uma parte dos custos e que o Estado forneça os instrumentos necessários àqueles que estão em condições de continuar uma vida activa.

Naturalmente que fora desse debate ficam os excluídos da prosperidade, a que uma concepção *rawlsiana* de justiça, obriga a prestar uma especial atenção. Se alguns puderem ser chamados a uma vida activa excelente, se não o Estado deles não se poderá desinteressar, mas não será por causa desta franja que o estado de bem estar será posto em causa.

Mas, vai sendo tempo de ver como evoluíram as coisas em Portugal.

A primeira nota necessária é a que se reporta ao facto de Portugal não ter acompanhado o desenvolvimento do Estado de bem-estar no período de fundação na Europa.

A ditadura instituída em 1928 e que iria durar até 1974 assentou numa forte intervenção pública, traduzida na minuciosa regulamentação de muitos sectores, que excluía o funcionamento do mercado através de uma organização económica baseada num corporativismo de Estado, no controlo sobre os novos projectos económicos e na criação de monopólios públicos.

O pensamento económico liberal teve, de resto, muito escassa expressão no Portugal do século XX quer no seio do regime, quer nos partidos clandestinos de oposição – PS e PCP, pensamento essencialmente dominado pelas ideias socialistas ainda que no caso do PS por outras influências como o personalismo e, em certa medida, a doutrina social da Igreja.

A Constituição de 1976, saída da revolução viria a constituir um texto em que os direitos individuais de raiz política eram fortemente defendidos, o mesmo não sucedendo com os direitos de cariz social e económico, onde se podia notar algum enfraquecimento do direito de propriedade e iniciativa privada.

Encontramos uma Constituição que é particularmente rica na proclamação de direitos de natureza económica e social, como seria de esperar de um texto fundamental saído de uma revolução e elaborado num ambiente de radicalização política.

A proclamação desses direitos – mais ou menos aceitável por todo o arco político português – conjugava-se com a tentativa de afirmação de uma sociedade socialista, através de um processo de transformação progressiva que não era, contudo, objecto de quaisquer medidas ou calendários, o que veio a determinar que a constituição real, tal como interpretada e vivida, se orientasse num sentido profundamente diverso, posteriormente reforçado por várias revisões constitucionais que levaram a que bem pouco do texto original da constituição económica se mantivesse.

Ainda que as votações na Assembleia Constituinte pudessem conduzir noutro sentido, aquilo que parece hoje claro é que os partidos democráticos preferiram aceitar um *compromisso formal dilatório,* uma forma de devolver ao futuro a concretização do que viria a ser a *«constituição real»,* podendo-se acompanhar Figueiredo Dias quando fala de obra aberta a propósito do texto constitucional.

Tratou-se, naturalmente, de um processo em que teve um papel preponderante a interpretação dos órgãos de fiscalização da constitucionalidade que tiveram que resolver a sempre delicada problemática entre o juízo político e o jurídico e fizeram-no sentido de um redimensionamento dos seus poderes, recusando a ideia sedutora do governo de juízes.

Na Constituição manteve-se um catálogo impressivo de direitos económicos e sociais. Em relação a alguns é claro o seu carácter programático. Outros como os relacionados com o ensino, a saúde e a segurança social são objecto de normas mais concretas.

Quando a Assembleia e o Governo quiseram mexer nuns e noutros não tiveram especiais dificuldades em consegui-lo, ou fizeram-no com o apoio do Tribunal Constitucional que se orientou no sentido de que as normas consagradoras destes direitos não são de aplicação directa, antes exigem uma intervenção mediadora do legislador ordinário, que sempre que existam directivas constitucionais mais ou menos claras e precisas se encontra por elas limitado, ou com recurso a uma revisão constitucional.

Tudo isto não impede o reconhecimento de que a Constituição consagra os fundamentos de um Estado de bem-estar social. Tal consagração não é suficiente. O Estado Social como as revoluções não se constrói na base de proclamações escritas, mas antes da concretização das ideias e, aí, ainda que esta seja matéria que nos levaria muito longe, há que verificar que o estado de bem-estar começa a afirmar-se em Portugal tarde e a contra-corrente. Apenas afirmado, O Estado social começa a ser fortemente posto em causa. A contenção orçamental associada à entrada no euro joga aí um papel fundamental.

Intitulei esta minha interpretação "o modelo económico europeu. E pur si muove" crendo sublinhar que, apesar de todos os esforços das modernas inquisições, ele continua a existir. Espero que essa afirmação não me valha como a Galileu o fim da vida na prisão apesar de se ter retratado. A minha convicção de que assim não sucederá vem do estado de direito, parceiro indispensável do modelo económico europeu.

AMERICAN MODELS OF ECONOMY AND SOCIETY

*Peter Schuck**

I'm delighted to have been invited to participate in this very interesting conference where I hope to learn a lot. Let me say that I'm quite open to being interrupted with questions during my presentation if you like. I've been asked to discuss American models of economy and society and I've identified a number of questions that I hope my presentation will illuminate.

First, is there a single American model? The answer is no. Second, are "economic" and "social" distinctive realms for description and evaluation? The answer is yes. And Dr. Ferry's remarks also suggest that this is true in Europe as well. Third, why should we care about comparing the US and European models? The answer to that isn't so obvious. We hope to learn from one another, of course. On the other hand, as I learn more about different cultures, I have concluded that the cultural constraints on changing from one model to another are very severe indeed. Finally, can we say that one model is better than another? I have no answer to this; that's up to you to decide.

---

* University of Yale.

I do have my own answer to that but each of us must decide for ourselves based on our particular set of values and orientations.

A quick disclaimer: I'm going to make some broad generalizations, some over-simplifications, some controversial normative claims, which I can't fully defend here due to the lack of time. Also, although I will speak of "Europe" occasionally, I do not suggest by that that Europe is a monolith. Some of the earlier presentations have already emphasized the pluralism within Europe. Let me add that some of what I say about the US will draw on a brand-new book that I have co-edited with James Q. Wilson, published by Public Affairs under the title Understanding America: The Anatomy of an Exceptional Nation.

So the major points that I hope to establish with respect to American social and economic models are that there are many such models in the US reflecting a deep cultural pluralism there. There are many distinctive features of these models that are. quite different than in Europe. They have been exceptionally successful in many respects when compared with Europe, which should of course provide motivation to study the comparison. But I hasten to add that they also exhibit conspicuous areas of failure, comparatively speaking. Europe, I think, has some areas of accomplishment that the United States would do well to emulate, which is difficult to do because we tend to proceed in our own particular ways, constraining our ability to change our direction even if we wanted to.

Let me make five points about the American economic model. It's a very complex model. Dr. Schramm has alluded to this and therefore I need not spend as much time on it. First, it has many distinctive features that I will describe a bit later on. Second, it is supported by a very strong culture of market--oriented norms. Third, no other economy has had such sustained growth in the standard of living and employment as the United States has, which alone would give us a good reason to look to it closely and respectfully. Fourth, until the current recession, our recent recessions – in the early 1980s, 1990s, and 2000s – have been fewer and shallower than in earlier periods – again, a point that Dr. Schramm made. And finally we have some serious structural problems that I will discuss later.

I shall begin with the social models. Pluralism in the US also has many distinctive features. It reflects an ethnic diversity that yields many different ways of organising our social and institutional life and even our legal and economic life. This diversity, of course, is a consequence of immigration but interestingly it also preceded the great influx of immigrants during the middle of the 19th century and thereafter. Even in the colonial period, America was always a very culturally diverse society. We also adhere to a set of constitutional principles that provide for autonomy and independence from the state, and that help to account for the flourishing of religion, which is a very important aspect of American culture and one that distinguishes it very sharply from European cultures today. In addition, our Constitution guarantees' *laissez faire* in matters of culture. So, for example, our Supreme Court has interpreted the Constitution to, protect the right of individual groups, families, organisations, and ethnic communities to govern themselves, subject to relatively light constitutional constraints.

Another aspect for our pluralism is that national identity is very secure in the United States, compared to some of the countries in Europe. I particularly think of France, which views immigration as constituting a great potential threat to the French national identity. In the United States, there is of course some insecurity on the part of many people, especially among some conservatives, but our national identity is very strong. Most people take it for granted and don't think that it is under serious threat from immigration or anything else. Another important aspect of American identity is that it is what I call notional – that is, in order to be an American, one need not believe in much of anything except the importance of defending the Constitution when that's called for, which isn't very often. There is no cultural test for American citizenship; American citizenship is very undemanding in that sense. All that is required in order to be an American is that one must have mastered to some extent the English language – even that requirement is a very easy one to satisfy – and that one obey the laws, which in most cases are not terribly demanding. It is in that sense that I speak of our national identity as notional. It is not inscribed in any particular ethnicity or cultural tradition and therefore great diversity is considered perfectly consistent with a strong American national identity.

Our social model has many distinctive features and I shall quickly identify some of them. Obviously I am over-simplifying a great deal by doing so. I begin with the most fundamental, which is the deep cultural commitment to *liberal individualism* by which I mean that American law and culture preserve an enormous amount of space for individuals and their voluntary associations to pursue their notions of the good. The government occupies a small space relative to European states, and as Dr. Schramm indicated earlier, its role is probably diminishing as a proportion of the whole. And this is true, not only in the current Republican administration but likely in the next administration, which I suspect will be Democratic.

Part and parcel of this individualism is a profound *suspicion of government intrusion and of governmentally-mandated redistribution*, a suspicion that is in striking contrast with Europe. This suspicion will continue despite the vastly increased government interventions in the financial and certain industrial sectors occasioned by the current economic crisis. Indeed, the political backlash against these interventions from both the left (fearful of corporate exploitation of the crisis) and the right (fearful of over-regulation and governmental control) is already well under way. A book that brings together a good deal of public opinion and other kind of data to illustrate these differences is Alesina & Glaeser, Fighting Poverty in the U.S. and Europe (Oxford University Press, 2004).

A third distinctive feature is our *constitutionalism*. Obviously, I do not mean by this that the United States has a constitution and European nations do not, which of course is not the case. What I mean is that we have a distinctive view of the role of courts, of independent courts, and of the adversarial, common law legal system that cultivates an orientation toward individual rights that of course is both cause and consequence of the liberal individualism that I mentioned earlier. This was a striking characteristic of American society even in the early part of the 19th century, when Alexis de Tocqueville wrote his classic Democracy in America.

A fourth feature of our social model is *privatism* – that is, a commitment to the importance of the market and a general acceptance of the outcomes that market competition produces. Again, there is little doubt in my mind that this commitment will survive the current crisis in which the government's role has been vastly expanded, at least for the near future. These outcomes are altered somewhat by government redistribution, but not to the same extent as occurs in Europe. Another aspect of American privatism is the non-profit sector. Voluntary associations in the United States do a vast amount of work that in other societies, particularly in Europe, is performed by the state. This is a remarkable feature of American society, again recognised at an early point in our national development by the same de Tocqueville. Yet another aspect of this privatism is a commitment to family autonomy, one that may be even more extreme than that in Europe. I don't know much about European family law, but in the United States the family is viewed as a unit into which the law should intrude only in the most extreme cases, for better and for ill.

A fifth feature is *localism*. Probably 90% of the officials in the United States who are elected serve not at the federal level, but at the state and local level. And state and local public administration in the United States is not simply delegation by a centralised administrative apparatus. In fact, state and local governments and indeed individuals in their role as voters control an enormous amount of public policy. This is particularly true in the areas of education, public health, and law enforcement but in other areas as well such as property rights, the common law systems administered by local courts, and much more. I mentioned a moment ago that *religion* is a very important feature of American culture. It is remarkably diverse in terms of the number of denominations and the broad cultural differentiations among them. It is also very competitive. That is, market values help to shape religious institutions, making them vibrant, robust, and innovative – again in dramatic contrast to Europe where state religions dominate. American religion, like other aspects of the society, is also highly decentralised. Even the Catholic Church, which is our most centralised religious organisation, is radically decentralised by Vatican standards.

The last two features I want to mention are cultural attitudes. One is a high degree of patriotism. If you ask Americans whether they are proud to be Americans, the percentage who will say yes is about twice as high as the percentage of French who say they are proud to be French or Germans who will say they are proud to be Germans. This patriotism is visible to anybody who visits the United States. Of course one can view this patriotism as being positive or negative. Finally, Americans entertain pragmatic attitudes toward public policies and toward institutions. We are practical people, not terribly theoretical in our approach to social issues. This explains much about the nature of our politics, the competition between the parties, our political centrism, and many other aspects of American life.

I claimed that the American social model, or models, are very successful in some important respects. Because of the lack of time, I will only mention them and say more about it later on, if you wish. First, the American people are very optimistic people compared to Europeans. Again, the Alesina and Glaeser book that I mentioned earlier points to the importance of this distinction and provides evidence for it. This may reflect the religious character of the American people, their economic progress, and the high standard of living that they have enjoyed. It may have to do with the fact that we have not been subject to catastrophic wars on our soil, or perhaps other reasons.

Second, our demographic profile is in dramatic contrast to Europe's. I need not dwell on this, as it is much discussed in Europe. The American fertility rate is much higher than Europe's and immigration has a good deal to do with this. But even without immigration our fertility rates are higher. This difference may also have to do with young Americans' greater optimism about bringing children into their lives.

Third, cultural and technological vitality is a very important characteristic of American life. Immigration, protected by the lack of a xenophobic or nativist party, is another very striking feature. The Republican party, which has some restrictionist elements, has had to reach out to and recruit new voters from immigrant groups out of political necessity. This contrasts dramatically with European countries that all have an extreme right-wing party that seeks to exclude immigrants categorically. Other successful features of the American model have already been mentioned: political stability, national cohesion, a standard of living that is high and rising for almost all people on the US, including low-income Americans. A number of studies show that on a consumption basis, which measures what people actually consume as distinguished from their reported, formal income, low-income people are enjoying a higher standard of living than in the past. Welfare reform, American style, has been largely successful. Much more needs to be done to ensure that job opportunities exist for the least employable parts of the low-income population, but the reform is generally believed to have been a very great success.

Finally, I would mention a robust self-criticism, particularly today. Americans, I speculate, are more self-critical than any other successful society in history. And this is true not only after a Republican administration that is widely perceived to have failed in many respects; it has been true throughout American history.

As just noted, I shall not ignore the important failures in American life. There is a persistent underclass which both reflects and causes other social failures including high school drop-out rates, family instability, violent crime and drug culture, moral and affective isolation in many blacks, particularly black males, and rising inequality, which is partly due to immigration. The relationship between immigration and growing inequality is complex but important.

On economic models, I must be very brief. Americans enjoy the economic advantages of a large integrated national market, advantages that the EU is pursuing with great success.

A variety of federalisms such as regulatory federalism, tax federalism, and competitive federalism, are important structural features of our economic system. Our economy is also a hybrid form. It is neither entirely *laissez faire* nor is it state guided — to use some categories that Dr. Schramm elaborates in his new book. It exhibits a good bit of both. Our labour markets are notoriously flexible, too flexible for some tastes; this is a feature of the American economy that is opposed by many unions and other groups in Europe. But it has a good deal, I think, to do with our relative economic success and innovative character. Our capital markets are flexible and innovative — indeed, too innovative in some respects, as exemplified in the exotic derivatives and other financial products that have contributed to the current economic crisis. Traditionally, the banks have not owned much corporate equity, compared with Japan, Germany, and some other national economies. Entrepreneurship is facilitated by easy entry and easy hiring and firing of employees, as I mentioned a moment ago, and easy bankruptcy enables firms to mobilize whatever assets remain and get a fresh start. Most industries in the United States are highly decentralised and our personal income tax rates are very low compared to those in Europe, although corporate tax rates are relatively high. Stock ownership is very widespread, over 55% of Americans own some stock and this becomes very important in political debates today because capital gains taxes are not simply paid by the rich. International trade accounts for a relatively low share of the American economy, making it somewhat less subject to the vagaries of international trade and currency changes than are most European economies.

Economic growth and low unemployment are important values in the United States as in Europe, but our acceptance of unequal outcomes is greater than in Europe — a difference that

Alesina and Glaeser's book illuminates with some very interesting data. The last aspect of the American economic model that I'll mention is a skepticism about government-promoted industrial policies, which as Dr. Schramm indicated were the rage in the late 1970s and early 80s when Japan seem to have all the answers. Of course, our system gives many tax and business subsidies, and both the Bush and Obama administrations have tried to manage the current recession through very large infusions of government credit and investment in certain financial and industrial giants in what can fairly be called a new, if perhaps temporary, industrial policy. Americans are also sceptical about corporatism, which in Europe accords a much larger role to labor unions and other non-shareholder interests in our corporate enterprises.

With all of its earlier successes, the American economic model has some very serious structural problems, which are all too evident in the recent melt-down. First is our over-reliance on external energy sources. Certainly Europe has the same problem, although its heavier reliance on nuclear power is noteworthy. Second, we save too little and over-rely on external savings, which affects our ability to maintain the value of the dollar while also avoiding the economic instability that might result if foreigners who own American assets choose to sell them. In fact, this reliance on external savings is so great that we must hope that the Chinese will not dump their dollars out of a concern that doing so would seriously reduce their own dollar-denominated investment values. Another structural problem, less so than in Europe but nevertheless important, is the ageing of the population and the effects that this will have on social program costs. Income stagnation for many workers is a problem. Although Americans are concerned more about equality of opportunity than equality of result, there is a growing sense that the gap between rich and poor, between corporate executive salaries and worker salaries, has become too large. Our tax systems are very complex and inefficient, and the decentralisation that I mentioned before makes these systems very difficult to reform. Finally, growing political pressure in Congress for protectionism in both trade and services is a major challenge for the Obama administration, one that it may only weakly resist in the current economic crisis. Thank you.

Sistemas Jurisdicionais e Conflitualidade Económica

Oradores:

Josef Azizi
José Narciso Cunha Rodrigues
Kenneth Feinberg

The Role of the Court of First Instance
of the European Communities (CFI)
in Economic Litigation[1-2]

Joséf Azizi[*]

I. Introduction

A. Preliminary remark

The following presentation constitutes only a brief outline. It may not in any way be considered as complete and exhaustive.

The Court of First Instance of the European Communities (CFI) is one of the Courts of the European Union[3]. It consists of at least one judge per Member State (presently: 27 judges), acting mainly in chambers of 3 rarely in chambers of 5 and

---

[*] Judge at the General Court.
[1] All views expressed are strictly personal and do not engage anybody but the author.
[2] The present written version keeps strictly the form of the oral presentation without detailed foot notes and was made before the coming into force of the Lisbon Treaty.
[3] See Articles 220 (1), 224 and 225 EC.

very exceptionally in the Grand Chamber with 13 judges[4]. In as far as its decisions are taken at first instance, they may be subject to an appeal to the Court of Justice of the European Communities (ECJ) on points of law only[5].

B. The main judicial competences of the CFI: direct actions brought by individuals and/or Member States against Community organs [actions for annulment (Article 230 EC); actions for failure to act (Article 232 ECT); actions for damages (Article 288 (2) EC); contractual arbitration proceedings (Article 238 EC)]

The CFI is essentially competent for direct actions brought by individuals against Community bodies or brought by Member States[6] against Community bodies other than the European Parliament or the Council[7]. On the one hand, such actions dealt with by the CFI are mainly actions for annulment (Article 230 EC), actions for failure to act (Article 232 EC) and actions for damages (Article 235 in conjunction with Article 288 paragraph 2 EC); on the other hand the CFI has also jurisdiction to give judgment in contractual arbitration proceedings on the basis of contractual arbitration clauses envolving the Community (Article 238 EC).

---

[4] See Article 224 (1) EC, Article 50 of the Statute of the Court of Justice (2001) and Article 11 (1) of the Rules of Procedure of the Court of First Instance.

[5] Cf. Article 225 (1) subparagraph 2 EC.

[6] Only Community institutions other than the European Parliament (EP) and the Council, Article 51 of the Statute of the Court of Justice.

[7] Safe for the non legislative activities of the EP and the Council: cf. Article 51 of the Statute of the Court of Justice.

Characterizing roughly the overall role and function of the CFI, one could say that it is a "General Court"[8] since it has in principle the primary competence for all direct actions, safe for express exceptions for the ECT or any specialized EC Court[9]. It can potentially be made competent also for preliminary ruling proceedings in specific areas[10] as well as for any other classes of action or proceeding[11]. Even if some of the CFI's competences evolved at least partly by matters of civil law, e.g. cf. Article 288 (2) EC and 238 EC, it has above all the function of a "European administrative Court", controlling the legality of the behaviour mostly of Community administrative bodies, amongst which, in the first place, the European Commission[12].

C. Locus standi before the CFI: The restricted access to the Community judge for individuals under Article 230 paragraph 4 EC

According to the fourth paragraph of Article 230 EC, a natural or legal person may institute proceedings against a decision in the form of a regulation or a decision addressed to another person only if that decision is of direct and individual concern to the former.

---

[8] See also Article 19 paragraph 1 TEU and Article 254 TFEU, as modified by the Lisbon Treaty.
[9] Article 225 (1) EC.
[10] Article 225 (3) EC.
[11] Article 225 (1) EC.
[12] Whereas the ECJ might be roughly characterized as a "European supreme and constitutional Court", having regard to its main competences under Articles 226 and 234 EC.

According to the settled case-law of the Court of Justice, persons other than those to whom a decision is addressed may claim to be <u>individually concerned only</u> 1) <u>if that decision</u> affects them by reason of certain <u>attributes which are peculiar to them</u> or 2) by reason of <u>circumstances</u> in which they are differentiated from all other persons <u>and</u>, by virtue of those factors, distinguishes them individually just as in the case of the person addressed (so called <u>Plaumann</u>-formula[13]).

As a matter of fact, one of the consequences of this case-law is that <u>the more intensively</u> a person is being affected in its interest by a decision, the less it is probable that this person might prove to be affected in a different manner than other persons in order to establish that it is <u>individually</u> concerned by that decision and thus, to show that its application is admissible. For example, it is particularly difficult and highly unlikely for a person to demonstrate that it is individually concerned by a legal measure if it claims that the legal act in question constitutes a danger or threat for its life, for its health, for its economic survival or for its interest in the protection of the environment. Indeed, in such circumstances it is very likely that other persons would be affected in a similar way, so that the application would be inadmissible[14].

---

[13] See, i.a., ECJ judgment of 15 July 1963, Case 25/62 *Plaumann & Co v. Commission CEE* [1963] ECR 199, paragraphs 95 and 107, and ECJ judgment of 25 July 2002, Case C-50/00 P *Unión de Pequeños Agricultores v. Council* [2002] ECR I-6677, paragraph 36.

[14] See, however, the modification to the present Article 230 (4) EC, as foreseen in Article 263 (4) TFEU.

D. The particular scope of Community judicial review in economic matters

In as far as the Court of First Instance has to review a Commission decision dealing with economic questions, the Community case law recognizes, in principle, that the Commission has a margin of discretion with regard to economic matters.

The Court's review of the Commission's assessment with regard to complex economic facts is, in principle, confined to ascertaining whether the Commission has not transcended its wide margin of discretion. The Commission's decision is, in that respect, subject to a mere review of plausibility by the CFI[15]. Thus, it is not the Court's role to substitute its assessment of the relevant economic facts for that made by the Commission. In such a context, review by the Court consists in ascertaining that the Commission complied with the rules of procedure and the rules relating to the duty to give reasons and also that the facts relied on were accurate and that there has been no error of law, manifest error of assessment or misuse of powers[16].

Nonetheless, whilst the case-law recognizes that the Commission has a margin of discretion with regard to economic matters, that does not mean that the Community judicature must completely refrain from reviewing the Commission's interpretation of information of an economic nature: not only must the Community judicature establish whether the evidence

---

[15] See, e.g., CFI judgment of 12 December 1996, Case T-380/94 *AIUFASS and AKT v. Commission* [1996] ECR II-2169, paragraph 59, and CFI judgment of 12 February 2008, Case T-289/03, *BUPA e.a. v. Commission* [2008] ECR II-81, paragraph 221.

[16] Cf., e.g., CFI judgment of 17 December 2008, Case T-196/04 *Ryan Air v. Commission*, n.y.r., para 41, and ECJ judgment of 22 November 2007, Case C-525/04 P *Spain v. Lenzing* [2007] ECR I-9947, para 58.

relied on is factually accurate, reliable and consistent, but also whether that evidence contains all the information which must be taken into account in order to assess a complex situation and whether it is capable of substantiating the conclusions drawn from it[17]. Moreover, where the Community institution has a wide discretion, the review of observance of certain procedural guarantees is of fundamental importance. Those guarantees include the obligation for the competent institution to examine carefully and impartially all the relevant elements of the individual case and to give an adequate statement of the reasons for its decision[18].

II. "Jurisdictional systems" and "economic conflicts": relevant conceptual underpinning from the perspective of the CFI

A. Relevant "jurisdictional systems": Legal remedies in the EU and the general positioning of the CFI in relation to the ECJ on the one hand and to the national Courts of the Member States on the other hand

As already explained, the CFI has the general competence to judicate on direct actions brought by individuals or Member

---

[17] CFI judgment of 18 September 1995, Case T-167/94 *Nölle v. Council and Commission* [1995] ECR II-2589, para 12, and CFI judgment of 25 October 2002, Case T-80/02 *Tetra Laval v. Commission* [2002] ECR II-4519, para 39.

[18] ECJ judgment of 21 November 1991, Case C-269/90 *Technische Universität München* [1991] ECR I-5469, para 14, and ECJ judgment of 22 November 2007, Case C-525/04 P *Spain v. Lenzing* [2007] ECR I-9947, paragraph 58.

States against any illegal behaviour of Community organs. It exercises its functions subject to a possible review by the ECJ. But this control by the ECJ is limited to questions of law. Save for proceedings under Articles 226 or 227 EC brought by the Commission or another Member State, infringements of Community law by national organs of a Member State can only be challenged before the national judiciary of that Member State. As the case may be, the national court may ask the ECJ for a preliminary ruling on the relevant question of EC-law. Being given the difficult access to the Community judge under Article 230 (4) EC, the seizure of national courts with the hope of a preliminary ruling procedure on the validity of a Community legal act may often be the only possibility to at least indirectly accede to the Community judge.

It is often said that the possibility for individuals to seize the national judiciary in order to get indirect access to the ECJ in the frame of a preliminary ruling proceeding could be seen as compensation for the lack of a possible direct action, as if it was a part of a so-called "complete system of legal remedies"[19] within the EU. But there are many situations where one cannot possibly expect that the individual concerned could make use at least of the indirect way of preliminary ruling questions through national courts' proceedings to bring its case before the Community Courts.

---

[19] See, e.g., ECJ judgment of 1st April 2004, Case C-263/02 P *Commission v. Jégo Quéré* [2004] ECR I-3425, paragraphs 30 and 31, which puts the responsibility for full legal protection on the shoulders of the Member State's legislators (idem: ECJ judgment of 25 July 2002, Case C--50/00 P *Unión de Pequeðos Agricultores v. Council* [2002] ECR I-6677, paragraphs 40 and 41).

On the other hand, in the area of <u>competition law</u>, the Community legislator has recently transferred the day-by-day surveillance of enterprises to national authorities[20]. This means, that after nearly 20 years of steady specialization of the CFI in competition law questions, the ECJ is now being confronted more and more to preliminary ruling questions put by national courts in this very specific field. Since the CFI had been originally created inter alia to ease the burden of work of the ECJ, especially in cases of competition law, one might wonder whether this recent evolution is not likely to be counter-productive under this objective as well as in terms of efficiency. The future will show whether – at least on the long term – the transfer of certain preliminary ruling proceedings to the CFI under Article 225 (3) EC might be envisaged in such circumstances[21].

---

[20] See Regulation 1/2004 of 23 December 2003 on the application of Articles 87 and 88 of the EC Treaty to State aid to small and medium-sized enterprises active in the production, processing and marketing of agricultural products (OJ L 1, 3 January 2004, p. 1-16).

[21] See, e.g., Azizi, J (2006) 'Opportunities and Limits for the Transfer of Preliminary Reference Proceedings to the Court of First Instance' in Pernice/Kokott/Saunders (ed.), *The Future of the European Judicial System: The Constitutional Role of European Courts* (Baden-Baden, Nomos).

B. Relevant "economic conflicts" before the CFI: possible criteria of categorization

1. Conflicts pertaining to direct economic relations between economic operators (or Member States) and the Community

1.1. *Introductory remark*

"Economic conflicts" leading to CFI proceedings can be categorized in many different ways. The functional criteria developed hereafter are merely descriptive. They serve a purely informative purpose and therefore do not necessarily exclude each other. Therefore, some overlappings of the following criteria might be possible.

1.2. *Contractual arbitration proceedings (Article 238 EC)*

Actions based on contractual arbitration clauses can obviously concern any matter dealt with in contracts involving the European Community. The most frequent configuration seems to be conflicts arising in the execution of economic contracts between the Commission and an economic operator charged with the realization of projects and tasks in various fields of Community activities.

1.3. *Actions for damages (Article 235 in conjunction with Article 288 paragraph 2 EC) [and their possible subsidiary function with respect to any other kind of economic litigation]*

Actions for extracontractual damages can, in principle, touch upon any field of Community activities. Under Article 288 (2)

EC, anybody could sue the European Community for the compensation of damages allegedly caused by a sufficiently characterized breach of Community law committed by a Community organ. As the case law has made clear, in principle any kind of illegal behaviour of any Community organ is possibly liable to give rise to such an action.

As the right to bring an action for extracontractual damages is in principle independent of any other legal remedy, it can also be used in the absence of admissibility, for individuals, to bring an action for annulment under Article 230 (4) EC. Thus, it is often the only means at hand, for economic operators, to get a judicial assessment of the alleged illegality of a Community act.

The action for damages can get a specific importance as a con-sequence of other judicial proceedings with an economic relevance especially to compensate the damage caused by a Community act which has been annulled by the Community jurisdiction[22].

1.4. *Community public procurement litigation*

The Community organs often use public procurement, mainly by means of a call for tenders, in order to provide for the realization of services or the delivery of goods for the Community. Given the possible high economic interest for the

---

[22] See, e.g., CFI judgment of 19 July 2007, Case T-344/04 *Bouychou v. Commission*, n.r., CFI judgment of 19 July 2002, Case T-360/04 *FG Marine v. Commission*, n.r., CFI judgment of 11 July 2007, Case T-351/03 *Schneider Electric v. Commission* [2007] ECR II-2237, and CFI judgment of 9 September 2008, Case T-212/03 *MyTravel v. Commission*, n.y.r.

operators concerned, after such an administrative procurement procedure, the final adjudication decision is frequently the target of actions for annulment brought before the CFI by unsuccessful tenderers.

1.5. *Community subsidies litigation (e.g. structural funds)*

In several areas of Community law, Community subsidies are foreseen under specific circumstances, mostly to render workable some Community policy or to compensate for economic disadvantages caused by its realization. The legal basis for such subsidies may consist mainly in Community regulations, like concerning the various Community structural funds. By applications for annulment, Member States or individuals seek the annulment of decisions taken by the Commission and which concern the clearing and final settlement of accounts, especially as to financial claims for the realization of a Community project.

2. Conflicts pertaining to economic relations between economic operators and Member States

2.1. *State aid (Articles 87, 88 EC)*

State aids are, in principle, incompatible with the Common market and, therefore, prohibited (Article 87 (1) EC). Nonetheless, this prohibition does not apply to State aid measures which are excepted by law under Article 87 paragraph 2 EC or Article 86 (2) EC or which are exempted by administrative decision under Article 87 (3) EC or under Article 88 (2) EC. Commission decisions ascertaining the presence of State aid under Article 87 paragraph 1 EC as well as decisions on exceptions or exemptions of State aid measures can be challenged in Court, as the case may be, either by Member States and the potential beneficiary of the aid measure envisaged, or by its competitors. In practice, State aid proceedings tend to have a high importance, not only for the enterprises concerned, but for the economic policy of the Member State envolved.

2.2. *Services of general economic interest and public enterprises (Article 86 EC)*

As already mentioned, under Article 86 paragraph 2 EC, undertakings entrusted by the Member States with the operation of services of general economic interest (SGEI) might be excepted, under certain circumstances, from Community competition rules. Decisions taken by the Commission on the applicability or not of such an exception can be attacked before the CFI either by competitors or by the Member State and the undertaking in question[23].

3. Conflicts pertaining to rules regulating general market behaviour

3.1. *Competition law litigation*

3.1.1. *Collusions between undertakings (Article 81 EC)*

The Commission is entitled to sue undertakings or associations of undertakings under Article 81 EC for a collusive

---

[23] See, e.g., CFI judgment of 12 February 2008, Case T-289/03 *BUPA v. Commission* [2008] ECR II 81.

behaviour preventing, restricting or distorting competition within the Common market. In this context, Commission decisions stating the participation of enterprises to illegal cartels and imposing fines on them form frequently the object of actions for annulment. Such proceedings regularly envolve various factual and legal questions as well as to the legal foundation of the decisions as to the determination of the penalties.

More recently, the question of confidentiality concerning the mentioning of an enterprise in a Commission cartel decision has risen under the aspect of possible later private enforcements following such a decision[24].

3.1.2. *Abusive exploitations of a dominant position (Article 82 EC)*

Commission decisions under Article 82 EC as to the abuse of a dominant market position are also often challenged before the CFI. The judicial review of such decisions often necessitates, on the basis of the pertinent provisions, a refined methodology as to the ascertaining of the facts and the light of the applicable Community law.

3.1.3. *Mergers (concentrations)*

Still with the objective to preserve a workable competition, the Commission is entrusted with the power to grant or to

---

[24] CFI judgment of 12 October 2007, Case T-474/04 *Pergan Hilfsstoffe für industrielle Prozesse v. Commission* [2007] ECR II-4225, paragraphs 45 and 72 ff.

deny approval to mergers of undertakings with a possible impact on the market[25]. Such decisions taken by the Commission are also subject to a potential judicial review by the CFI.

3.1.4. *Competition law aspects of Article 86 EC*

The EC Treaty does not, in principle, allow any measures contrary to EU-competition and State aids law (Articles 81-89 EC). Nonetheless, Article 86 paragraph 2 contains a legal exception from these rules for undertakings entrusted with the operation of services of general economic interest, not only with regard to State aids law (see above) but also with regard to competition rules *stricto sensu*.

3.2. Emission trading allowances litigation

The CFI is also competent for dealing with applications under the directive 2003/87[26] establishing a scheme for greenhouse gas emission allowances trading within the Community. Most of these applications submitted to the CFI are brought by Member States who seek the annulment of a Commission decision refusing their national allocation plan for emission

---

[25] See Council Regulation (EC) n.° 139/2004 of 20 January 2004 on the control of concentrations between undertakings (the EC Merger Regulation), OJ L 24 of 29 January 2004, p. 1-22.

[26] Directive 2003/87/EC of the European Parliament and of the Council of 13 October 2003 establishing a scheme for greenhouse gas emission allowance trading within the Community and amending Council Directive 96/61/EC, OJ L 275 of 25 October 2003, p. 32-46.

allowances[27]. But sometimes also economic operators seize the Court with applications for annulment and/or for damages, alleging the illegality of Commission decisions taken on the basis of directive 2003/87 or even of the directive itself[28]. As to applications for annulment, economic operators will, once again, have to show that they are "directly" and "individually" concerned by the contested act in order for theirs action to be admissible under Article 230 paragraph 4 EC.

4. Specific conflicts pertaining to limitations to market access for products and services

4.1. *Litigation on product licensing and product classification (e.g. pharmaceuticals, chemicals, foodstuff, etc.)*

The possibility to use and commercialise potentially dangerous products is often regulated by legislative acts which contain specific lists of products whose use would be banned, restricted or allowed. Sometimes, it might also be an individual administrative decision that would admit or exclude a specific product.

There is a steadily increasing number ob applications which seek the annulment of legal acts restricting or allowing the use of certain products, mainly for reasons of health and environmental protection. For example, producers or their competitors, consumers and Member States may seek either the authorization or the banishment of specific pharmaceuticals, chemicals, foodstuff etc.

---

[27] See, e.g., CFI judgment of 7 November 2007, Case T-374/04 *Germany v. Commission* [2007] ECR II-4431.

[28] CFI order of 30 April 2007, Case T-287/04 *EnBW Energie Baden-Württemberg v. Commission* [2007] ECR II-1195.

The future activities of the newly created European Chemicals Agency (REACH)[29] will certainly further encrease the number of legal actions in this field. It therefore cannot be excluded that, in some years, there might be a need for the creation, in this field, of a specialized Court under Article 225a EC.

4.2. Intellectual property litigation (e.g. European trademark litigation)

At present, applications against decisions taken by the chambers of appeal of the European Trademark Office [Office for the Harmonization of the Internal Market (OHIM)] in Alicante[30] form more than 30% of all cases pending before the CFI. Thus, european trademark litigation is another field where it may seem appropriate to create a specialized Court in the sense of Article 225a EC, in order to levy the CFI's increasing burden of work and to help it focusing on its horizontal role as a general court.

4.3. Antidumping litigation

In the framework of common commercial policy, trade protection measures may take the form of regulations of the

---

[29] Regulation (EC) No 1907/2006 of the European Parliament and of the Council of 18 December 2006 concerning the Registration, Evaluation, Authorisation and Restriction of Chemicals (REACH), establishing a European Chemicals Agency, amending Directive 1999/45/EC and repealing Council Regulation (EEC) No 793/93 and Commission Regulation (EC) No 1488/94 as well as Council Directive 76/769/EEC and Commission Directives 91/155/EEC, 93/67/EEC, 93/105/EC and 2000/21/EC (OJ L 396, 30 December 2006, p. 1-849).

[30] Council Regulation (EC) No 207/2009 of 26 February 2009 o the Community trademark (OJ L 78, 24 March 2009, p. 1-42).

Council and of the Commission. Most frequently, such measures are being taken in order to compensate dumping or subsidies favouring the importation of goods under conditions incompatible with a market economy. Antidumping regulations are an important target of actions for annulment before the CFI, mostly brought by foreign enterprises.

III. Transborder and Globalization aspects in litigation before the CFI

A. General remark: companies active within or outside the EU as a point of departure

The EC Treaty does not limit for natural and legal persons the access to Justice on the basis of the nationality. Therefore, economic litigation proceedings before the CFI can be triggered by economic operators not only if they are situated in the EU, but also by companies from outside the EU. This is particularly obvious in the field of antidumping, but applies just the same to any other field of economic litigation.

B. Competition law: crossborder economic conflicts within the EU and worldwide

1. "Effects theory" (Ahlström, Gencor)

The Community Court's case law has made it clear that the Community competition rules potentially apply to economic activities (like e.g. concentrations creating or strengthening a dominant position) with the foreseeable, immediate and substantial effect that effective competition in the Common market is significantly impeded[31]. Therefore, it is not excluded that the Commission supervises and, possibly, sanctions the behaviour of undertakings even if they take place outside the territory of the EU, as soon as such an effect can be ascertained. Consequently, when reviewing the legality of the Commission's surveillance activity, the CFI himself has also jurisdiction to potentially examine the behaviour of economic operators set outside the boundaries of the EU.

2. Mergers: market dominance as substantial lessening of competition/"significant impediment" (Regulation 139/2004)

With regard to mergers, the aforementioned cross border impact of EU competition law has been particularly strengthened by Regulation 139/2004[32]. Indeed, on the one hand, only a concentration which would not significantly impede effective competition shall be declared compatible with the Common market (Article 2 paragraph 2). On the other hand, <u>any concentration</u> which would significantly impede effective competition, "in particular as a result of the creation or strengthening of a dominant position", shall be declared incompatible with

---

[31] See, e.g. CFI judgment of 25 March 1999, Case T-102/96 *Gencor v. Commission* [1999] ECR II-753, paragraphs 82 and 90. See also ECJ judgment of 27 September 1988, joint cases T-89/85, T-104/85, T-114/85, T-116/85, T-117/85 and T-125-129/85, *Ahlström Osakeyhtiö e.a. v. Commission*, [1988] ECR 5193, paragraphs 11-23.

[32] Council Regulation (EC) n° 139/2004 of 20 January 2004 on the control of concentrations between undertakings (the EC Merger Regulation), OJ L 24 of 29 January 2004, p. 1-22.

the Common market (Article 2 paragraph 3). This prohibition goes beyond the mere concept of "dominance", since it also encludes the anticompetitive effects of a concentration resulting from the non-coordinated behaviour of undertakings which would not have a dominant position on the market concerned. So, if it is true that a significant impediment to effective competition generally results from the creation or strengthening of a dominant position, nonetheless, under certain circumstances, concentrations may, even in the absence of a likelihood of coordination between the members of the oligopoly, result in a significant impediment to effective competition[33].

Thus, the scope of Commission control and, consequently, of CFI jurisdiction, is very comprehensive in comparison with US antitrust principles.

3. Article 81 EC: vertical restraints/rule of reason?

Article 81 paragraph 3 EC – in contrast with the Sherman Act[34] – expressly provides for the possibility of exempting agreements that restrict competition where they satisfy a number of conditions. Therefore, the Community Courts have refused to recognize the existence of a "rule of reason"[35] which would oblige the Commission to weigh the pro and anti-competitive

---

[33] See recital 25 of the preamble to Regulation n° 139/2004.

[34] See Section 1 of the Sherman Act.

[35] As to the recognition of a rule of reason under US Law, see the case law of the US Supreme Court in case *Standard Oil of New Jersey v. United States* [221 US 1(1911)] and case *Chicago Board of Trade* [246 US 231(1918)].

aspects of an agreement when determining whether the prohibition laid down in Article 81 paragraph 1 EC applies[36].

4. Crossborder cartels: specific problems

4.1. *Protection of confidentiality vs. disclosure (e.g. leniency)*

As to the appreciation of evidence in the course of recent cartel cases, specific transborder aspects of confidentiality have arisen[37]: To what extent would the Commission be allowed to found its conclusions in EU cartel proceedings on documents emanating from procedures conducted by non EU authorities in application of foreign procedural rules? How must the Commission react, when applying its leniency rules, if it is confronted with a possible conflict between testimonies of the same person before the US authorities (DoJ, FBI) and the Commission itself? E.g.: A person who has first given a wrong testimony in a foreign proceeding and who is liable to be prosecuted and punished by the foreign authorities if this fact is unveiled now gives a truthful testimony to the Commission for the application of its leniency rules, but claims for the protection of confidentiality. In this context of judicial review, questions of confidentiality also arise in as far as the general

---

[36] See CFI judgment of 18 September 2001, Case T-112/99 *Métropole Télévision (M6) v. Commission* [2001] ECR II-2459, paragraphs 74 and 78.

[37] See, e.g., CFI judgment of 27 September 2006, Case T-59/02 *Archer Daniels Midland v. Commission* [2006] ECR II-3627 and ECJ judgment of 9 July 2009, Case C-511/06 P *Archer Daniels Midland v. Commission*, n.y.r.

principle of access to documents[38] might come into conflict with the rules of confidentiality and access to the files governing the administrative proceedings on specific matters like competition law and State aids.

4.2. Ne bis in idem

A specifically international aspect of the principle *"ne bis in idem"* arises also in some cartel cases: Does the Commission (and if so: to what extent?) have to take into account proceedings and decisions enacted by authorities of non Member States against members of a cartel? Up to now, the usual practice of the Commission and the Community Courts seems to have been to consider that, in such cases, the preconditions for the application of the principle *"ne bis in idem"* are not fulfilled: because the territorial scope of protection of non-EU-legal rules on the one hand and EU-legal rules on the other hand is different, it has mostly been considered that not the same aspect of a cartel activity would be sued in or outside the European Union. In this sense, the aim of the proceedings not being identical, there would be a lack of identity of the wrongdoing sued by the authorities in and outside the EU.

---

[38] See Article 255 EC and Regulation No 1049/2001 of the European Parliament and of the Council of 30 May 2001 regarding public access to European Parliament, Council and Commission documents (OJ L 145, 31 May 2001, p.43-48).

5. Abuse of dominant position: worldwide dominant market player with exclusionary practises (e.g. Microsoft)

More recently, the Microsoft case decided by the CFI[39] has shown that the effect of the Community jurisdiction was not limited to the boundaries of the EU: Although in a previous US-proceeding, a US Court had more or less accepted Microsoft's approach, Microsoft decided to fully comply with the judgment of the CFI which had ascertained the illegality of that approach under Community law. This very fact might indicate that, even in a world wide context, the CFI judgments are being respected in an efficient manner.

C. The impact of public international law for economic litigation before the CFI

1. WTO related litigation

In principle, the CFI has to deal quite frequently with cases which envolve, in one way or another, the WTO-agreement. For example, numerous judgments terminating annulment proceedings treat WTO-related questions, like e.g. concerning tariffs[40],

---

[39] CFI judgment of 17 September 2007, Case T-201/04 *Microsoft v. Commission* [2007] ECR II-3601.

[40] CFI judgment 17 September 2003, Joined Cases T-309/01 and T-239/02, *Peter Biegi Nahrungsmittel GmbH and Commonfood Handelsgesellschaft für Agrar-Produkte mbH v. Commission*, [2003] ECR II-3147 (appeal: C 499/03 P, ECJ judgment of 3 March 2005 – annulment).

dumping[41], Community procedures in the field of common commercial policy[42], intellectual property rights[43], safeguard measures in association agreements for the oversea countries and territories (OCT) or access to documents[44]. There is also a number of CFI-judgments on actions for damages which deal with WTO-law, like concerning tariff quotas[45] and export licensing for bananas, WTO-linked US-retaliatory measures[46],

---

[41] CFI judgment 5 June 1996, Case T-162/94, *NMB France SARL, NMB-Minebea GmbH, NMB UK Ltd and NMB Italia Srl v. Commission*, [1996] ECR II-427, CFI judgment 15 December 1999, Joined Cases T-3398 and T-34/98, *Petrotub SA and Republica SA v. Council*, [1999] ECR -II-3837 (appeal: C-76/00 P, ECJ judgment 9 January 2003 – annulment), CFI judgment 27 January 2000, Case T-256/97, *Bureau européen des consommateurs (BEUC) v. Commission*, [2000] ECR II-101 CFI judgment 24 October 2006, Case T-274/02, *Ritek Corp. and Prodisc Technology Inc. v. Council*, [2006] ECR II-4305.

[42] CFI judgment 14 December 2004, Case T-317/02, *Fédération des industries condimentaires de France e.a. v. Commission*, [2004] ECR II-4325.

[43] CFI judgment 15 March 2006, Case T-226/04, *Italy v. Commission*, not published, and CFI judgment 17 September 2007, Case T-201/04, *Microsoft Corp. v. Commission*, not yet published.

[44] CFI judgment 14 November 2002, Joined Cases T-94/00, T-110/00 and T 159/00, *Rica Foods NV, Free Trade Foods NV and Suproco NV v. Commission*, [2002] ECR II-4677 (appeal: C-41/03 P, ECJ judgment 14 July 2005), and CFI judgment 25 April 2007, Case T-264/04, *WWF European Policy Programme v. Council*, not yet published.

[45] CFI order 1st October 1997, Case T-230/97 R, *Comafrica SpA and Dole Fresh Fruit Europe Ltd & Co v. Commission*, [1997] ECR II-1589, CFI judgment 28 September 1999, Case T-254/97, *Fruchthandelsgesellschaft mbH Chemnitz v. Commission*, [1999] ECR II-2743, CFI judgment 10 February 2004, Joined Cases T-64/01 and T-65/01, *Afrikanische Frucht-Compagnie GmbH v. Council and Commission*, [2004] ECR II-521.

[46] CFI judgment of 14 December 2005, Case T-301/00, *Groupe Fremaux SA and Palais Royal Inc. v. Council and Commission*, not published,

meat import restrictions[47] and safeguard measures for OCT sugar and cocoa imports[48].

In spite of the apparent frequency of WTO-related questions, the CFI is held to follow in general the very prudent line of the ECJ case law as to acknowledging direct (or even indirect) effects to WTO rules[49]. Nonetheless, the number of WTO related cases might well grow further with the increase of legal conflicts linked with globalization.

CFI judgment 14 December 2005, Case T-69/00, *FIAMM & FIAMM Technologies v. Council and Commission*, [2005] ECR II-5393 (under appeal: C-120/06 P), CFI judgment 14 December 2005, Case T-151/00, *Le Laboratoire du Bain v. Council and Commission*, not published, CFI judgment 14 December 2005, Case T-135/01, *Giorgio Fedon & Figli SpA, Fedon Srl and Fedon America Inc. v. Council and Commission*, not published (under appeal: C-121/06 P), CFI judgment 14 December 2005, Case T-383/00, *Beamglow Ltd v. Parliament, Council and Commission*, [2005] ECR II-5459, and CFI judgment 14 December 2005, Case T-320/00, *CD Cartondruck AG v. Council and Commission*, not published.

[47] CFI judgment 11 January 2002, Case T-174/00, *Biret International SA v. Council*, [2002] ECR II-17 (appeal: C-93/02 P, ECJ judgment 30 September 2003), CFI judgment 11 January 2002, Case T-210/00, *Etablissements Biret et Cie SA v. Council*, [2002] ECR II-47 (appeal : C-94//02 P, ECJ judgment 30 September 2003), and CFI judgment 11 July 2007, Case T-90/03, *Fédération des industries condimentaires de France e.a. v. Commission*, not yet published.

[48] CFI judgment 14 November 2002, Joined Cases T-332/00 and T--350/00, *Rica Foods NV and Free Trade Foods NV v. Commission*, [2002] ECR II-4755 (appeal: C-40/03 P, ECJ judgment 14 July 2005), and CFI judgment 14 November 2002, Joined Cases T-94/00, T-110/00 and T--159/00, *Rica Foods NV, Free Trade Foods NV and Suproco NV v. Commission*, [2002] ECR II-4677 (appeal: C-41/03 P, ECJ judgment 14 July 2005).

[49] ECJ judgment 23 November 1999, Case C-149/96, *Portugal v. Council*, [1999] ECR I-8395, and ECJ judgment 7 May 1991, *Nakajima All Precision v. Council*, [1991] ECR I-2069.

2. Kyoto convention

As already mentioned, litigation cases concerning the EC system of emission trading allowances fall under the Directive 2003/87 which, itself, is intended to transpose the Kyoto convention on the reduction of greenhouse gas emissions into Community law. Thus, under this perspective too, economic aspects of environmental globalization are subject to the CFI's judicial control.

3. Others

In its daily work, the CFI has also to deal with legal questions concerning the application of all kinds of international economic agreements, like e.g. the bilateral Europe agreements and Association agreements, or the multilateral EEA agreement or the former Lomé convention. Until the European Union's accession to the European convention on Human Rights (ECHR)[50] the Community Courts apply the fundamental rights laid down in that convention as general principles of Community law[51].

In order to put into effect certain decisions of the UN Security Council, the (Community) Council takes decisions to enclude a person (individual or organisations) in a list of persons presumably linked to terrorism, which, by consequence, entails various economic sanctions, like the freezing of bank accounts and the blocking of economic activities[52].

---

[50] Foreseen in Article 6 (2) TEU as modified by the Lisbon Treaty.
[51] See also Article 6 paragraph 2 of the EU-Treaty.
[52] See, e.g., Council Regulation (EC) No 2580/2001 of 27 December 2001 on specific restrictive measures directed against certain persons and

Applications brought against such Council decisions form yet another category of economic litigation cases before the CFI.

IV. Final remark

At the present stage, the Community Court's practice is probably on the edge between anglo-american case law on the one hand and the European continental law judicial concept of a mere interpretation of written rules given by the legislator, on the other hand. However, in my view, wherever the Community judge seems to have set "paralegislative" activities, this was mainly due to the pressing need to decide cases in the absence of proper or sufficiently precise legislation. On the long range, I am convinced that the Community judge should – in appropriate humility – not have to substitute for the legislator, but be an independent force which, while rendering effective judgments, makes above all respect the acts of general written legislation. Nonetheless, I am aware of the fact that for several reasons, legislative acts pertaining to economic decisionmaking and to economic ascertainment cannot possibly be of ultimate precision. Consequently, in the course of its judicial review, the CFI often has to define, for complex economic assessments, the border line between the margin of action of economic operators or Member States, on the one hand, as opposed to the Community administration's (mainly the Commission's) margin of control, on the other hand. In such cases, the Community administration's statement of reasons must

---

entities with a view to combating terrorism (OJ L 344, 28 December 2001, p. 70-75).

be plausible and of a scientific level at least commensurate with that of the opinion it tends to refute[53]. Thus, in such economic matters, basic procedural principles, linked to the burden and standard of proof and to the obligation to give an adequate reasoning are of decisive importance for the CFI's final appreciation of the case.

Especially in the context of rising globalization, Courts should also contribute to the globalization of the rule of law and, more specifically, of human rights, especially of procedural rights. Concerning globalization in the field of competition law, it would seem appropriate to elaborate an international agreement, above all between the EU and the USA as a legal basis for a formalised exchange of information and documents on global cartels[54].

Besides this particular matter, an exchange of information should take place not only between courts, but also through an intensified exchange of personnel (like e.g. through internships) and by organizing common EU-US meetings. In this sense, the present symposium has been particularly valuable and important.

---

[53] See, in this sense, also CFI judgment of 11 September 2002, Case T-13/99, *Pfizer Animal Health v. Council* [2002] ECR II-3305, paragraphs 198 and 199.

[54] As to competition law, it has to be admitted, that there remain significant differences in the approach taken respectively by the EU and the US legal order: see, e.g. De Smet D (2008), 'The diametrically opposed principles of US and EU antitrust policy', *E.C.L.R.* 356-362.

Contratação Pública e Public Choice

*José Narciso Cunha Rodrigues**

O título da minha intervenção pode ser interpretado como alusão à escola da *public choice*.

Não é este o objecto de análise, sem que, com isto, queira dizer que não aproveite algumas sugestões desta corrente para orientar as minhas reflexões.

Como é conhecido, a escola das *escolhas públicas* aparece, nos anos 1960, a interessar-se pelas deficiências da acção (correctora) do Estado.

O seu enfoque fundamental é o modelo de comportamento dos decisores públicos.

Durante muito tempo, a opinião dominante dividia o mundo económico em duas partes: de um lado, as pessoas que agem sobre o mercado prosseguindo interesses próprios; do outro lado, os decisores públicos: generosos e inteiramente dedicados ao bem comum.

Foi a existência deste grupo ideal de actores que a tese das escolhas públicas veio pôr em causa.

Para esta escola, as gentes do sector público são tão desinteressadas como as do sector privado.

---

* Juiz-Conselheiro do Tribunal de Justiça da União Europeia.

Nem mais nem menos. Não há outro interesse senão o dos indivíduos.

Os responsáveis políticos perseguiriam, antes de tudo, os seus reais interesses, traduzidos por orçamentos mais robustos para os departamentos que dirigem. O que nem poderia ser levado à conta de egoísmo, pois é, muitas vezes, condição necessária para a realização de políticas em benefício de eleitores.

Ora, os eleitores têm desejos mutáveis, manifestam-nos mediante grupos de pressão especializados na procura de fundos e utilizam, com profissionalismo, a alavanca dos *media*.

A capacidade de resistência dos homens políticos a este conjunto orquestrado de pressões seria, muitas vezes, inferior à de um chefe de empresa face à pressão de um cliente.

Ainda segundo aquela escola, enquanto os agentes económicos privados estão submetidos às leis do mercado, os homens políticos dominam os mercados. Modificam regularmente as respectivas regras de funcionamento e gerem as suas consequências em matéria de repartição de receitas.

Para justificar a sua acção, os decisores políticos disporiam de estudos económicos relativos às deficiências dos mercados, em certas circunstâncias, como a concorrência imperfeita, os efeitos externos, a existência de bens públicos, a assimetria da informação e a incompletude dos mercados.

Enfim, para a referida escola, os economistas devem deixar de agir como se aconselhassem déspotas benevolentes.

Como escreveu J. Buchanan, "Good games depend more on good rules than they depend on good players".

Por outras palavras, quem quiser aumentar a qualidade da acção pública deverá melhorar as regras do jogo e não os jogadores.

Tem-se dito que este pensamento é uma mistura de individualismo metodológico e de cinismo (ou realismo) político.

Seja como for, a crítica, ainda que pelo excesso, é um bom motivo de reflexão.

Os contratos públicos e as concessões de serviços públicos constituem, a este respeito, um excelente tema.

Em 31 de Março de 2004, o Parlamento Europeu e o Conselho adoptaram duas directivas que consubstanciam uma nova legislação no domínio dos contratos públicos: a directiva 2004/17/CE do Parlamento Europeu e do Conselho, relativa à coordenação dos processos de adjudicação dos contratos nos sectores da água, da energia, dos transportes e dos serviços postais (dita directiva *de sector*) e a directiva 2004/18/CE do Parlamento Europeu e do Conselho, respeitante à coordenação dos processos de adjudicação dos contratos de empreitada de obras públicas, dos contratos públicos de fornecimento e dos contratos públicos de serviços (dita directiva *genérica*).[1]

Três objectivos caracterizam esta legislação: a simplificação e clarificação das normas anteriores, uma maior flexibilidade e uma actualização de formalidades, especialmente quanto ao impacto das novas tecnologias electrónicas.

As anteriores directivas no domínio das *obras públicas* (93//37, de 14 de Junho), *fornecimentos* (93/36, de 14 de Junho) e *serviços* (92/50, de 12 de Junho) tinham-se tornado de leitura difícil, sobretudo depois das modificações introduzidas, em 1994, por via do Acordo sobre contratos públicos concluído no quadro da Organização Mundial do Comércio.[2]

---

[1] A Comissão europeia adoptou, em 4 de Dezembro de 2007, o regulamento 1422//2007 que modifica as directivas 2004/17/CE e 2004//18/CE no que respeita aos montantes relativos a publicidade.

[2] Ao lado destas directivas, existia a directiva 89/665/CEE do Conselho, de 21 de Dezembro (dita directiva *recursos*) que coordenava as disposições legislativas, regulamentares e administrativas relativas à aplicação dos processos de recurso em matéria de adjudicação dos contratos de direito público de obras e de fornecimentos. Esta directiva foi modificada pela directiva 2007//65/CE do Parlamento europeu e do Conselho, de 11 de Dezembro de 2007, cujo prazo de transposição termina em 19 de Dezembro de 2009.

As novas directivas trouxeram de particularmente inovador os acordos quadro, as centrais de compras e o procedimento de diálogo concorrencial.[3]

Ora, estas directivas incorporaram, em múltiplos aspectos, jurisprudência desenvolvida pelo Tribunal de Justiça.

De facto, ainda na década de noventa, o Tribunal de Justiça, enquanto consolidava a jurisprudência de que o regime jurídico dos contratos públicos repousa na *interdição de toda a discriminação em função da nacionalidade*, ia decantando outros princípios, como os da *igualdade de tratamento* entre candidatos ou proponentes[4] e o da *transparência*.[5]

---

[3] Uma *central de compras* é, na prática, um poder adjudicador. A figura desenvolveu-se em certos Estados Membros, permitindo melhorar a eficácia do sistema mediante a criação de economias de escala, desde logo resultantes da redução do número de formalidades, do aumento do volume de transacções e da intervenção de assessorias especializadas.

Também o *diálogo concorrencial* (não previsto pela directiva de *sector*) tem por finalidade responder a situações particularmente complexas, nas quais os poderes adjudicadores se encontram na impossibilidade de definir os meios aptos para satisfazer as suas necessidades e de avaliar o que o mercado é capaz de oferecer em termos de soluções técnicas, jurídicas e financeiras. Basta pensar na realização de infra-estruturas de transporte integradas, de grandes redes informáticas ou de projectos implicando um financiamento plural e estruturado. Em particular, o diálogo competitivo proporciona um procedimento especialmente vocacionado para partenariados públicos/privados e para contratos que recorrem a financiamentos privados.

[4] Por exemplo, acórdão de 22 de Junho de 1993, *Comissão/Dinamarca*, processo C-243/99, Colect., p. I-3353

[5] Acórdãos de 18 de Novembro de 1999, *Unitron Scandinava e 3-S*, processo C-275/98, Colect. p. I-8291 e de 25 de Abril de 1996, *Comissão//Bélgica*, processo C-87//94, Colect., p. I-2043.

As novas directivas enunciaram estes três princípios, o que deu ao Tribunal um novo fôlego para, confirmando a sua jurisprudência, os aplicar mesmo a contratos públicos cujo valor fique aquém dos montantes que determinam a aplicação das directivas, desde que com relevância comunitária.[6]

Esta última jurisprudência teve um efeito apreciável na modulação deste sector do mercado.

Outras disposições das directivas retomaram elementos da jurisprudência do Tribunal de Justiça.

Assim:

– a directiva genérica resolveu uma dificuldade que perdurou durante muito tempo: a do número mínimo de candidatos ou proponentes a convidar em concurso limitado. Esta precisão (5) fora estabelecida no acórdão de 26 de Setembro de 2000, *Comissão/França*;[7]
– as duas directivas adoptam uma separação mais nítida da fase de verificação da aptidão dos candidatos ou proponentes, no seguimento do acórdão de 20 de Setembro de 1998, *Beentjes*;[8]
– as novas directivas acolhem a jurisprudência *Ballast Nedam*,[9] segundo a qual um proponente pode invocar as capacidades de empresas pertencentes ao mesmo grupo, desde que prove que dispõem efectivamente de meios e são necessárias à execução do objecto do concurso;

---

[6] Interpretação acolhida pelos acórdãos de 7 de Dezembro de 2000, *Telaustria Verlags*, processo C-324/98, Colect., p. I-10745 e despacho de 3 de Dezembro de 2001, *Vestergaard*, processo C-59/00, Colect., p. I-9505.
[7] processo C-225/98, Colect., p. I-7445.
[8] processo 31/87, Colect. p., 4635
[9] Acórdão de 14 de Abril de 1994, processo C-389/92, Colect. p. I--1289.

– a directiva de *sector* clarifica o seu campo de aplicação à luz da jurisprudência do Tribunal e reitera a definição de "direitos especiais ou exclusivos" realizada pelo acórdão de 12 de Dezembro de 1996, *British Telecom*.[10]

Recorde-se que esta directiva anuncia uma aplicação de geometria variável. À medida que a actividade visada se expõe à concorrência, a sua aplicação perde justificação, como veio a verificar-se com o sector de telecomunicações que, em resultado da liberalização ocorrida no fim dos anos noventa, foi considerado como não relevando da directiva.[11]

Uma nota a não omitir é a de que as novas directivas concedem um maior espaço a imperativos ambientais e sociais, o que está ainda em concordância com jurisprudência do Tribunal de Justiça, nomeadamente os acórdãos *Beentjes*, já citado, e *Concordia Bus Finland*.[12]

A natureza envolvente da jurisprudência comunitária exprime-se finalmente na extensão dos princípios gerais já referidos às concessões de serviços públicos, não obstante excluídas do campo de aplicação das directivas.[13]

---

[10] *Colect.*, p. I-16417.

[11] Comunicação da Comissão de 3 de Junho de 1999 (J.O. C 156). Outros sectores terão o mesmo destino, como aconteceu com o da electricidade, na Grã-Bretanha (Decisão 2006/211 da Comissão, de 8 de Março de 2006).

[12] Acórdão de 17 de Setembro de 2002, processo C-513/99, *Colect.*, p. I-7213.

[13] Ver o acórdão *Telaustria Verlags*, já citado e o acórdão de 13 de Outubro de 2005, *Parking Brixen*, processo C 458/03, *Colect.*, p. I-8585. O artigo 17° da directiva 2004/18/CE ressalva a aplicação, em determinadas condições, do princípio da não discriminação por motivos da nacionalidade.

Significa esta evolução que tenha sido encontrado o melhor dos mundos?

Não existe o melhor dos mundos...

As decisões do Tribunal de Justiça, por mais que pareçam proclamar princípios indiscutíveis, têm sido vistas, com alguma frequência, como fonte de constrangimentos de mercado.

Um dos exemplos mais expressivos é o das chamadas concessões de serviços *in house*.

Uma primeira abordagem do conceito de adjudicação *in house* figurava no livro branco de 1998[14] e, depois, na Comunicação interpretativa da Comissão em matéria de concessões.[15]

No primeiro documento, a Comissão limitava-se a referir o fenómeno *in house*; no segundo, definia critérios, nomeadamente o de que estão excluídas do âmbito da comunicação as concessões que configurem "uma forma de delegação inter orgânica que não exceda a esfera administrativa do poder adjudicador".

O Tribunal de Justiça, numa primeira decisão, considerou que estavam excluídas do campo de aplicação das directivas as prestações *in house*, na medida em que consistiam em prestações realizadas em benefício de uma autoridade pública por serviços dela dependentes.[16]

Seguiram-se a esta decisão duas outras, em que o Tribunal fundamentou a legitimidade da adjudicação directa, utilizando uma série de indícios, com o objectivo de demonstrar a existência de uma relação de *delegação inter orgânica* (a titularidade

---

[14] Livro branco comunitário de 1 de Março de 1998, ponto 1.2.3, p. 11.
[15] Comunicação de 12 de Abril de 2000.
[16] *Arge Gewasserschutz/Bundesministerium für Land und Fortwirtschaft*, processo C-94/99.

pelo ente público das acções da sociedade adjudicatária, a funcionalização da actividade desenvolvida na prossecução do interesse público, etc).

Foi, porém, no acórdão *Teckal*, de 18 de Novembro de 1999,[17] que o Tribunal procedeu a uma definição mais fina do critério *in house*, recorrendo ao conceito de "controlo análogo".

Para o Tribunal, são necessárias duas condições para se poder afirmar a existência de uma adjudicação *in house*: que o ente público exerça sobre a pessoa em causa um controlo análogo ao que exerce sobre os seus próprios serviços e que aquela pessoa realize o essencial da sua actividade com o ente publico que a controla.[18]

Em particular a primeira condição, suscitou um amplo debate.

A Comissão interveio[19] para recordar que "controlo análogo" não é mais que uma forma de subordinação hierárquica que implica um absoluto poder de direcção, coordenação e supervisão da actividade do sujeito participado: só nesta condição se pode dizer que entre a administração e o adjudicatário não existe, em termos práticos, uma relação de terciaridade relevante.

No entanto, para alguma doutrina,[20] a jurisprudência comunitária acabou por subtrair à lógica dos instrumentos jurídicos

---

[17] Processo C-107/98.

[18] O Tribunal esclareceu que as mesmas condições são aplicáveis às directivas 92/50, relativa aos contratos públicos de serviços, e 93/37/CEE do Conselho, de 14 de Junho de 1993, relativa à coordenação dos processos de adjudicação de empreitadas de obras públicas (acórdãos de 11 de Janeiro de 2005, *Stadt Halle* e *RPL Lochau*, processo C 26/03, Colect., p. I-1 e de 13 de Janeiro de 2005, *Comissão/Espanha*, processo C-84/03, Colect., p. I--139). Ver, no entanto, ponto 60 do acórdão *Parking Brixen*, já citado.

[19] Comunicação de 26 de Junho de 2002, dirigida ao governo italiano.

[20] Ver, por todos, Roberta Occhilupo, *Parking Brixen*, Giurisprudenza commerciale, 2007, II, p. 77/II.

de direito privado a noção *in house*, o que constituiria uma total subversão das categorias jurídicas sobre as quais se tem construído a passagem de modelos de gestão pública a modelos privatísticos no funcionamento de serviços públicos locais.

Por outro lado, o apego do juiz comunitário à ideia da vinculação dos gestores à vontade dos sócios contrastaria com as actuais orientações relativas a *governance* das sociedades de capitais que reserva exclusivamente para o órgão executivo e não para a assembleia a gestão das sociedades por acções.

Para esta doutrina, a jurisprudência comunitária não fez mais que declarar uma incompatibilidade de princípio entre o modelo *in house* e os novos instrumentos de direito societário.

Representantes desta corrente fizeram mesmo um "aviso à navegação": os entes locais que tencionam constituir uma sociedade *in house* não deveriam deixar de prestar particular atenção à redacção dos estatutos, predispondo-se a um árduo trabalho de harmonização entre a disciplina civilística e os requisitos exigidos pela jurisprudência comunitária.

Estas reacções revelam as dificuldades que certas categorias do direito comunitário transportam para o interior de algumas disciplinas jurídicas.

Como é evidente, neste caso, o que está em causa não é organização das sociedades comerciais. O conceito de relação *in house* foi desenvolvido pelo direito comunitário para definição do campo de aplicação de princípios gerais de direito comunitário. Não implicava qualquer engenharia jurídico comercial.

Estas críticas foram, em especial, produzidas em relação a um recente acórdão do Tribunal de Justiça: *Parking Brixen*.[21]

É interessante descrever o caso para se ter uma ideia da controvérsia.

---

[21] Acórdão de 13 de Outubro de 2005, *Colect.*, p. I-8585.

Gemeinde Brixen é um município italiano que, nos termos de uma lei de 1990, recorreu a uma empresa especial (*Stadtwerke Brixen*), de que era proprietário, para a gestão de serviços locais da sua competência. Por força dos seus estatutos, a empresa tinha por objecto a gestão de parques de estacionamento e de edifícios para estacionamento e actividades conexas. Possuía personalidade jurídica e autonomia empresarial e constituía um organismo municipal.

Mais tarde, ao abrigo de uma lei de 2000, o município transformou a empresa especial em sociedade anónima (*Stadtwerke Brixen AG*) ficando, porém, detentor da totalidade do capital.

Sem embargo, a nova empresa adquiriu uma dimensão de mercado que a distinguia radicalmente da empresa anterior.

Apontavam neste sentido:

a) a transformação da empresa especial em sociedade anónima e a natureza deste tipo de sociedade;
b) o alargamento do objecto social, dado que a sociedade, paralelamente às actividades exercidas pela empresa inicial, passava a operar em novas e importantes áreas, designadamente as de transporte de pessoas e mercadorias, de informática e de comunicações;
c) a abertura obrigatória, a curto prazo, a outros capitais;
d) a expansão da área territorial das actividades a toda a Itália e ao estrangeiro;
e) os consideráveis poderes atribuídos ao conselho de administração, a ponto de ao município não restar praticamente qualquer controlo de gestão.

O Tribunal concluiu que, quando uma entidade concessionária goza de uma margem de autonomia caracterizada por tais elementos, está excluído que o ente público concedente possa exercer sobre ela um controlo análogo ao que exerce sobre os próprios serviços e dispensou-se de examinar a questão de saber se a concessionária realizava ou não o essencial da sua actividade com o município.

Para o Tribunal, a concessão não podia ser considerada uma operação interna imune à aplicação das regras comunitárias.[22]

Em revistas da especialidade, alguns comercialistas "rasgaram as vestes".

E, todavia, o que podia dizer-se é que a "grande provocação" parecia não ter sido feita pelo direito comunitário ao direito privado dos Estados Membros.

Era exactamente o contrário.

Era pretender que se considerasse interna (*in house*) uma concessão feita a uma sociedade por acções em que os estatutos admitem que o capital se abra, a curto prazo, a outros capitais (incluindo privados), se alarga o objecto social, a sociedade passa a operar em todo o país e no estrangeiro e os poderes de controlo de gestão da entidade concedente ficam reduzidos ao mínimo.

Independentemente das circunstâncias especialmente matizadas deste caso, uma das críticas feitas à jurisprudência comunitária é a de que a noção de "controlo análogo" é de tal modo restritiva que é difícil divisar, fora das relações inter orgânicas (puramente internas), espaço para a aplicação do critério *in house*.

Estar-se-ia, assim, a prejudicar a possibilidade de os entes públicos recorrerem a fórmulas empresariais e societárias inovadoras para prossecução das suas finalidades institucionais.

---

[22] Ver, em idêntico sentido, particularmente no que se refere à abertura ao capital privado, o acórdão de 21 de Julho de 2005, *Coname*, Colect. p. I-7287.

Por um lado, ficaria em risco o poder de confiar serviços de interesse geral a empresas públicas. Por outro lado, estaria seriamente enfraquecida a *atractividade*, para os operadores privados, da participação em sociedades de economia mista.[23]

Em antagónico pólo argumentativo, outros se interrogam sobre se é legítimo admitir, no interior de entes públicos, modelos empresariais ou societários destinados a beneficiarem artificialmente do regime *in house* que, convém recordar, exclui a aplicação das directivas e dos princípios gerais atrás referidos, abrindo janelas de oportunidade à concessão de serviços públicos sem observância de formalidades.

Não pode esquecer-se que a regulamentação comunitária tem em vista a boa utilização dos dinheiros públicos e uma maior eficácia global da economia europeia. Noutra perspectiva, está atenta aos fins e objectivos que poderiam nortear os contratos públicos se estes dependessem de decisões exclusivas dos Estados Membros.

Desde cedo o direito comunitário interditou às autoridades nacionais a utilização dos contratos públicos para estimular a economia de uma localidade ou de uma região do território nacional[24] ou para privilegiar a indústria nacional.[25]

Poderá perguntar-se:

A aplicação desta legislação tem produzido resultados, segundo um critério de eficiência económica?

---

[23] B. Kotschy, *Marchés publics*, Rev. du Droit de l'Union Européenne, 4/2005, p. 845 e segs.

[24] Acórdão de 20 de Março de 1990, *Du Pont de Nemours Italiana*, processo C-21/88, *Colect.*, p. I-889.

[25] Acórdão de 22 de Setembro de 1988, *Comissão/Irlanda*, processo 45/87, Colect., p. 4929 e despacho de 3 de Dezembro de 2001, *Vestergaard*, já citado.

Estudos realizados sob os auspícios da Comissão europeia consideravam que o ganho para a economia europeia, resultante da aplicação de procedimentos comunitários, podia estimar-se num montante entre 5 e 25 mil milhões de euros por ano.[26]

No que concretamente diz respeito à concorrência inter-comunitária, aqueles procedimentos tinham feito baixar em cerca de 30% os preços pagos pelos poderes públicos em bens e serviços.

É interessante lembrar que os contratos públicos representavam, em 2002, 16,3% do produto interno bruto da União europeia.[27]

Que relação pode, então, estabelecer-se entre as considerações que estou em vias de terminar e os critérios de *escolha pública*?

A "teoria das escolhas públicas" explica que as pessoas que detêm o poder estão em condições de desperdiçar os dinheiros públicos, nomeadamente utilizando os contratos públicos para promover outros interesses imediatos.

Seria, por consequência, indispensável uma acção reguladora e de controlo.

Está a justiça comunitária em condições de exercer esta acção?

Por mim, limitar-me-ei a dizer que a jurisprudência comunitária traduz um paradigma de *escolha pública* baseado nos tratados e em princípios fundadores, o que, não resolvendo todas as dificuldades, aponta caminhos.

---

[26] "Evaluation of Public Procurement Directives", relatório elaborado por *Europe Economics* a pedido da Comissão Europeia – 15 de Setembro de 2006.
[27] O impacto dos contratos públicos, nos Estados-Membros oscilava entre 11,9%, na Itália, e 21,5% na Holanda, *A report on the functioning of public procurement markets in the EU: benefits from the application of EU directives and challenges for the future (3/02/2004).*

Jurisdictional Systems and Their Impact on Economic Conflicts

*Kenneth Feinberg**

I want to mention first what I will <u>not</u> be discussing. I will not be discussing what I'm usually asked to discuss, the September 11 victim compensation fund which distributed over seven billion dollars of taxpayer money to 5300 dead and physically injured victims, a federal fund created by Congress after 9/11. Nor will I be discussing today the very interesting and provocative laws of the United States which allow human rights violations to be brought in the United States courts, even if these violations occurred abroad. (As long as there is *in rem* property in the United States, to be attached in the event of an addressed judgement against the perpetrating party.)

Those are discussions for another day; any discussion this week about economic relationships between the United States and Europe, in an era of globalisation, must take into account the American litigation system. The American litigation system

---

* President of the September 11th Victim Compesation Found, Attorney especialized in Mediaton and alternative dispute resolution.

is unique in the world, especially involving pharmaceutical products and private antitrust enforcement. Any discussion as to how the 21st century will cope in gauging differences between the United States and Europe must take into account this unique problem where the two systems are quite different. And my thesis, in just ten minutes, is to explain that there is a growing trend to bring the American litigation system to Europe. It is on the way. It is evolving as we speak.

Now, what are some of the signs of that transformation of the American legal system to Europe? First, is the establishment in Europe of more United States plaintiff law firms in the United Kingdom, in Paris; new relationships between those law firms and local firms in Europe sharing their competence, their skill, their aspirations. Also, there is legislation being considered by the European Union which already exists in the United Kingdom, allowing for aggregation of claims. This is a huge problem in the United States, where asbestos, for example, results in thousands of claimants flooding the court system. There is a device in the United States that allows these claims all to be aggregated in one judicial venue. Australia also has such a law. The United Kingdom does. The European Union has it under active consideration. I take no position on the wisdom or the lack of wisdom of this trend, other than to say it is a trend that is increasing.

Under the European system, we know the loser of the litigation pays fees and costs. There is already in the United Kingdom a new law that allows investors, such as insurance companies and hedge funds, to invest in certain litigation against the possibility that the party may lose or win the litigation. So, no longer is it necessary for the person bringing a lawsuit to assume the risk of loss in terms of costs and fees. The plaintiff who brings the suit has investors willing to take a chance that the litigation will be successful. This constitutes a serious blow to the notion of "loser pays" in litigation. These are just some examples that one can witness today about the impact of the American legal system on economic growth and economic cooperation between Europe and the United States.

There is also a growing trend in the United States that jurisdiction of United States courts will continue to expand. It is true that, if there's not any cooperation among the parties to the litigation, then there is no real basis for such jurisdiction to be exercised in Portugal, or Great Britain, or France, or Holland. It is difficult to see how United States courts can exercise jurisdiction where they have no real relationship to the matter. However, there is a trend in the United States that is tied directly to globalisation. If an American company or a foreign cartel is accused of antitrust violations in the United States, what we are seeing in the United States is that a company will consent to a settlement. In the United States they will also be applied internationally by consent. The company doesn't want to settle the case, the antitrust case in the United States, only to see the same type of litigation commence in Europe or the United Kingdom. So, the company works out a comprehensive settlement and agrees that the federal court in California or New York may supervise a settlement beyond its jurisdictional boundaries, elsewhere in the world. The best example: Virgin Atlantic Airways and British Airways were accused of price fixing by conspiring to increase fuel surcharges on passenger airline transportation. The case was brought in California. Virgin Atlantic and British Airways agreed to settle the case, a private antitrust case, on the condition that the federal court would be willing to exercise its jurisdiction in London as well. There were really two settlements. Virgin Atlantic and British Airways paid something like 16 million dollars for all flights originating in New York City. However, they also agreed to pay something like 200 million dollars for all flights originating in London flying to Nairobi, Stockholm, Lisbon, Madrid, etc., This was accomplished by consent as to jurisdiction because the airlines wanted "total peace". They did not want to face antitrust regulators in the European Union or, plaintiff lawyers from New York City going to London or Lisbon or Berlin and urging the filling of an antitrust enforcement action there. Instead, they voluntarily consented to allow jurisdiction to be exercised by a United States court in California. There is as good an example as you will find of the impact of globalisation in the 21st century. And Virgin Atlantic and British Airways both are satisfied that they did the right thing by permitting that California court to exercise jurisdiction over passenger travel originating in London and having no contact whatsoever with the United States.

One should examine these trends. Globalization means a smaller world in terms of how the American litigation system – using techniques like consent to jurisdiction – impacts Europe and brings the American legal system closer to Europe than... than we have ever witnessed before.

Thank you.

**As Relações Políticas e Diplomáticas
entre a Europa e os EUA**

Oradores:

Carlos Gaspar
Fernando Neves
José Medeiros Ferreira
Luís Andrade

A Comunidade Transatlântica

*Carlos Gaspar**

Em 1957, Karl Deutsch definiu a aliança das democracias ocidentais como uma "comunidade de segurança pluralista"[1]. Essa comunidade, concentrada no Atlântico Norte, constituía uma nova entidade política nas relações internacionais e formava um arquipélago kantiano num sistema internacional hobbesiano, um espaço separado onde um conjunto de Estados tinha conseguido superar os dilemas da segurança e renunciar ao uso da força na resolução dos seus conflitos.

Desde o princípio, a comunidade transatlântica assentou em dois pilares institucionais, a Aliança Atlântica e as Comunidades Europeias. Desde 1955, os seis Estados fundadores das Comunidades Europeias, incluindo a República Federal da Alemanha, já pertenciam todos à Organização do Tratado do Atlântico Norte (OTAN).

---

* Intituto Português de Relações Internacionais.
[1] Karl Deutsch (1957). **Political Community in the North Atlantic Area**. Princeton: Princeton University Press.

Os dois pilares

O Tratado de Washington e o Tratado de Paris foram ambos concluídos no período crítico, entre 1949 e 1951, entre a primeira crise de Berlim e a Guerra da Coreia, quando se completou a ruptura entre as Nações Unidas e se tornou irreversível a divisão entre os Estados Unidos e a União Soviética.

De certa maneira, a Aliança Atlântica e a Comunidade Europeia foram criadas uma para a outra[2]. A coligação das democracias ocidentais era necessária para assegurar a contenção da expansão imperial da União Soviética na Europa, a aliança das democracias europeias era indispensável para integrar a República Federal da Alemanha no campo democrático. Os Estados Unidos e a Grã-Bretanha foram os agentes decisivos na formação da Aliança Atlântica, a França e a República Federal da Alemanha foram os fundadores da Comunidade Europeia do Carvão e do Aço (CECA)[3].

A relação entre a Aliança Atlântica e as Comunidades Europeias começou a ser definida mesmo antes de qualquer delas existir. Com efeito, o Presidente Truman exigiu a formação de uma aliança entre as democracias europeias antes de iniciar as negociações sobre o Pacto do Atlântico. Nesse sentido, a Grã--Bretanha, a França e a Holanda, a Bélgica e o Luxemburgo criaram a União Ocidental, em Março de 1948[4]. As conversações

---

[2] Frances Heller, John Gillingham, editores (1992). **NATO: the Founding of the Alliance and the Integration of Europe.** Nova York: St. Martin's Press.

[3] Wolfram Hanrieder (1989). **Germany, America, Europe. Forty Years of German Foreign Policy.** New Haven: Yale University Press.

[4] Lawrence Kaplan (1994). **NATO and the United States**: 12-30. Nova York: Twayne Publishers. Ver também Allan Bullock. **Ernest Bevin. Foreign Secretary.** Londres: Oxford University Press.

formais sobre a nova aliança transatlântica tiveram lugar entre os Estados Unidos e o Canadá, por um lado, e os cinco Estados europeus membros da União Ocidental, por outro lado[5]. De certa maneira, na sua origem, a Aliança Atlântica é uma aliança ocidental que íntegra uma aliança europeia.

A fórmula inicial complicou-se, em 1950, quando os Estados Unidos decidiram alargar as suas alianças, perante a ofensiva soviética na Coreia. Nesse quadro, tornou-se essencial assegurar a contribuição militar alemã para a defesa comum[6]. Mas a França queria que a contribuição alemã se fizesse no quadro das comunidades europeias e conseguiu persuadir o General Eisenhower – o primeiro Comandante Supremo Aliado na Europa (SACEUR) e futuro Presidente dos Estados Unidos – de que essa era a boa estratégia para íntegrar os militares alemães no esforço ocidental de contenção da União Soviética. Em 1952, os "Seis" membros da CECA – a França, a República Federal da Alemanha, a Itália, a Holanda, a Bélgica e o Luxemburgo – assinaram o Tratado de Paris que instituía a Comunidade Europeia de Defesa (CED), onde se deveria

---

[5] Don Cook (1989). **Forging the alliance**. Nova York: Arbor House. Nicholas Henderson (1982). **The Birth of NATO**. Londres: Weindefeld and Nicolson. Timothy Ireland (1981). **Creating the Entangling Alliance. The Origins of the North Atlantic Treaty Organization**. Westport: Greenwood Press. Lawrence Kaplan (2007). **NATO 1948. The Birth of the Transatlantic Alliance**. Nova York: Roweman&Littlefield. Robert Osgood (1962). **NATO. The 'Entangling' Alliance**. Chicago: University of Chicago Press. Escott Reid (1977). **Time of Fear and Hope. The Making of the North Atlantic Treaty (1947-1949)**. Toronto: McClelland and Stewart. Marc Trachtenberg (1999). **A Constructed Peace**: 95-145. Princeton: Princeton University Press.

[6] James McAllister (2002). **No Exit: America and the German Problem (1943-1954)**. Ithaca: Cornell University Press.

constituir o exército europeu, incluindo forças alemãs, naturalmente sob o comando operacional do SACEUR[7]. A CED acabou por ser destruída, por um lado, pelos constantes debates internos sobre a forma mais adequada de organizar, simultaneamente, a defesa e as instituições políticas europeias e, por outro lado, pela oposição conjunta, ou convergente, dos gaullistas e dos comunistas franceses[8].

Em 1954, a recusa francesa de ratificar o Tratado de Paris pôs fim à CED e abriu uma crise europeia e transatlântica de consequências imprevisíveis. John Foster Dulles, o Secretário de Estado norte-americano, ameaçava pôr fim à Aliança Atlântica e a ameaça foi tomada a sério[9]. Anthony Eden, o eterno Secretário do Foreign Office, encontrou – quando estava a tomar um duche, segundo as suas memórias – uma maneira hábil de ultrapassar a crise, íntegrando a República Federal da Alemanha na Aliança Atlântica pelo mecanismo formal da "aliança dentro da aliança"[10]. Primeiro, a União Ocidental transformou-se, com a revisão do Tratado de Bruxelas, na União da Europa Ocidental (UEO), que foi alargada para íntegrar a República Federal da Alemanha e a Itália, ao mesmo tempo

---

[7] Sobre a formação da Comunidade Europeia de Defesa, ver Edward Furdson (1979). **The European Defence Community. A history**. Londres: Macmillan. William Hitchcock (1998). **France Restored. Cold War Diplomacy and the Quest for Leadership in Europe (1944-1954)**. Chapel Hill: University of North Carolina Press.

[8] O fim da CED foi analisado por Raymond Aron, Alan Jay Lerner, editores (1956). **La Querelle de la C.E.D.** Paris: Librarie Armand Colin.

[9] Rolf Steininger. John Foster Dulles, The European Defence Community, and the German Question in Richard Immerman, editor (1990). **John Foster Dulles and the Diplomacy of the Cold War**: 79-108. Princeton: Princeton University Press.

[10] Anthony Eden (1960). **Full Circle**. Boston: Houghton Mifflin.

que inscreviam no tratado revisto os limites impostos à reconstituição das forças armadas alemãs. Depois, como membro da UEO, a Alemanha foi admitida na OTAN como membro de pleno direito.

Nesse quadro, em 1955, foi possível consolidar, paralelamente, a divisão Leste-Oeste na Europa e a dualidade institucional da comunidade ocidental. A Aliança Atlântica era responsável pela defesa colectiva, as Comunidades Europeias concentraram-se na integração política e económica da Europa Ocidental.

A tendência para a congruência entre as duas instituições foi reforçada pela dupla filiação da maior parte dos membros europeus das duas instituições multilaterais, embora as três principais potências europeias nunca tenham estado todas, simultânea e plenamente, na OTAN e nas Comunidades Europeias. Com efeito, em 1951, só a França era membro tanto da Aliança Atlântica e da CECA. Em 1955, a República Federal passou a ter o mesmo estatuto, mas, em 1962, a candidatura da Grã--Bretanha à Comunidade Económica Europeia (CEE) foi vetada pelo General de Gaulle, que impediu a convergência das três potências europeias nos dois pilares da comunidade ocidental. Durante os anos sessenta, a França retirou-se gradualmente dos comandos militares integrados da OTAN, antes de aceitar, em 1972, a entrada britânica nas Comunidades Europeias.

Essa geometria variável, todavia, não prejudicou o quadro de estabilidade essencial da comunidade transatlântica, nem o ciclo virtuoso da relação entre os dois pilares institucionais.

As crises da comunidade

A comunidade transatlântica tem uma história de sucesso e, paralelamente, uma história de crises sucessivas.

A crise da Comunidade Europeia da Defesa foi uma dupla crise, uma crise simultânea da íntegração europeia e da comunidade transatlântica de defesa. A crise do Suez concentrou-se nas relações entre os Estados Unidos e os seus dois principais aliados europeus, a França e a Grã-Bretanha, e teve uma ligação directa com a íntegração comunitária, uma vez que, durante a própria crise, o Presidente do Conselho francês, Guy Mollet, e o chanceler alemão, Konrad Adenauer, resolveram as divergências entre os seus países e avançaram para os tratados de Roma[11]. Segundo Konrad Adenauer, era essa a melhor resposta dos europeus perante o comportamento do seu aliado norte-americano. A ruptura gaullista associou, explicitamente, a rejeição da candidatura britânica às Comunidades Europeias, o tratado do Eliseu e a retirada gradual da França dos comandos militares da OTAN, ao mesmo tempo que criticava os federalistas europeus do Comité para os Estados Unidos da Europa como uma "quinta-coluna" norte-americana: a restauração da grandeza da França opunha a **entente** franco--alemã ao "Cavalo de Tróia" britânico, e a "Europa do Atlântico aos Urais" à aliança transatlântica[12].

---

[11] Georges-Henri Soutou (1996). **L'Alliance Incertaine. Les Rapports Politico-Stratégiques Franco-Allemands (1954-1996)**. Paris: Fayard.

[12] Maurice Vaisse (1998). **La Grandeur. Politique Etrangère du Général de Gaulle (1958-1969)**. Paris: Fayard. Frédéric Bozo (1996). **Deux Stratégies pour l'Europe. De Gaulle, Les Etats Unis et l'Alliance Atlantique (1958-1969)**. Paris: Plon. Michael Harrison (1981). **The Reluctant Ally. France and Atlantic Security**. Baltimore: Johns Hopkins University Press. Edward Kolodziej (1974). **French International Policy under de Gaulle and Pompidou. The Politics of Grandeur**. Ithaca: Cornell University Press.

A comunidade transatlântica sobreviveu a todas as crises. Nenhum membro abandonou a Aliança Atlântica ou as Comunidades Europeias, enquanto o bloco soviético perdia a Jugoslávia, a Albânia e a China. Pelo contrário, durante a Guerra Fria, a OTAN e a Comunidade Europeia receberam ambas novos membros em alargamentos sucessivos – a Grécia, a Turquia, a Alemanha e a Espanha tornaram-se membros da Aliança Atlântica, enquanto a Grã-Bretanha, a Dinamarca, a Irlanda, a Grécia, Portugal e a Espanha se integraram no processo comunitário.

A Aliança Atlântica e a Comunidade Europeia podiam ambas ter terminado com o fim da Guerra Fria. Classicamente, as alianças não costumam sobreviver ao momento da sua vitória e, sem um inimigo, a sua coesão é, rapidamente, posta em causa. Todavia, a continuidade dos dois pilares da comunidade transatlântica revelou não só a sua **endurance** institucional e a força das tendências de regionalização internacional, como a natureza específica das alianças das democracias como "alianças permanentes"[13].

O caso mais óbvio foi o da OTAN, cuja sobrevivência para lá do fim da União Soviética serviu para sublinhar que as alianças democráticas são diferentes quer das alianças homogéneas entre Estados autoritários ou totalitários, quer das alianças heterogéneas onde se incluem tanto potências democráticas, como potências totalitárias ou autoritárias[14]. Paralelamente, os termos da re-unificação da Alemanha, negociados entre os Estados Unidos e a União Soviética, em 1990, previam a sua

---

[13] Raymond Aron (1962). **Paix et Guerre entre les Nations**. Paris: Calmann-Lévy.
[14] Paul Cornish (1997). **Partnership in Crisis. The US, Europe and the Fall and Rise of NATO**. Londres: Chatham House Papers.

permanência como membro da Comunidade Europeia e da Aliança Atlântica, o que garantiu a posição formal da OTAN como fiador dos equilíbrios do post-Guerra Fria[15].

Todavia, a continuidade da Aliança Atlântica exigia também uma adaptação às novas circunstâncias políticas e estratégicas. Desde logo, com o fim da divisão bipolar, os Estados Unidos tornaram-se muito mais fortes e a assimetria entre a maior potência da OTAN e os restantes aliados aumentou consideravelmente. Por outro lado, com o desaparecimento da ameaça soviética e comunista, a importância da Europa diminuiu para os Estados Unidos, ao mesmo tempo que aumentaram as responsabilidades estratégicas dos aliados europeus no contexto regional. Por último, depois de ter perdido o seu velho inimigo soviético, a comunidade ocidental tinha de encontrar uma nova missão, que assegurasse a consolidação do **status quo** do fim da Guerra Fria, assente na preponderância estratégica, política e militar dos Estados Unidos e das democracias no sistema internacional.

Mas a Comunidade Europeia também podia ter chegado ao fim. De certa maneira, a unificação da Alemanha punha em causa a sua continuidade: para a França, a razão de ser da integração europeia era inseparável da divisão da Alemanha, enquanto para a República Federal, a finalidade da integração europeia era garantir a unificação alemã. Em ambos os casos, por razões opostas, a unificação pacífica e democrática da Alemanha, completada em Outubro de 1990, podia pôr um ponto final na integração europeia. Mas o presidente George H. W. Bush, no

---

[15] Condolezza Rice, Philip Zelikow (1995). **Germany Unified and Europe Transformed**. Cambridge: Harvard University Press. Robert Hutchings (1997). **American Diplomacy and the End of the Cold War**. Baltimore: Johns Hopkins University Press. Stephen Szabo (1992). **The Diplomacy of German Reunification**. Nova York: St. Martin's Press.

Conselho do Atlântico Norte, em Dezembro de 1989, tinha posto como condição prévia do seu apoio à estratégia de unificação do chanceler Helmut Kohl a continuidade da Alemanha não só na Aliança Atlântica, mas também na Comunidade Europeia[16].

No mesmo sentido, nem o chanceler Helmut Kohl, nem o presidente François Mitterrand queriam que a unificação alemã fosse o fim da integração europeia[17]. Em Abril de 1990, quando a unificação se tornou irreversível, os dois responsáveis definiram as grandes orientações do futuro tratado da União Europeia, que acabaria por ser assinado, ironicamente, no momento da dissolução formal da União Soviética. Esses termos de referência incluíam a unificação económica e monetária europeia – "**half the Deutsche-Mark to Mitterrand, the whole of Germany to Kohl**", na frase de Timothy Garton-Ash – e a institucionalização de uma Política Externa e de Segurança Comum (PESC). Na versão francesa, era preciso também abrir caminho à integração da UEO na futura União Europeia para estruturar uma defesa europeia autónoma, mas a Grã-Bretanha vetou a inclusão dessa fórmula no Tratado de Maastricht[18].

Mais uma vez, a continuidade institucional escondia uma profunda mudança. A União Europeia tinha passado a ser mais

---

[16] Condoleezza Rice, Philip Zelikow (1995).

[17] Frédéric Bozo (1991). **La France et l'OTAN. De la Guerre Froide au Nouvel Ordre Européen**. Paris: Masson.

[18] Malcolm Baun (1996). **An Imperfect Union. The Maastricht Treaty and the New Politics of European Integration**. Boulder. Westview. Andrew Duff, John Pinder, Roy Price, editores (1994). **Maastricht and Beyond. Building the European Union**. Londres: Routledge. Robert Keohane, Stanley Hoffmann, editores (1991). **The New European Community**. Boulder: Westview. Loukas Tsoukalis (1992). **The New European Community: the Politics and Economics of Integration**. Nova York: Oxford University Press.

alemã e a permanência da aliança entre a França e a Alemanha – significativamente crismada como o "eixo franco-alemão" – não podia impedir o reconhecimento da nova centralidade da Alemanha na construção europeia. O Tratado Constitucional da União Europeia viria, mais tarde, selar o estatuto formal da Alemanha como **primus inter pares** dentro da **troika** europeia.

A força crescente da Alemanha começou por jogar a favor de uma linha de continuidade essencial da comunidade transatlântica e dos seus dois pilares institucionais. Nesse quadro, a par da realização das etapas sucessivas da união económica e monetária, até à criação da moeda única europeia, em 2000, a Alemanha defendeu uma estratégia de alargamento paralelo da Aliança Atlântica e da União Europeia, com o apoio dos Estados Unidos e da Grã-Bretanha e contra a estratégia da França. A **"voie royale"** – a íntegração sucessiva das democracias post--comunistas da Europa Central e Oriental na Aliança Atlântica e na União Europeia, por essa ordem – tornou possível a rápida consolidação das novas fronteiras políticas da Europa Ocidental, tal como tinham ficado definidas no fim da Guerra Fria. Contra as expectativas iniciais, entre 1997 e 2007, todos os antigos membros europeus do Pacto de Varsóvia, mais a Eslovénia e três antigas repúblicas soviéticas – a Lituânia, a Letónia e a Estónia – tornaram-se membros da OTAN e da UE. A Albânia e a Croácia, que se tornaram membros da OTAN em 2009, também são ambas candidatas à íntegração comunitária. A congruência entre a expansão oriental da Aliança Atlântica e o alargamento da União Europeia serviu não só para fixar o novo mapa estratégico da Europa, como para confirmar a continuidade do modelo institucional da comunidade transatlântica[19].

---

[19] Stanley Sloan (2005). **NATO, the European Union and the Atlantic Community**. Lanham: Rowman & Littlefield. Ronald Asmus

Mas essa continuidade não impediu um crescendo das tensões políticas entre a Aliança Atlântica e a União Europeia. Essas tensões exprimiram-se inicialmente do lado europeu, desde o fim da Guerra Fria, com a oposição interna entre "Atlantistas" e "Europeístas", duas visões radicalmente diferentes da construção europeia e da relação com os Estados Unidos, logo nas conversações sobre o Tratado da União Europeia. Essa oposição marcou uma viragem profunda nos alinhamentos políticos europeus. A velha clivagem, durante a Guerra Fria, unia os europeístas e os atlantistas numa luta comum contra os nacionalistas gaullistas e os comunistas pró-soviéticos, convergentes, embora raramente solidários, na sua oposição ao ideal europeu e ao processo de integração regional. Nesse quadro, a velha guarda federalista era denunciada pelos gaullistas como uma "quinta coluna" americana na Europa e os defensores dos Estados Unidos da Europa não tinham qualquer hesitação em defender a aliança atlântica contra a estratégia gaullista que forçou a saída dos militares norte-americanos e das estruturas da OTAN do território francês. A nova clivagem, no post-Guerra Fria, passou a opor os atlantistas aos gaullistas e aos

---

(2002). **Opening NATO's Door**. Nova York: Columbia University Press. Stuart Croft, John Redmond, G. Wyn Rees, Mark Webber (1999). **The Enlargement of Europe**. Manchester: Manchester University Press. James Goldgeier (2000). **Not Whether but When: The U.S. Decision to Enlarge NATO**. Nova York: Brookings Institution. Wade Jacoby (2006). **The Enlargement of the European Union and NATO**. Cambridge: Cambridge University Press. John Redmond, Glenda Rosenthal, editores (1998). **The Expanding European Union. Past, Present and Future**. Londres: Lynne Rienner. William Wallace (1996). **Opening the Door. The Enlargement of NATO and the European Union**. Londres: Center for European Reform.

federalistas, unidos por um "patriotismo europeu" anti-americano, que quer construir uma "identidade nacional" da União Europeia na diferenciação entre os valores europeus e os valores norte-americanos.

A nova divergência europeia teve um equivalente norte-americano, demonstrada pela clara relutância dos Estados Unidos em continuar a apoiar incondicionalmente a integração europeia. Por certo, os realistas têm razão quando sublinham a excepcionalidade da estratégia norte-americana a favor da construção de uns Estados Unidos da Europa que se poderiam tornar o principal rival internacional dos Estados Unidos. Nesse sentido, a oposição dos Estados Unidos ao avanço da integração europeia nos domínios da política externa, da segurança e da defesa, depois do fim da Guerra Fria, assinalou um regresso à normalidade. Mas essa "normalização" confirmou e acentuou a divisão europeia entre os velhos "atlantistas" e o novo "gaullismo europeu" – comandado mais pelos sociais-democratas alemães do que pela direita nacionalista francesa – que continuou a minar a aliança ocidental.

As divergências transatlânticas

A última crise da comunidade transatlântica ficou marcada pela invasão do Iraque, em Março de 2003, e pela rejeição do tratado constitucional da União Europeia, nos **referenda** na França e na Holanda, em Junho de 2005[20].

---

[20] Philip Gordon, Jeremy Shapiro (2004). **Allies at War.** Nova York: McGraw-Hill. Robert Kagan (2002). "Power and Weakness". **Policy Review** 4: 3-28. Ronald Asmus, Kenneth Pollack (2002). "The New

A ligação entre esses dois momentos não era evidente, à partida, ou tornou-se mais clara vista do lado europeu do que do lado norte-americano. A relação ficou estabelecida, nos primeiros meses de 2003, pelo choque entre a versão militarista do internacionalismo democrático neoconservador e a linha neo-pacificista do gaullismo europeu[21] – entre a tentativa norte-americana de contrapor a "nova Europa" à "velha Europa" e a tentativa federalista de construir uma nação europeia contra os Estados Unidos[22], que se tornou inseparável do Tratado Constitucional. A relação voltou a surgir quando os eleitores franceses rejeitaram a fórmula federalista da União Europeia implícita na apresentação do tratado europeu como um documento

---

Transatlantic Project". **Policy Review** 114: 3-18. Andrew Bacevich, editor (2003). **The imperial Tense.** Chicago: Ivan Dee. Ivo Daalder (2003). "The End of Atlanticism". **Survival** 45 | 2 |: 147-166. Jean-Yves Haine (2004). **Les Etats-Unis ont-ils Besoin d'Alliés?** Paris: Payot. Pierre Hassner (2002). **The United States: the Empire of Force or the Force of Empire?** Paris: Chaillot Papers # 54. G. John Ikenberry (2002). "America's Imperial Ambition". **Foreign Affairs** 81 | 5 |: 44-60. Josef Joffe (2003). "Continental Divides". **National Interest** 71: 157-160. Klaus Larres (2003). "Mutual Incomprehension: U.S.-German Value Gaps Beyond Iraq". **Washington Quarterly** 26 | 2 |: 23-42. Vasco Rato, João Marques de Almeida (2003). **A Encruzilhada.** Lisboa: Bertrand. Stephen Szabo (2004). **Parting Ways.** Washington: Brookings Institution.

[21] Sobre as personificações respectivas de "Marte" e "Venus" nas relações euro-americanas contemporâneas, ver o texto célebre de Robert Kagan (2002).

[22] Dominique Strauss-Kahn, um dos principais dirigentes europeístas do Partido Socialista, escreveu o artigo célebre anunciando o nascimento da nação europeia no dia em que se realizaram enormes manifestações contra a invasão norte-americana do Iraque em quase todas as capitais das democracias europeias.

constitucional[23]: a derrota do Tratado Constitucional foi também a derrota dos defensores do "Eixo da Paz" que opunha o alinhamento entre as potências continentais europeias à comunidade transatlântica[24]. A pertinência da relação foi ainda confirmada depois das eleições alemãs e francesas terem confirmado a derrota da linha anti-americana e anti-ocidental representada pelo presidente francês, Jacques Chirac, e pelo chanceler alemão, Gehrard Schroeder, substituídos, em Paris, por um gaullista pró-americano e, em Berlim, por uma cristã-democrata atlantista.

A crise da comunidade transatlântica serviu para revelar as divergências entre os aliados e o risco de uma dinâmica de separação entre os dois pilares do arquipélago kantiano ocidental – a Aliança Atlântica e a União Europeia. Essas divergências resultaram de três factores. Em primeiro lugar, da perda de centralidade da Aliança Atlântica quer para os Estados Unidos, quer para os aliados europeus, em segundo lugar, das novas estratégias norte-americanas e europeias na comunidade transatlântica e, em terceiro lugar, da dificuldade de definir uma visão comum sobre o futuro da aliança ocidental.

O fim da Guerra Fria e a preponderância internacional dos Estados Unidos tiveram ambos como efeito uma diminuição da prioridade atribuída às relações com os aliados europeus na política externa norte-americana. Essa mudança ficou expressa na demora dos Estados Unidos em responder às guerras de secessão na Jugoslávia, onde a sua intervenção era indispensável para mobilizar os recursos militares da OTAN e pôr fim às

---

[23] O baptismo constitucional do Tratado tem sido atribuído ao Presidente da Convenção Europeia, Valéry Giscard d'Estaing, preocupado com o **marketing** do documento.

[24] Timothy Garton-Ash (2004) **Free World**. Londres: Allen Lane.

hostilidades na Bósnia-Herzegovina[25]. Paralelamente, o fim da divisão da Alemanha e da Europa e a formação da União Europeia, incluindo o programa de unificação económica e monetária, tornaram a íntegração comunitária, pela primeira vez, no centro da política europeia. Essa mudança foi reforçada tanto pelas dinâmicas de regionalização internacional, como pela distanciação norte-americana, e não foi posta em causa sequer pela revelação da impotência europeia nas guerras balcânicas, que a União Europeia quis, inicialmente, considerar, como uma "questão europeia" e não como um problema para o conjunto da Aliança Atlântica.

A perda de centralidade da comunidade transatlântica foi acompanhada pela revisão das estratégias norte-americanas e europeias no post-Guerra Fria[26]. Os Estados Unidos vão deixar

---

[25] Dana Allin (2002). **NATO's Balkan Interventions**. Londres: Adelphi Paper # 347. Andrew Bacevich, Eliot Cohen, editores (2001). **War over Kosovo**. Nova York: Columbia University Press. Sophia Clément, editor (1998). **The Issues Raised by Bosnia, and the Transatlantic Debate**. Paris: Chaillot Paper # 32. José Cutileiro (2003). **A Guerra dos Outros**. Lisboa: Instituto de Ciências Sociais. Ivo Daalder, Michael O'Hanlon (2000). **Winning Ugly: NATO's War to Save Kosovo**. Nova York: Brookings Institution. Misha Glenny (1996). **The Fall of Yugoslavia. The Third Balkan War**. Harmondsworth: Penguin. Nicole Gnesotto (1994). **Leçons de la Yougoslavie**. Paris: Cahier de Chaillot # 14.

[26] Sobre os debates estratégicos no primeiro post-Guerra Fria, entre 1991 e 2001, ver James Goldgeier, Derek Chollett (2008). **America Between the Wars. From 11/9 to 9/11**. Nova York: Council on Foreign Relations, PublicAffairs. Barry Posen, Andrew Ross. Competing U.S. Grand Strategies **in** Robert Lieber (1997). **Eagle Adrift**: 100-134. Nova York: Longman. Andrew Bacevich (2002). **American Empire**. Cambridge: Harvard University Press. Coral Bell (1999). "American Ascendancy and the Pretence of Concert". **National Interest** 57 (3): 55--63. Christoph Bertram (1995). **Europe in the Balance**. Nova York:

de apoiar, sem reservas, a íntegração europeia. Essa mudança exprimiu-se na sua oposição, directa ou por interpostos aliados, à criação de uma política de defesa da União Europeia, proposta pela França no quadro do Tratado de Maastricht. O presidente Clinton confirmou a relutância dos Estados Unidos nesse dominio, com a codificação dos acordos de Berlim, que regulavam as relações entre a Aliança Atlântica e a UEO[27]. Mais tarde, o presidente George W. Bush, em Janeiro de 2003, deu um passo em frente e empenhou-se numa estratégia de divisão política dos aliados europeus sem precedentes na política norte-americana[28]. As marcas desse exercicio de divisão – a frase do

---

Carnegie Endowment for International Peace. Zbigniew Brzezinski (1997). **The Grand Chessboard. American Primacy and its Geostrategic Imperatives**. Nova York: BasicBooks. Michael Cox, Ken Booth, Tim Dunne, editores (1999). **The Interregnum. Controversies in World Politics** (1989-1999). Londres: Cambridge University Press. Josef Joffe (1995). "'Bismarck' or 'Britain'? Toward an American Grand Strategy after Bipolarity". **International Security** 19 (4): 94-117. Tony Judt (1996). **A Grand Illusion? An Essay on Europe**. Nova York: Hill and Wang. Charles Kupchan, editor (1998). **Atlantic Security. Contending Visions**. Nova York: Council on Foreign Relations. Christopher Layne (1998). "Rethinking American Grand Strategy". **World Policy Journal** 15 (2): 8--28. Robert Lieber, Kenneth Oye, Donald Rothchild, editores (1992). **Eagle in a New World. American Grand Strategy in the Post-Cold War Era.** Nova York: Harper Collins. Sean Lynn-Jones, Steven Miller, editores (1992). **America's Strategy in a Changing World**. Cambridge: MIT Press. Simon Serfaty (1997). **Stay the Course. European Unity and Atlantic Solidarity**. Washington: Praeger, CSIS.

[27] Frédéric Bozo (2005). Mitterrand, **La Fin de la Guerre Froide et l'Unification Allemande: De Yalta à Maastrich.** Paris: Odile Jacob. Stanley Sloan (2000). **The United States and European Defence**. Paris: Chaillot Papers #39.

[28] Pierre Hassner (2002).

Secretário da Defesa, Donald Rumsfeld, sobre a irrelevância da "velha Europa", a "Carta dos Oito", o "Manifesto dos Dez" – vão demorar tempo a ser ultrapassadas. No mesmo sentido, a expressão da oposição da França e da Alemanha à intervenção norte-americana no Iraque criaram a percepção duradoura de que existiam duas linhas opostas na luta contra a ameaça comum – os Estados Unidos travavam uma "guerra global contra o terrorismo", enquanto a maior parte dos seus aliados, mesmo depois dos atentados em Madrid e em Londres, entendiam que a luta contra o terrorismo pan-islâmico continuava a ser sobretudo uma questão política e um assunto de polícia.

A revisão estratégica do lado europeu começou em Dezembro de 1998, em Saint Malo, com a iniciativa britânica sobre a defesa europeia, cujo caminho se fez, apesar das sucessivas crises internas, até à institucionalização da Política Europeia de Segurança e Defesa (PESD) e, depois, em 2003, da Política Comum de Segurança e Defesa (PCSD), nos termos do Tratado Constitucional da União Europeia, cujos termos são retomados, na íntegra, pelo Tratado de Lisboa, em 2007[29]. No quadro da Aliança Atlântica, a institucionalização da PESD correspondeu a uma estratégia de **hedging** partilhada pela Grã-Bretanha, pela França e pela Alemanha[30]. A intervenção tardia dos Estados Unidos na Bósnia-Herzegovina, em 1995, bem como a imposição da estratégia operacional norte-americana na guerra do Kosovo, em 1999, mostraram a necessidade de as potências

---

[29] Jolyon Howorth (2007). **Security and Defense Policy in the European Union**. Londres: Palgrave Macmillan. Stephan Keukeleire, Jennifer MacNaughtan (2008). **The Foreign Policy of the European Union**. Londres: Palgrave Macmillan.

[30] Seth Jones (2007). **The rise of European security cooperation**. Cambridge: Cambridge University Press.

europeias disporem de uma capacidade autónoma de resposta militar às situações de crise em que o seu protector não quer, ou não pode intervir, mobilizando ou os recursos colectivos da OTAN, ou forças militares da UE, ou os seus meios nacionais.

O desenvolvimento da PESD devia corresponder a um aumento significativo das capacidades militares e dos recursos disponíveis para a defesa por parte dos aliados europeus, com condições para sustentar uma autonomia crescente tornada necessária para prevenir as situações de crise em que não fosse possível contar com os Estados Unidos ou em que existissem vantagens para uma intervenção autónoma da União Europeia. A estratégia de **hedging** – a par de um empenho crescente dos aliados europeus nas missões militares internacionais da OTAN – poderia também tornar possível uma correcção gradual da assimetria entre os aliados, que se agravou desde o fim da Guerra Fria. Mas, sobretudo, a PESD representou uma mudança nas relações entre os dois pilares da comunidade transatlântica, os quais, desde o fracasso da Comunidade Europeia de Defesa, tinham estabelecido uma "divisão do trabalho" estável, em que a OTAN era o único responsável multilateral efectivo da defesa europeia. A articulação entre a OTAN, que continuou a ser a principal responsável pela defesa colectiva das democracias ocidentais, e a PESD, que começou a dar os seus (pequenos) primeiros passos operacionais nos últimos cinco anos, tornou-se uma questão decisiva para a evolução da comunidade transatlântica.

Os Estados Unidos, a Grã-Bretanha, a França e a Alemanha podem definir entre si as regras do jogo indispensáveis para assegurar uma articulação permanente e flexível das capacidades militares e das responsabilidades especificas da OTAN e da UE no domínio da defesa e da segurança. Essa articulação pressupõe, obviamente, uma concepção comum sobre a estratégia da comunidade transatlântica para garantir o **status quo** no sistema internacional.

Neste momento, existem condições interessantes para avançar no bom sentido. Desde logo, a ocupação do Iraque e do Afeganistão serviram para demonstrar aos responsáveis norte-americanos não só os limites do poder dos Estados Unidos, como os méritos das alianças[31]. No final da administração Bush, Condoleeezza Rice elogiou as virtudes únicas das "alianças permanentes", referindo-se à comunidade ocidental[32]. A eleição do presidente Barack Obama, cuja primeira visita oficial foi a Londres, Paris e Berlim, com passagem pela Cimeira da OTAN e pela Presidência (checa) da UE, criou expectativas adicionais muito fortes. No mesmo sentido, as ilusões europeias sobre as virtudes do **"soft power"**, por contraposição ao **"hard power"** norte-americano, parecem ter diminuído com a multiplicação do número de missões militares internacionais e a participação de milhares de soldados europeus em operações de risco no arco de crises islâmico, do Chade ao Afeganistão, passando pelo Líbano, e do Mediterrâneo ao Indico, passando pelo Mar Vermelho. Por outro lado, pela primeira vez, os três principais responsáveis políticos alemães, franceses e britânicos são euro-atlantistas – uma viragem pronunciada em relação ao **tandem**

---

[31] Zbigniew Brzezinski (2007). **Second Chance**. Nova York: Perseus. Francis Fukuyama (2006). **After the Neocons. America at the Crossroads**. New Haven: Yale University Press. Richard Haass (2008). "The Age of Nonpolarity. What Will Follow U.S. Dominance". **Foreign Affairs** 87 (3): 44-56. Anatol Lieven, John Hulsman (2007). **Ethical Realism**. Nova York: Pantheon Books. Ver também Robert Art (2003). **A Grand Strategy for America**. Ithaca: Cornell University Press. Pierre Hassner (2007). "The Fate of a Century". **The American Interest** 2 (6): 36-47.

[32] Condoleezza Rice (2008). "Rethinking the National Interest. American Realism for a New World". **Foreign Affairs** 87 (4): 2-26.

Gehrard Schroeder-Jacques Chirac e ao "Eixo da Paz" anti--americano. Por último, e mais importante, a crise financeira internacional precipitou um reconhecimento mais geral sobre o declínio relativo da aliança transatlântica, das suas vulnerabilidades e da necessidade de consolidar um "pólo ocidental" para restaurar um mínimo de estabilidade e conseguir integrar a China, a Índia ou o Brasil no sistema internacional.

Não obstante, a questão das relações entre os dois pilares da comunidade transatlântica continuou dominada pela procura das fórmulas institucionais, que tendem a ser paralisantes e a ocultar a necessidade de um esforço real para definir uma visão estratégica comum para o futuro do sistema internacional.

Em Abril de 2009, o presidente Nicolas Sarkozy anunciou o regresso completo da França aos comandos militares integrados da OTAN, reconhecendo a "complementaridade" recíproca entre a OTAN e a UE no dominio da defesa[33]. A posição francesa teve o mérito de reconhecer que a presença das três principais potências europeias na OTAN e na PESD seria indispensável para assegurar uma articulação estratégica efectiva entre a Aliança Atlântica e a União Europeia, entre a aliança ocidental e a aliança europeia dentro da comunidade transatlântica.

Essa concepção é radicalmente diferente da visão federalista que quer uma aliança dual cujos pilares são os Estados Unidos e a União Europeia[34]. Pelo contrário, é essencial assumir que a

---

[33] Discours de M. Nicolas Sarkozy, Président de la République. **La France, la défense européenne et l'OTAN au 21ème siècle.** Journée d'Etude de la Fondation pour la Recherche Stratégique, 11 mars 2009.

[34] Sven Biscop. A Two-Pillar NATO – Survival of the Alliance, Recognition of the EU in Servaas van Thiel, Karel de Gucht, Richard Lewis, eds. (2005). **Understanding the New EU Constitutional Treaty. Why a No Vote Means Less Democracy, Human Rights and**

coerência entre os dois pilares institucionais da comunidade transatlântica – a OTAN e a UE – só pode ser obtida por uma aliança quadrilateral entre os federadores da Aliança Atlântica – os Estados Unidos – e da União Europeia – a França, a Alemanha e a Grã-Bretanha[35].

A articulação entre a Aliança Atlântica e a União Europeia exige também a rejeição das propostas de uma divisão do trabalho em que a primeira se encarrega da dimensão militar e a segunda da dimensão civil das crises internacionais – ou, numa versão prosaica, em que os aliados ocidentais combatem enquanto os parceiros europeus constroem escolas[36]. A separação é absurda, uma vez que a grande maioria dos membros da Aliança Atlântica são também membros da União Europeia – as excepções são os antigos neutrais, como a Irlanda, a Áustria, a Finlândia e a Suécia – e os Estados europeus com capacidade para enviar forças militares de combate costumam ser os mesmos nas missões da OTAN e da PESD. No mínimo, a UE precisa de ter as capacidades militares completas que assegurem a sua capacidade

---

Security. Bruxelas: VUB Press. Antonio Missiroli (2002). "EU–NATO Cooperation in Crisis Management. No Turkish Delight for the ESDP." **Security Dialogue** 33 (1): 9-26.

[35] Os Estados Unidos, a Grã-Bretanha, a Alemanha e a França têm um quadro próprio de consultas sobre questões estratégicas. Ver Helga Haftendorn. The "Quad". Dynamics of Institutional Change in Helga Haftendorn, Robert Keohane, Celeste Wallander, editores. (1999). **Imperfect Unions**: 162-194. Nova York: Clarendon Press.

[36] Sobre as múltiplas versões da divisão do trabalho entre o **soft power** da União Europeia e o **hard power** da OTAN, ver Andrew Moravscik (2003)."Striking a New Transatlantic Bargain". **Foreign Affairs** 82 (4): 74-89. Juha Kaitera, Guy Ben-Ari (2008). **EU Battlegroups and the NATO Response Force: a Marriage of Convenience**. Washington: CSIS Europe Program.

de intervir em todas as crises periféricas, incluindo a intervenção de missões autónomas da PESD em cenários de combate de alta intensidade, sob pena da sua dimensão de defesa não chegar a ter credibilidade internacional.

Por certo, é preciso reconhecer, pragmaticamente, a existência de uma divisão do trabalho entre os Estados, quer sejam membros da Aliança Atlântica, quer sejam membros da União Europeia. Existem Estados, filiados em ambas as instituições, cuja vocação tem sido a execução de missões civis, ou cujas circunstâncias políticas excluem, permanente ou conjunturalmente, a participação das suas forças militares em situações de combate, quer em missões da OTAN, quer em missões da União Europeia, quer em missões das Nações Unidas. Existem Estados, filiados em ambas as instituições, com capacidade militar e com condições políticas para participar em todo o tipo de missões da OTAN e da União Europeia ou das Nações Unidas. Não reconhecer a existência dessa divisão seria recusar a realidade dos factos, mas essa constatação não implica nem uma especialização militar da Aliança Atlântica, nem uma especialização civil da União Europeia, nem muito menos uma "divisão do trabalho" entre os Estados Unidos e os Estados da Europa Ocidental na segurança internacional, em que os primeiros assumem a primeira linha nos confrontos militares enquanto os segundos se refugiam por detrás de **caveats** que os proíbem de lutar ao lado dos seus aliados.

Existe, na presente conjuntura, o reconhecimento essencial, por parte dos principais responsáveis políticos das quatro potências ocidentais relevantes, de que uma OTAN forte só pode existir com uma União Europeia forte e de que uma União Europeia forte só pode existir com uma OTAN forte.

Nesse pressuposto, não deve ser impossível consolidar uma fórmula segundo a qual a OTAN intervém numa crise sempre que os aliados entenderem ser esse o quadro e o instrumento mais adequado e a União Europeia intervém numa crise sempre que os aliados entenderem ser esse o quadro e o instrumento mais adequado. No mesmo sentido, há um reconhecimento crescente da necessidade política e estratégica da União Europeia estar preparada para responder à multiplicação das crises regionais e internacionais, bem como do lugar insubstituível da Aliança Atlântica como responsável último pela segurança colectiva das democracias ocidentais.

O debate sobre os arranjos institucionais deveria dar lugar ao debate estratégico acerca do lugar da comunidade transatlântica no sistema internacional.

A questão tem sido posta de uma forma incorrecta no debate político sobre a "**Global NATO**"[37], o concerto das democracias[38] e a Liga das Democracias[39]. Bem entendido, a concertação entre as democracias pluralistas é necessária, tal como é justo insistir numa solidariedade fundamental entre as democracias pluralistas. Mas a transformação da OTAN para incluir a Índia, o Japão, o Brasil ou a Austrália numa aliança das democracias parece corresponder a uma estratégia mal pensada. Por certo, as democracias pluralistas são os parceiros estratégicos naturais da comunidade transatlântica. No caso do Afeganistão,

---

[37] Ivo Daalder, James Goldgeier (2006). "Global NATO". **Foreign Affairs** 85 (5): 106-113. Christoph Bertram (2006). NATO's Only Future: the West Abroad. **Riga Papers**.

[38] G. John Ikenberry, Anne-Marie Slaughter, co-directores (2006). **Forging a World of Liberty under Law. U.S. National Security in the 21rst Century. Final Report of the Princeton Project.** Woodrow Wilson School of Public and International Affairs, Princeton University.

[39] Robert Kagan (2008). **The Return of History and the End of Dreams**. Londres: Atlantic Books. Ivo Daalder, James Lindsay (2007). "Democrats of the World Unite". **American Interest** II (3): 5-15. Ver também Thomas Carothers. **Is a League of Democracies a Good Idea?** Carnegie Endowment for International Peace, Policy Brief, Maio de 2008.

a Austrália, a Coreia do Sul, a Suécia ou o Japão estão presentes nas forças internacionais e a Índia é um parceiro crucial. Em Timor-Leste, as forças militares portuguesas trabalharam lado a lado com as forças australianas e japonesas no quadro das missões internacionais das Nações Unidas, desde 1999. Nesse sentido, a **"Global NATO"** não é uma metáfora, já existe e pode continuar a existir. Mas a maior parte desses Estados, bem como a maior parte dos aliados europeus, não está preparada para transformar a OTAN numa aliança universal das democracias contra as tiranias – designadamente contra a China e a Rússia – ou numa Aliança Democrática alternativa às Nações Unidas.

A prioridade, neste momento, é consolidar a comunidade transatlântica como o centro de estabilidade do sistema internacional[40] e, a partir daí, definir os quadros institucionais – a OTAN, a UE, as Nações Unidas, a Associação das Nações do Sudeste Asiático, o novo QUAD (Estados Unidos-Japão-Austrália-Índia), a União Africana – e as coligações, homogéneas ou heterogéneas, que possam responder aos problemas concretos da política internacional, nomeadamente as crises onde é indispensável o recurso à força.

Até à data, a comunidade transatlântica pôde sobreviver às sucessivas crises que marcaram as suas origens e às mudanças profundas no sistema internacional. Sobreviveu porque os Estados Unidos reconheceram a importância e a centralidade na política internacional da Aliança Atlântica, sobreviveu porque os aliados europeus reconheceram na comunidade transatlântica a melhor forma para defender o seu estatuto internacional e a segurança regional. Só nessas condições a continuidade da aliança das democracias ocidentais pode estar garantida.

---

[40] Julian Lindley-French (2006). "Big World, Big Future, Big NATO". **Centrum fur angewandte Politikforschung** (CAP).

Fernando Neves[*]

Em primeiro lugar queria agradecer o convite que me foi feito para participar nesta conferência e felicitar o IDEFF pela sua organização.

Queria também esclarecer que aquilo que vou dizer, di-lo-ei a título pessoal e não como posição portuguesa.

Creio que o relacionamento entre a Europa e os Estados Unidos pode ser considerado o esteio da ordem internacional.

As duas guerras do século XX e depois, talvez sobretudo, a Guerra Fria, cristalizaram, estruturaram e institucionalizaram essa relação.

Esse relacionamento não se baseia apenas nos interesses imediatos da segurança transatlântica. Baseia-se em elementos muito mais profundos, numa comunidade étnica, civilizacional e cultural, na partilha de valores e de princípios que iluminam e condicionam as sociedades dos dois lados do atlântico norte.

Além do mais, essa ligação está concretizada numa incontornável interligação económica. Os números que todos conhecem do investimento e do comércio de parte a parte são mais do que ilustrativos e criam uma interdependência indelével.

---

[*] Embaixador de Portugal em Itália, Secção Consular da Embaixada de Portugal em Roma.

Também no plano da cultura, da educação, da investigação científica, a relação entre as duas partes é tão profunda que não há possibilidade conceptual de pensar numa separação entre as duas.

Daqui resulta uma muito íntima ligação diplomática que inspirou, condicionou e formou toda a ordem internacional estabelecida após a Segunda Guerra Mundial.

A ordem internacional estabelecida no pós-guerra, fundada basicamente nos valores e princípios do Ocidente, para usarmos uma expressão da época, e que prevaleceu até, pelo menos, ao início da década de 90, foi a mais conseguida tentativa histórica de criar um sistema estável baseado em princípios jurídicos e humanistas. Princípios de Direito Internacional, como o da igualdade entre os Estados soberanos sujeitos dessa Ordem e a criação de instituições multilaterais onde todos participassem num diálogo permanente, incluindo também, senão sobretudo, aqueles com quem se divergia, e assente em princípios éticos que todos deviam ser capazes de aceitar e partilhar, ou ao menos incapazes de rejeitar.

Essa ordem internacional permitiu não só um dos mais longos períodos de paz e prosperidade que em toda a História se viveu na Europa Ocidental, como o estabelecimento de um relacionamento, talvez sem precedentes, entre a Europa e os Estados Unidos e foi também ela que criou as condições que levaram ao desenlace da Guerra Fria, poupando ao Mundo o que poderia ter sido a mais devastadora guerra da História.

Os princípios a que obedeceu essa ordem internacional têm, contudo, vindo a ser postos em causa mais recentemente. A marginalização da via multilateral, práticas levadas a cabo à margem do Direito, já não só internacional, mas muitas vezes dos países que as praticam, o regresso da força como meio normal de resolução de conflitos, vêm pôr em causa as bases desse conjunto de valores em que assenta o relacionamento entre a Europa e os Estados Unidos.

Também o prosseguimento de interesses menos claros nas relações com países terceiros e algumas tensões que lembram ambições expansionistas, ou políticas, que não parecem ter nenhum objectivo senão enfraquecer países, prosseguem interesses próprios, eventualmente diferentes, mas que poderiam ser enquadrados, podem pôr em causa o Direito Internacional. O que aconteceu, por exemplo, no caso do Kosovo veio abalar os fundamentos e os princípios em que a ordem internacional se baseia.

Ao mesmo tempo, assistimos ao reavivar de velhas tensões nacionais na Europa, ao renascer de outro tipo de tensões nacionalistas, ao aumento da xenofobia e ao aparecimento de algumas derivas autocráticas.

As posições que, por vezes, vejo serem tomadas hoje em dia, lembram-me um pouco a frase de Talleyrand sobre o regresso após a restauração dos Bourbons dos emigrados monárquicos fugidos à Revolução francesa, *"esqueceram tudo e não aprenderam nada"*.

Penso que, com a ordem internacional estabelecida depois da Segunda Guerra Mundial, terá sido das primeiras vezes em que, aqueles que a conceberam, não esqueceram nada e aprenderam muito com a experiência histórica das gerações que os precederam. Criaram uma ordem de raiz humanista, de facto, que visava esbater a conflitualidade e criava mecanismos para a ultrapassar e procurava, é verdade que dentro de frustrantes limites do possível, atenuar o sofrimento causado pela guerra e por catástrofes naturais. Apesar de todos os conflitos que houve no mundo desde então, muitos outros foi possível diluir devido à intervenção das Nações Unidas e dos inerentes mecanismos tendentes a procurar soluções pacíficas para conflitos que, tradicionalmente, tinham sempre uma evolução no sentido da violência. Mas é necessário continuar a respeitar esses princípios e continuar a respeitar essas práticas para garantir que poderemos continuar a ter os mesmos resultados.

Nesse sentido a marginalização do multilateralismo, a que já me referi, e também a prática agora erigida em dogma, de não dialogar com aqueles com quem se diverge, não será a forma melhor de prosseguir com aquilo que se pensava fosse uma prática adquirida da ordem internacional.

Julgo que o problema da crise nas relações entre a Europa e os Estados Unidos tem mais a ver com uma crise dos valores humanistas que inspiraram a chamada civilização ocidental e a ordem internacional até este século. São esses valores que creio estão em crise e estão a contaminar as relações transatlânticas.

Eu tinha escrito aqui, nos pontos que queria suscitar, que o melhor que a relação transatlântica conseguiu foi o quadro internacional que soube criar e impor para fazer face à Guerra Fria, o pior, parece-me a mim, estará a ser a marginalização desse acervo, visível por exemplo e justamente, na incapacidade de cortar com a mentalidade da Guerra Fria e de lidar de uma forma mais aberta, mais realista, com a queda da União Soviética.

É evidente que na ordem internacional vigente continuará a prevalecer a enorme superioridade americana. Quer do ponto de vista económico, quer do ponto de vista militar não há, não se vislumbra, uma potência que possa assumir o mesmo nível de poder.

Os elementos que referi na ligação entre a Europa e os Estados Unidos continuam a ser preponderantes, quer no plano cultural, quer no plano civilizacional, quer no dos valores, muito embora creia que alguns deles estão a começar a sofrer ameaças às quais convém dar atenção. Além disso a relação económica, o investimento, o comércio criam uma interdependência que nenhum membro da União Europeia, nem os Estados Unidos podem pôr em causa sem afectar gravemente a sua própria economia.

Convém ainda ter consciência que a posição que a União Europeia pode ter em relação aos Estados Unidos a nível mundial é condicionada pelo sua própria estrutura institucional.

É verdade que há uma grande apetência, chamemos-lhe assim, fora da Europa para que a União Europeia assuma um papel mais activo no quadro internacional.

É verdade que a União Europeia tem sido um factor de estabilidade, um factor de paz, um factor de diálogo e que muitas regiões do mundo que estão em situações complexas, solicitam intervenção da União Europeia, recorrem à União Europeia, esperam da União Europeia uma intervenção no sentido pacificador, no sentido estabilizador. Mas, também temos que limitar as nossas expectativas e compreender que a União Europeia não poderá ter nunca, em matérias de segurança que sejam cruciais à estabilidade da ordem internacional e que sejam essenciais para a relação transatlântica e para os Estados Unidos, nunca poderá ter, repito, uma posição comum que seja divergente da dos Estados Unidos.

Perante este panorama, o maior teste da relação transatlântica estará na forma de encarar as alterações derivadas do surgimento de potências emergentes não só no plano económico, como os BRICs, sobretudo e mais imediatamente a China, e com a instabilidade no grande Médio Oriente, que constitui uma ameaça e um risco constantes, sempre com capacidade de piorar, quando já está muito mal, e que constitui a fonte principal do terrorismo internacional e a maior ameaça à paz.

Este será um grande teste à solidez da aliança transatlântica e à capacidade de intervenção apaziguadora da União Europeia. O futuro das relações transatlânticas, nessa perspectiva, dependerá muito do próximo presidente americano, da capacidade da União Europeia de resistir ao que eu chamaria a inércia funcionalista, que é uma forma de facilitismo, e de começar a enfrentar os problemas reais que se lhe deparam, com outra determinação. Será destes dois factores que dependerá, em grande parte, o futuro relacionamento entre a União Europeia e os Estados Unidos.

No plano europeu julgo que os futuros alargamentos, não só da União Europeia, mas também da NATO e a forma de lidar agora com o referendo da Irlanda, são testes determinantes.

Mas repito que o fundamento desse relacionamento, no plano ético, ou seja a comunidade de valores vai, apesar de todos estes testes, prevalecer. E, sobretudo, julgo que a base de interesses em que assenta esta aliança, esta relação fundamental para as duas partes e fundamental para a ordem internacional, vai constituir sempre um factor predominante.

Enfim, espero que prevaleça o que de melhor estes valores, até hoje, demonstraram. Alguém me lembrava no outro dia que no período imediatamente a seguir à guerra, quando houve a crise de Berlim, os Estados Unidos, com o monopólio da arma nuclear, tinham o todo o poder para derrotar a URSS, embora com elevados custos. Terá sido a primeira vez na História que uma potência que detinha esse poder não o utilizou, em nome da Civilização. Confio que são esses valores que vão continuar a prevalecer.

Muito obrigado.

ENTRE DOIS SÉCULOS

José Medeiros Ferreira*

Gostaria em primeiro lugar obviamente de agradecer o convite do Professor Eduardo Paz Ferreira para estar aqui presente, saudá-lo, se ele me permite, por esta iniciativa. Quero saudar também obviamente todos os meus colegas de painel desta manhã, depois daquilo que foi dito, possivelmente a minha intervenção é mais do que facultativa, mas sempre me habituei a apreciar as coisas facultativas, portanto tentarei que esta parte complementar desta manhã seja também produtiva e que não seja uma mera repetição das coisas tão interessantes, e muitas delas inovadoras, que foram aqui expressas pelos oradores anteriores.

Com a idade que tenho começo a ver as coisas já com um sentido milenar, secular, não é assim? Portanto vão-me desculpar se eu começar por uma espécie de síntese global das relações entre os EUA e o continente europeu. Depois iremos tentar analisar de uma maneira mais detalhada um tema que é também

---

* Professor da Faculdade de Ciências Sociais e Humanas da Universidade Nova de Lisboa.

eminentemente ideológico, as universidades terão que trabalhar muito ainda para dissipar os aspectos ideológicos das relações entre os EUA e o continente europeu, mas enfim será um trabalho de futuro que penso que poderá esclarecer muitos pontos e também aperfeiçoar por aí a inteligência, o entendimento e o estreitamento dos laços entre os EUA e o continente europeu.

Alguns mitos são importantes, alguns mitos fundadores ainda são úteis, mas a inteligibilidade, a verdade, o aprofundamento, a desmistificação também fazem parte do enriquecimento e da depuração dos conceitos e das realidades para o futuro.

Eu diria que o século XIX, ainda dentro desta síntese, foi o século da separação entre EUA e do continente europeu, do lado dos EUA percebe-se perfeitamente, tinham acabado de se tornar independentes da antiga potência colonial, mantiveram essa separação quer do ponto de vista prático, quer do ponto de vista conceptual, todos os grandes manifestos, discursos dos seus principais conceptualizadores, desde George Washington até Monroe são muito claros nessa separação dos dois continentes. As primeiras frases com que os EUA aprenderam a política externa são frases de separação, são frases de não se imiscuírem nos assuntos transatlânticos. Mas também do lado europeu o século XIX revela simétrica resposta, basta-nos lembrar que a Grã-bretanha resolveu as questões com os EUA decorrentes de alguns problemas durante as guerras napoleónicas chamemos-lhe assim, com a paz de Gand, uma paz separada exactamente entre a Grã-bretanha e os EUA, para que os EUA não tivessem assento no Congresso de Viena e, portanto, isto simboliza, em princípio, um percurso que depois foi evoluindo, mas que, no geral, se pode caracterizar o século XIX como o século da separação entre os EUA e as questões europeias.

O século XX é o século da gradual aproximação entre os dois continentes e digamos com uma iniciativa gradual dos

EUA, até uma aproximação hegemónica por parte dos EUA. Mas eu gostava aqui de recordar talvez uma pequena frase de George Kennan num pequeno livro que ele escreveu chamado *Diplomacy* em que ele diz exactamente que os EUA entraram na cena internacional com os reflexos, a filosofia e a metodologia dum pequeno país, e não há nada de mais verdadeiro! A inserção dos EUA na política mundial foi uma inserção gradual, prudente e com muitas afinidades com o percurso do Estado português no fim do século XIX, princípio do século XX. Se nós virmos o catálogo das neutralidades dos dois países, e depois o catálogo do comportamento dos dois países na Primeira Guerra Mundial nós podemos assinalar semelhanças muito curiosas nos objectivos dos dois países enquanto neutrais na primeira fase da Primeira Guerra Mundial e depois como beligerantes, ambos a meio da guerra, embora com consequências diferentes para os dois Estados, mas não deixa também de ser importante assinalar, desde já, que foi a partir de 1917, e por causa da entrada dos EUA na guerra e da sua aproximação ao continente europeu que, pela primeira vez, há um contacto forte entre Portugal e os EUA através da base naval de Ponta Delgada que é uma pequena jóia no estudo do processo negocial em que Portugal depois se tornou de certa maneira perito com os EUA a propósito do estabelecimento e das condições de estabelecimento de bases dos EUA em Portugal, e nomeadamente no Açores.

Portanto, o Século XX é um século de aproximação gradual dos EUA em relação ao continente europeu. Uma primeira experiência dos EUA nesse domínio, como todos sabem, levou a um novo isolamento, a experiência do Tratado de Versalhes e da Sociedade das Nações. E também, já agora que falei em mitos, vamos lá desfazer um mito sobre a imprepação dos EUA em relação aos assuntos europeus. Numa das minhas investigações no *National Archives,* em Washington, fiquei muito curioso por uma directiva que lá aparece no fim da guerra para que todos os departamentos universitários, e nós estamos aqui hoje numa universidade, que tivessem cadeiras de Literatura, cadeiras de História (porque era o que existia, ainda não existia a Ciência Política, nem as Relações Internacionais), História da Polónia, História da Rússia, literatura europeia em geral, que esses departamentos pudessem fornecer o maior grau de informações possível sobre esses países ao Departamento de Estado. Achei isso digamos do ponto de vista metodológico, possivelmente não pela substância, admito que o professor de literatura russa ou de literatura polaca da universidade norte-americana pudesse não ser o melhor perito para um conselho político, mas de qualquer maneira a metodologia, tentar que o saber universitário possa ser útil e não apenas uma conceptualizaçao sem fim, sem objectivo, pareceu-me muito interessante e de certa maneira quebra este mito de que os EUA não têm ou não tiveram nessa altura uma preparação prévia – pelo menos tentaram!

É ainda um período em que os EUA, no dizer de Kissinger, recusam aquela ideia clássica europeia que é a ideia do equilíbrio do sistema internacional como factor de segurança dentro dos critérios do equilíbrio, nomeadamente do equilíbrio europeu. Nós vamos ver que, desse ponto de vista, vai haver aqui uma grande transformação, quer depois da Segunda Guerra Mundial, quer sobretudo, na minha perspectiva, depois do fim da Guerra Fria, altura em que os EUA alteram pouco a pouco o seu comportamento em relação à melhor forma de organizar o continente europeu e passam dessa recusa do equilíbrio mecânico das potências para não só a aceitação desse equilíbrio como, mais do que isso, pela sua própria participação no equilíbrio europeu. Eu diria que, neste momento, é uma das principais funções – não diria que escondida, mas pelo menos não proclamada, que os EUA desempenham no continente europeu e já vamos tentar ver com que características e com que consequências, porque me parece que é isso que me pedem.

Portanto, o século XIX é um século de separação, o século XX é um século de aproximação hegemónica dos EUA em relação ao continente europeu. Será o século XXI o século do ajustamento? É muito provável que sim. Numa das minhas vindas aqui à faculdade de Direito, normalmente por iniciativa do Professor Paz Ferreira, mas essa que vou referir por iniciativa da Associação de Estudantes da Faculdade de Direito, em 2001, fins de 2001 ou 2002, logo a seguir aos actos terroristas perpetrados no 11 de Setembro em território norte-americano, eu defendi a tese de que os EUA estavam a ser envolvidos numa guerra de usura e que, portanto, os próximos anos para os EUA não seriam anos de liderança mundial, isso só seria de uma forma aparente da sua intervenção, porque na substância depois do fim da Guerra Fria estabeleceu-se como que uma liga informal, eu sei que o que vou dizer não recolhe os favores explícitos de ninguém mas deixem-me dizer assim, uma espécie de liga informal internacional que, no fundo, pretende o seguinte: demonstrar aos EUA os limites da sua intervenção unilateral como potência. Os EUA ainda tiveram um bom reflexo no início que foi envolverem-se na resposta através das normas do Direito Internacional, tiveram o apoio do Conselho de Segurança para o efeito, tiveram o apoio da NATO para o efeito, envolveram-se no Afeganistão dentro dessa perspectiva legal, mas não deixa de ser também um dos teatros onde essa guerra de usura, embora legal do ponto de vista do Direito Internacional, se exerce contra os EUA.

Depois os EUA, pelas suas próprias mãos, enterraram-se um pouco mais na guerra de usura, escolhendo o Iraque como teatro de operação para centralizar o seu esforço militar na zona, além de todas as teorias sobre o petróleo. E, portanto, nós já temos aqui os EUA envolvidos em dois teatros de operações, embora com densidades diferentes mas dentro do mesmo conceito, quanto a mim, de estarem a sofrer uma guerra de usura, por iniciativa alheia mas também por decisão própria, e depois alguns aspectos menos claros sobre a sua política de futuro que será o que fazer com o Irão, por exemplo, mas que não deixa de entrar na perspectiva desta análise, nas potencialidades dessa característica, quanto a mim, que envolve neste momento a situação internacional dos EUA que é estarem a ser vítimas, de uma guerra de usura, e em que ponto de equilíbrio essa guerra de usura deixará os EUA. Foi com muita atenção que eu ouvi aqui as intervenções do senhor Professor Jeremy Shapiro e do senhor Professor Eusebio Mujal-Léon desse ponto de vista que me pareceram muito importantes e relevantes, mas o que é que fará o próximo presidente dos EUA é sempre uma incógnita, mas se conseguisse cortar esse nó górdio da guerra de usura de que os EUA estão a ser vítimas seria uma atitude racional.

Mas, claro, eu sei que quando se fala em globalização e nas relações entre União Europeia, ou pelo menos o continente europeu, e os EUA, não nos vamos deixar arrastar para esses teatros, embora importantes, sobretudo o teatro do Afeganistão em que há uma cooperação entre os países europeus da NATO, e não só, e os EUA. Já foi aqui muitas vezes referido e toda a gente sabe, digamos, a crispação continental europeia, chamar-lhe-ia assim, em relação ao Iraque, mas em relação ao Afeganistão, há uma certa cooperação, não nos termos que os EUA gostariam porque enfim trata-se de dividir despesas e tarefas. Aqui as despesas é que entram na tal guerra de usura e não tanto o elemento propriamente militar, há aqui uma diferença com a guerra do Vietname, que eu não vou obviamente aprofundar, mas que já não é tanto o aspecto militar propriamente dito das perdas de material, das perdas humanas que aflige ou que deve afligir os decisores em Washington mas mais o lado, obviamente, daquilo que os portugueses chamavam a fazenda, ou seja, o problema financeiro e orçamental decorrente dessa presença de tropas no exterior do seu território desta maneira activa e sem se ver a saída.

De qualquer maneira, como estava a dizer, vamos tentar progredir nas perspectivas do século XXI como o século de ajustamento nas relações entre o continente europeu e os EUA, embora desse ponto de vista o comportamento dos EUA em relação ao continente europeu também tem sido um comportamento relativamente errático. Os EUA estão hoje em dia envolvidos activamente no equilíbrio europeu, são eles o árbitro, o verdadeiro árbitro do actual sistema de equilíbrio europeu, basta dizer que o alargamento da NATO, que eu considero positivo, como foi realizado até agora, do ponto de vista não só analítico mas sobretudo do ponto de vista político, acho muito positivo o alargamento da NATO como ele foi efectuado até agora porque é um alargamento ambivalente e inspira confiança, não vou dizer mais do que isto. É ambivalente porque o sistema de segurança que a NATO, que os EUA difundem com o alargamento, é um sistema de segurança geral.

O artigo 5.º é muito claro: as fronteiras dos Estados-membros estão garantidas pelo Pacto do Atlântico. Enquanto que, em 1973/1975, os EUA com as outras potências aceitaram como ponto de equilíbrio europeu e, portanto, como ponto de segurança no continente europeu a manutenção das fronteiras saídas da Segunda Guerra Mundial, é isso na essência a Conferência de Helsínquia, embora houvesse o terceiro *basket* sobre os direitos humanos, o essencial era que as fronteiras saídas da Segunda Guerra Mundial garantiam a estabilidade, a segurança, a paz no continente europeu.

A partir da reunificação da Alemanha, e a partir do desmembramento da União Soviética, essa tese, por circunstâncias imperiosas como as que acabo de referir, deixou de ter pertinência, mas os EUA ainda conseguiram introduzir um critério objectivo e pacificador no que diz respeito, ou no que dizia respeito, às mudanças de mapa político no continente europeu. São as célebres normas que foram aprovadas em 1991 no âmbito da organização da OSCE, em que ficou definido que seria possível, e até necessário, modificar certas fronteiras, ou o mapa político europeu, desde que fosse pela via pacífica, democrática, com consulta às populações e por mútuo consentimento, portanto foi assim que se fez a unificação da Alemanha. Depois a separação da República Checa e da Eslováquia e também, algo em que Portugal tomou uma parte activa, o reconhecimento das repúblicas federadas da ex-Jugoslávia, embora com os problemas da Bósnia.

Mas os EUA foram evoluindo também nesse domínio e com o remate em 2008 acabaram por aceitar uma declaração unilateral de independência, que é a declaração unilateral de independência da República do Kosovo. Eu não estou a dizer que haja aqui uma linear alteração da filosofia de base de contenção de alteração do mapa político europeu, mas há novos critérios por parte dos EUA no que diz respeito à aceitação das alterações do mapa político europeu. Eu sei que hoje ninguém está preocupado com as alterações do mapa político europeu, nós estamos é preocupados com o "não" do referendo irlandês, mas na História, os problemas surgem de onde menos se espera, e portanto é possível que a questão da alteração do mapa político europeu venha a ter até mais importância do que a questão do referendo irlandês.

E, desse ponto de vista, tendo em conta que os EUA são efectivamente o árbitro do equilíbrio europeu, seria conveniente que os EUA tivessem uma doutrina segura sobre a alteração do mapa político europeu que não causasse perturbação ou indeterminação que o precedente, que não é precedente, do Kosovo pode indicar. Este é portanto um dos problemas que eu creio ser relevante para o entendimento do que pode haver de problemático nesta arbitragem que eu politicamente considero positiva dos EUA no continente europeu e é por isso que sou favorável aos alargamentos até aqui efectuados sob determinação dos EUA em relação à NATO.

Já não estou muito de acordo com a utilização pelos EUA de um poder que lhe é próprio como poder da potência determinante, que é designar dentro da Europa os países preferidos, lançando alguns países da Europa uns contra os outros, a segunda parte é que é mais relevante do que a primeira, porque na primeira eu gostaria que Portugal fosse um dos países estrategicamente escolhidos pelos EUA para uma relação estratégica bilateral. Falta-nos essa aliança estratégica em termos da nossa constelação da inserção da República portuguesa na política internacional, mas lá iremos no fim, e sinto-me muito autorizado a falar nisso depois do Professor Eusebio Mujal--Léon ter referido, e bem, essa parte das relações bilaterais entre Portugal e os EUA mas não quero chegar já lá, embora tenha que me aproximar da conclusão.

É óbvio que uma potência como os EUA é que escolhe o seu interlocutor. Tanto pode escolher o interlocutor de Bruxelas, o Alto Representante para a PESC, foi aliás quase uma ideia de Kissinger quando disse que não sabia para quem telefonar na Europa, isso deu origem mais tarde à promoção do senhor Xavier Solana para um gabinete com o telefone, mas não me parece que obviamente os EUA esgotem a sua política europeia nessas relações formalidades, eles escolhem os países como é próprio, escolhem a Grã-bretanha para certo tipo de objectivos que nós conhecemos muito bem, podem escolher a Rússia para outros, nós nem sempre damos por isso porque, volto a repetir, talvez aqui do ponto de vista analítico falte essa profundidade analítica para se perceber quando é que os EUA também escolhem a Rússia como parceiro internacional. Falo sobretudo depois do fim da Guerra Fria.

E como quando fez a separação entre a velha e a nova Europa é óbvio que de certa maneira replicam com o reflexo francês entre duas guerras que é escolher a Polónia como, digamos, o principal aliado da Europa de Leste, quer dizer: desde o fim da Guerra Fria que os EUA vêm entretendo com a Polónia uma relação bilateral, que não é original em termos internacionais porque a França já o tentou no período entre as duas guerras, mas que é original do ponto de vista da política externa norte-americana e que também merece ser assinalada. Daí a divisão entre velha e nova Europa.

Já a União Europeia tem uma política externa, se assim podemos dizer, com características muito diferentes deste desembaraço norte-americano e que é uma política externa normalmente ensimesmada, tem prós e contras, eu costumo dizer neste ponto das minhas intervenções algo que também não colhe os favores da opinião mas que eu estou convicto que tenho razão: na substância a União Europeia gostaria de ser uma grande Suíça, ou seja, um espaço de prosperidade, bem-estar e segurança dentro das suas fronteiras, que ela também não sabe bem quais são e que tem vindo a ser empurrada um bocadinho do exterior para as alargar, um dos agentes mais activos nesse alargamento tem sido os próprios EUA. A entrada de dez Estados roldão na União Europeia foi um péssimo serviço prestado a esta Comunidade. Eu lembro-me que era Presidente da Comissão dos Assuntos Europeus na Assembleia da República e quando foi da fase da negociação para o alargamento dos dez Estados ao mesmo tempo sempre me pronunciei com a maior reserva sobre essa aposta. Os deputados desses países acabavam sempre as suas intervenções dizendo-nos: gostávamos de vos explicar porque não têm que ter receio da nossa entrada, ou seja, enquanto que do nosso ponto de vista não havia gestão nenhuma sobre a entrada desses países, esses países dentro do entendimento racional do que é que podia representar essa entrada, eles sabiam que a sua entrada ia colocar problemas e apresentavam sugestões para a sua resolução, nós é que não queríamos conceber analiticamente e politicamente que essa entrada iria trazer problemas. Quer dizer, a União Europeia não foi senhora do seu destino no modo como alegou e vai ter que se adaptar.

Portanto, enquanto que a União Europeia está ensimesmada, já foram aqui elencadas pelo Embaixador Fernando Neves, e muito bem, as missões externas europeias, mas se nós repararmos bem, ainda dentro deste conceito da grande Suíça, apesar de tudo, as missões externas europeias (o Professor Carlos Gaspar também falou nesse assunto), são missões quase semelhantes às da Cruz Vermelha Internacional: tarefas humanitárias, reconstruir escolas que foram destruídas, é por excelência uma distribuição de serviço internacional cujas características eu nem sequer vou caracterizar de uma forma muito clássica, mas vamos dizer que, do ponto de vista da União Europeia, são missões no fundo próximas daquelas que a Cruz Vermelha Internacional representa para a neutra Suíça.

A União Europeia é um contrato explícito e é até um contrato internacional. Agora visto de Washington não será um bocadinho ridículo ver a ponderação de votos do Conselho de Ministros na União Europeia? Vamos pensar, não acham ridículo a diferença entre dez votos e doze votos e vinte e cinco no Conselho de Ministros da Comunidade Europeia? Visto de Washington é ridículo. Eu acho que, visto de Washington, quase todos os Estados europeus são iguais e não deixa de ser uma consolação.

Para terminar estas considerações sobre as relações entre os EUA e a União Europeia, quando se fala da Política Segurança e de Defesa Comum, nos termos em que ela já foi aqui referida, parece-me harmoniosa e complementar, e está tudo dito sobre isso há muito tempo, entre a NATO e a Política de Segurança e de Defesa Comum. Mas se nós fizéssemos uma espécie de isobar atmosférica entre o campo de acção da política europeia e o campo de acção da NATO ou dos EUA, a isobar desentrava-se ali no perímetro do anticiclone nos Açores, talvez até um bocadinho mais para cá. E portanto é uma questão a seguir, embora eu ache que não vai haver um grande desenvolvimento práxico da segurança europeia.

Tanto mais que o Pacto de Estabilidade não deixará que haja uma política de defesa europeia como deve ser, não vale a pena procurarmos muito por aí não é? Não vejo muitos governantes europeus a cortarem na Segurança Social para armarem os seus Exércitos ou umas forças armadas europeias, não vejo!

Em conclusão: estamos perante duas entidades diferentes, duas entidades que têm tido uma gestão dos seus problemas, como aqui foi dito, de uma forma quase natural. Existem essas tensões, mas essas tensões têm sido resolvidas sempre de uma forma que se pode considerar cooperativa, não é?

Mas não queria terminar sem referir muito rapidamente as relações bilaterais entre Portugal e os EUA.

Não deixei de referir que, logo na Primeira Guerra Mundial, foi Portugal um dos primeiros países europeus que teve uma relação bilateral com os EUA, e foi logo através dos motivos mais duros das alianças e da política internacional que foi uma necessidade militar dos próprios EUA para manter a segurança no Atlântico, factor que tinha feito entrar aliás os EUA na guerra. Eu acho que falta a Portugal essa relação bilateral estratégica com os EUA, mas não depende, como devem calcular, de Portugal. E se nós repararmos, por exemplo, nas visitas que o presidente dos EUA faz ao continente europeu e nas não visitas que os Presidentes da República de Portugal fazem a Washington, nós temos a ideia dessa assimetria, digamos assim, nas relações. Mas claro que há, Portugal é um país euro-atlântico, independentemente agora do apuramento do conceito, Portugal não tem uma visão continentalista da União Europeia, embora já faça parte de algumas políticas continentais e uma delas (eu não vou desenvolver enquanto a Grã-Bretanha não entrar na zona Euro, a zona Euro é uma zona continentalista) é a política monetária continental europeia.

Como disse Shapiro, de facto, a NATO é uma aliança pluralista com problemas mas que têm vindo sempre a ser resolvidos.

Muito obrigado.

Mesa Redonda – Relações Luso-Atlânticas e Euro-Atlânticas Pós-Iraque

*Luís Andrade**

Em primeiro lugar, gostaria de agradecer o convite que me foi endereçado pelo Senhor Professor Doutor Eduardo Paz Ferreira e é com muito gosto que aqui estou. Eu tinha um texto, mas não o vou ler. Vou referir umas ideias e peço desculpa se algumas delas já foram aqui referidas pelos outros ilustres membros desta mesa. No entanto, como o Professor Paz Ferreira me pediu, gostaria de realçar apenas alguns pontos, relativamente ao papel que os Açores têm vindo a desempenhar no âmbito do relacionamento transatlântico, concretamente no que diz respeito a Portugal e ao seu relacionamento com os Estados Unidos da América. E aqui incluiria, também, alguma experiência pessoal que tive ao longo dos sete anos em que representei o Governo Regional dos Açores, no âmbito do Acordo de Cooperação e Defesa. Em termos gerais, diria que, e peço desculpa de referir alguns pontos históricos mas parecem-me importantes tendo em vista o enquadramento geral da problemática em apreço, a partir da Primeira, mas sobretudo da

---

* Professor da Universidade dos Açores.

Segunda Guerra Mundial, os Açores, e concretamente a base das Lajes, foram muito importantes para os Estados Unidos da América. Como sabemos, essa importância manteve-se durante a Guerra Fria e, regressando ao tema fundamental que nos traz aqui hoje, isto é, o relacionamento transatlântico Pós-Iraque, constatamos, novamente, que os Açores, e concretamente a base das Lajes, continuou a ter uma importância fundamental. Apesar das dissenções e das tensões suscitadas por parte de alguns países europeus, e aqui referiria concretamente a França, a Alemanha e a Rússia, relativamente à problemática da intervenção militar norte-americana no Iraque, em Março de 2003, que, de facto, foi levada a cabo à revelia de um mandato claro, ou de uma resolução clara, por parte do Conselho de Segurança da ONU. Independentemente disso, os Açores voltaram a ter uma importância muito significativa, no que concerne especificamente à projecção de forças e ao apoio logístico que, sobretudo a base das Lajes concedeu, nessa intervenção militar norte-americana no Iraque, em Março de 2003. Toda a gente se lembrará da cimeira dos Açores, que alguns especialistas entenderam e entendem como tendo sido equivalente a uma declaração ou um ultimato, se quisermos, a Saddam Hussein. De facto, falando com alguns jornalistas, quer europeus, quer norte-americanos, a ideia que tinha era que a cimeira dos Açores constituiu uma declaração de guerra ao Iraque. Independentemente do que sucedeu, e como referi há pouco, as dissenções criadas no relacionamento transatlântico, sobretudo entre aqueles três países atrás mencionados e os Estados Unidos da América, penso que de uma forma geral esse desentendimento tem vindo a ser atenuado, independentemente de subsistirem, por vezes, alguns diferendos entre Europa e os Estados Unidos da América. Este aspecto suscita mais um ponto que, aliás, já aqui foi referido, e que tem a ver com o facto de se poder ou não falar de uma identidade europeia ou, pelo contrário, em várias identidades europeias. A minha opinião pessoal é que não se pode, penso eu, claramente, falar numa única identidade europeia e porque não? Porque a União Europeia, neste momento com 27 Estados-membros, não constitui nem representa uma única identidade europeia. A realidade a que temos vindo a assistir é caracterizada por uma multiplicidade de identidades europeias e isso leva-nos a outro aspecto, que me parece ser muito importante no âmbito do relacionamento transatlântico, que é o seguinte: até que ponto a Política Externa e de Segurança Comum e, por sua vez, a Política Europeia de Segurança e Defesa será ou não implementada. Aquilo que me parece e que, aliás, foi referido há pouco, é que a aliança atlântica continua a ser um instrumento fundamental no âmbito do relacionamento transatlântico, isto é, a Europa pode tentar, e tem tentado, (e aqui o Tratado de Lisboa poderá também ajudar nesse sentido), criar uma política externa e de segurança comum e uma política europeia de segurança e de defesa credíveis. No entanto, infelizmente, tenho que reconhecer que, de facto, essa tentativa por parte da União Europeia não tem sido fácil, e não me parece que nos próximos tempos essa intenção por parte dos 27 estados-membros da União Europeia possa ser concretizada. Isto é, a NATO continua a ser importante, independentemente da Guerra Fria ter terminado, e como disse o Senhor Dr. Rui Machete na sua intervenção, necessita de: "Go out of area or out of business". E aqui o exemplo do que se está a passar no Afeganistão é paradigmático. Isto é, a Aliança Atlântica tem, cada vez mais, um papel relevante no que diz respeito à tentativa de solucionar conflitos regionais que têm ocorrido, muitas vezes, fora da sua área tradicional de actuação. Os Açores, como referi, têm desempenhado um papel importante, muito embora a minha experiência pessoal ao longo dos sete anos que representei a Região Autónoma dos Açores no âmbito do Acordo de Cooperação e Defesa, não me permita afirmar que a cooperação existente entre os Açores e os Estados Unidos seja aceitável. Têm sido implementados, de facto, alguns projectos comuns mas, em termos globais, ficam muito aquém das expectativas quer do Governo Regional dos Açores, quer da sua população. O que nos parece estar a faltar é, por um lado, um aumento dessa cooperação e, por outro, uma maior diversificação. Ao longo dos sete anos em que participei nas reuniões bilaterais, houve, de facto, alguns projectos de cooperação com alguma importância para os Açores. A título de exemplo posso referir alguns: o estudo da leptospirose e o seu impacto na Região Autónoma dos Açores; a análise da migração do atum, que se reveste de particular importância no que se refere às pescas e um estudo macroecnómico sobre o arquipélago dos Açores. Por outro lado, gostaria de assinalar que o arquipélago dos Açores, representa também um aspecto importante no que concerne, não apenas à segurança do Atlântico Norte, mas à segurança do Atlântico Sul. Não nos podemos esquecer que o Atlântico Sul não tem sido, em meu entender, muito estudado, ou pelo menos lhe concedida a importância que me parece ter porque é um espaço geopolítico, que se reveste para nós portugueses de especial importância, na medida em que, entre muitas outras coisas, a nossa língua é falada nas suas duas margens. Relativamente a esta questão relacionada com a língua, não nos podemos esquecer que é um aspecto muito importante da nossa política externa, e, por consequência também deverá ser tida em conta. Por outro lado, é relevante referir que não se pode falar em segurança do Atlântico Norte sem segurança no Atlântico Sul. Para finalizar a minha intervenção diria que o relacionamento entre Portugal e os Estados Unidos da América tem sido, em termos gerais bom, independentemente de haver, pontualmente, algumas dificuldades que, na maioria das vezes, têm sido solucionadas de uma forma satisfatória para ambas as partes.

Desenvolvimento Sustentável das Finanças Públicas e da Segurança Social – Que Contrato Social para uma Nova Geração?

Oradores:

João Ferreira do Amaral
Michel Bouvier
Nazaré Costa Cabral
Peter Schuck
Vito Tanzi

RECUSA DE KEOS

João Ferreira do Amaral*

Um contrato difícil

Há cerca de dois mil anos atrás referia o geógrafo grego Estrabão que a ilha Grega de Keos tinha um sistema de lidar com o envelhecimento, que era o seguinte: quando uma pessoa chegava aos 60 anos de idade era obrigada a beber cicuta e era eliminada. Como o próprio Estrabão diz isso tinha a vantagem de fazer a "comida chegar para todos".

Devo dizer que este contrato social tem as suas vantagens: em primeiro lugar, é perfeitamente sustentável; depois, é perfeitamente igualitário e por isso não podemos dizer, à partida, que seja um mau contrato. Mas, francamente, não gosto dele, até porque me deixaria só dois meses e três semanas de vida o que mesmo nestes tempos difíceis está abaixo da minha expectativa.

Em termos mais sérios, apoio o contrato social que implicitamente se tem vindo a desenvolver nas sociedades ditas mais civilizadas (e que nesse aspecto o são, de facto) e que é o

---

* Professor do ISEG.

estabelece que as gerações activas tem o dever de fornecer àqueles que já trabalharam (e aos idosos em geral), quer os rendimentos, quer os serviços necessários a que eles tenham um resto de vida digna e que valha a pena viver.

Este contrato social não é um contrato fácil, porque em termos macroeconómicos obriga a retirar parcelas importantes de rendimentos daqueles que trabalham (trabalhar em sentido lato, isto é que são activos) e que contribuem para a riqueza da sociedade e, por assim dizer dar essa fatia do bolo àqueles que não trabalham porque já trabalharam no passado.

Isso levanta, nomeadamente, um problema que não vou tratar aqui, mas que considero que é de grande importância e que os economistas ainda não estudaram suficientemente: até que ponto essa actividade redistributiva é compatível com o funcionamento de uma economia de mercado. É uma actividade redistributiva que tem tendência a aumentar à medida que, naturalmente, a percentagem de idosos na população total vai inevitavelmente aumentando.

Ora, a economia de mercado formou-se historicamente numa situação em que a população era, em grande parte, jovem e em que não se punha a questão de uma actividade distributiva da dimensão que vem sendo adquirida e que continuará a aumentar no futuro. Esse é, em minha opinião, um problema fascinante, mas eu não vou abordá-lo aqui.

Vou-me antes centrar num aspecto mais limitado que é o dos sistemas que de facto são usados para fazer a redistribuição de rendimentos daqueles que contribuem para o produto interno bruto e aqueles que já o fizeram mas que não o fazem na actualidade. E, como sabemos, há dois sistemas básicos, o sistema chamado capitalização e o sistema chamado em inglês, *pay as you go* ou, se quiserem, em português, normalmente chamado de repartição.

Digo, com clareza, que prefiro este segundo sistema. Considero que o sistema de repartição é preferível ao sistema de capitalização – já vou dizer porquê – mas queria antes disso, assinalar que é pura charlatanice dizer que um resolve inteiramente o que o outro não resolve. Ou seja, o problema macroeconómico existe quer o sistema seja de capitalização, quer seja de repartição.

Qualquer sistema de segurança social tem sempre que ser visto como uma forma de tentar solucionar alguns aspectos desse problema de repartição do bolo que é produzido, sabendo à partida que não há nenhuma solução óptima nem isenta de problemas. Por isso, quando digo que prefiro o sistema de repartição, não é porque considere que ele resolve tudo e o sistema de capitalização não resolve nada, mas é porque julgo que ele tem algumas vantagens que, apesar de tudo, o tornam preferível ao sistema de capitalização.

Essas vantagens são, para mim, em primeiro lugar, o facto de ser mais seguro para aqueles que são beneficiários ou seja, permite que eles não tenham tantas oscilações de rendimento como no sistema de capitalização, porque está muito sujeito, este segundo sistema, a flutuações, nomeadamente, dos rendimentos de títulos e outras aplicações financeiras. Coisa que não sucede, pelo menos na mesma medida, com o sistema de repartição. Essa segurança é importante porque as pessoas que são beneficiárias desses rendimentos já não estão numa idade que lhes possibilite encontrar outras alternativas quando os seus rendimentos, por qualquer razão, diminuem. Portanto, do meu ponto de vista, uma vantagem importante do sistema de repartição é esta – relativa, e insisto que é sempre relativa, mas real – maior segurança em relação ao sistema de capitalização.

Uma segunda vantagem é que o sistema de repartição funciona mais como estabilizador automático do que um sistema de capitalização, que na realidade é procíclico em grande parte, enquanto que o sistema de repartição não tem que o ser. (embora possa vir a ser por virtude de desmandos de quem o dirige) e, portanto, pode funcionar como um sistema de estabilização automática, que é importante nas sociedades complexas em que nós vivemos.

Uma terceira vantagem, resulta de ser um sistema que, apesar de tudo, permite uma melhor monitorização e correcção de percurso, isto é, permite uma reacção mais informada às dificuldades, previsíveis ou não, que o sistema possa enfrentar.

Vemos, por exemplo, em Portugal, as reformas recentes de um sistema que é na base e em grande parte ainda repartição e de facto as reformas que foram executadas foram bem dirigidas. Asseguraram, face a uma previsível rotura do sistema, um maior período de sustentabilidade, manejando alguns parâmetros essenciais e permitindo uma discussão pública aberta.

Uns opuseram-se, outros apoiaram, mas permitiu-se uma discussão informada da reforma e, portanto, o desenho do sistema de repartição permitiu correcções adequadas face às previsões da evolução da economia e do sistema. Esta capacidade de correcção é certamente muito mais alargada do que no sistema de capitalização.

Não obstante estas vantagens, o sistema de repartição pode ter uma desvantagem grande, que é a de ficar mais sujeito a medidas demagógicas e, portanto, um governo que queira utilizar um sistema de repartição (que tem de ser necessariamente público, enquanto que o de capitalização pode ser público ou privado) para ganhar eleições pode usá-lo. Mas, mais uma vez o exemplo português actual, julgo que é positivo, pois é a própria lei a impedir esse tipo de utilização. É claro que a lei é alterável, como sabemos, mas, com esta lei, já não é tão fácil a um governo usar para fins meramente eleitoralistas a Segurança Social, o que, a fazer-se, se repercutiria depois, negativamente durante muitas gerações.

Por isso, vou racionar em termos do sistema de repartição pela preferência que tenho relativamente a ele e vou abordar o que é que este contrato social, que se refere à segurança social, se traduz em termos do sistema de repartição.

Traduz-se fundamentalmente em dois princípios, em duas afirmações se quiserem: a primeira afirmação é que um sistema de repartição deve assegurar uma reforma e certos serviços aos idosos; (a segurança social, do meu ponto de vista, além de rendimento, deve proporcionar s serviços essenciais aos idosos).

Em segundo lugar, que quem desconte mais ao longo da sua vida activa tem direito a mais rendimento e eventualmente a mais serviços depois de entrar na reforma.

Para além destes dois princípios o sistema não pode assegurar mais nada porque o valor efectivo, o real valor daquilo que o sistema, num dado momento poderá fornecer aos idosos, depende do funcionamento de economia nesse momento.

Costumo dar este exemplo: por mais que os alemães tivessem descontado para a reforma antes da Segunda Guerra Mundial quando chegaram a 1945 não tinham, com certeza, nada para distribuir porque a economia estava completamente destruída. Portanto, não se pode garantir a ninguém que vai ter a reforma x, em termos reais, no ano y. O que se pode garantir é, apenas – e não é pouco – que terá direito a uma reforma e que, se descontar mais do que o seu vizinho do lado, terá direito a uma reforma superior à do seu vizinho do lado.

Condições de sustentabilidade

Dito isto, qual é a condição de sustentabilidade de um sistema de repartição? A condição de sustentabilidade a longo prazo (e que é, afinal, a mesma de um sistema de capitalização) é que a produtividade cresça sem aumentar o desemprego. Portanto, não basta aumentar a produtividade. Se o desemprego aumentar na mesma proporção, isso não beneficiará o sistema, é preciso aumentar a produtividade e aumentar a produtividade sem aumentar o desemprego.

Já sabemos desde os anos 50, com o trabalho de Solow sobre o crescimento económico, que desde então não foi desmentido, que a produtividade só pode crescer, a longo prazo e de forma sustentada, se houver progresso técnico e, portanto, o importante para as condições de sustentabilidade da Segurança Social, como da economia em geral, é a inovação, ou seja, a aplicação do progresso técnico de forma a poder aumentar a produtividade sem prejuízo do emprego.

Isso dá-me, devo dizer, uma visão optimista de futuro, porque se há coisa que é ilimitada na vida da Humanidade é o progresso técnico. Portanto, não devemos ter medo do envelhecimento da população na medida em que sabemos, pela experiência passada, que o progresso técnico é ilimitado. O que temos é de arranjar formas cada vez mais eficientes de aplicação do progresso técnico à economia de forma a permitir esse tal aumento da produtividade sem aumento do desemprego.

E em condições menos gerais e básicas, como é que eu posso ir corrigindo um sistema de repartição para assegurar a sua sustentabilidade?

Há, basicamente, três caminhos que são utilizados – e no nosso caso têm sido utilizados em momentos diferentes. Constituem uma panóplia de instrumentos que podem, de facto, ser accionados para fazer a tal monitorização e as tais correcções que eu há pouco referia.

Um possibilidade é aumentar a idade da reforma, quando isso se justifique; outra, é aumentar as contribuições para a Segurança Social quando isso for necessário, embora aí haja sempre um limite dado pelas possibilidades competitivas do país face às outras economias; e há uma terceira possibilidade que é fazer variar a chamada taxa de substituição, ou seja, a relação entre a reforma que o indivíduo recebe e aquilo que foram os seus descontos ao longo da vida activa.

Estes três instrumentos são os tradicionais e têm dado resultado. Mais uma vez, a reforma portuguesa é, a meu ver, um exemplo positivo e bem sucedido da utilização desses instrumentos. No nosso caso, na reforma actual, não utilizámos – e bem – o aumento das contribuições para a segurança social, mas utilizámos os outros instrumentos além de termos estabelecido – e, de novo, bem – um factor de correcção no futuro face à evolução demográfica e à própria evolução da economia. Uma espécie de corrector automático da trajectória da segurança social.

Mas, para além destes três instrumentos tradicionais, há um quarto instrumento que tenho sugerido e que julgo ser importante. Refiro-me à obtenção duma diminuição, a prazo, do preço relativo dos bens e serviços destinados a idosos em relação aos outros bens e serviços da economia. Isso consegue-se melhorando a produtividade da produção desses bens e serviços. Sejam equipamentos, medicamentos, serviços próprios para idosos, etc.

Este é um dos domínios onde o Estado pode ter uma intervenção importante: incentivar ganhos de produtividade que permitam reduzir o custo e, portanto, o preço relativo da produção dos bens destinados a idosos. Tal dará uma descompressão nos gastos com a Segurança Social. Nesse sentido, julgo que era importante dispormos de informação sobre este aspecto, ou seja, dispormos de um índice de preços desse tipo de bens que nos permita avaliar em que medida é que os preços vão crescendo, mais ou menos, em relação ao índice de preços geral da economia. Porque se crescerem mais, como infelizmente julgo que tem sucedido muitas vezes, isso vai implicar mais dificuldades na Segurança Social; se crescerem menos, será uma ajuda importante, juntamente com os outros instrumentos, para garantir maior sustentabilidade ao sistema.

Em resumo e finalizando a minha intervenção, penso que, desde que a economia funcione minimamente de forma sustentável com aumentos de produtividade suficientes – se não o conseguir nada funcionará e não só a Segurança Social – não teremos que ter medo da possibilidade de manter este contrato social que felizmente é muito diferente do da ilha de Keos.

Muito obrigado.

La Bonne Gouvernance Financiere Publique:
une Reponse a la Crise

Michel Bouvier*

A lire les réflexions, propositions et points de vue sur les réponses à donner à la crise actuelle, et après des années de désengagement de l'Etat vers le secteur privé ou vers le secteur public local, on peut déceler chez certains une sorte de **nostalgie de la gestion administrée de l'économie par l'Etat** telle qu'elle a pu exister il y a, par exemple, une quarantaine d'années en France lorsqu'elle était à son apogée.

La chose peut étonner a priori. Certes dans tous les Etats occidentaux, mais sans doute en France plus qu'ailleurs, l'intervention de l'Etat a longtemps été la règle. C'est ainsi que la gestion administrée de l'économie a pu fonctionner sans discontinuer de la Seconde guerre mondiale jusqu'au milieu des années 1980. Toutefois, à partir de cette date, ce système a subi une véritable **métamorphose** et la longue période de libéralisation qui a suivi pouvait laisser penser qu'un retour en arrière était peu vraisemblable, même s'il pouvait paraître souhaitable.

---

* Professeur de Finances publiques et fiscalité à l'Université Paris I Panthéon-Sorbonne. Président de FONDAFIP (www.fondafip.org). Directeur de la Revue Française de Finances Publiques (www.rffp.gerfip.org).

Cette métamorphose se lit particulièrement dans les mutations qu'a connues le système financier public depuis plus de trente ans, c'est à dire depuis la fin d'une période de croissance quasi ininterrompue («les 30 glorieuses») et l'entrée dans une crise de l'économie devant laquelle les politiques d'inspiration keynésienne se sont avérées impuissantes. Avec l'apparition au milieu des années 1970 des premières difficultés économiques annonciatrices d'une crise profonde et de longue durée – l'inflation va en s'accroissant, le chômage se développe, le taux de croissance diminue sans que l'Etat aux prises avec une crise financière puisse réagir efficacement. Les dépenses augmentent, les ressources diminuent, l'écart se creuse, la dette publique s'accroît, encore amplifiée par l'effet «boule de neige» – les gouvernements ont été amenés à remettre en cause les postulats de leur politique budgétaire et financière.

Plus globalement, le discrédit qui va toucher le modèle de l'Etat interventionniste va affecter par là même les approches théoriques de type keynésien qui légitimaient jusque-là son action. L'Etat-providence, cet Etat interventionniste et multi-présent, est dénoncé comme facteur de rigidification de la société. La critique porte en premier lieu sur son énorme croissance, source de dysfonctionnements du système économique, ainsi que sur les prélèvements obligatoires qu'il exige des contribuables. C'est à la faveur de cette crise matérielle et théorique des modèles keynésiens que va se produire un véritable renouveau de la tradition libérale classique. Priorité est donnée à la production sur la redistribution, à l'incitation sur le dirigisme, aux décisions décentralisées sur la réglementation globale. A la culture d'inflation, traditionnellement ancrée dans le comportement des acteurs économiques, ont succédé des politiques de rigueur monétaire, axées sur le maintien de la stabilité des prix et la limitation des déficits budgétaires. Parallèlement s'est développée une évolution en faveur d'une limitation des impôts (notamment ceux des entreprises) et on a même assisté à ce que l'on a qualifié de «révolution fiscale» avec notamment une baisse importante des taux de l'impôt sur les sociétés. Un peu partout dans le monde les Etats se sont engagés dans des politiques visant à encourager l'offre plutôt que la demande.

Se situant dans la même logique, un **vaste mouvement de gestion du secteur public axée sur la performance** a pris une ampleur jusqu'alors inégalée. Ce mouvement, qui pose l'équilibre budgétaire en principe fondamental[1], s'est inscrit dans une logique de maîtrise des finances publiques et de bonne gouvernance financière publique.

Au final, l'idée s'est imposée que l'Etat, quelle que soit la puissance des instruments financiers dont il dispose, ne pouvait à lui seul décréter la croissance et qu'il devait, d'une part, laisser plus d'espace au marché économique et financier, et donc privatiser une grande partie des services publics, d'autre part adopter des méthodes de gestion et d'évaluation des résultats empruntées au management des entreprises afin de maîtriser l'évolution de ses dépenses.

Malgré toutes les difficultés qu'elle comportait, cette réponse à la crise économique s'est poursuivie jusqu'à aujourd'hui avec pour fer de lance une logique gestionnaire irriguant l'ensemble du secteur public et conditionnant la recherche de la soutenabilité des finances publiques. Cette logique gestionnaire n'a du reste fait que s'épanouir tout au long de ces dernières

---

[1] Sur la théorie de l'équilibre budgétaire, v. M. Bouvier, «Les représentations théoriques de l'équilibre budgétaire; essai sur la vanité d'un principe», in *L'équilibre budgétaire*, ouvrage collectif sous la direction de Lucille Tallineau, Economica, 1994. Cf également: *Manuel de Finances publiques*, Ed. LGDJ 2008 (9ème édition).

années, d'ailleurs renforcée par la nécessité de faire face à d'autres crises comme, par exemple, la crise financière des années 1990 qui a affecté d'abord les pays émergents (Russie, Brésil, plusieurs Etats d'Asie) puis les pays en développement. Rappelons qu'en 1998 cette crise, en affectant la monnaie russe, a provoqué un effondrement de la Bourse de Moscou et s'est propagée si rapidement que le système financier international a été alors exposé à un grave risque de rupture[2] faisant craindre une dépression d'une ampleur comparable à celle des années 1930[3].

Au regard de cette succession ininterrompue de crises depuis la fin des années 1970 et des réponses qui leur ont alors été données **la question qui se pose aujourd'hui n'est pas de savoir s'il faut poursuivre une politique libérale classique ou s'il faut revenir à une politique keynésienne.** Le contexte est bien trop différent à tous points de vues: international, national, politique, sociologique, idéologique, économique. La priorité est d'abord de parvenir à identifier correctement la réalité actuelle.

Si l'on y regarde d'un peu près, le contexte contemporain est la résultante d'une évolution, fruit de multiples décisions qui se sont combinées de manière imperceptible, exprimant **un processus lent de métamorphose de notre société**. Faute d'identification de ce processus, le risque est grand de voir se

---

[2] Entre le 15 juillet et le 15 octobre 1998, la Bourse de Moscou a perdu 80%, celle du Brésil 57%, Francfort 37% et Paris 32%. Cette crise n'a pu être surmontée que grâce à une double intervention des États-Unis: le sauvetage par le Gouvernement Fédéral des fonds spéculatifs LTCM, dont la faillite avait déstabilisé le marché, et la baisse à trois reprises des taux d'intérêt par la Réserve Fédérale.

[3] D'autres, s'appuyant sur la théorie des cycles de Kondrattieff, voient alors dans cette crise la dernière et l'entrée dans une nouvelle période d'expansion.

développer les craintes, les scénarios catastrophes et une cacophonie en guise de réponse, signes d'une incapacité à penser, autrement dit à comprendre et à interpréter un monde en pleine transformation depuis plus de trente ans.

La réflexion doit prendre le pas non sur l'action mais sur la fausse sécurité que procure le fait de se jeter à corps perdu dans une représentation technicienne, mécanique, du fonctionnement d'une société. Une telle voie conduit soit à un déterminisme technique ne laissant plus de place à terme à l'initiative politique, soit à des réponses au coup par coup conduisant à un développement trouvant sa cohérence indépendamment de la volonté des décideurs. C'est pourquoi conceptualiser, penser, est devenu hautement opérationnel. Cela implique non seulement la mise en oeuvre d'une méthodologie adaptée, mais aussi une politique d'investissement dans les dépenses d'avenir (recherche, éducation, mais également santé) qui sont une **condition essentielle de développement de la croissance économique et de soutenabilité des finances publiques.**

Cela ne signifie pas pour autant qu'il faut abandonner les voies gestionnaire et politique de la bonne gouvernance financière publique, comme on peut être tenté de le faire aujourd'hui au nom de la relance de l'économie – qu'il s'agisse d'aider l'investissement ou de soutenir la consommation – et qu'il faut laisser «filer les déficits». Cela d'autant plus que la crise actuelle a encore une fois pour conséquences une augmentation des dépenses, une diminution des recettes et un accroissement de la dette publique, autant d'effets connus de longue date et qui ne sont pas tous liés aux instruments budgétaires des plans de relance.

Il est en effet **indispensable de poursuivre une logique gestionnaire** car elle demeure une des réponses essentielles à la crise. Elle doit toutefois être **intégrée dans un projet, dans un sens à donner à la société**. Elle ne saurait se résumer, selon l'expression souvent utilisée dans les années 1980, à gérer au mieux un partage des économies. C'est le présent mais aussi le futur qu'il convient de gérer. Dans cette perspective, il importe que la stratégie soit inscrite dans un projet de société qu'il **appartient à la représentation politique de définir**, sachant que, à son tour, celui-ci doit s'inscrire dans le cadre d'une bonne gouvernance financière publique. Jusqu'alors et selon l'expression de Milton et Rose Friedman, les mesures prises pour répondre aux crises, et particulièrement celles allant dans le sens d'une limitation de la place de l'Etat, l'ont été avec pour objectif de restaurer «la liberté du choix»[4] des individus sur le marché économique. Il s'agit aujourd'hui d'encourager l'audace intellectuelle et la liberté du choix des représentants des citoyens, autrement dit de prendre en considération et **stimuler la fonction créatrice de la classe politique** afin que celle-ci, c'est son rôle, parvienne à inventer et proposer **l'architecture d'un nouveau lien social**.

---

[4] Milton et Rose Friedman, *La liberté du choix*, Belfond 1980.

O PRINCÍPIO DA SUSTENTABILIDADE E SUA RELEVÂNCIA NAS FINANÇAS PÚBLICAS

*Nazaré da Costa Cabral**

1. O *princípio da sustentabilidade das finanças públicas* ("*long-run sustainability principle*") assume-se, sobretudo desde finais da década de noventa, como **princípio-charneira ("*hinge-principle*")** que articula as Finanças Públicas actuais. Isso sucede de forma muito evidente nos países da União Europeia.

A influência deste princípio faz-se notar (como veremos adiante) em três planos distintos:

A) Na avaliação da situação financeira dos países e orientação das respectivas políticas financeiras;
B) No impacto sectorial (*i.e.* em determinados sectores ou áreas das políticas públicas);
C) Na concepção dos sistemas orçamentais.

A relevância deste princípio é não apenas política/concreta, ela é também uma relevância teórica/analítica e até, no limite, de ordem académica, tendo contribuído para a renovação do objecto de análise, do discurso e do tratamento dogmático que se dá aos "temas de escola" estudados pela literatura das Finanças Públicas.

---

* Professor da Faculdade de Direito da Universidade de Lisboa.

A óptica da sustentabilidade é o **longo prazo**, pois nunca como antes as preocupações em torno dos factores de impacto intergeracional se fizeram sentir tanto. Nesta medida, ela contrapõe-se quer à regra do equilíbrio orçamental, que se funda numa perspectiva anual, de curto prazo, quer à consolidação orçamental, que assenta, por sua vez, sobretudo numa perspectiva de médio prazo (a que tem sido dada aliás grande importância no quadro da aplicação do Pacto de Estabilidade e Crescimento (PEC) aos países membros da União Europeia UE).

As primeiras explicações relativas à sustentabilidade fizeram-se no quadro da **teorização sobre a dívida pública (expressa e implícita)**.

A relevância crescente que tem vindo a ser dada aos **factores de longo prazo** que condicionam a tomada de decisões financeiras – com destaque para o problema do envelhecimento da população e para as alterações demográficas –, confirmaram o tema da sustentabilidade das finanças como um dos temas dominantes do discurso nesta área, associado, por seu turno, a dois outros tópicos fundamentais: a credibilidade e a consistência temporal das políticas financeiras.

O ingrediente fundamental para avaliar a sustentabilidade das finanças de um dado país está na previsão exacta do **comportamento futuro do défice e da dívida**. Neste sentido, é recorrente definir a sustentabilidade a partir do comportamento do Estado relativamente à acumulação de dívida "excessiva". Para além disso, a avaliação da sustentabilidade implica a previsão das tendências futuras de um conjunto de componentes, tais como a taxa de juro, a taxa de crescimento do PIB, etc.

2. O princípio da sustentabilidade assume-se pois como princípio-charneira:

A) No plano da avaliação da situação financeira dos países e orientação das respectivas políticas financeiras.

Esta avaliação hoje não se compadece apenas com a apreciação contabilística do desempenho anual dos orçamentos do Estado (ou seja, com a verificação *ex post* de uma situação de equilíbrio ou de défice orçamental). Ela reclama ainda novas formas de apreciação do comportamento financeiro dos Estados, designadamente através de (só para recordar as mais invocadas):

- <u>Modelos assentes em projecções de médio e de longo prazo *(«Medium-to-Long-Run Projections»)*</u>: pela construção de cenários financeiros agregados que incluem geralmente análises actuariais, bem como cenários alternativos para variáveis críticas, como são a fertilidade, a esperança média de vida e a imigração e ainda previsões relativas a inúmeros parâmetros e variáveis económicas;
- <u>Indicadores sintéticos de sustentabilidade</u> (*«Syntethic Indicators of Sustainability»*), especialmente, o indicador do "hiato fiscal" ("*fiscal gap*") e o indicador do "hiato primário" ("*primary gap*"), muito utilizados na União Europeia;
- <u>Modelização da contabilidade intergeracional</u> ("*generational accounting*");
- <u>Modelização do Equilíbrio Geral</u> ("*General-Equilibrium Modeling*").

Simultaneamente, o princípio da sustentabilidade vem exigir uma nova orientação das políticas financeiras, agora centradas justamente nos aspectos de impacto plurigeracional (nos factores de longo prazo), reclamando junto dos Estados, para além das tradicionais medidas de regulação conjuntural da economia, a adopção de medidas ou de **reformas de natureza estrutural**. No limite, está em causa a própria reforma do Estado e o repensar das respectivas missões.

3. B) No plano do seu impacto sectorial (*i.e.* em determinados sectores ou áreas das políticas públicas)

A sustentabilidade das finanças públicas depende antes de mais nada da sustentabilidade financeira de alguns dos sectores ou áreas das políticas públicas, aqueles que estão mais fortemente dependentes dos constrangimentos de ordem demográfica, especialmente do envelhecimento da população. São eles (recorde--se o documento de 2006 do Grupo de Trabalho sobre Envelhecimento do Comité de Política Económica, da Comissão Europeia):

- Segurança Social;
- Saúde;
- Cuidados Continuados na Terceira Idade;
- Educação.

4. No que diz respeito à **Segurança Social** (que aqui vamos evidenciar), gostaríamos de assinalar duas alterações importantes no modo de conceber a relação do sistema público de repartição com o envelhecimento da população e que tiveram lugar na transição do século XX para o século XXI.

Estas alterações não deixam, também elas, de estar relacionadas com as exigências colocadas aos sistemas de segurança social pelo princípio da sustentabilidade.

5. A primeira alteração, quer a nível comunitário (designadamente, nos documentos produzidos a este respeito pela Comissão Europeia), quer a nível interno de cada Estado membro (e o caso português constitui exemplo elucidativo) consistiu na:
- Passagem de uma estratégia <u>assente na defesa do acesso à pensão antecipada de velhice</u>, (*"early retirement strategy"*) como forma de assegurar a um tempo a sustentabilidade da segurança social e a criação de emprego para os trabalhadores mais jovens;
- Ao modelo assente no <u>princípio do envelhecimento activo</u> (conjugado com a flexibilidade no acesso à idade de reforma) (*"active aging principle" and "flexibility in retirement age provision"*) – Livro Verde da Comissão Europeia (COM (2005)94 final, de 16.3.2005) e Relatório do Comité de Protecção Social de Abril de 2007.

Isto justifica que nos anos mais recentes se tenha assistido à criação de incentivos à permanência dos trabalhadores mais velhos na vida activa. Em certos ordenamentos – o caso português é elucidativo –, a antecipação da idade de acesso à pensão de velhice passou também a ser objecto de penalização e restrição acrescidas. Na verdade, as alterações recentes aqui verificadas, quer no regime jurídico das pensões (Decreto-Lei n.º 187/2007), quer da protecção no desemprego (Decreto-Lei n.º 220/2006) vão justamente neste sentido.

Mas o **princípio do envelhecimento activo** (*"active aging principle"*) tem uma relevância maior. Do ponto de vista financeiro estrito, significa fazer relevar e "interiorizar", seja no plano contributivo, seja no plano prestacional (acesso e cálculo da pensão), os efeitos do envelhecimento demográfico. Entre nós, como se sabe, isso aconteceu com a recente introdução no cálculo da pensão, do factor de sustentabilidade relacionado com a esperança média de vida. Do ponto de vista social e cultural, o princípio do envelhecimento activo significa o reconhecimento dado pelo sistema de protecção social ao prolongamento da idade de acesso à reforma, relevando socialmente o trabalho desenvolvido pelos trabalhadores mais velhos.

6. A segunda alteração paradigmática prendeu-se com o seguinte movimento:

- Passagem da exacerbação das **reformas estruturais na segurança social**, implicando a substituição (total ou parcial) do sistema público de repartição pelo sistema privado de capitalização;
- À aceitação de (meras) **medidas paramétricas** de resolução do problema de sustentabilidade da segurança social. Trata-se de alterações nos principais parâmetros de funcionamento do sistema de repartição, seja do lado contributivo, seja do lado prestacional, não implicando todavia a sua substituição pelo sistema de capitalização.

Com efeito, os anos noventa do século passado foram marcados e como forma de garantir a sustentabilidade futura da Segurança Social, pela vulgarização de sistemas "multi-pilar" (*"multi-pilar systems"*) (a partir da influência do importante relatório do Banco Mundial de 1994), ou seja, de sistemas de segurança social marcados pela compressão do primeiro pilar (o sistema público de repartição), em virtude da criação e/ou expansão do segundo pilar (a segunda pensão obrigatória, não pública, gerida em regime de capitalização) e do terceiro pilar (os regimes facultativos). Falar então em reforma da Segurança

Social significava pois mudar-lhe a estrutura: significava falar em *privatização tendencial e progressiva da Segurança Social*.

Posta em crise a ideia de que os regimes assentes na capitalização seriam de alguma forma imunes aos efeitos do envelhecimento demográfico, afigura-se-nos que o novo século começou marcado pela ideia de que, mantendo na sua essência o sistema de repartição, é possível introduzir-lhe algumas mudanças que o adaptem melhor às alterações dos dados demográficos. Tais alterações paramétricas podem ocorrer:

- Do lado do financiamento/contributivo (*"financing level"*): novas fontes de financiamento e alargamento da base de incidência contributiva; aproximação dos regimes contributivos da função pública e da segurança social; aproximação dos regimes contributivos dos trabalhadores independentes e dependentes; etc..
- Do lado prestacional (*"benefits provision level"*): novas regras de cálculo das pensões que incentivem o prolongamento da idade de reforma e penalizem a antecipação; adaptação do cálculo das pensões à evolução da esperança média de vida (v.g. o factor de sustentabilidade introduzido recentemente entre nós); alterações no acesso à pensão (v.g. alargamento do prazo de garantia e aumento da densidade contributiva).
- Do lado contributivo/prestacional (*"both levels"*): aumento da idade de acesso à pensão de velhice.

7. C) No plano da concepção dos sistemas orçamentais

Finalmente, o princípio da sustentabilidade tem condicionado também as alterações mais recentes dos sistemas orçamentais (desde logo na Europa, ainda que seguindo influências de outros países como os EUA, a Austrália e a Nova Zelândia), projectando-se e articulando-se, depois, com outros princípios e elementos marcantes dos sistemas de orçamentação contemporâneos. Assim:

8. Primeiro elemento caracterizador:
Os orçamentos apresentam-se hoje enquadrados por instrumentos de **programação macroeconómica e financeira** (*"Medium-term fiscal framework"*; *"Medium-term budget framework"*) que constituem um verdadeiro **sistema de planeamento de médio e de longo prazo das despesas públicas** (*"medium-to-long-run expenditure planning system"*);

9. Segundo elemento caracterizador:
Os orçamentos encontram-se fortemente vinculados por novas **regras financeiras** (*"fiscal rules"*) que se juntam às regras orçamentais "clássicas". Trata-se de regras que condicionam não apenas a organização e elaboração dos orçamentos, mas que se projectam também sobre a respectiva execução. As regras financeiras podem, por outro lado, assumir uma forma e uma força jurídicas distintas, assim se distinguindo, consoante tenham natureza vinculativa ou não, entre *hard fiscal rules* e *soft fiscal rules*. Destas, assinalem-se as regras da **estabilidade** e da **transparência orçamentais**.

10. Terceiro elemento caracterizador:
No que toca à estrutura orçamental propriamente dita, assume evidência uma **nova versão da orçamentação por objectivos** (*"performance budgeting"*). Ela significa a superação do esquema tradicional de orçamentação por programas de investimento, ligada à tradição "francófona" de *orçamentação do plano* e de *planificação do orçamento*, e aparece associada a uma (nova) especificação orçamental por **programas de actividades**,

inspirada desta feita na experiência anglo-saxónica. Ou seja, à orçamentação de meios e ao efeito incrementalista a ela associada, parece sobrepôr-se a via decrental da orçamentação por programas.

Tudo isto faz com que os "novos" orçamentos sejam hoje bastante mais constrangidos do ponto de vista económico (ou seja, pela definição da política económica e financeira a montante destes) e muito mais vinculados do ponto de vista jurídico.

Aqui, como em outros domínios, caminha-se, a nível europeu, para uma padronização, um certo mimetismo, dos sistemas orçamentais. Isto acontece, é certo, muito por força das regras e especificações traçadas pelas instituições comunitárias, mas também das tendências definidas a nível internacional (FMI, OCDE, etc.) que, por seu turno, são fortemente tributárias dos modelos de orçamentação desenvolvidos *historicamente* nos Estados Unidos.

Para finalizar, resta-nos um comentário.

O princípio da sustentabilidade tem sido portanto, nos últimos anos, o epicentro das Finanças Públicas. Na verdade, ele incorpora, no campo estrito das Finanças Públicas, as grandes preocupações em torno dos factores de longo prazo ou de impacto intergeracional e que são também problemas globais. É o caso das alterações climáticas e, particularmente, do envelhecimento da população. Se ele tem inúmeras virtudes e virtualidades, não deixa de encerrar alguns aspectos perturbadores e que exigem reflexão. Assim:

1. Se é verdade que o princípio da sustentabilidade pretende introduzir rigor e cautela na gestão dos dinheiros públicos, ele traduz um espartilho talvez *insustentável* da capacidade criativa ou discricionária do Estado para encontrar respostas para os novos problemas sociais;

2. Se é verdade que o princípio da sustentabilidade pretende funcionar como elemento de gestão dos factores que ditam a imprevisibilidade, não deixa de reflectir também o desencanto com que hoje a economia e as sociedades encaram o futuro;
3. Logo, se é verdade que este princípio reflecte a necessidade de repensar o contrato social entre gerações, ele é ainda tocado pelas correntes filosóficas que se reclamam do *pessimismo contratualista* – a ideia de que as gerações do futuro apenas herdarão fardos financeiros das anteriores –, aparecendo implicitamente a justificar, afinal, o corte dos laços de solidariedade entre as gerações.

Obrigada pela v/ atenção.

The U.S. Approach to Income Security and Health Care for the Elderly

*Peter Schuck**

Let me begin with a disclaimer. For simplicity sake, I speak of "Europe" generally, which means that I will certainly overlook many important distinctions among EU countries. I am going to make certain generalizations and simplifications that are necessary for purposes of a very brief presentation of a complex subject.

I want to make three major points. First, there are unusual structural characteristics of the United States policymaking system that make our approach to the problems that Doctor Tanzi has laid out rather different than in Europe. Second, our pension systems face difficulties that are less severe than in Europe, but primarily for demographic reasons, and the solution to them are relatively straightforward and will eventually be politically manageable. But health care for the elderly is very different. It is a much more serious problem and the solutions will be much more difficult to achieve. I shall spend a bit more time on health care than on social security since I suspect the other speakers will be focusing more on the income side.

---

* University of Yale.

Of the many structural features of the American system for maintaining income and health care for the elderly, I shall focus on three: the constitutional and political system; our very distinctive attitudes concerning the relations between state and citizen; and demography.

I made some of the points about the constitutional and political system yesterday, so I will hasten to move on to other points. I must emphasize, however, that our national government has limited powers under the Constitution, only those powers that it specifically grants them. All other powers are reserved to the states and to the people. So states have enormous power in our system, including great fiscal autonomy that is only mildly constrained by the Commerce Clause, which prohibits states from impeding interstate commerce. Localities, as I said yesterday, control very important areas of public policy and the federal government cannot force states to adopt most national policies. The federal government can only create incentives for the states to agree to those policies and those incentives are usually fiscal. But it's very important to appreciate the difference between our situation and a French government in Paris, for example, requiring the regions the take certain steps, and in Washington. We cannot compel our states to do most of the things that matter in these areas. On the other hand, the federal taxing power limits the tax base of for the states so as a practical matter they have difficulty raising revenues without impinging on the federal taxing power. You might see that as inconsistent, and to some extent it is inconsistent, with states having enormous powers but a relatively limited tax base, but that is the nature of our system.

A separation of powers among the branches of the federal government, what we call "horizontal federalism," leads to a kind of incremental process that makes policy change much more difficult to achieve than in the European parliamentary systems. The political systems of the states, moreover, are very different from the political system at the national level. Although there is a great of back and forth or horse trading, as we say, the political interests of state level officials are not intimately connected to the political interests of federal officials, which again makes more difficult for federal officials to manipulate states in policy matters. This has been summed up by a famous Speaker of the House, Tip O'Neill, who said that "all politics in the United States is local." At every election, some candidates seek to nationalize the election by making it a plebiscite on certain issues, but these efforts often fail. So in the end, congressional elections are usually determined more by local issues than by national ones.

A second structural feature concerns public attitudes toward the relations between the state and citizens and again I discussed this yesterday so I'll just focus here on a few quick points. In the US, there is a pervasive suspicion of government, especially of government bureaucracies, and there is also a default rule in American politics that if the government must act, it should act at a state or local level rather than at the federal level. That has shifted in recent decades to some extent but it still constitutes a very important restraint on federal action. Americans generally have a very low opinion of politicians and of civil servants, which makes it very difficult to strengthen our bureaucratic system to render our programs more effective. It becomes a self-fulfilling prophecy: Americans expect very little out of their bureaucrats, expecting them to be incompetent and prone to mischief, so they fail to raise the status of the civil service, which insures that this incompetence will continue. Americans trust courts more than politicians, at least on issues related to individual rights, and as I mentioned yesterday, many more issues are defined as issues of individual rights in the United States than in Europe. Insofar as redistribution of wealth is concerned, Americans tend to prefer private philanthropy to governmental programs, although as I'll explain in connection with Social Security and medical care, Americans support a good deal of government redistribution.

The final structural feature that I'll mention concerns demography, which again I discussed yesterday. Here, I want to emphasize that American demographic trends are much more favorable to the maintenance of high levels of support for health care and income maintenance *in the long run* than in Europe. Only 13% of our population is 65 or older whereas their share in Germany and Italy is about 20% and rising.

Turning now to our income maintenance systems or pension systems, I'll focus on three components of that system. First, private pensions are generally employer-sponsored, and the slides present the details: many smaller employers do not offer them and that is increasingly the case. This system of private employer-supported pensions is underwritten by enormous tax expenditures: 150-plus billion dollars a year in tax revenues are foregone because of the tax deductions for employment-related pensions. Two major trends are driving the crisis in pensions. One is a move from defined-benefit plans to defined-contribution plans, which shifts the market and investment risks from employers to employees. On the other side, defined-contribution plans have some major advantages that help to explain this trend. A second trend is toward tax-deductible, tax-deferred, and tax-exempt plans, which take the form of off-budget tax expenditures. A federal pension guarantee fund ensures defined-benefit plans, yet such plans are seriously underfunded and are vulnerable to an economic downturn. This concern helps to explain the strong trend toward defined contribution plans, for better or for worse.

The second component is public employee plans, at the state and local level. Because they are exempted from social security, they are really a separate system of income maintenance. Public employee unions are very powerful in our political system, and their sometimes over-generous pensions are also often underfunded. In an unfolding scandal in New York state, the accountants falsified the assets of the state pension plan and the implications are potentially enormous.

The third, most important component for many of the elderly is Social Security. I have divided the slide presentation into three aspects of the program: how it affects the elderly, some of the major policy problems, and the major political problems. In view of the shortness of time here, however, I'll simply say that Social Security has been a vastly beneficial program for the elderly, which has reduced very substantially the number of elderly who are in poverty so that the elderly are now better off economically than the population generally. Policy problems are significant and solutions are often controversial among the economists who debate these issues. Some of their concerns are that Social Security crowds out private savings by reducing the incentive of people to prepare for their own retirement; that it may reduce work effort by encouraging an early retirement; and that the dependency ratio — that is, the ratio of retirees to the current workers whose earnings must support the Social Security system — is rising, although much more slowly than in Europe.

The political problems in social security reform are very serious: it has been called "the third rail of American politics"; if you touch it, you die. That seems less true today than in the past but it is still a very dangerous policy area for politicians to enter. Because of this danger, any solution must be bipartisan, which is difficult to achieve in our system these days. Moreover, as time passes, reforming the system becomes more difficult. Many possible solutions that are relatively painless now become more painful if we delay making those changes. We have not addressed the system in any fundamental way in the 25 years since a bipartisan commission recommended reforms. There are distributional issues *within* generations (for example, low income workers versus high income workers) and *between* generations (differences in income support for current retirees versus their children, grandchildren, and so forth). As a political matter, the elderly vote at very higher rates than other Americans do and they are concentrated in electoral "swing states" and thus often play a disproportionate role in elections, making politicians very sensitive to their interests. In the slide presentation, I laid out a variety of possible reforms, which I won't discuss in detail here. The easiest is to rise the retirement age, if it is done far enough in advance that people can plan for it and if it is raised gradually. My guess is that the Congress will do this, but alone it will not solve the fiscal problem of Social Security; it can only be one component of a larger reform package. We will probably have to reduce benefits or raise the payroll tax, which is already high and very regressive. Another reform possibility is instead, or in addition, to privatize part or all of the system as a number of countries have done, most notably Chile; I believe Sweden has also done this in recent years, at least partly. Privatization is very popular among Republicans in the United States, very unpopular among the union-influenced part of the Democratic Party. But there are many different ways to design such a package with some combination of publically-funded and privately-funded benefits that will meet the variety of goals of a sound income maintenance system: fairness, efficiency, maintenance of work effort, and so forth.

The third part of my presentation concerns health care. We have a system of Medicare for the elderly. I'll quickly describe the program's structure. It is an entirely federal program with a universal aspect and an optional aspect. Most important is its financial structure, which is based on a flat regressive payroll tax that is phased out at a particular level of income; above that level, the worker ceases paying taxes into the fund. Medicare reform is much more urgent than Social Security reform because of the fiscal and demographic factors that I mentioned earlier. Our health care costs are highly concentrated: a relatively small number of what I'll call illness-recidivists account for a very large and disproportionate share of the system's costs. So, for example, 22.5% of the spending goes for only 1% of the elderly population, and 25% of Medicare spending occurs in the last six months of life. Fortunately or unfortunately, we don't know what the last six months of life are going to be for an individual, so allocating resources efficiently is a much more complicated problem that this statistic might suggest.

A variety of possible reforms concern the particular goals of the health care system. In the slide presentation, I've discussed four: (1) coverage and access to a very costly system for people who do not have private, sufficient means to do so; (2) cost control so that the program is sustainable in the long run; (3) choice, which in the American context is extremely important as Americans demand much more control over who their provider will be than do people in many other systems, even though Americans are getting more accustomed to being part of a managed care organization in which their providers are designated by that organization; and (4) health outcomes, which of course is the point of the system.

Again because of time, I'll have to skip through most of this, pausing briefly on the question of health outcomes. In general, Americans receive more health care than in Europe but the outcomes in the U.S. are not much better and in some cases worse. This is particularly true of life expectancy, which is a bit higher in Europe on average; female life expectancy in the U.S. is equivalent to European rates but male expectancy is not. Infant mortality has been declining steadily in the U.S. but nonetheless remains above most European levels. Medicare does not explicitly consider cost effects except when deciding what to cover so there are many proposals to improve the efficiency of Medicare by insisting that coverage decisions focus on what works. This might seem to be very obvious but it is difficult to determine. As I just noted, Medicare seems to have had little effect on mortality rates and nobody is quite sure what that is. On the other hand, Medicare probably has improved health care-related morbidity rates. It certainly has greatly improved the quality of life for people who have access to operations and medications and devices that make their lives easier and reduce their anxiety over catastrophic costs since the program covers the major costs, though not all. And the outcomes are more equal, considerably more equal than they were in the past.

I'm out of time so I will simply go to the final point, which is the difficulty of reform in the United States, where there are powerful industries on all sides of the issue. The health care industry employs ten million people and accounts for 1.7 trillion dollars in expenditures each year, 15% of GDP. An industry that is that powerful and that pervasive makes policy change very complex, impenetrable and difficult to achieve. There is widespread opposition in the U.S. to the kind of single-payer system that is very common in Europe. Many people think that it is most efficient particularly with respect to administrative costs compared with the current American system which is administrated by a large number of private insurance companies even where, as with Medicare, the financing comes from the government. These are serious disputes about the facts surrounding this issue but as a political matter Americans do not favor a single-payer system. Although the Clinton administration made gestures toward such a system fifteen years ago, it was a terrible outcome politically and all American politicians have learned what they think is the lesson of that and won't go near a single-payer system.

Finally, there are clashing ideologies over the nature of health care and the role of government in health care. Some Americans view health care as a market good, others view it as a non-market good, one that should not be distributed by market forces because of special dignitary and other aspects of health. Americans debate whether health care ought to be equal for all or whether everyone should have access to a reasonable level of health care above which people ought to be able to purchase whatever level and quality of care they can afford. Americans argue about whether health care primarily is an individual responsibility or ought instead to be treated as a legal entitlement, and also about what roles the government should play as provider and as payer, as regulator and as equalizer. In all of these areas, Americans are deeply divided. I think we shall certainly see some reform legislation in the next administration, but the politics surrounding it will be very bitter. The policies that emerge will be messy and not entirely coherent.

Thank you.

Fiscal Policy in the Future: Challenges
and Opportunities*

Vito Tanzi**

I. Introduction

Modem tax systems developed largely in the period between 1930 and 1960 when there were: (a) major restrictions on trade erected during the Great Depression and World War II; (b) limited capital movements; (c) little cross-country investment; (d) little international mobility of people; and (e) almost no cross-country shopping by individuals. During these decades, governments had not yet assumed many of the social and economic responsibilities that they would assume in later decades. Until around 1960, tax burdens were generally under 30 percent of the industrial countries' gross domestic products (GDP).

Between 1930 and 1960 two important "technological" innovations were introduced in the tax area. These were: (a) the introduction and the affirmation of the "global and progressive"

---

* Edited version of keynote speech given at the Conference on "Fiscal Policy Challenges in Europe", Berlin, March 22-23, 2007. Parts of this paper have been drawn from earlier papers by the author listed at the back.
** University of George Washington.

income tax and (b) the introduction of the value added tax. These two developments, together with social security taxes on the growing shares of wages and salaries in national income, would contribute a great deal to the rise of tax levels which, in later years, in many OECD countries, exceeded 40 percent of GDP and even 50 percent in a few countries. Of course, some forms of income had been taxed in various countries before this period. Wages, presumptive profits, or rents from properties (inputted or not) had been occasionally taxed separately, with low and often proportional rates. A "schedular approach" to income taxation, that taxed separately some categories of income, had been popular in some of the continental countries of Europe. De Viti de Marco, a well known Italian economist, a century ago had theorized about and supported this schedular approach.

In a book published in 1938 that became influential, Henry Simons, a professor at the University of Chicago, made a strong case for taxing all sources of income of individuals as <u>a whole</u> (the so-called global income) and for taxing this total with highly <u>progressive</u> rates. Some German economists had also supported a global approach to taxation. Simons believed that this approach would better satisfy revenue and equity objectives at a time when disincentive effects of high marginal tax rates were generally ignored. Coming during the U.S. New Deal (and just before World War II) this tax became popular in the United States. It helped finance the Second World War in what was considered an equitable way. In the U.S. it came to be seen as the fairest tax. Given the American influence in the world after World War Two the concept was exported to other countries. After the war and for a couple decades, American tax consultants were active in promoting this tax in developing countries. In the 1940s American advisers to Germany and Japan also tried to push it in these countries.

The value added tax originated in France and was, thus, a European innovation. It replaced the turnover (cascade) taxes on transactions that had been common in many European countries, including in the six members of the Coal and Steel Trade Community. The value added tax was welcomed by the members of that Community, because it allowed the zero-rating of exports and the imposition of imports, without creating discord between trading partners. The countries were free to impose the VAT rate that they liked or needed, presumably without interfering with international trade flows. This feature made the value added tax a useful instrument for countries belonging to customs unions. The value added tax has proven itself to be a major revenue source for most countries. See Tanzi (2006).

In industrial countries, the two developments mentioned above, together with the taxes on labor income levied to finance public pensions (the so called "social security contributions"), made it possible for the tax systems of many countries to finance the large increases in public spending associated with the creation of welfare states. See Tanzi and Schuknecht (2000).

II. The Growing Role of Globalization

In recent decades, and especially since the 1980s, important developments have been changing the economic landscape that had characterized earlier decades. These developments have potentially great implications for tax systems and for expenditure policies. The most important among them are:

(a) The opening of economies and the extraordinary growth of international trade. The world economy has become much more integrated than in the past.

(b) The phenomenal increase in cross-border capital movements. This increase has been promoted by the removal of obstacles to capital mobility facilitated by new policies and by technological innovations that have made communication cheap and rapid. There has been an extraordinary growth in the amount of capital that now crosses frontiers on a daily basis. This capital finances direct investment, feeds portfolio investments, covers current accounts imbalances, and provides needed foreign currency to international travelers.

(c) The importance of multinational enterprises has grown enormously both in the financing of direct investment and in promoting trade among parts of the same enterprises located in different countries. Time is long past since most enterprises produced and sold their output in the same country or even in the same region where they were located. Trade among related parts of the same enterprises, located in different countries, has become a large and growing share of total world trade.

(d) These international activities, accompanied by higher per capita incomes, falling costs of transportation, increased informational flow, and accommodating policy changes have led to a high mobility of individuals, either in their role as economic agents or as consumers. A large and increasing number of individuals now earn all or parts of their incomes outside the countries where they have their official residence. Also a large and increasing number of individuals spend part of their income outside the countries where they officially live. Thus, markets are more and more global.

The implications of these developments for the countries' tax systems and for the economic role of the (still) nation states are not fully understood by policymakers or economists. However, there is increasing evidence to suggest that the developments described above are creating growing difficulties for the tax administrators of some countries and opportunities for those of others. They are also raising questions about the optimal role of the state in the current globalized economies. We shall first deal with the tax implications and then with the implications for the optimal role of the state.

Because of the developments described above, a country's potential tax base is now no longer strictly limited by that country's territory, but, in some sense, it has extended to include parts of the rest of the world. A country can now try to attract and tax fully or partly: (a) foreign financial capital; (b) foreign direct investment; (c) foreign consumers; (d) foreign workers; and (e) foreign individuals with high incomes, including pensioners. These possibilities are fueling 'tax competition' among countries. Tax competition implies that, to some extent, a country's tax burden can be exported. A country, and especially a small country, may now be able to "raid" the tax bases of other countries in a way that was not possible in earlier times. Like the ocean and the atmosphere, the "world tax base," is becoming a kind of "commons," a common resource that all countries can try to exploit to their advantage and to the detriment of other countries.

Tax competition is in part related to the importance of taxation for location. By lowering the burden of taxes, on some sensitive activities, tax competition aims at making particular locations (say Ireland or Luxembourg or Lichtenstein) more attractive to some investors and for particular activities than other locations. The attraction of a location depends on several elements such as: (a) nominal or statutory tax rates; (b) tax practice (administrative and compliance costs); (c) predictability, of the tax system, or "tax certainty" over time; (d) legal transparency, that is clarity of the tax laws; (e) use of tax revenue, that is the services that the residents or the enterprises get from the government in exchange for the taxes paid; (f) fiscal deficits and public debt, because these may forecast tax increases in the future; and more generally, (g) the economic or investment climate of the country which is much influenced by regulations, rule of law and similar factors. Of course some of these elements are more important for permanent residents than for occasional investors.

Ceteris paribus, low tax rates can attract business activities and financial capital, or even consumers or pensioners, to a particular location by making it more attractive to them from a tax point of view. However, the *ceteris paribus* assumption often does not hold. Other elements may neutralize a low tax level. For example, the predictability of the tax system and compliance costs are important elements. In some countries uncertainly and lack of transparency have become very important elements but they are often important for citizens but less so for occasional portfolio investors or visitors. The "tax climate" of a particular location can influence: (a) the amount of investment in that location and the choice of investment; (b) how that investment will be financed; and (c) the legal form that the enterprises will choose for their plant in a particular place.

When people face high tax rates, or an unfriendly tax climate in today's environment, they may: (a) "vote with their feet," thus moving to a friendlier tax environment as long as the *ceteris paribus* condition holds; (b) "vote with their portfolio," by sending their financial assets abroad, to safer and lower taxes jurisdictions; (c) remain in the country, but exploit more fully tax avoidance opportunities, and (d) engage in, or increase, explicit tax evasion.

Globalization and tax competition are making it easier to exploit these options.

Tax competition is creating frictions and diplomatic problems between specific countries and between groups of countries. Leading newspapers often report stories on it. It has been a hot topic: (a) within the European Union, say between Germany and Luxembourg; (b) between some countries of the Union and Switzerland; (c) between the European Union and the United States; (d) between China on one side and Europe and the United States on the other; (e) between the Caribbean counties and OECD countries; and so on.

A relevant question is whether tax competition is ultimately a positive or a negative global development. Should policymakers welcome it or not? On this question views diverge sharply. Some theoretical economists and economists, with a public choice bent, tend to see it as a beneficial phenomenon. Ministers of finance, directors of taxation and policy-oriented economists tend to see it as a problem. Ministers of Finance of France, Germany, Italy and other countries have at times been sharply critical of this phenomenon.

The main arguments in favor of tax competition are the following:

(a) It forces countries to lower their high tax rates especially on mobile tax bases, such as financial capital, highly skilled workers, and so on. It thus reduces dead weight costs of taxation.

(b) By reducing total tax revenue, tax competition forces governments to reduce inefficient public spending. This "starve the beast" theory was promoted by Milton Friedman and became popular during the Reagan Administration.

(c) It allocates world savings toward areas where, it is claimed, the
savings are used more productively.
(d) Because of lower tax revenue, it forces policymakers to re-think the economic role of the state, to make it more focused and efficient.
(e) It leads to a tax structure that is more dependent on immobile tax bases that economic theory considers less distortional.

Against these arguments in support of tax competition, there are others that find it damaging. The main ones are the following.

(a) Because public spending may be politically or legally inflexible downward, especially in the short run, tax competition can lead to increased fiscal deficits, high public debts, and macroeconomic instability.
(b) When governments are forced to cut public spending by tax competition, there is no assurance that they will cut the inefficient part of public spending. Inefficient spending may have strong political constituencies that protect it compared to more productive and efficient spending.
(c) Tax competition may lead to "tax degradation". Government may try to maintain public revenue by introducing bad taxes to replace lost revenues.
(d) The shift of the tax burden from mobile factors (such as financial assets and highly skilled individuals) to immobile factors (largely labor income) will make the tax system less fair especially at a time when income distributions are becoming less even.

(e) The increased taxes on labor income are likely to stimulate the growth of the underground economy and of tax evasion.
(f) Tax competition (and reactions to it) could make tax administration and tax compliance more costly and difficult. Growing complexity is a frequent consequence of tax competition.

It is still difficult to identify the quantitative impact of globalization on tax revenue thus leading some observers to dismiss its impact. But closer observation can help identify some impact and can point to growing future difficulties:

(a) In OECD countries, the ratio of taxes to GDP stopped growing in the 1990s, even though large fiscal deficits called for higher tax revenue. In an increasing number of OECD countries, the average tax ratio has been falling in the most recent years.
(b) The rates of both personal income taxes and corporate income taxes have been reduced substantially in most countries, in part because of tax competition.
(c) The rates of excise taxes on luxury products have been sharply reduced in most countries in the past two decades leading to substantial falls in revenue from these taxes. These reductions are in part the consequence of the increased foreign travel by taxpayers and the possibilities that it offers for shopping in places where excise taxes on expensive and easy to carry items are lowest, Internet shopping has contributed to this result.
(d) The "global income tax," has been losing popularly. There has been a progressive return to schedular income taxes. The <u>dual income taxes </u>introduced by the

Scandinavian countries and by some other countries are an example of the losing attraction of global income taxes.

(e) There is a growing interest in flat rate-taxes and in "consumption-based taxes."

III. The Rise of Fiscal Termites

In some papers written over the past decade, I discussed the rise of what called "fiscal termites." These "termites" result from the interplay of globalization, tax competition and new technologies. Like their biological counterparts, fiscal termites can weaken the foundations of the current tax systems making it progressively more difficult for countries to maintain high levels of taxation and the tax structure that they would prefer. I will list only some of these termites without much elaboration. For more elaboration see Tanzi (2001).

The first of these termites is <u>Electronic Commerce</u>. Electronic commerce has been growing at a fast rate both within countries and among countries. It has been growing for consumer goods and services, as well as for trade in inputs of intermediate and capital goods. Its growth has been accompanied and facilitated by the growing shift, in the countries' gross domestic products, from physical to digital products. This kind of commerce leaves fewer traces than the previous invoice-based commerce in tangible products and is much more difficult to tax. Electronic commerce is creating great difficulties for tax administrators and legislators who at times seem to be at a loss on how to deal with it.

A second termite is <u>Electronic Money</u> (credit cards, other forms). Real money is progressively being replaced by electronic money embedded in chips of electronic cards. A "purse" software may be purchased through deposits in foreign banks or from secret bank accounts making it more difficult to trace and tax various transactions.

A third important termite originates in transactions that take place between different parts of the same multinational enterprises (i.e., intra-company transactions), Because these transactions are internal to a company, they require the use of "transfer prices" that is of prices at which one part of the enterprise, located in a given country, "buys" products or services form other parts of the same company located in other countries. These different parts of a multinational company are located in countries with different tax systems and tax rates. Furthermore, the products or services bought and sold, especially when they are inputs, may not be traded in the open market. Therefore, there may not exist market or "arm's length" prices that can be used as references. Problems arise especially (a) with inputs that are made specifically for a final product (say a particular jet plane); (b) with use of copyrights, trademarks and patents for which a value must be determined; (c) with the allocation of headquarters R & D or other fixed costs; (d) with interest on loans made from one part to another part of a multinational corporation for which a determination of a market rate is difficult. The determination of these costs or of the prices of the goods and services traded within the enterprises is often difficulty and arbitrary. It lends itself to manipulations by enterprises aimed at showing more profits in those countries (such as Ireland), where taxes on enterprise profits are low, and less profit in countries where the taxes on enterprises are high. The strategic use of "transfer prices' by enterprises can significantly reduce the total taxes paid by multinational enterprises. Transfer prices have become a major problem for tax administrators.

Another termite is the existence and continued rapid growth of <u>off-shore financial centers and tax havens.</u> Total deposits in these tax havens have been estimated to be huge. The distinguishing characteristics of these tax havens are: (a) low tax rates, to attract foreign financial capital; (b) rules that make it difficult or impossible to identify the owners of the deposits in these countries; (no name accounts, banking secrecy, etc); and (c) lack of regulatory powers, and of information on these deposits, on the part of the countries where the real owners of the deposits reside. These tax havens allow individuals and enterprises from the countries where the capital originates to receive incomes that are difficult for national authorities to tax.

Still another termite consists of new, <u>exotic and complex financial instruments</u> that are continually entering the financial market. The day is long past when a normal citizen could understand, and easily choose from, the financial instruments in which he/she invested savings. New financial instruments, such as various categories of derivatives, are far more complex. They are designed by extremely clever and highly paid individuals. Many of these new instruments are specifically designed to avoid (if not evade) paying taxes. For example they may he designed to show any gains as capital gains or dividends rather than as profits in order to qualify for lower tax rates. In the United States this has allowed some individuals (such as hedge fund managers) earning annual incomes of hundred of millions of U.S. dollars to pay tax rates lower than those levied on their servants or drivers. As a consequence, it is more and more difficult for the employees of tax administrations, who have a normal training and modest salaries, to keep up with these developments.

Increasing foreign activities of individuals, both as workers and as consumers, are also creating difficulties for national tax administrations. Incomes earned abroad are often not reported to the national or home country tax authorities. Foreign travel allows individuals to buy expensive items (jewelry, watches, cameras, etc.) in countries where excise taxes are lower. Competition for mobile consumers has encouraged some, especially small, countries to intentionally lower these excise taxes to attract foreign buyers. To encourage these purchases many airports have become huge shopping centers. Because of these trends many countries are facing growing difficulties to raise the high tax revenue that they could raise in the past. Time is not likely to change these trends. It is likely to reinforce them.

In addition to the "termites" mentioned above, there are other developments that could merit to be added to the above list. Furthermore, like viruses some of the above termites are likely to combine or mutate thus creating even greater difficulties.

Over the years the developments described above will have a progressively larger impact on: (a) tax revenue; (b) tax structures; and (c) the use of particular tax bases. They will thus reduce the policymakers' degrees of freedom. The net result is likely to be a world with lower tax revenue and <u>different</u> and probably less equitable tax systems. It would be wise for governments to acknowledge these developments and begin to take necessary compensating actions. These actions will inevitably concern the spending side of public sector activity.

IV. The Growth of Public Spending

The last half century has witnessed major developments in the economies of the industrial countries and in the role the governments have played through public spending. This section describes some of these developments and attempts to pierce the veil of the role that governments might play in the future.

The tax levels of many industrial countries are today close to their historical high. In 1870, advanced countries had public spending and tax levels of about 13 percent of GDP. The United States had even lower levels. The economic role of the state at that time was limited and focused on "core" or essential functions. These were: defense, protection of individuals and property, administration, justice, and large public works. These core functions were largely those described in 1776 by Adam Smith in his book, <u>The Wealth of Nations</u>.

In the past century public attitudes vis-à-vis the economic role of the state started changing and governments were pressured to widen their economic role to include redistributional and stabilization objectives. The pressures led to the phenomenal expansion of the economic role of the state that took place especially in the second half of the 20th century. Public spending started to grow during World War One but grew slowly until about 1960. The great acceleration came in the period between 1960 and 1990 when many countries, and especially the European countries, created mature welfare states that aimed at the economic protection of individuals "from the cradle to the grave". In several European countries including Germany, public spending approached or even exceeded 50 percent of GDP.

There is some debate on whether the large increase in public spending, as distinguished from the growth in per capita income over the period, contributed to a genuine improvement in the welfare of the majority of citizens, or whether the citizens would have been better off with a lower growth in that spending that would have left them with more money in their pockets but less governmental services. Greater public spending often went towards paying for social services, such as health and education or for cash transfers to pensioners, the unemployed, loss making enterprises and others. Because public sector intervention often displaces existing charitable or non profit institutions or private intervention, it does not necessarily or automatically add, on a net basis, to the informal arrangements for social protection that the citizens were receiving or could have received through private programmes. For example, in some countries there had been extensive networks that informally provided some basic or minimal social protection to those in needs.

It can be assumed that the welfare of citizens is linked to the numerical results of certain socio-economic indicators – such as life expectancy, infant mortality, educational achievements, literacy rates, growth in per capita incomes, inflation and others – that governments want to influence through their public spending. Evidence collected by Ludger Schuknecht and I has shown that there has been little relationships, if any, in recent decades between changes in the countries' shares of public spending in GDP and changes (in the desired direction) of these socio-economic indicators. Countries that allowed their public spending to grow significantly more than other countries (the "large government" countries) do not show, on the average, better quantitative results for these indicators than countries that kept their governments smaller and leaner.

The higher taxes needed to finance high public spending reduce the disposable income of taxpayers, thus restricting their economic freedom. Most likely, over the long ran, they also have a negative impact on the efficiency of an economy and on economic growth. An obvious question is whether the level of public spending (and consequently, of taxation) should be reduced if this could be done without reducing public welfare. That is to say, if public welfare is not reduced, on any objective criterion, by reduced public spending, then public spending and tax revenue could be cut. This would allow most individuals to have discretion over a larger share of their pro-tax incomes. In other words the citizens would decide how to spend this money, not the government.

The theoretical reasons advanced by economists to justify the role of the state in the economy, including the need to assist the poor, could be satisfied with a much smaller share of spending in GDP than is now found in most industrial countries if the government could be more efficient and focused in the use of their tax revenue. Much public spending "benefits" the middle classes broadly defined. At the same time much of the "burden", imposed by the government in the form of taxes, falls also on the middle classes. Putting it differently, the government taxes the middle classes with one hand and subsidizes them with the other, playing the part of a classic intermediary. As a consequence of this "fiscal churning", the government creates disincentives and inefficiencies on the side of taxation as well as on the side of spending.

It is not likely that governments need to spend more than, say, around 30 percent of their GDPs to be able to promote and finance all their fundamental social and economic objectives. Some well-functioning countries do not allocate more than 20 per cent of their GDP, for public programs. Even among the highly developed countries, some (United States, Switzerland, Australia and Ireland) have public spending levels not too far from 30 per cent. And in some of them, there is even scope for spending reduction. These countries have some of the highest scores on the Human Development Index, the index estimated by the UNDP.

The real difficulties that would be faced by a government in reducing the role of the state in the economy is not that a less dominant state would imply a reduction in economic welfare but, rather, that a reduction in public spending would face strong political opposition on the part of those whose current or expected standards of living have come to depend on the existing public programmes. Fears of such opposition has tied the hands of many European policymakers. Public programmes inevitably create strong constituencies: pensioners, those close to the retirement age, school teachers, public employees, those who receive public subsidies, and others. These constituencies consider a reduction in public spending as a negative-sum game. Therefore, the evidence that some countries with relatively low levels of public spending operate well cannot be interpreted as an indication that high-spending countries could easily and painlessly reduce their public spending. It only means that after the short ran or medium run costs of reform have been paid, a country could continue to have high socio-economic indicators (high social welfare) with significantly lower public spending and mere individual liberty.

Levels of public spending at any one time tend to be set by past political trends and promises, rather than by informed decisions based on the evidence of the day. Annual budgets are typically incremental. They rarely address the question whether an activity should be continued. For this reason zero-base budgeting has not had much success. At any given moment the level of public spending depends substantially on the entitlements and claims on the government created in <u>past</u> periods. It does not depend on well thought-out analyses and considerations of what the state could or should do in a modern and more sophisticated market economy. It rarely matches the spending level that a modern government might wish to have if it had the freedom and courage to change the status quo.

For the reasons mentioned above, there is often no realistic possibility of a genuine zero-base assessment of the optimal economic role of the state <u>at a given moment in time</u>. However, if <u>past</u> mistakes, or misguided actions, have determined the <u>current</u> level of public spending, that level cannot be assumed to be optimal or nearly optimal in an economic or even political sense. It is simply the result of political opportunism. It is, thus, important to distinguish, at least analytically, what could be the optimal role of the state in the long run from its current role.

Should the governments of today simply accept the status quo? Or, should they put in motion radical reforms that in the long ran – say over a generation – would bring the role of the state more closely in line with an ideal or currently economically optimal role? Recent experiences in several European countries, including Germany, France and Italy, indicate that the second alternative is a politically difficult one because of powerful political opposition to real reform. However, the alternative has not been well articulated and well presented by the political forces in power. At the same time some countries, such as Canada, Ireland, Finland and others, have initiated a process that could lead to a more limited and efficient role of the state.

Another way of putting the question is: what economic role should the state play, especially in relation to public spending, in advanced industrial countries in the 21th Century? This is a difficult question to answer because, inevitably, the answer to it must reflect political biases as well as the importance that one attaches to the transitional costs of getting from where we are today to where we could to be, say, 20 or 30 years from now. The greater the importance that one attaches to the transitional costs, and especially to the political costs, the greater will be the inclination by policymakers to maintain the status quo and the current spending programs. It is natural that governments want to remain in power rather than risk reforms that demand much political capital. Let me focus on some essential elements to consider when dealing with the above question.

The first of these elements is the recognition that in a market economy there should be a relationship between what the market is capable of doing and what the government should do. After all, in a market economy, the state is supposed to correct the mistakes made by the market, or to compensate for its shortcomings, and not to replace the market. More efficient markets should require less government. In a society, where the market is underdeveloped for a variety of reasons, so that it is not capable of performing well some important tasks – be these to provide necessary goods and services; to create jobs for most of those who wish to work; to create efficient insurance markets that could allow individuals who wished to do so to protect themselves directly against various economic risks; to provide efficient and relatively safe channels for investing savings needed during later or retirement years, and so on – there will be a pre-sumption for the state to step in, thus correcting or complementing the market in some of these functions. This was the main argument that, over the years, led to the enormous expansion in the economic role of the state especially in the last half century.

In this connection it should be mentioned that the School of Public Choice would question the need for governmental intervention even under circumstances in which the market is deficient. Those who adhere to this school believe that governmental intervention, to correct shortcomings of the market often makes things worse rather than better. This may happen because a country in which the private market, is not developed is not likely to have a public sector that is efficient. The same factors that make for an underdeveloped private market are likely to make for an inefficient public sector. Public Choice followers argue that, when the government intervenes, market shortcomings are often replaced by governmental shortcomings.

One could add that the search for an optimum may be futile in the real world so that we should accepts economies where some deficiencies continue to exist. Utopia does not do well in real world circumstances.

As markets develop and become potentially more efficient in performing various tasks and in allowing individuals to satisfy various needs directly and not through the intermediation of the government, – including the need to buy protection against particular events that could have economic consequences – the theoretical justification for governmental intervention through public spending decreases. This should result in a fall in public spending. A perfect market, if it existed, would, of course dispense with the need to have any government at all. However, a perfect market cannot exist. Furthermore some government role is needed to make or keep the market as efficient as it can be.

A second important element is that when in past decades the government entered a given sector, it introduced laws and regulations that facilitated and justified its own intervention in that sector. This inevitably made it more difficult or at times impossible, for the private sector to develop private alternatives in that sector. Governmental involvement created public monopolies that eliminated the possibility of private alternatives. Public monopolies in energy, communication, postal services, transportation, the provision of pensions, health services, education and in several other activities, in many European countries, prevented the market from developing potentially efficient private alternatives to the public programs in these areas. This created the belief, on the part of a large sector of the public, that the public sector must remain engaged in these areas if the welfare of citizens is to be protected. For this reason in European countries many citizens oppose reforms that once made, would benefit them and the majority. Of course particular groups would suffer short run losses so that their lobbies would be strongly opposed to reforms. Some compensation would be necessary to get their support.

A third element is that rapid technological innovations, the growing sophistication of the market on a global scale, the development of global financial services, and globalization in general are changing the conditions for providing needed services for citizens.

The current role of the state was developed mostly in the period after World War II, when, for a variety of reasons, the markets of many countries were far less developed than they are or can be today and far more closed. This was the period when the concept of a "mixed economy", that assigned a large and almost natural economic function to the state, seemed natural and was most popular. At the time it must have seemed natural for governments to take over many new responsibilities. The economic profession generally encouraged them to do so.

In spite of many obstacles imposed by governments, and the existence of many public monopolies, markets have become much more sophisticated over the years. With the right governmental guidance they could become even more sophisticated. Various developments have made it possible for the private sector to replace activities that had been previously public. Technological developments have destroyed the presumption that there are "natural monopolies" in the generation of electricity, in various forms of transportation (railroads, airlines), in communications (telephones, telegraphs), in postal services, and in other areas. This presumption, widely accepted half century ago, had assigned to the public sector major or exclusive responsibility in these areas, in several countries, the government has started to withdraw from some of these activities and relatively well functioning private markets have quickly developed in them. This is certainly the case also for private pensions, financial services, transportation and communication. In most cases the economic welfare of the average citizen has not been damaged by these developments. On the contrary, and with exceptions that often are much publicized, services have often improved in quality while prices have fallen significantly.

Major developments in financial markets, including greater international capital mobility, have removed the presumption that financial savings must be invested domestically and that governments should be involved in the allocation of private savings and credit. In financial markets as well as in the other areas mentioned above, there is, however, a very important <u>surveillance</u> and <u>regulatory</u> function that governments must perform. This function can, not, or should not, be left to the private sector. It is a function that should be taken seriously by the government but that so far it has not been because governments have focused on their spending role. This regulatory function <u>should be part of the core activities of the state.</u>

<u>A fourth element</u> is that globalization, in its various aspects, is bringing major changes to the way markets operate or could operate. Foreign competition can make domestic markets more efficient by destroying or reducing the power of domestic private monopolies and by offering alternatives. Globalization is affecting and can affect public sector activities in other ways. By eliminating frontiers, or making them less constraining, globalization is creating the potential for more options for both citizens and governments. For example, educational and health services can now be obtained more easily than in the past in other countries. In some sense they have become tradable goods. Public sector procurement can now benefit from foreign participation, thus reducing government costs. Savings can be invested abroad.

This access to foreign markets has created options beside the ones traditionally available domestically and which were often available only from the public sector.

V. Looking at the Future

The current role of the state in many European countries is likely to prove unsustainable in future decades because of the impact of demographic development on public spending and of globalization on government revenue.

Demographic developments <u>with unchanged policies</u>, will push up dramatically various public expenditures and especially those for health, pensions, and the care for the very old. This increase in spending will come on top of already precarious public finances and high tax and public debt levels.

The impact of globalization on government revenue and tax competition was discussed earlier. It will be difficult or impossible for many European countries to compete with China, India, Vietnam, Mexico and various other countries while maintaining tax levels that are already high and not capable of financing even today's public expenditure. The impact of the baby boom on social spending is yet to come and the impact of globalization and tax competition on tax revenue has just started to make itself felt. In the next ten years both could be in full force. To prevent major future fiscal difficulties there is only one way out: to try patiently, systematically and rationally to scale down the spending role of the state in the economy while making a serious and competent effort to increase the efficiency of the private as well as that of the public sector. This would make it possible for the private sector to step in and replace the government role in covering some important economic risks that citizens face thus allowing the public sector to reduce its spending.

The reduction in the spending role of the state should be based on three pillars. <u>The first pillar</u> should be the improvement in the working of the private market through the effective use of the government's regulatory power. In this role the government will need to be ruthless and efficient. It must be realized that in a market economy this is surely the most important role of the state. The only objective of the regulatory role should be to make the private market as efficient as possible by destroying legal or implicit monopolies and eliminating positional rents. The government must introduce competition in areas where it has not existed or has been limited in the past. It must force private enterprises and institutions to become transparent and honest in the data and the information that they publish. It must remove abuses whenever they exist. The more successful is the government in this action, the easier it will be to transfer successfully part of the role that the government has played in the economy in past years to the market.

The new government role in protecting individuals against risks with economic consequences can be played in two ways. First, by <u>requiring</u> individuals to buy some <u>minimum</u> protection directly from the market. Governments already force individuals to: (a) get insurance for their cars; (b) get driving licenses: (c) have fire alarms in their buildings; (d) build safe buildings; (e) wear seat belts; (f) quit smoking in public places; (g) get vaccination against some diseases; and (h) take other actions aimed at making individuals pay for or avoid being damaged by events that might affect them as well as others. Why not apply the same principle vis-à-vis the treatment for major illness, minimum pensions, or other similar needs?

Second, by providing <u>to the truly poor</u> the financial means that would allow them to buy from the market a basic package of insurance against particular risks or basic services. This approach would require less universal and more targeted public assistance to the citizens. This is an alternative course of action to the one that requires the government to step in, with universal spending programs, when, presumably, there is market failure. The alternative suggested is obviously a politically and administratively demanding one.

The second pillar should be the progressive substitution of programs with universal, free or almost free access, toward more targeted programs for the poor based exclusively on ascertained and documented needs. Universal programs (such as free health services for all, free higher education for all, etc.) are easier politically but are expensive. Targeted programs can save a lot of money but they are more demanding politically and in terms of information. Also problems connected with poverty traps must receive specific attention. The difficulties in these changes cannot be minimized.

The third pillar should be the progressive exploitation of new opportunities offered by globalization for services not domestically available or available at high costs such as elaborated medical procedures, advanced technical training, relatively safe channels for money saved for old age, and so on. These can now be bought from foreign providers if the domestic private market is unable to provide these services at competitive prices and the government has still the obligation to provide these services to some citizens.

It is obvious that much thinking and much experimentation will be required over the next years or even decades to bring out the progressive and efficient scaling down of public spending and tax levels. It is also inevitable that mistakes will be made. But when it comes – and it will come unless the world repeats the mistake of the 1930s when it entered a long period when markets, that had been open, closed – the transformation is likely to include the three pillars mentioned above. Without that transformation, the public finances of several European countries will become more and more a public concern.

Background Material

This paper is based on several previous publications by the author. For elaborations of some of the points made, the following publications could be consulted:

1. "Globalization, Tax Competition and the Future of Tax systems," in Steuersysteme der Zukunft, edited by Gerald Krause-Junk (Berlin: Dunker and Humblot, 1998).
2. "Globalization, Technological Developments and the Work of Fiscal Termites," Brooklyn Journal of International Law, Vol. XXVI, No. 4, 2001.
3. "Globalization and the Future of Social Protection," Scottish Journal of Political Economy, Vol. 49, No. 1, February 2002.
4. "The Economic Role of the State in the 21st Century," The Cato Journal, Vol. 25, No. 3 (Fall 2005).
5. Death of an Illusion? Decline and Fall of High Tax Economies, London, Politeia, 2006.
6. "Making Policy Under Efficiency Pressures; Globalization, Public Spending, and Social Welfare," in The New Public Finance, edited by Inge Kaul and Pedro Conceição, Oxford University Press, 2006.
7. Public Spending in the 20th Century, London, Cambridge University Press, 2000. (With Ludger Schuknecht).

Relações Comerciais e Diciplina do Investimento Estrangeiro

Oradores:

Gary Clyde Hufbauer
Jacques Bourgeois
Marco Bronckers

ENHANCING COMMERCE BETWEEN EUROPE
AND THE UNITED STATES

Gary Clyde Hufbauer*
Claire Brunel

The United States and the European Union enjoy one of the largest commercial relationships in the world, reaching around $640 billion in two-way merchandise trade in 2008. The stock of two-way foreign direct investment now totals over $1.5 trillion, by far the strongest FDI relationship in the world. As prospects for an ambitious Doha Round have faded, the importance of better transatlantic cooperation has increased. This paper focuses on a constructive approach between Washington and Brussels over the next few years, designed to enhance commercial relations between the United States and the European Union. Our recommendations call for a series of "services-only" trade and investment agreements – a realistic objective with a high pay-off.

---

* Gary Clyde Hufbauer is the Reginald Jones Senior Fellow at the Peterson Institute for International Economics. Claire Brunel is a research assistant at the Institute. Opinions expressed are the views of the authors.

Overview of EU-US Services Trade

Two-way bilateral service trade between the United States and the European Union has grown from around $86 billion in 1992 to roughly $258 billion in 2005. Two-way sales of foreign affiliates engaged in services have expanded from $135 billion to $484 billion over the same period. However, a report by the OECD shows that restrictions on transatlantic trade and investment are largely concentrated in service activities.[1] The report cites domestic air, rail and road transportation, electricity and gas, and telecommunications as the most restrictive sectors in the European Union. In the United States, restrictions are particularly noticeable in the electricity and rail transportation sectors, but they also extend to communications and air transport.

Private sector service industries accounted for around 60 percent of economic activity in the United States in 2006.[2] Including government, the share rises to roughly 80 percent of GDP.[3] The United States has a global surplus in services,

---

[1] "The Benefits of Liberalising Product Markets and Reducing Barriers to International Trade and Investment: The Case of the United States and the European Union", *OECD Economics Department,* Working Paper 432, June 2005.

[2] Data from the Bureau of Economic Analysis. Private service industries cover utilities; wholesale trade; retail trade; transportation and warehousing; information; finance, insurance, real estate, rental, and leasing; professional and business services; educational services, health care, and social assistance; arts, entertainment, recreation, accommodation, and food services; and other services, except government.

[3] "Government now accounts for same percentage of GDP as manufacturing", *Manufacturing and Technology News,* September 17, 2004.

including with the European Union. With the advent of new communication technologies, business firms can now reach much broader markets than they could thirty years ago. One estimate suggests that the total elimination of barriers to trade in services would boost US GDP by as much as $460 billion a year.[4]

Firms in the service sector exhibit wide variations in productivity, and correspondingly prices, across the European Union. The EU market remains fragmented since each member state enacts its own regulations. The resulting barriers hamper cross-country trade and investment in the sector, both within the European Union and from outside.

In 2006, the European Parliament and the Council of the European Union put forward a directive to liberalize the EU internal market for services.[5] This directive significantly simplified the process for setting up a business anywhere in the EU internal market, thereby encouraging companies to expand and sharpen competition. Since compliance costs can be very burdensome for small and medium enterprises, uniform rules and procedures for establishing a new company are most welcome. EU firms will now be allowed to provide cross-border services in any EU country. However, member states reserve the right to limit service firms on grounds of public policy, security, health, or environment. Moreover, the directive excludes a few very important sectors, notably financial services, telecommunications and transport services.

---

[4] Robert M Stern, "The Place of Services in the World Economy", *University of Michigan Discussion Paper* No. 530, February 2005.

[5] "Directive 2006/123/EC of the European Parliament and of the Council of 12 December 2006 on Services in the Internal Market", Official Journal of the European Union, December 27, 2006.

One study estimates that benefits from full implementation of the directive will amount to an increase in intra-EU commercial service trade between 30 and 60 percent, and a rise in the stock of intra-EU FDI by around 20 to 35 percent.[6]

The WTO Role in Services and Investment

As members of the WTO, both the European Union and the United States observe the General Agreement on Trade in Services (GATS). The GATS is divided into general obligations that apply to all services, namely Most Favored Nation (MFN) treatment and transparency, and specific commitments on national treatment and market access in enumerated sectors. Within this framework, each WTO member schedules its specific commitments, but so far the schedules are quite modest.

Since the European Union and the United States both enjoy comparative advantages in a wide range of services compared to other countries, it is not surprising that they advocate multilateral liberalization when they speak in WTO councils. It is also not surprising that most developing countries stoutly resist commitments that would slash their own protective barriers. This impasse ensures a tepid outcome to the service negotiations in the Doha Round. In these circumstances, the European Union and the United States should move forward bilaterally, especially since each is the main trading partner of the other. As a legal matter, it should be emphasized that a US-EU free

---

[6] "A Quantitative Assessment of the EU Proposals for the Internal Market for Services", CPB Communication (Revised), *CPB Netherlands Bureau for Economic Analysis*, October 5, 2005.

trade agreement limited to services would not violate the WTO. Moreover, unlike FTAs that deal with merchandise trade, an FTA limited to services need not cover "substantially all" services. Instead, the agreement can pick and choose, both as to sectors covered, and as to mode of coverage (e.g., cross-border supply, commercial presence, etc.).

Turning to investment, which is closely linked to commercial presence in the service industries, the World Trade Organization (WTO) has addressed this subject in three ways. A working group on investment was established at the WTO Ministerial Conference in 1996 as one of the four "Singapore issues" – investment, global procurement, competition policy and trade facilitation. However, sharp disagreements between developed and developing countries prevented any progress on these issues and, in 2004, all but trade facilitation talks were dropped from the agenda. The United States and the European Union – the most fervent supporters of an investment agreement – accepted this outcome when they realized that any deal would likely be very weak. Aside from that stillborn initiative, investment is also regulated by the GATS and the Agreement on Trade-Related Investment Measures (TRIMs Agreement). The TRIMs Agreement prohibits a short list of investment measures that amount to export subsidies or import barriers. The role of the GATS is concentrated in mode 3 (commercial presence) which, when scheduled for a particular sector, ensures the right of establishment.

Bilateral EU-US Service Agreements

Bilateral service agreements between the United States and the European Union should concentrate on areas with heavy regulation, and expand on work already done under the auspices of the Transatlantic Economic Council (TEC). Recent progress is reflected in the Air Transport Agreement of March 2007, a 2007 accord on Accounting Standards, and a joint recommendation for a Mutual Recognition Agreement for Architects.

The Air Transport Agreement

The Air Transport Agreement was signed on April 30, 2007, and took effect on March 30, 2008. The accord was propelled by the European Court of Justice (ECJ) ruling, in 2002, that air transport agreements between the United States and individual EU member states intruded on the legal competence of the European Commission. The 2007 agreement instead creates a unified set of transatlantic civil aviation rules to replace the disparate bilateral agreements. The new open skies agreement allows EU airlines to fly to the United States from any EU airport, regardless of the home country of the airline. Parallel restrictions on US flights to Europe were likewise removed. Furthermore, the agreement allows any cargo carrier to create a new hub in the EU airport of its choice.

For both passenger and cargo freight, the open skies agreement will lower costs, increase competition between airlines, and ensure better fares. Studies predict a significant increase in traffic volume and operations, as has been observed following the inception of other open skies agreements.[7] The US Office of Travel and Tourism Industries predicts an 11

---

[7] "Transatlantic Aviation: Effects of Easing Restrictions on US-European Markets", *US Government Accountability Office*, report no. GAO-04-835, July 2004.

percent increase of travel between the United States and the European Union and a 26 percent increase for travel in the other direction between 2006 and 2010.

In some respects the open skies agreement is unbalanced. So-called "fifth freedom" rights allow US airlines to carry substantial traffic within Europe, since the major EU routes cross member state borders. However, EU airlines are not granted the same privileges between airports in the United States, since no international border is crossed. The result is an asymmetrical outcome in terms of new traffic opportunities. Another open question is the comparability of security standards between the United States and the European Union.

The parties have committed to conduct second stage negotiations in which the United States would open its domestic market to achieve an "open aviation area" (OAA) by 2010. Those negotiations started in May 2008. A study sponsored by the European Commission estimates that the benefits from an OAA would range between €6.4 and €12 billion over five years, creating an additional 72,000 jobs.[8]

A crucial aspect of the second stage negotiations relates to investment and foreign ownership. In the airline sector, transatlantic investment is severely restricted by the United States. The legislated cap on voting equity is 25 percent, and the regulatory cap on non-voting equity is limited to 25 percent minus one share. Airlines on both sides of the Atlantic are facing difficult times and could greatly benefit from large-scale mergers.

---

[8] Booz Allen Hamilton, Campbell Hill Aviation Group, Erwin von den Steinen, Ingomar Joerss and Pablo Mendes de Leon, "The Economic Impacts of an Open Aviation Area Between the EU and the US", *Booz Allen Hamilton*, January 2007.

Lessons from Accounting Standards

In the regulation of services, the United States or the European Union can build on the successful experience of US-EU cooperation in accounting practices. The European Union accepts Generally Accepted Accounting Principles (GAAP), the US norm, while the United States allows EU companies to file according to International Financial Reporting Standards (IFRS). In August 2008, the Securities and Exchange Commission (SEC) put forth a proposal for mandatory IFRS filing for US public companies by 2014. The proposal was confirmed in November 2008. The first step, which took effect in 2009, allows the optional use of IFRS for US companies that meet certain criteria. First, the company must be part of an industry in which the majority of the 20 largest companies use IFRS reporting standards. Second, the company must be one of those 20 largest companies in the industry. Third, the SEC must approve the use of IFRS by each company that applies.[9] Positive progress in these accounting standards should encourage the European Union and the United States to foster the mutual acceptance of regulation in other areas.

Other Service Sectors

A potential hurdle to transatlantic cooperation on a series of service agreements is the confusing array of regulatory bodies, both within the European Union and the United States. These bodies will be reluctant to see their powers diluted by any sort of transatlantic oversight. On both sides of the Atlantic, some

---

[9] "Proposed Roadmap for Mandatory IFRS Filing by US public companies, *KPMG Defining Issues* No 08-47, November 2008.

services are not regulated at the union or federal level, but instead are left to each of the 27 EU member states or 50 US states. In sensitive sectors, such as insurance in the United States, the devolution of regulatory powers means that transatlantic progress will be slow.

Nevertheless, there are many opportunities to liberalize transatlantic services trade and investment. Investment controls are high in services industries for both the United States and the European Union. According to an OECD study, the greatest needs for the relaxation of restrictions are in the telecommunications sector in the United States and in electricity generation in the European Union.[10]

The European Community somewhat restricts entry by foreign investors in the sectors of air transport, inland waterway, transport services, maritime cabotage, banking activities, life insurance services, fisheries and hydrocarbons. These limitations are mainly justified by a desire to consolidate the EU internal market and to improve EC bargaining power to gain access by European firms to third-country markets.[11]

In the United States, oversight of the national security component of foreign investment lies in the hands of the Committee on Foreign Investment in the United States (CFIUS). This committee had operated in relative quiet before the CNOOC and Dubai Ports World cases erupted in 2006

---

[10] "The Benefits of Liberalising Product Markets and Reducing Barriers to International Trade and Investment: The Case of the United States and the European Union", *OECD Economics Department,* Working Paper 432, June 2005.

[11] Communication from the European Community and its Member States, World Trade Organization Working Group on the Relationship between Trade and Investment, June 2000.

and 2007. Over the past two years, the rise of Sovereign Wealth Funds (SWFs) has further increased awareness of links between investment and national security. In this atmosphere, it is important that national security exceptions be narrowly drawn to avoid protectionist abuse. The Foreign Investment and National Security Act of 2007 gives CFIUS the power to grant a security clearance to any takeover, but the definition of a threat to national security will only be made on a case-by-case basis. Similarly, the Act does not clearly announce when a transaction results in the transfer of 'control' of a US company or assets to a foreign party. Under the CFIUS process, the US President can block an unwanted transaction, which implies a degree of political approval or disapproval. Despite the fact that the CFIUS process does not, in principle, consider reciprocity when evaluating foreign investments in the United States, the quality of access to foreign markets will remain a political factor.

Considering investment restrictions on both sides of the Atlantic, it appears that a useful deal can be struck. Washington and Brussels could agree to a "cooling off" period, accompanied by consultations, before either party barred investment from the other by invoking one of its discretionary statutes.

Bilaterally, the United States and the European Union have already made some progress on regulation of SWFs based in third countries. The European Union welcomes SWF investments but EU officials are concerned that SWFs are not sufficiently transparent about their motives and methods. The United States is worried about these matters as well, but is even more concerned about national security issues. Together, the United States and the European Union, under the auspices of the G7, put forward a proposed code of conduct for SWFs, which was agreed as a set of voluntary principles under IMF auspices in February 2009.

As noted earlier, progress on regulating investment at the multilateral level has been limited. Not only was investment dropped from the WTO Doha Round, but also the OECD effort at forging a Multilateral Agreement on Investment failed. The practical lesson is that the United States and the European Union must work together to liberalize investment in the service industries.[12]

---

[12] "Issues Paper: Upgrading the EU Investment Policy", Note for the Attention of the 133 Committee, European Commission DG Trade, May 2006. It deserves note that the European Union, unlike the United States, does not include portfolio investment or investor-state dispute settlement in its free trade agreements and bilateral investment treaties (BITs). Instead, the EU focuses on market access and non-discrimination, with a state-to--state consultation mechanism. These differences however, should melt away when the investment dimensions of services trade and investment are discussed on a bilateral basis between the United States and the European Union.

REGULATORY LIMITS OF THE WTO
THE EXAMPLE OF LABOUR STANDARDS

Jacques H. J. Bourgeois[*]
Mike W. J. Beckers[**]

INTRODUCTION

The regulatory limits or 'boundaries' of the WTO, and previously the GATT, have been a prominent topic of discussion ever since the introduction of the GATT 1947. Initially, the discussion focused on broadening the scope from tariffs on goods, to later (among others) non-tariff barriers, services and intellectual property. More recently, what can be referred to as "non-trade concerns" gained in prominence. These so-called "non-trade concerns" include for example the environment, labour standards and human rights. Developed countries, most

---

[*] Professor at the College of Europe (Bruges), Guest Professor at the University of Gent Law School; Attorney, Wilmer Cutler Pickering Hale and Dorr LLP (Brussels).

[**] At the time of writing Independent Legal Consultant at Wilmer Cutler Pickering Hale and Dorr LLP (Brussels); currently Attorney, Sidley Austin LLP (Brussels).

intensely the United States and the European Union, have been trying to bring some of these "non-trade concerns" into the scope of competence of the WTO, one of the main reasons being the strong dispute settlement mechanism. These efforts have been fiercely fought by developing countries, which see these efforts as a form of protectionism or even as a modern version of "colonialism" (in the sense that the western world tries to impose its values on developing countries). Recently, the issue of labour standards has again been brought into the spotlight in the context of the US presidential elections, where terms as "unfair trade" are frequently being used in this regard.

I. SOVEREIGNTY AND THE REGULATORY LIMITS OF THE WTO

One could describe the regulatory limits of the WTO as including horizontal and vertical limits. Horizontal limits relate to the question what subject matters are within the scope of competence of the WTO, and what subject matters are within the scope of competence of other international organizations. Vertical limits could be seen as a question of subsidiarity: is the WTO competent to act on a certain issue, or does it remain in the scope of national authority of the Members of the WTO?

Jackson refers in this regard to a "power allocation" analysis. Vertical allocation "is to ask whether a certain governmental decision should be made in Geneva, Washington DC, Sacramento, Berkeley, or an even smaller sub-national or sub-federal unit of government", whereas horizontal allocation relates to "separation of powers within a government entity (legislature, executive, judiciary, etc.) and division of powers among various international organizations (WTO, ILO, WHO, FAO, IMF, IBRD, etc.)".[1]

These limits can be traced back to the "sovereignty" concept, which initially referred to a monopoly of power in a sovereign, as recognized in the Peace of Westphalia. This concept has developed over time and often been used to say that (sovereign) states have unlimited power over their territory and subjects, which power is only limited (for example by international law) if expressly accepted by the state. However, it is questionable to what extent this "sovereignty" concept still applies in a more and more globalizing world. It has been suggested to replace the "sovereignty" concept by the phrase "sovereignty-modern", which should provide a more "balanced and balancing" approach than the old "sovereignty" concept.[2]

Now, where a state has expressly agreed to 'limit' its power by accepting a treaty establishing an international organization (from which the state can of course withdraw and in that sense its power is not limited), the old sovereignty concept might provide some difficulties: interpreted strictly, it would mean that the commitments of the state limiting its power are fixed and static. However, where states agree to establish an

---

[1] John H. Jackson, *Sovereignty, the WTO, and Changing Fundamentals of International Law*, Cambridge University Press 2006, at pp. 72, 129. See also Joel P. Trachtman, *Institutional Linkage: Transcending "Trade and ..."*, 96 A.J.I.L 77 (2002). See also Report by the Consultative Board to the Director-General Supachai Panitchpakdi, *The Future of the WTO: Addressing Institutional Challenges in the New Millennium* (2004) (hereinafter: the Sutherland Report), at pp. 35-36.

[2] *Idem*, at p. 61. See also John H. Jackson, *Sovereignty-Modern: A New Approach to an Outdated Concept*, 97 A.J.I.L. (2003) 4, at pp. 782-802. See the Sutherland Report at pp. 35-36.

international organization, this would be problematic. In order to survive and fulfill its goal, an international organization needs to be able to adapt and evolve, as the world around it does. This is even more crucial for an international organization with more than 150 members, and adhering to decision-making by consensus. One could therefore argue that, when a state agrees to a treaty establishing an international organization, it implicitly agrees to 'limit' its power further than just the strict commitments in the treaty. The state can be seen as implicitly granting the organization the power to survive and evolve in a changing world. The question will be where to draw the line, and when the organization is overstepping 'its power'.[3]

In the context of the WTO, the Appellate Body has more than once been criticized for "overreaching", for example with regard to its Report on *US – Shrimp*.[4] In view of the foregoing, such criticism is not always justified. International treaties, and certainly treaties concluded by a large number of Members, will never be without gaps or ambiguities. The ad-hoc panels and the Appellate Body therefore have been, and will be, confronted with the difficult task of interpreting the provisions of the WTO agreements, with all their gaps and ambiguities. In doing so, the panels and the Appellate Body can not "add

---

[3] See John H. Jackson, op. cit. n. 1, at pp. 82, 185-186. See in this regard also Joost Pauwelyn's "continuing treaty" theory: Joost Pauwelyn, *Conflicts of Norms in Public International Law: How WTO Law Relates to Other Rules of International Law*, Cambridge University Press 2003, at p. 378; Joost Pauwelyn, *The Concept of a 'Continuing Violation' of an International Obligation: Selected Problems*, 1995 Brit. Y.B. Int'l L. 415.

[4] Appellate Body Report, *United States – Import Prohibition of Certain Shrimp and Shrimp Products*, WT/DS58/AB/R, adopted 6 November 1998 (hereinafter: *US – Shrimp*).

to or diminish the rights and obligations provided in the covered agreements".[5]

However, the panels and the Appellate Body, when interpreting the WTO agreements, and especially when confronted with gaps or ambiguities in those agreements, should interpret them in a way that provides credibility to the WTO system as a whole, taking into account the developments in the world of which the WTO is part.[6]

II. LABOUR STANDARDS AND THE WTO

Developed countries, especially the United States and the European Union, have long been trying to introduce labour

---

[5] Articles 3.2 and 19.2 of the Understanding on Rules and Procedures Governing the Settlement of Disputes ("DSU"), Annex 2 to the WTO Agreement. See also Gabrielle Marceau, *WTO Dispute Settlement and Human Rights*, 13(4) European Journal of International Law 753 (2002), at pp. 57--58: "Many WTO obligations are flexible in nature and are drafted so as to provide WTO Members and panels with the necessary 'flexibility' to enforce WTO norms or to assess WTO compliance. For instance, GATT Article XX and GATS Article XIII exceptions are more in the nature of 'standards', as opposed to specific 'rules'... Their application will call for further 'completion' – by panels – of the specific parameters of such WTO prescriptions, in light of the specific circumstances of each dispute."

[6] See also Appellate Body Report, *Japan – Taxes on Alcoholic Beverages*, WT/DS8/AB/R, WT/DS10/AB/R, WT/DS11/AB/R, adopted 1 November 1996 (hereinafter: *Japan – Alcoholic Beverages II*), at paras. 122-123:

"WTO rules are not so rigid or so inflexible as not to leave room for reasoned judgments in confronting the endless and ever changing ebb and flow of real facts in real cases in the real world. They will serve the multilateral trading system best if they are interpreted with that in mind."

standards into the scope of competence of the WTO. Currently, concerns about labour standards again feature prominently in many public discussions of trade agreements. In the context of the recent Presidential elections in the United States, reference has in this regard frequently been made to "unfair trade". Similar concerns have been expressed in the European Union.[7] However, efforts to include labour standards in trade agreements, and especially the WTO agreements, have been met with fierce resistance from developing countries. Yet, disregarding these concerns about "unfair trade" could undermine the WTO's credibility in developed countries, since governments there will face a strong negative perception by their citizens of the WTO, especially in times of economic difficulties. Therefore this section explores the role labour standards could play in the WTO system, while taking into account the concerns of developing countries. Part A of this section discusses the possible inclusion of labour standards in the WTO agreements, after which the potential role of labour standards under the current WTO agreements is discussed in the subsequent parts B (non-discrimination) and C (labour standards as a defence).

---

[7] Poul Nyrup Rasmussen, Guy Ryder, Willy Thys, and Giampiero Alhadeff, Letter to the Guardian Editors: *Fair Trade Relies on Fair Labor*, 10 December 2005, available at http://www.guardian.co.uk/politics/2005/dec/10/development.fairtrade. See also Social Watch, *Germany: Making Globalization Equitable*, 28 March 2003, available at http://www.socialwatch.org/en/noticias/noticia_14.htm; Press Release of the EC, *Trade and Labour: European Commission welcomes Council conclusions on promoting core labour standards*, IP/03/1054, Brussels, 21 July 2003.

A. Including Labour Standards in the WTO Agreements

At the first WTO Ministerial Conference, in Singapore (1996), the following statement was made by the Members:

> "We renew our commitment to the observance of internationally recognized core labour standards. The International Labour Organization (ILO) is the competent body to set and deal with these standards, and we affirm our support for its work in promoting them. We believe that economic growth and development fostered by increased trade and further trade liberalization contribute to the promotion of these standards. We reject the use of labour standards for protectionist purposes, and agree that the comparative advantage of countries, particularly low-wage developing countries, must in no way be put into question. In this regard, we note that the WTO and ILO Secretariats will continue their existing collaboration."[8]

Subsequently, at the fourth WTO Ministerial Conference, in Doha (2001), the Members reaffirmed their Singapore declaration on labour standards:

> "We reaffirm our declaration made at the Singapore Ministerial Conference regarding internationally recognized core labour standards. We take note of work under way in

---

[8] Singapore Ministerial Declaration of 13 December 1996, WTO Ministerial Conference, Singapore, 9-13 December 1996, WT/MIN(96)/DEC, at para. 4.

the International Labour Organization (ILO) on the social dimension of globalization."[9]

Therefore the Members of the WTO have on at least two occasions expressed their commitment to the observance of internationally recognized labour standards. The only limitation is that labour standards should not be used for protectionist purposes, and that low-wage countries should be allowed to use their comparative advantage.

Over time, many authors have written on the relationship between labour standards and the WTO. Some have argued for the inclusion of substantive labour norms in the WTO. However, others are strongly opposed to this idea and question whether the inclusion of such norms would have the positive effects proponents argue it would have.

The question whether labour standards should be considered in the WTO framework relates closely to the question what the appropriate role for the WTO as an institution is. Proponents of the inclusion of labour standards often argue for the inclusion of other subject matters (such as the environment) as well, and sometimes view the WTO as a potential global economic regulator dealing with many more issues than just trade.

It has for example been argued that the WTO, with the appropriate institutional changes, could take on additional duties with regard to issues such as the environment, labour standards, investment and competition law. Two particular features of the

---

[9] Doha Ministerial Declaration of 14 November 2001, WTO Ministerial Conference, Doha, 9-14 November 2001, WT/MIN(01)/DEC/1, at para. 8.

WTO were considered to allow the WTO to tackle issues other than trade, namely the possibility of package deals and effective dispute settlement. However, if included, the 'new' areas would then have to be recognized as equal to trade, and in order to deal with these 'new' subject areas, the WTO should co-operate with specialized international organizations, such as the International Labour Organization ("ILO") which has already prepared labour standards. In recognition of the expanded mandate of the WTO, the name World Economic Organization was proposed.[10]

Jackson identified "five prominent goals of the WTO system":"keep the peace, promote world economic development and welfare, work towards sustainable development and environmental protection, reduce the poverty of the poorest part of the world and manage economic crises that might erupt partly due to the circumstances of globalization and interdependence". Although labour standards are not explicitly included, Jackson did recognize that "in the future the WTO may need to cover an extraordinarily diverse and wide-ranging list of subjects".[11]

Opponents have argued that the WTO lacks the experience to deal with such other issues, and is primarily concerned with commercial interests and the liberalization of trade. The organizations that already exist and have the relevant experience and expertise, such as the International Labour Organization ("ILO"), should in the view of some deal with these other issues.

---

[10] Marco C.E.J. Bronckers, *More Power to the WTO?*, 4 J. Int'l Econ. L. 41, at p. 41 (2001). See also Andrew T. Guzman, *Global Governance and the WTO*, UC Berkeley Public Law Research Paper No. 89 (August 2002).

These other, more specialized, organizations, however, do not have the effectiveness and influence the WTO has, in particular through its dispute settlement system. Guzman saw significant dangers in growth of the number of institutions as well as in strengthening existing institutions, and referred in particular to difficulties in achieving universal membership, establishing significant influence comparable to that of the WTO, and potential coordination and balancing problems between different institutions. Instead, an argument for a single global organization was made, building on the strengths of the WTO, and allowing for trade-offs and package negotiations.[12]

On the other hand, reference has often been made as well to a lack of resources and capacity at the WTO, and worries about "overloading" the WTO have been expressed.[13] Steger pointed out that the effective WTO dispute settlement system should not be a reason to add more subjects to the scope of competence of the WTO, since the system is already overburdened: "to do so ... might risk putting into jeopardy the very legitimacy and credibility of the international trading system".[14]

Bhagwati does not believe a strong case can be made for the inclusion of labour standards in the WTO or other trade agreements. He notes that fears are the driving force behind the lobby for the inclusion of labour standards: fear for competition from the low-wage, low-standards poor countries, fear that competition will reduce real wages of unskilled workers,

---

[11] John H. Jackson, op. cit. n. 1, at pp. 86, 132.

[12] Andrew T. Guzman, op. cit. n. 10, at pp. 15-19.

[13] Jagdish Bhagwati, *Afterword: The Question of Linkage*, 96 A.J.I.L 126 (2002), at p. 132; John H. Jackson, op. cit. n. 1, at p. 132.

[14] Debra Steger, *Afterword: The "Trade and ..." Conundrum – A Commentary*, 96 A.J.I.L 135 (2002), at pp. 140, 144.

and fear for a race to the bottom with regard to labour standards. Bhagwati submits that empirical evidence does not corroborate these fears, and that the adverse effect of trade with poor countries on wages in rich countries is small, at worst. He also argues against the inclusion of a "social clause ... that would link market access rights to the fulfillment of certain labour standards or rights" in the WTO agreements. In the view of Bhagwati, the ILO should deal with the many complex labour issues, and the WTO "does not begin to qualify to be the institution to manage the complex issues raised by "core labour standards" concepts".[15]

Stern has on several occasions challenged the position that the linking of labour standards with multilateral or bilateral trade agreements is an effective way to promote the improvement of labour standards. Difficulties in specifying enforceable and mutually agreed labour standards are anticipated, and, furthermore, it is argued that improvements in labour standards are largely driven by domestic economic and social events, and have to be tailored to the economic and social circumstances prevailing in a country at a specific time.[16] Since the development of labour standards is linked to economic development, enforcing labour standards generally through trade agreements might be counterproductive, because it potentially results in a reduction of welfare.

---

[15] Jagdish Bhagwati, op. cit. n. 13, at pp. 130-132.

[16] Robert M. Stern and Andrew G. Brown, *What are the Issues in Using Trade Agreements to Improve International Labor Standards*, 7(2) World Trade Review 331 (2008), at pp. 331-357. See also Robert M. Stern and Katherine Terrell, *Labor Standards and the World Trade Organization*, Working Papers 499 (2003), Research Seminar in International Economics, University of Michigan.

Lastly, the Sutherland Report shortly addressed the issue of labour standards as well. It was noted in response to the argument that trade with poor countries is responsible for producing more poor people in rich countries also, by depressing the price of labour-intensive goods, that "the general consensus ... is that technical change, not trade with poor countries, has driven the overwhelming bulk of the pressure on the unskilled". With regard to the "race to the bottom" argument, it was stated that "experience suggests that eventually economic growth naturally stimulates pressure for decent wages and working conditions", and that increasingly "consumers have choices in deciding whether to purchase the products of countries known to be denying basic employment rights to their workers".[17]

Clearly, opinions on the case for the inclusion of labour standards in the WTO differ strongly. In the view of the authors, the WTO cannot ignore labour standards as an issue closely related to globalization; doing so would undermine the credibility and influence of the organization. However, as will be discussed further below, there might be good (and maybe more realistic) alternatives to the inclusion of substantive labour norms in the WTO system. In any case, it seems safe to predict that if the Doha development round would be successfully concluded, the agreement would not include substantive labour norms.

---

[17] Op. cit. n. 1, at pp. 16-17. See also The Warwick Commission, *The Multilateral Trade Regime: Which Way Forward? Report of the First Warwick Commission*, Hawthornes 2008, at pp. 18-21.

B. The Non-discrimination Provisions of the GATT 1994

Having considered the inclusion of substantive labour norms in the WTO system in the previous chapter, now it is assessed what the role of labour standards is or could potentially be under the current WTO agreements. Suppose a Member would adopt a measure limiting the importation of, or applying treatment less favourable to, products produced in another Member State where labour standards are not observed: would that measure violate the non-discrimination obligations of Article I and III of the GATT 1994?

Under Article I:1, Article III:2, first sentence, and Article III:4 of the GATT 1994, the most important question would be whether the imported and domestic products can be considered "like". If products are "like", the MFN and national treatment obligations of Articles I, III:2, first sentence, and III:4 apply (presuming the other criteria set out in these provisions are fulfilled), and the imported and domestic products cannot be treated differently.

The "like product" concept is not defined in the GATT 1994, but it has been generally accepted that the concept has different meanings in different contexts.[18] "Like products" is interpreted narrowly in Article III:2, first sentence, because of the existence of the second sentence, which applies to "directly competitive or substitutable products". The first and second sentence of Article III:2 supplement each other.[19] Compared

---

[18] Appellate Body Report, *Japan – Alcoholic Beverages II*, op. cit. n. 6, at para. 114.

[19] Appellate Body Report, *Japan – Alcoholic Beverages II*, op. cit. n. 6, at paras. 112-113, 116; Appellate Body Report, *Canada – Certain Measures*

to Article III:2, first sentence, under Article III:4 "like products" is interpreted more broadly.[20]

Since "like products" are a subset of "directly competitive or substitutable products" (all like products are by definition directly competitive or substitutable products), the analysis below focuses on the "like products" concept.[21] Criteria that are used to determine whether certain products are "like products" include the characteristics of the products, their end-use, their tariff classification, and consumers' tastes and habits. Furthermore it is important whether the imported and domestic products are in a competitive relationship on the market concerned.[22]

Often, with regard to unilateral measures addressing non-trade concerns (such as labour standards), distinction is made between (1) measures concerning *product-related* processes and production methods (PR PPMs), and (2) measures concerning

---

Concerning Periodicals, WT/DS31/AB/R, adopted 30 July 1997, at para. 470.

[20] Appellate Body Report, *European Communities – Measures Affecting Asbestos and Asbestos-Containing Products*, WT/DS135/AB/R, adopted 5 April 2001 (hereinafter: *EC – Asbestos*), at paras. 94-96.

[21] Appellate Body Report, *Korea – Taxes on Alcoholic Beverages*, WT//DS75/AB/R, WT/DS84/AB/R, adopted 17 February 1999, at para. 118. Note further that the panel in *Mexico – Taxes on Soft Drinks* held that since the products involved were "like" under Article III:2, first sentence, they could be considered "like" under Article III:4 (see para. 8.105). Panel Report, *Mexico – Tax Measures on Soft Drinks and Other Beverages*, WT//DS308/R, adopted 24 March 2006, modified by Appellate Body Report, WT/DS308/AB/R, at para. 8.105.

[22] Appellate Body Report, *Japan – Alcoholic Beverages II*, op. cit. n. 6, at paras. 114-115, 117; GATT Working Party Report on Border Tax Adjustments, GATT BISD 18S/97, at para. 18; Appellate Body Report, *EC – Asbestos*, op. cit. n. 20, at paras. 99-101.

non-product-related processes and production methods (nPR PPMs). PR PPMs are measures that prescribe processes and production methods that affect the characteristics of the product concerned, whereas nPR PPMs prescribe processes and production methods that do not, or negligibly, affect the characteristics of the products concerned.[23]

A measure of a WTO Member that limits the importation of, or applies treatment less favourable to, products produced in another WTO Member where labour standards are not observed, would fall in the second category (nPR PPM), since the non-observance of labour standards generally does not affect the characteristics of the product produced.

Therefore the question is whether, considering the criteria set out above, nPR PPMs can affect the "like product" determination. If they cannot, then the fact that products are produced without observing labour standards does not in itself make those products *not* "like" domestic products.

The GATT Panel in *United States – Malt Beverages* found that the fact that products were produced by small or large firms (nPR PPM) was irrelevant in determining whether they were "like". However, the Panel also stated that "the purpose of Article III is not to prevent contracting parties from differentiating between product categories for policy purposes unrelated to the protection of domestic production", and held that "in determining whether two products subject to different treatment are like products, it is necessary to consider whether such product differentiation is being made so as to afford

---

[23] See Peter Van den Bossche, Nico Schrijver, Gerrit Faber, *Unilateral Measures Addressing Non-Trade Concerns*, OBT, The Hague 2007, at pt. I, p. 8.

protection to domestic production".²⁴ Subsequently, a GATT Panel Report that was never adopted, in *US – Taxes on Automobiles*, built on the reasoning in *United States – Malt Beverages* and held that the aim and effect of a measure would have to be considered in determining whether certain products are "like".²⁵ Under the aim-and--effect test, one could imagine a Member State imposing a measure with the stated aim of improving labour standards, following which the domestic and imported products would not be considered "like", because of that aim, as long as the measure was not imposed "so as to afford protection to domestic production". In that situation, a Member State would therefore possibly have been able to discriminate between domestic products and products that were produced without observance of labour standards.

However, in *Japan – Alcoholic Beverages II* the panel explicitly rejected the aim-and-effect test,²⁶ a finding which the Appellate Body upheld.²⁷ Subsequently, the Appellate Body confirmed its rejection of the aim-and-effect test in *EC – Bananas III*.²⁸

---

²⁴ GATT Panel Report, *United States – Measures Affecting Alcoholic and Malt Beverages*, DS23/R, adopted 19 June 1992, BISD 39S/206, at paras. 5.24-25.

²⁵ GATT Panel Report, *United States – Taxes on Automobiles*, DS31/R, 11 October 1994, not adopted, at paras. 5.8-5.10.

²⁶ Panel Report, *Japan – Taxes on Alcoholic Beverages*, WT/DS8/R, WT/DS10/R, WT/DS11/R, adopted 1 November 1996, modified by Appellate Body Report, WT/DS8/AB/R, WT/DS10/AB/R, WT/DS11/AB/R, at para. 6.16.

²⁷ Appellate Body Report, *Japan – Alcoholic Beverages II*, op. cit. n. 6, at para. 115.

²⁸ Appellate Body Report, *European Communities – Regime for the Importation, Sale and Distribution of Bananas*, WT/DS27/AB/R, adopted

In *US – Tuna I (Mexico)*, a report that was never adopted, the GATT panel in 1991 stated that "Article III:4 calls for a comparison of the treatment of imported tuna as a product with that of domestic tuna as a product. Regulations governing the taking of dolphins incidental to the taking of tuna could not possibly affect tuna as a product."[29] Therefore, the GATT panel essentially decided that nPR PPMs are not relevant, as a separate and additional criterion, in determining whether certain products are "like". Similarly, the panels in *US – Gasoline* and *Indonesia – Autos* disregarded PPMs as a separate issue, and instead focused on the criteria set out above (characteristics, end-use etc.) to determine whether the products were "like".[30]

More recently, in *EC – Asbestos* the Appellate Body was presented with the question whether chrysotile asbestos fibres and PCG fibres were "like", and whether cement-based products that contained these respective fibres were "like". In making that determination, the Appellate Body, as in previous reports, adopted a mainly economic approach to examining "likeness" by relying on the criteria set out above, so as to avoid the sensitivities raised by determining protectionist intent, but also accepted that health risks related to a product "may be pertinent

---

25 September 1997. See Robert E. Hudec, *GATT/WTO Constraints on National Regulation: Requiem for an "aim and effects" test*, 32 International Lawyer 619 (1998).

[29] GATT Panel Report, *United States – Restrictions on Imports of Tuna*, DS21/R, 3 September 1991, unadopted, BISD 39S/155, at para. 5.15.

[30] Panel Report, *United States – Standards for Reformulated and Conventional Gasoline*, WT/DS2/R, adopted 20 May 1996, modified by Appellate Body Report, WT/DS2/AB/R, at paras. 6.5-6.9; Panel Report, *Indonesia – Certain Measures Affecting the Automobile Industry*, WT/DS54/R, WT/DS55/R, WT/DS59/R, WT/DS64/R and Corr. 1, 2, 3, and 4, adopted 23 July 1998, at paras. 14.112-14.113.

in an examination of 'likeness' under Article III:4 of the GATT 1994". According to the Appellate Body, the health risks could be considered under the "consumers' tastes and habits" criterion or under the "physical properties" criterion. Therefore, the Appellate Body accepted in *EC – Asbestos* that non-economic interests and values could be relevant in the "likeness" determination.[31]

Considering the foregoing, and also the more recent panel report in *Brazil – Retreated Tyres*,[32] WTO panels and the Appellate Body are likely to focus on the four specific criteria (characteristics, end-use, consumers' tastes and habits, and tariff classification), and the existence of a competitive relationship, in determining whether certain products are "like". In light of the reliance on these criteria, even if not exhaustive, it seems that nPR PPMs and PPMs will generally only be relevant if they affect one of them. Therefore, imported and domestic products that are "like" based on these criteria, are still considered "like" if the imported products were manufactured without observing labour standards, and their treatment will therefore be subject to WTO rules on non-discrimination.

However, if the fact that labour standards were not observed in manufacturing certain products affects one of the criteria, such as the characteristics of the products, or where consumers perceive those products less favourably (consumers' tastes and

---

[31] Appellate Body Report, *EC – Asbestos*, op. cit. n. 20, paras. 101, 113. See also Peter Van den Bossche, et al. op. cit. n. 23, at pp. 55-62.

[32] Panel Report, *Brazil – Measures Affecting Imports of Retreated Tyres*, WT/DS332/R, adopted 17 December 2007, modified by the Appellate Body Report, WT/DS332/AB/R, at para. 7.415: the "like" product determination under Article III:4 was not contested by Brazil on appeal.

habits) because they are produced without observance of labour standards, a panel or the Appellate Body might find that the products are not "like" and therefore not subject to non-discrimination.[33]

C. Labour Standards as a Defence

Under WTO law, a measure that violates a provision of the WTO agreements, can sometimes be justified under another provision; in particular, a violation of the non-discrimination provisions of the GATT 1994 can, for example, be justified under Article XX of the GATT 1994. This section discusses whether a measure by a Member that discriminates between products because of non-observance of labour standards, can be justified under WTO law.

Article XX of the GATT 1994 provides a list ("a" to "j") of measures that can be justified, if they fulfill the requirements of the applicable paragraph and the chapeau, *i.e.*, do not arbitrary or unjustifiable discriminate, and are not a disguised restriction on trade. The list is considered to be exhaustive,[34] and does not include labour standards. Considering that Article XX was drafted in the late 1940s, it is likely to be somewhat outdated. Society has developed since the 1940s, but these developments, and in particular what are considered societal and moral values nowadays (such as, arguably, labour standards), are not reflected

---

[33] Such a determination will be made on a case-by-case basis, and all criteria will be considered and balanced against each other.

[34] GATT Panel Report, *United States – Section 337 of the Tariff Act of 1930*, L//6439, adopted 7 November 1989, BISD 36S/345, at para. 5.9.

in Article XX.³⁵ However, expanding the list (for example in the current Doha development round) to include labour standards will prove very difficult, considering the certain strong opposition of developing countries.

It has been argued that certain paragraphs of the current Article XX should be interpreted more broadly, possibly to include labour standards. In this regard *US – Shrimp*, arguably one of the most important and controversial disputes so far, should be noted. It was considered whether an import ban on shrimp and shrimp products harvested by vessels of foreign states where the exporting countries had not been certified by the United States' authorities as using methods not leading to the accidental killing of sea turtles above certain levels could be justified under Article XX. The panel stated that "the chapeau of Article XX ... allows Members to derogate from GATT provisions so long as, in doing so, they do not undermine the WTO multilateral trading system...", and that a measure by a Member "conditioning access to its market for a given product upon the adoption by the exporting Members of certain policies" would undermine the multilateral trading system.³⁶

---

³⁵ Debra Steger noted that "the balance [the negotiators of the GATT] struck, and the values they decided to embrace, reflected the society and the values that prevailed among the original contracting parties in the postwar period. The values shared by the current WTO members are not the same as in 1947-1948, nor are the problems and the political realities that governments face." Steger pointed out that "the international community adopted a United Nations Convention on the Rights of the Child, which came into force in 1990"; therefore there was "obviously a disconnect between the exceptions set out in Article XX, as it is currently drafted, and the agreement of all of these countries to threat the use of child labor as a violation of human rights". Debra Steger, op. cit. n. 14, at p. 144.

³⁶ Panel Report, *United States – Import Prohibition of Certain Shrimp and Shrimp Products*, WT/DS58/R and Corr. 1, adopted 6 November 1998,

This would mean that a measure by a Member "conditioning access to its market for a given product upon the adoption by the exporting Members of" policies recognizing and honouring labour standards, could not be justified under Article XX. However, the Appellate Body disagreed with the panel and held that:

> "conditioning access to a Member's domestic market on whether exporting Members comply with, or adopt, a policy or policies unilaterally prescribed by the importing Member may, to some degree, be a common aspect of measures falling within the scope of one or another of the exceptions (a) to (j) of Article XX. Paragraphs (a) to (j) comprise measures that are recognized as *exceptions to substantive obligations* established in the GATT 1994, because the domestic policies embodied in such measures have been recognized as important and legitimate in character. It is not necessary to assume that requiring from exporting countries compliance with, or adoption of, certain policies ... prescribed by the importing country renders a measure *a priori* incapable of justification under Article XX. Such an interpretation renders most, if not all, of the specific exceptions of Article XX inutile, a result abhorrent to the principles of interpretation we are bound to apply."[37]

---

modified by the Appellate Body Report, WT/DS58/AB/R, at paras. 7.44-7.45.

[37] Appellate Body Report, *US – Shrimp*, op. cit. n. 4, para. 121. See also Peter Van den Bossche, *The Law and Policy of the World Trade Organization: Text, Cases and Materials* (2nd Ed.), Cambridge University Press 2008, at pp. 617-619.

Marceau has argued that "in determining whether a measure is 'necessary to protect public morals' pursuant to GATT Article XX(a) ... a panel should be entitled to examine the participation of concerned members in relevant human rights treaties: (1) as evidence of the 'importance of the values and common interests' protected by the measure; (2) as evidence of the efficacy of the chosen measure; and (3) as evidence of the good faith and consistent behaviour of the chosen member". Marceau pointed out that in *US – Shrimp (Article 21.5 DSU)* "the Appellate Body made clear that the examination of the United States' participation in other similar regional or bilateral treaties was a factual matter relevant in the assessment of its good faith efforts; the same could be done with human rights treaties. Other factual elements could include declarations in national and international fora, decisions of human rights jurisdictions, other relevant general declarations by states on the importance and primacy of human rights and relevant resolutions of the International Labour Organization (ILO) or the General Assembly, all of which would constitute public knowledge or factual information which the panel can obtain pursuant to Article 13 of the DSU."[38]

Steger recognizes that the values set out in Article XX reflect "the society and the values that prevailed among the original contracting parties in the postwar period" and need to be revised, but holds the view that "the challenge of redefining

---

[38] Gabrielle Marceau, op. cit. n. 5, at pp. 58-59. Appellate Body Report, *United States – Import Prohibition of Certain Shrimp and Shrimp Products – Recourse to Article 21.5 DSU by Malaysia*, WT/DS58/AB/RW, adopted 21 November 2001, at para. 130: note also that the Appellate Body in this report recognized that a nPR PPM can be justified under Article XX.

and clarifying the values and policy objectives that the international community believes should trump the value of freer trade is too big and too important to be left to the judicial branch of the WTO, even at its highest level, the Appellate Body. Rewriting the rules, re-establishing the intricate balance between the principles of nondiscrimination and the general exceptions, is a task that only the governments, the members of the WTO, can legitimately perform."[39]

The authors consider that even if a broader interpretation of the current list of exceptions, so as to cover core labour standards, could legally be construed, such an effort would certainly be met with strong criticism from developing countries and could seriously undermine the credibility of the WTO, instead of strengthening it. An alternative approach might be more sustainable.

Pauwelyn has argued that "a defendant should be allowed to invoke non-WTO rules as a justification for breach of WTO rules, even if the WTO treaty itself does not offer such justification ... However, such a justification should be recognized only when both disputing parties are bound by the non-WTO rule and that rule prevails over the WTO rule pursuant to conflict rules of international law."[40] Recently, Pauwelyn stressed the following limits to this approach: (i) WTO dispute settlement

---

[39] Debra Steger, op. cit. n. 14, at p. 144: "For the record, I do not agree with those who have suggested that the Appellate Body and the panels could breathe new life into paragraph (a) of Article XX by interpreting "public morals" to include the prohibition of child labor. In my view, that is expecting too much and giving too much power to the quasi-judicial bodies".

[40] Joost Pauwelyn, *The Role of Public International Law in the WTO: How Far Can We Go?*, 95(3) A.J.I.L. 535 (2001), at pp. 535-578.

can only be used in order to enforce WTO claims (i.e. the jurisdiction of panels is limited to claims based on the covered agreements); (ii) rules outside the covered agreements can only be relied on as a defense before WTO panels; (iii) both parties to the dispute must be parties to the treaty invoked as a defense; (iv) in order to apply, the rule invoked must prevail over WTO rules according to the rules on conflict of norms under international law. In the context of labour standards, Pauwelyn argued "that an ILO recommendation calling upon ILO members to take sanctions against a country for its breaches of ILO Conventions on forced labour could excuse a breach of WTO law, provided that both the country targeted with the sanctions and the sanctioning country are members of the ILO and the WTO".[41]

Following this approach, one could think of another situation: assume the United States and Colombia conclude a free trade agreement (FTA), in which substantive labour standards are set out, or in which a statement is included to the effect that both parties agree to observe core labour standards. Subsequently the United States, hypothetically, adopts a unilateral measure by which it limits the imports of, or applies treatment less favourable to, products from Colombia, based on the fact that Colombia did not comply with the labour standards

---

[41] Presentation delivered at the WTO Public Forum (5 October 2007) by Joost Pauwelyn, during the session *WTO Dispute Settlement: A Vehicle for Coherence?*, organized by the Center for International Environmental Law (CIEL). See also Joost Pauwelyn, *"Opening-up" the WTO: What does it mean for China*, text of speech delivered at China University of Political Science and Law (CUPL), Beijing, 9 October 2006; Tsinghua Law School, Beijing, 10 October 2006; Wuhan University, WTO Center, 12 October 2006; Fudan University, Shanghai, 13 October 2006.

set out in the FTA. Now, Colombia challenges the measure adopted by the United States as a discriminatory measure contrary to the GATT 1994.

As discussed above, it is doubtful that the United States could invoke labour standards as a justification under Article XX. However, building upon Pauwelyn's approach, it could be argued that the United States should be able to invoke the violation of the FTA as a defence to Colombia's claim under WTO law. Both the United States and Colombia, still hypothetically, are a party to the FTA, and the United States invokes the FTA just as a defence against a claim from Colombia. This seems reasonable, since Colombia itself agreed to observe core labour standards in the FTA. Arguably, Colombia should not be allowed to ignore the commitments it has made, under international law, and challenge at the WTO the measure the United States took in response to Colombia's violation of the provisions of the FTA.

CONCLUDING REMARKS

Concerns about labour standards have been expressed for a long time in, especially, the European Union and the United States. Ignoring such con-cerns could undermine the credibility and effectivity of the WTO, in light of the public "unfair trade" perception in these influential developed countries.

Considering the substantial opposition from developing country Members, it is unlikely that any substantive labour norms will be included in the WTO agreements in the near future; similarly, it is unlikely developing country Members will agree to include a new exception on labour standards in Article XX of the GATT 1994.

Trying to interpret the current WTO agreements, in particular Articles III and XX of the GATT 1994, in a way that allows labour standards to be taken into consideration might prove counterproductive: instead of increasing the credibility of the WTO, such an attempt will likely be strongly criticized by developing country Members. Developed country Members, in particular the United States, would in that scenario most likely express concerns about "overreaching" by the Appellate Body.

An alternative might be considered where a particular WTO Member, whether a developing or developed country, has explicitly agreed in an international agreement (such as an FTA) to observe certain core labour standards. If that WTO Member challenges, at the WTO, a unilateral measure of the other party to the FTA imposed because of the violation of the labour standards agreed upon in the FTA, the other party should arguably be allowed to invoke the violation of the FTA as a defence to its violation of WTO law. In other words, the WTO Member that violated the commitment it made in the FTA to observe certain labour standards should be prevented from challenging measures that were adopted as a direct consequence thereof by the other party to the FTA at the WTO. This alternative would increase the credibility of the WTO, by recognizing commitments made on labour standards, without imposing these standards on any particular Member.

How can private parties appeal to WTO law? EU and US trends

*Marco Bronckers**

I would first of all also like to add my accolades to the *gentils organisateurs* of this conference, who have brought us together, both here and outside of these walls, in a most agreeable setting. I also have to congratulate them on what I thought was quite a bit of a gamble when I first looked at the programme. This panel was given a rather broad brief to discuss issues affecting EU and US trade relations, and I had not really anticipated that our discussions could be very focused. But based on the presentations that we have had so far I think your gamble has worked; we are having a very stimulating exchange. In fact I am almost tempted to chuck the topic that I was going to discuss in the wastebasket and limit myself to comments and reflections on what I have been hearing so far. Maybe I will try to do a bit of both.

I will talk about the different ways in which the EU and the United States seem to be approaching conflict resolution in their trade relations, with each other but also with the rest

---

* University of Leiden, World Trade Institute – University of Bern.

of the world. I will do that from a domestic perspective. But just listening to the presentations so far, I would find it most interesting to consider whether, for instance, the arrival of the new US President could cause for a change in perspective also at the international level.

Jacques Bourgeois has mentioned that the WTO in its dispute resolution amongst Members closes its eyes very easily to other international agreements, which raises concerns about the credibility of this international organisation. The key reason for this walling-off, so to speak, of the WTO and its closure towards much else that we find in other international treaties is Article 3.2 of the WTO Dispute Settlement Understanding. I find this is one of the most problematic provisions in the entire package of WTO agreements. This is the provision that says, as Jacques Bourgeois has recalled, that a WTO tribunal can only interpret the so-called 'covered agreements', i.e., the WTO Agreements.

I would find it very interesting to know whether a new US administration would be in favour of increasing the overall credibility of the WTO as an organisation, and in that connection would be willing to modify this problematic article, thereby allowing WTO tribunals to take more fully into account other international agreements on non-trade concerns.

However, that is not really the topic that I wanted to discuss with you, which is: how can a private company, supposedly the engine of international trade, refer to WTO rules in domestic processes?[1] First of all, can you effectively appeal to WTO rules to remind legislators, when they are

---

[1] See generally Bronckers, *Private Appeals to WTO Law: An Update*, 42 JOURNAL OF WORLD TRADE 245-260 (NO. 2, 2008).

considering draft proposals, that there are some international disciplines out there that they have to take into account? I think the answer to that question is a resounding "yes", and I don't see much difference between the United States and the EU.

Take, for instance, the current proposals on climate change: there is quite a bit of debate both in the United States but also here in Europe, in view of the European Commission's recent proposals, to see whether the international elements of climate change protection are or are not compatible with the international obligations of the United States and of the EU. I am thinking notably of the concerns that industries on both sides of the Atlantic have expressed about carbon leakage: when the EU and the US take measures to reduce CO_2 emissions unilaterally, their industries' costs will increase considerably, making it much more difficult for them to compete with products from third countries which do not subscribe to the same principles. There are a number of proposals to make sure that domestic EU industries and domestic US industries can appeal to protective mechanisms, but a number of these protective mechanisms that are on the table would clearly violate WTO obligations. This legal constraint has had a considerable impact on the debate that we now see on both sides of the pond: on what our climate change legislation will look like if we do not have an overall agreement in Kyoto II on measures to reduce CO_2 – reductions. There is an important difference here with the predecessor agreement to the WTO, the GATT, which never played a similar role in domestic policy debates.

But what if legislation is adopted? Can you, as a private party, still use the WTO as a disciplining instrument to seek corrections, to challenge legislation that would appear to violate these international obligations? I guess both in the United

States and in the European Union, what companies usually think of first is "I will go to my own government and see if they would not be willing to challenge these WTO-incompatible pieces of legislation of another trading partner. So, I will try, as a private company, to kick my private concerns to the intergovernmental level."

Yet, increasingly, companies are also inquiring whether they cannot nip the problem that is created by a domestic measure in the bud by going to the courts of the jurisdiction that has taken these measures. After all, relying on an intergovernmental process to eradicate regulatory obstacles in another country can be a lengthy, politicized and therefore unpredictable process. Domestic legal challenges raise the interesting question as to how courts will treat such an appeal to international economic law, such as the WTO. And here the difference between the EU and the United States becomes more pronounced.

The starting position is similar: in the United States, if you look at the Uruguay Rounds Agreement Act, the Act that has implemented the WTO agreements, there is a provision that says in so many words that courts are not supposed to entertain claims to invalidate US measures when they are based on WTO Agreements. In the EU we do not have a similar statutory provision, but the conclusion reached in the case law of the European Court of Justice is almost the same. In most cases the Court will not allow private litigants (and even EC Member States) to challenge European measures on the basis of WTO Law. The WTO Agreements generally are not considered to have 'direct effect' in the EU.

The reason for this starting position is not very different I presume on both sides of the Atlantic. By giving direct effect to the WTO agreement, the courts would limit the discretion of the executive and maybe even the legislative branches of government. This does not seem very attractive, especially if other jurisdictions do not allow similar opportunities to private litigants. The reason, therefore, is at least a concern about reciprocity.

However, the European Courts have found different, more subtle ways to give domestic law effect to WTO legal principles. One such method is the doctrine of Treaty-consistent interpretation. Whenever EU or national measures leave room for interpretation, the European Courts feel bound to give the interpretation which is consistent with binding international law, including WTO law.

Another more indirect way for the European Courts to give effect to WTO law is what I have called the 'muted dialogue' with WTO tribunals. Recent case law shows that when the European Court of Justice becomes aware of an actual ruling of the WTO Appellate Body that has condemned an EU measure, the Court will do everything it can to render a judgment that will be consistent with that international ruling of the WTO, but without binding itself to the WTO ruling. It will do this through a creative interpretation of European rules. In other words, the European Court keeps some reserve to go its own way and deviate from WTO rulings in a very difficult, controversial case. Yet while not excluding that it could reach a different decision, it is striking to see to what extent the European Court tries to be consistent with what WTO tribunals have decided.[2]

---

[2] See further Bronckers, *From 'Direct effect' to Muted dialogue': Recent developments in the European Courts' case law on the WTO and beyond*, to be published in 11 JOURNAL OF INTERNATIONAL ECONOMIC LAW (No. 4, 2008).

Now look again at the United States. There you see a different development. US Courts show far less inclination to be guided by WTO law and WTO rulings than European Courts. Thus, US Courts are becoming increasingly reluctant it seems to interpret US law consistently with WTO law. They do not buy into the doctrine of Treaty-consistent interpretation, which in the US is more attractively known as the Charming Betsy case law, where the WTO is concerned.

It is interesting to note that, in giving more indirect effect to WTO law than courts in other jurisdictions like the United States, the European Court of Justice is not concerned about a lack of reciprocity. One reason may be that respect for international law very much contributed to the success of the EU.

That's where I wanted to stop. But I have listened to Gary Hufbauer's riveting proposal to have a bilateral agreement between the EU and the United States to liberalize trade in services. And I ask myself: is it conceivable that US courts interpreting such a bilateral agreement would be more comfortable to revive the Charming Betsy Doctrine? Would they be more willing to test or interpret domestic services regulations against such a bilateral agreement? Would US courts be more inclined to follow an interpretation by a bi-national tribunal that has interpreted this services agreement with a close ally, the European Union? Perhaps even more interestingly, would the US Congress allow federal courts to review US domestic law against such a bilateral services agreement, contrary to what it stipulated in respect of the WTO?

Clearly, Gary Hufbauer has put something on the table that is worth exploring in economic terms. Yet for us lawyers his proposal raises issues as well that are fascinating to pursue. In particular, will our courts, in the EU and in the United

States, be more comfortable to apply the constraints on domestic measures flowing from a bilateral agreement between two close allies with a broadly similar economic outlook, compared to their more cautious approach towards the multilateral arena, at least where the WTO is concerned?

Thank you very much.

Edited 4 December 2008

Supervisão Financeira e Governo Societário

Oradores:

Ministro de Estado e das Finanças –
– Fernando Teixeira dos Santos
Carlos Tavares
Colin Carter
Miguel Galvão Teles
William T. Allen

Intervenção do Ministro de Estado
e das Finanças

Fernando Teixeira dos Santos*

Senhor Presidente do Instituto de Direito Económico, Financeiro e Fiscal da Faculdade de Direito de Lisboa (IDEFF),
Senhor Presidente da Comissão do Mercado de Valores Mobiliários,
Minhas Senhoras e Meus Senhores,

É com muito agrado que me associo a esta iniciativa do Instituto de Direito Económico, Financeiro e Fiscal da Faculdade de Direito de Lisboa.

É sempre com um gosto especial que venho a esta casa, gosto que é redobrado por vir participar numa conferência internacional com a qualidade e pertinência desta, não só pelos temas abordados que focam numa perspectiva multidisciplinar, económica, jurídica, política e social as relações transatlânticas entre Portugal, a União Europeia e os Estados Unidos da América, mas também pela elevada qualidade dos participantes dos diversos painéis e em particular do painel desta tarde.

---

* Ministro de Estado e das Finanças.

As minhas primeiras palavras não podem deixar de ser dirigidas aos organizadores, aqui na pessoa do Senhor Prof. Doutor Paz Ferreira, no sentido de os felicitar pela organização desta conferência e encorajá-los para que continuem a promover o debate e o aprofundamento destas matérias, tão importantes ao desenvolvimento da nossa economia e em particular do nosso mercado de capitais.

Entrando no tema que aqui nos reúne hoje, resulta para todos evidente que num contexto de globalização surgem novas oportunidades de caminharmos cada vez mais no sentido da integração dos mercados. Esta integração cria problemáticas novas, desafios acrescidos que como tal têm que ser encarados por todos os agentes do mercado e em particular por aqueles a quem compete zelar pelo seu bom funcionamento, os supervisores.

Todos reconhecemos que, ao nível da União Europeia, tem sido feito um esforço notável de integração, do qual foi paradigma o *Financial Services Action Plan*. Neste âmbito procedeu-se à revisão de toda a legislação comunitária aplicável ao sector dos serviços financeiros e Portugal viveu, à semelhança dos restantes países da União europeia, um exigente período de produção legislativa que visou, entre outros objectivos, a harmonização das regras no espaço europeu, com vista à convergência dos mercados e ao reforço e clarificação dos poderes e competências das autoridades de supervisão no sentido da transparência e integridade dos mercados.

Atravessamos, é certo, uma conjuntura adversa e os indicadores de desenvolvimento do mercado ainda não revelam grandes sinais de recuperação.

Mas é este o tempo de inverter o caminho.

Em situações de turbulência dos mercados há sempre quem questione a bondade e eficácia das soluções legislativas implementadas, muitas vezes, é certo, de forma prematura e pouco consistente, designadamente exigindo uma maior regulamentação da actividade que evite a exposição do sector a crises, que impeça os investidores de adquirirem produtos cujas características e riscos desconhecem, que impeça situações de risco sistémico, etc.

Mas o certo é que o caminho não se faz apenas por lei ou por decreto. O processo de integração europeia irá seguramente intensificar-se, importando não só implementar mas, mais do que isso, fazer cumprir o novo quadro regulador.

É verdade que uma supervisão inadequada e um insuficiente enquadramento regulatório de determinados segmentos do mercado podem ter contribuído para a actual situação difícil dos mercados financeiros, nomeadamente nos Estados Unidos. Contudo, a incapacidade geral revelada para se antever e compreender a magnitude dos riscos de certos instrumentos deve ser devidamente ponderada na análise da actual situação, designadamente para se concluir ou não pela efectiva necessidade de uma maior regulamentação.

Eu sou dos que acreditam que ainda é necessária alguma regulamentação mas, mais do que isso, é necessária melhor regulamentação. Estou igualmente convencido de que uma maior regulamentação não é solução para todos os problemas e mais, estou convencido que a regulamentação imediata e impulsiva como resposta a uma situação concreta de crise não é necessariamente uma boa resposta.

Recordo no domínio interno os desafios associados ao exercício de *better regulation* que está a ser conduzido no âmbito do Conselho Nacional de Supervisores Financeiros, com vista à implementação de medidas que promovam a redução dos custos de contexto anti-competitivos, permitindo deste modo melhorar a regulação e supervisão do sector em Portugal.

Tratou-se de um diagnóstico cuja amplitude e impacto não tem precedentes, que contou com o empenho dos supervisores financeiros, e que tem tido sequência nos trabalhos de cooperação entre supervisores para a efectiva implementação das medidas de simplificação, as quais, espero, possam ser postas em prática tão breve quanto possível.

Mas os desafios a enfrentar pelos supervisores financeiros, potenciados pela crescente integração financeira mundial e pela dinâmica da inovação financeira e evidenciados pela turbulência vivida nos últimos meses nos mercados financeiros internacionais, assumem cada vez mais uma dimensão que extravasa as fronteiras europeias e que implica um intenso esforço de cooperação e uma aposta clara no sentido da convergência. É esse o trabalho que agora se impõe quer no espaço europeu quer no diálogo transatlântico.

O diálogo regulatório com os EUA tem sido constante e evidencia progressos. Existe uma grande convergência nas preocupações de ambos os lados do Atlântico e é uma oportunidade única de se conseguirem sinergias essenciais ao desenvolvimento do mercado financeiro.

Se, por exemplo, no que respeita à regulação e supervisão das agências de *rating*, cujas preocupações em matéria de conflitos de interesses, transparência dos *ratings*, etc, os Estados Unidos estão, se assim se pode considerar, mais avançados, por já terem uma regulamentação clara, a União Europeia lidera claramente em matéria de seguros com a recente proposta de Solvência II a introduzir supervisão e modelos baseados no risco que são dos mais desenvolvidos e avançados.

Também no que se refere à integração das bolsas dos dois lados do Atlântico estamos perante um desafio que é mais uma oportunidade de se estreitarem relações de supervisão que podem estabelecer a base de confiança necessária para a cooperação noutras áreas da supervisão. É também neste âmbito essencial o aprofundamento do diálogo regulatório em aspectos como o reconhecimento mútuo dos requisitos normativos e de supervisão, dos sistemas contabilísticos, das regras aplicáveis aos auditores, que evite uma dupla sujeição – na Europa e nos EUA – dos agentes de mercado a requisitos normativos e de supervisão.

Os supervisores têm que ter mecanismos eficazes e rápidos de intervenção nos momentos em que algo não corre bem, mecanismos que permitam identificar e punir os responsáveis e principalmente que permitam controlar os riscos evitando contágios. A ideia, recentemente lançada no âmbito do diálogo regulatório, de colégios internacionais de reguladores para grupos com dimensão internacional é uma resposta a esta preocupação de coordenação célere e eficaz.

Continuo a insistir que a aposta essencial tem que ser na prevenção e um dos pontos essenciais na prevenção é claramente a questão da informação dada ao mercado. A informação tem que ser acessível a todos os *stakeholders*, compreensível, fiável, e adequada ao tipo de investidor a quem se destina.

Também aqui as autoridades de supervisão desempenham um papel crucial, não apenas na fiscalização da informação que é divulgada ao mercado mas também na educação dos investidores. Num mercado eficiente tem que caber aos investidores a responsabilidade pelas suas escolhas mas tal só é possível se os investidores conhecerem o mercado e os pro-dutos em que investem, o contrário pode provocar uma desconfiança generalizada no mercado de capitais com consequências pouco previsíveis.

O Conselho ECOFIN desde a presidência portuguesa tem intensificado muito o trabalho nesta área e eu próprio me tenho especialmente empenhado nessa discussão com os meus colegas.

O Conselho ECOFIN concluiu recentemente pela necessidade de se melhorar a transparência nos mercados, focando áreas concretas como a exposição dos bancos a operações de titularização e a activos "fora do balanço"; o desenvolvimento de critérios mais eficazes de avaliação de activos, nomeadamente de activos de reduzida liquidez; o reforço do quadro prudencial da União Europeia para o sector bancário nestas matérias e a maior investigação de aspectos como o papel desempenhado pelas sociedades de notação de risco no mercado.

Posso mesmo adiantar que no próximo ECOFIN teremos conclusões reforçadas sobre *ratings* e, embora não seja ainda clara qual será a inclinação do Conselho, a Comissão tem manifestado particular apetência por uma intervenção regulatória e pela definição de um sistema de supervisão adequado para as agências de notação de risco.

Em matéria de educação financeira, o ECOFIN aprovou em Maio um conjunto de orientações tendentes a conferir maior visibilidade a estas preocupações, nomeadamente através da inclusão da literacia financeira nos *curricula* escolares.

O Governo português é claramente a favor de um reforço da convergência na supervisão, em particular de instituições transfronteiriças, a bem da eficiência e eficácia dessa mesma supervisão a nível, quer europeu, quer global. Foi, aliás, nesse sentido que a Presidência Portuguesa no passado semestre trabalhou afincadamente no exame prospectivo do chamado "processo de *Lamfalussy*".

Na nossa opinião, este reforço da convergência não deve, de todo, passar pela centralização dos poderes de supervisão a nível europeu. A aposta deve ser, por um lado, na inclusão do interesse europeu nos mandatos das autoridades de supervisão nacionais e, por outro lado, no reforço da acção dos colégios de supervisores para as instituições transfronteiriças.

Estou confiante que, no âmbito desses colégios, será possível desenvolver um modelo equilibrado, no qual, a par do necessário reforço do *lead supervisor*, haja uma repartição adequada de poderes, responsabilidades e *accountability* entre as autoridades dos Estados-membros de origem e de acolhimento das instituições transfronteiriças.

Será um modelo mais eficaz, na medida em que venha a permitir aproveitar cabalmente as perícias e competências específicas e acautelar a protecção dos investidores e consumidores nacionais, assegurando ao mesmo tempo o necessário reforço da coordenação da supervisão na União Europeia.

Este debate sobre o enquadramento da supervisão financeira, no sentido da convergência e cooperação entre supervisores financeiros, tem vindo a decorrer em estreita ligação com o debate sobre a criação de mecanismos de estabilidade financeira e de prevenção e gestão de crises.

O Ministério das Finanças e da Administração Pública, o Banco de Portugal, o Instituto de Seguros de Portugal e a Comissão do Mercado de Valores Mobiliários, assinaram recentemente, com autoridades de supervisão financeiras, bancos centrais e ministérios das finanças dos 27 países da União Europeia, e com o Banco Central Europeu, um memorando de entendimento que permite reforçar significativamente esses mecanismos de estabilidade financeira.

Os 118 signatários comprometem-se desta forma a aprofundar a cooperação não apenas em situações de normal funcionamento dos sistemas e dos mercados financeiros, mas também na gestão e resolução de eventuais crises financeiras com potenciais implicações sistémicas que envolvam instituições financeiras transfronteiriças, adoptando mecanismos que minimizem os seus custos económicos e sociais, que facilitem soluções oriundas do sector privado, e que promovam a disciplina nos mercados e limitem o risco moral.

Em Portugal, foi criado em 2007 o Comité Nacional para a Estabilidade Financeira, que constituirá um elemento-chave na ligação com as restantes autoridades financeiras europeias no âmbito deste memorando de entendimento.

Minhas Senhoras e Meus Senhores,

Estes são desafios que se avizinham no curto prazo para o sector financeiro, que penso constituírem um grande estímulo para todos os agentes do mercado e em particular para as autoridades de supervisão cujos contributos são fundamentais para atingirmos bons resultados neste processo de modernização e integração financeiras.

Estes desafios são novas oportunidades para aproveitar e melhorar o desempenho do sector, devendo as instituições responsáveis saber responder através de um balanceamento ponderado entre medidas de natureza regulatória (que como referi não implica necessariamente a criação de mais regulação, mas de melhor regulação), bem como medidas de natureza não-regulatória, para que possamos retirar todos os benefícios da integração financeira e da inovação financeira.

Muito obrigado.

Mercados de Valores Mobiliários
— A Supervisão Financeira e a Integração
das Bolsas dos dois Lados do Atlântico

Carlos Tavares[*]

Começo por saudar o Instituto de Direito Económico Financeiro e Fiscal da Faculdade de Direito da Universidade de Lisboa pela organização desta conferência e por agradecer o convite para debater, perante uma plateia tão ilustre, a supervisão financeira no âmbito da integração das bolsas dos dois lados do Atlântico.

A fusão entre bolsas surge, naturalmente, como consequência da globalização da economia e da livre circulação de capitais que lhe está implícita e foi facilitada pela existência de sistemas jurídicos compatíveis desenvolvidos num ambiente regulatório progressivamente harmonizado. Estes movimentos procuraram também tirar partido de economias de escala que permitem uma redução substantiva dos custos de funcionamento.

O primeiro grande passo, gerador de um movimento que se veio a revelar imparável, foi dado a nível Europeu pela integração das bolsas belga, francesa e holandesa e que deu

---

[*] Presidente da Comissão do Mercado de Valores Mobiliários.

origem ao grupo Euronext (em Setembro de 2000) ao qual, dois anos depois, se viria a juntar a Bolsa portuguesa (BVLP). Refira-se que pouco tempo antes, o grupo Euronext tinha adquirido o controlo da London International Financial Futures and Options Exchange (LIFFE). Desde então celebrou ainda acordos de *cross-access* com as bolsas de Varsóvia e de Helsínquia.

Mais recentemente, no início de 2007, esta integração ganhou uma dimensão transatlântica com a conclusão do acordo de combinação entre o grupo Euronext e o grupo New York Stock Exchange (NYSE), dando origem à NYSE Euronext. Antes (2006) já tinha ocorrido a integração do NASDAQ com a OMX (da Noruega). Seguiram-se a fusão da London Stock Exchange com a Borsa Italiana e da Chicago Mercantile Exchange com a Chicago Board of Trade.

A título de exemplo, e para ilustrar as sinergias obtidas nestas fusões, a NYSE Euronext congrega perto de 4 mil empresas cotadas cuja capitalização bolsistas superava, no final de 2007, mais de 20,9 triliões de euros, e cujo volume médio diário de transacções no mercado a contado totalizava cerca de 103 mil milhões de euros.

Impulsionados por estes movimentos os reguladores europeus e o regulador americano têm procurado aumentar a convergência dos regimes normativos, e, sobretudo no que toca ao regime americano, particularmente em matérias relacionadas com as normas contabilística e deveres de informação dos emitentes.

Na busca desta convergência tem havido, porém, a preocupação de respeitar as diferentes filosofias regulatórias que ainda subsistem na Europa e nos Estados Unidos de modo a evitar o chamado "spillover" regulamentar, ou seja, a extensão de facto de um quadro regulamentar ao outro mercado.

Mas a regulação e supervisão dos mercados NYSE Euronext, e falo deste caso porque naturalmente é o que melhor conheço, continuam a ser asseguradas pela CMVM e pelas suas homólogas da Bélgica (CBFA) da França (AMF), da Holanda (AMF), do Reino Unido (FSA) e dos EUA (SEC). Apenas os aspectos comuns relativos ao funcionamento destes mercados são desenvolvidos pelo Colégio de Reguladores da Euronext que reúne as seis entidades e que se baseia num Memorando de Entendimento assinado por todos os seus membros. À luz deste acordo que estabelece deveres de consulta, cooperação e troca de informação sobre a supervisão dos mercados entre os seus signatários, foi ainda assumido o compromisso de adoptarem regras e práticas de supervisão cada vez mais convergentes.

O Colégio de Reguladores assegura também a supervisão de alguns aspectos operacionais dos mercados Euronext tais como o funcionamento dos sistemas comuns, o registo de transacções e a disseminação de informação sobre a negociação.

Mantiveram-se, porém, intocáveis as competências soberanas de cada autoridade na supervisão do Euronext nacional, nomeadamente, a supervisão dos membros negociadores, dos emitentes aí admitidos e das transacções sobre instrumentos financeiros por eles emitidos, independentemente do ponto de entrada das ordens, bem como a investigação de infracções cometidas relativas à negociações desses instrumentos.

A supervisão prudencial da entidade continuou também na órbita do supervisor local.

Questiona-se se neste diálogo inter-atlântico a Europa deve posicionar-se como um só mercado ou se, inclusivamente, já o é

Apesar de terem sido concluídas praticamente todas as reformas regulatórias previstas no Plano de Acção da União

Europeia para os Serviços Financeiros, aprovado em 1999 em Lisboa, e de ter sido alcançado um nível de harmonização considerável, é inquestionável que os mercados nacionais continuam a desempenhar um papel central no processo de captação das poupanças por parte das empresas. Talvez por isso, o modelo que tem sido adoptado nos processos de integração é marcadamente "federalista", possibilitando que os mercados nacionais mantenham uma autonomia substancial, nomeadamente ao nível da respectiva supervisão.

A própria DMIF, ao contrário do que chegou a pensar-se, não aponta para a integração institucional dos mercados, ainda que tenha criado o ambiente regulatório propício à criação de plataformas de negociação e de Bolsas multinacionais, designadamente pela eliminação da regra da concentração que impunha a execução prioritária das ordens nos mercados regulamentados.

As ordens passaram, assim, a poder ser executadas também em sistemas multilaterais, geridos nomeadamente por intermediários financeiros, ou por encontro com a carteira própria dos intermediários – a chamada internalização – desde que cumpridos determinados requisitos informativos e desde a que execução permita obter os melhores resultados para os investidores.

Aos 92 mercados regulamentados existentes na Europa, acrescem agora 113 sistemas multilaterais de negociação e 11 internalizadores sistemáticos. Prevê-se que no segundo semestre deste ano sejam lançados na Europa o "Smart Pool", gerido pela NYSE Euronext , o "Pan European Market", gerido pelo NASDAQ e pela OMX, o "Equiduct", gerido pela Boerse Berlin, o "Turquoise", gerido por diversos bancos de investimento, e o "BATS", o mais bem sucedido sistema de negociação norte-americano.

O volume de negociação nestes sistemas começa a assumir na Europa uma dimensão muito relevante. Veja-se o caso do sistema "Chi-X" que tendo iniciado a sua actividade no Verão passado, recebe já 10% das ordens dadas sobre acções que integram o índice britânico "Footsie 100" e 5% das ordens sobre *blue chips* francesas e alemãs. Nos Estados Unidos, onde estes sistemas já operam há mais tempo, cerca de 40% das ordens dadas sobre acções cotadas na NYSE são executadas por plataformas multilaterais de negociação.

A supervisão destas novas estruturas de negociação está balizada no princípio que atribui às autoridades de cada país a supervisão dos Intermediários Financeiros nacionais e das sucursais dos Intermediários Financeiros estrangeiros aí estabelecidas. Por conseguinte, a CMVM recebe diariamente informação dos intermediários financeiros estabelecidos em Portugal sobre todas as transacções realizadas em mercados regulamentados, sistemas de negociação multilateral e internalização sistemática, ou fora destas estruturas de negociação, sobre instrumentos financeiros admitidos à negociação em qualquer mercado regulamentado.

Para permitir uma rápida circulação de informação entre os supervisores, designadamente a relativa a transacções realizadas através de intermediários financeiros estrangeiros sobre acções cotadas nos mercados nacionais, o Comité Europeu de Reguladores (CESR) implementou um sistema informático de troca de reportes de transacções – o TREM (Trading Reports Exchange Mechanism). Através deste sistema, a CMVM, por exemplo, recebe reportes das transacções realizadas por intermediários financeiros estrangeiros e por sucursais de intermediários nacionais noutros países sobre instrumentos financeiros em que o mercado português é o mais líquido. Recebe também os reportes das transacções de intermediários nacionais efectuadas nos mercados estrangeiros. Em contrapartida, a CMVM envia para o sistema informação sobre as transacções realizadas pelas sucursais portuguesas de intermediários estrangeiros e sobre as transacções efectuadas pelos intermediários portugueses sobre instrumentos financeiros cotados noutros mercados.

Todas as autoridades de supervisão enviam e recebem o mesmo tipo de informação através deste sistema, o que lhes permite aceder aos dados relevantes relativos a todas as transacções sobre os instrumentos financeiros sujeitos à respectiva supervisão, incluindo a identificação dos investidores que dão as ordens.

Certamente, a competitividade e a inovação financeira (e jurídica) vão continuar a estimular o "ritmo" da regulação e o desenvolvimento de soluções que permitam que o sistema financeiro cumpra a sua função – apoiar o desenvolvimento económico e possibilitar, mediante a livre circulação de capitais, uma alocação eficaz dos recursos financeiros.

Todavia gostaria de salientar que apesar desta evolução ser desejável, a estabilidade regulatória nos mercados financeiros deve ser também um fim a prosseguir. Aqueles que operam nos mercados – entidades gestoras, intermediários, emitentes e investidores – devem poder planear a sua actividade com base num quadro regulatório estável. Cabe aos reguladores desenvolvê-lo.

Rise of Index and Hedge Fund Trading
and Regulation-Supervision of Futures
and Options Markets

*Colin Carter**

Thank you very much, Luís. Good afternoon and thank you for the invitation to attend this conference, I'm truly enjoying the week and I am happy to be here in Portugal.

Luís has put me in the centre of this distinguished panel, partly because I am going to talk about something completely different. I am going to talk about a different set of financial markets that what has been discussed so far. I would like to focus on what are called the "futures markets" and in particular I want to focus on commodity futures because they are particularly interesting right now. We are all reading the news headlines about the high price of oil and the high price of food and I want to try and tie these issues in with the theme for the conference which is globalisation and I think that is easy to make that connection. But I also want to address the

---

* University of California.

issue of regulation of the futures markets and explain what if anything regulation has to do with the price of oil and the price of food.

The previous speaker, Maria, mentioned the Commodity Futures Trading Commission in the United States, and so I'll pick up where she left off with regard to the role of that government institution and how it monitors or doesn't monitor the recent rise of index fund trading in commodity futures markets, both in Europe and the US in particular.

So I would like to explain why I feel that this regulatory issue is very important – the oversight of futures and options trading, and discuss some ways to go forward in terms of futures market regulation. So consider the price of oil, as many of you are well aware, in Europe and in this city in particular, gasoline is about eight or nine dollars a gallon and back home in California it's just over four dollars. Everyone in the U.S. is complaining about the high price of gasoline but it is twice the price here in Europe. So, we all know this story. Well it has a lot to do with commodity futures markets, and possibly the regulation of these markets.

If you go back to the year 2002, the price of oil started to move higher. And in 2002 and 2003 it increased about ten dollars a barrel per year, roughly. And I believe, that this price movement had a lot to do with the supply and demand fundamentals, such as strong economic growth in China and India. China was importing a tremendous amount of oil at the time. Simultaneously there was political instability in Nigeria and elsewhere, so the market was moving up about ten dollars per barrel a year and then all at a sudden, the market experienced a huge shock with prices going through the rood. We can see on the graph here, just from last September, the price of oil has doubled; in fact the price of oil has doubled just in the last six or seven months. What underlies this phenomenal price move? Was there a big shock supply or demand shock? Did the markets discover something they didn't know about China? Was there some big surprise annoucement? The answer is no, I mean, if anything, Brazil announced a huge new oil field! That's why I think this price move is particularly interesting.

What is underlying price behavior in these markets, how are they regulated and how do sharp price movements affect the US and the EU-these questions underlie one of the purposes of this conference. So, I don't think I have to spend too much time telling you that this economic shock is really important. I'm most familiar with the economic impact in the United States, the airline industry there is in big financial trouble given the doubling of the cost of fuel, their expenditures on fuel this year are expected to increase by 20 billion dollars. And the airlines are forecasting a loss this year of ten billion dollars, so the fuel costs are reeking havoc on the US airlines. And that's just one single industry. The price of crude oil is largely set in the futures market, it's a relatively new market, this was started in the late 1970s. As Maria said there's a futures exchange in London, the Intercontinental Commodity Exchange – it is an electronic market and they trade many different futures contract. You might be interested to know that this London exchange even trades an oil contract that's deliverable in the United States, they trade a contract called West Texas Crude, and they trade it in London, so, how does that work when it comes to regulation?

Well, as Maria said, the CFTC gave the ICE the go ahead. But turns out that CFTC doesn't have much regulatory authority over who is trading on the ICE and the size of their positions. There's the ICE crude oil market and there's also the crude oil market in New York called the NYMEX, New York

Mercantile Exchange, and that's the main market where crude oil was traded, and these two markets now dominate global futures trading in crude oil. I think NYMEX is still a little slightly larger than ICE, probably 30% of the world's crude futures are traded on ICE.

As I go through my talk I want to keep coming back to crude oil and I also want to talk about the price of food. But just to set the stage, this is a big economic shock that we are looking at, I'll talk about food in a second, and so let me go back to the title of the talk that Luís gave me. He wanted me to talk about index funds, hedge funds, their participation in the futures market and what that means for the US and EU economies.

Well, it turns out that when we ask what happened last year in the commodity markets, we're in the middle of a commodity boom, I'll show you a graph in a few minutes. It's not just crude oil, it's not only the price of wheat, it's the price of virtually every single commodity. For example, the price of rice has tripled in the past year, and there is no shortage of rice on world markets. Total rice supply and demand are in balance and there have been no significant supply or demand shocks. In fact the rice stocks-to-use ration was up this past year, and yet the price of rice has tripled. So what's going on? Well, it's a very difficult market to assess, is far too early to come to any definitive answer, so at the end of my talk I'm not going to have a clear answer for you, but I just want to point out the issues. Clearly, there has been a huge increase in capital investment or speculation, by index funds largely, and this partly includes money controlled by hedge funds that has flown into commodities. Commodities are now viewed as a new asset class; to some extent commodities have been discovered by the financial industry, for example, the second bullet on the slide shows that investment by index and hedge funds, was only 13 billion USD five years ago, and now it's 260 billion USD. They're the largest participant in many of the futures markets today. In several markets the index traders account for above 40% of the open positions and these funds mostly buy the contracts. In other words, they are mostly going long instead of going short initially.

And why is this money flowing into commodities? Well, there are a number of factors. Interest rates are low, the US dollar is falling, and so there is a lot of investment capital looking for a home. And why not invest in commodities? Initially commodity prices were not going up, so a lot of this money was moving into commodities and the industry has come up with several innovative way for pension funds, hedge funds, or small investors like you and I. Small investors can now more easily buy or sell commodities through what are called exchange traded funds, or ETFs. There are plenty of commodity ETFs now traded on the London Stock Exchange. Another alternative is to trade with over-the-counter instruments.

These products are therefore linked to individual commodity prices or an index of commodity prices. They are put together for individual or institutional investors and they are designed to mimic commodity prices or indexes. The Goldman Sachs and the Dow Jones commodity indexes are perfect benchmark examples of what I am referring to. These are relatively new investment instruments and they are tradable indexes. These two indexes each have about 25 commodities in them, from all commodity sectors – energy products, industrial metals, agricultural products, livestock products and precious metals. Crude oil is a big factor in each of these indexes, and crude oil has a relatively large weight of about 45% in the index, so it's huge. But the indexes also include copper, wheat, corn, hogs – all of the commodities that we're familiar with. The index managers try to duplicate the return as represented by the index components. But the firms that are putting together these instruments are not actually entering the futures markets themselves, instead they are typically buying an over-the-counter instrument, a swap from an investment bank. So the investment bank will basically sell them the index manager a swap, his link to these indexes, and then the investment bank will turn around and take a position in the futures market. This pass-through of risk in these markets is really critical because the regulatory agency, the Commodity Futures Trading Commission, classifies different groups of traders and it has position limits on traders in certain markets. The CFTC (or the exchange itself) first puts traders into two big groups, speculators and hedgers. Speculators are firms or individuals that are entering the market simply for a profit motive. If they think price is going up they buy, if they think it's going down they sell. Their one objective is to profit from the price move. But they are a very important part of the market, and futures markets would not exist if we did not have the speculators, because they are willing to take positions in these markets at many different price levels. The other side of the market is comprised of the hedgers. This group might include an airline company, or an oil exploration firm.

Airlines are committed to fly us around the world and fuel accounts for a large share of their cost. But they don't know whether the price of oil is going up or down next week or next month but they have to buy large amounts of jet fuel as they conduct their business. So airlines are considered hedgers because they have a risk in the actual physical market. Other examples of commodity hedgers include large multinational food manufacturers or grain merchants, who buy and sell grain on world markets.

Let me now turn back to the index traders. One problem with these new instruments they are offering is that they don't quite fit our conventional molds of hedgers and speculators. So when the swap dealers and investment banks came along and said, "Look, we realise that you have limits on speculator positions." So, for example in the crude oil market, you as an individual speculator are limited to the number of positions that you can hold. In the energy markets these position limits are established by the exchanges, with oversight from the CFTC. For instance, if as a speculator you have a large number of crude oil futures positions in different delivery months you are limited to something like twenty or twenty-five thousand contracts. Each contract is for delivery of a thousand barrels of crude oil, so that's as a speculator, the CFTC limits the position that you can take to 20 or 25 thousands barrels. Some of you might be familiar with two interesting characters from the state of Texas, Nelson Bunker and William Herbert Hunt who inherited several billion dollars and proceeded to lose a good share of it, as they liked to trade commodities. In the late 1970s, the Hunt Brothers tried to corner the futures market in silver and in soybeans by taking large speculator positions, and their sisters were involved, and their brother-in-laws, and so on. They were trying to get around the position limit rules, but their scheme did not work.

So this is what the CFTC and the futures exchanges are trying to prevent – another attempt to corner the market. The exact same reason there were limits on the total number of contracts that the Hunt brothers could hold. So the investment banks came along and said, "We don't fit this mold, we're actually selling this swaps to the hedge funds or the pension funds and we are just a middleman – in fact we are really hedgers, so we don't want to adhere to these position limits."

And the CFTC said, "OK, you don't have to comply with the position limits". And that's what is called the "Enron loophole" or the swap dealer loophole. In other words, the relaxation of position limits allowed these funds to take very large positions in the futures market.

This graph on the screen was obtained from Michael Masters who is a former hedge fund manager. The graph shows what's happened to the commodities stock index, over the left hand side, so that is the price pattern for the index of the twenty five commodities I mentioned. And that's the black squiggly line. So you see that the commodity prices were pretty stable during the early period shown on the graph and then they started to move up in 2000 and into 2001, and that was really prices in the energy sector that started moving up. And the bar, over on right hand side, shows the amount of money that was being invested into these index funds. As I said the dollar amount grew rapidly from 13 billion to 260 billion USD. So you see, that massive injection of capital came out of nowhere, the CFTC decided not to restrict the size of the positions.

We know that a tremendous amount of new money flowed into commodities many of these institutional traders were going long, they were always taking the buy side. So there's definitely a correlation here with the price move but we cannot jump to the conclusion that there is a causation. Many politicians jump on these facts and say, "A-ha, that's why the price of oil is high." But that has not been proven to any reasonable degree.

The correlation is striking however and when we get down trying to analyze the numbers, we soon find that the CFTC is not doing a great job of providing the necessary data to allow economists to properly measure any possible causation. We really don't have adequate data to answer this question.

I mean, if you ask me at the coffee break, "Is this a price bubble?" I don't know because we don't have adequate data, but the data we have allows us to get an understanding of what's going on. This chart shows the split between speculators and traditional hedgers back in 2000, over and left hand side, in crude oil, so this would be on the long side, on the buy side, so back in 2000, just over 1/3 of the positions were held by speculators. Today, it is two-thirds. So there's been a big change in the relative position of speculators, and there has been a big increase in the volume of trade. Furthermore, futures markets are a zero-some game. Every dollar is a vote, so if the large speculators commit and they want to buy contracts, well, the only way those contracts would be filled is if they bid the price up, so as the price goes up they fill the positions.

Another important development related to this boom in commodity prices is the potential signalling the beginning of an inflationary period. In a well functioning economy, usually commodity prices move first – ahead of other assets. Of course, inflation could lead to slower economic growth and that is another reason that commodity futures trading is important for the entire economy. Another reason why the commodity boom is important and I'm sure you've been reading about the rising price of food in the newspaper – the G8 say that the crisis in the food market is actually more important than the crisis in the financial markets, and that is especially true in developing countries. The IMF publishes an index of global food prices and this year they expect prices to be up by 43%. In the US we are looking at an increase in food prices of maybe 6 to 7%, it is not a huge price change. In countries like the US, people do not eat a staple diet, instead they eat food that is highly processed. This means that a box of breakfast cereal has only a few cents worth of wheat in it, so even if the price of wheat doubles it doesn't have a huge impact on the price of the box of cereal. But in developing countries, where people eat a staple diet, if the price of rice or other grains triples, people are going without.

The rapid rise in the price of food is causing political instability, we saw it in Haiti, and somebody mentioned problems in Argentina, where there is considerable controversy between the farmers and the President, Cristina Fernandez. About four or five weeks ago I flew down to Argentina, we left Dallas and one of our pilots said, "I want to warn you, once we are approaching Buenos Aires we'll see a big black cloud, there's a big fire down there but don't worry, we have a European airplane, an Airbus, and it can land safely in that smoke, I can land it." And as we approached, we could smell the smoke and then we saw a huge fire. The farmers put a match to about 20 thousand acres of grassland near Buenos Aires because they're annoyed at the government and its higher export taxes on food, so it's creating political problems there.

The commodity boom also opens up environmental issues. Now the politicians are talking about opening up more off--shore drilling off the U.S. coast. Some people are pushing corn based ethanol or canola based biodiesel as alternatives to fossil fuels. But a recent article in *Science* said, "corn based ethanol is an environmental disaster". So we're worried about the high price of oil in the U.S., and that automatically means that we are worried about importing oil. This follows because we import the majority of our oil consumption in the U.S., 60% at least. And we are subsidising corn-based ethanol as a result, which is a huge mistake. It turns out that producing a gallon of corn based ethanol results in about twice the release of CO_2 as producing a gallon of gasoline from fossil fuel, so U.S. ethanol policy is an environmental disaster.

Others are concerned about plowing up new farmland in Brazil due to the higher commodity prices and further contributing to the greenhouse gas problem. So there are some environmental costs associated with what's going on in these commodity markets and not to mention a huge transfer of wealth that is taking place. With the price of oil doubling in one year this creates tremendous anxiety. In the U.S. we have a neighbour by the name of Hugo to the south who's a little unstable and his political machine is getting very rich on the price of oil, and the U.S. military cannot ignore the potential for resulting instability in Central and Latin America.

So, what does all this discussion have to do with market regulation? Well, right now the U.S. Commodities Futures Trading Commission is under a lot of heat because they are being partially blamed for this problem of rapidly rising commodity prices and the associated spillovers. But we have opposing views. Mr Masters, as I mentioned earlier, a former hedge fund manager, this week testified in congress and said, "Look, we can cut the price of oil in half, if we start regulating those index funds, they're out of control". He calls it not a price bubble, but instead a tumour. He says that stronger regulation of the index funds would take 60 to 70 US dollars out of the price of oil in four or five months time. At the same Congressional hearing the Chairman of the ICE exchange in London, Sir Bob Reid, said, "No, that's not true, the price of oil is high because of supply and demand fundamentals and that's got nothing to do with the index funds, so regulators should leave the markets alone".

Now the CFTC is responsible for enforcing the Commodity Exchange Act, and the goals of the CFTC are to protect against price manipulation, and abusive trading practices – in other words to ensure the futures and options markets are competitive. Maria mentioned a few things about the CFTC. It is an agency that is separated from the SEC in the United States. Some politicians talk about merging the two agencies, but that will probably not happen. If you read the Commodity Exchange Act, it says futures markets are an important economic institution. That claim is hard to argue with. For goodness sakes, we look at the New York market or ICE and we can see quotations for the price of crude oil ten to fifteen years in the future, and that is a very important piece of economic information. But the markets must be competitive, that's what the Act says, and hence, they have position limits in some markets, but as I said because of the Enron loophole, the position limits do not apply to the index funds.

Another interesting issue with regard to the CFTC is, as Maria alluded to, recently we have witnessed a more fluid movement of contract volumes from exchange to exchange and country to country with the growing popularity of electronic trading. We have some new exchanges that are emerging, but you also have the rise of existing markets like the ICE market in London, and the US CFTC has no jurisdiction over trading in those contracts out of London. And this is particularly interesting because, you know, I could sit at my desk in the United States and trade on the ICE market and I don't have to comply with the CFTC rules, because that market is a UK entity, even though I might be trading a contract that's deliverable in the U.S., such as western crude. So, I leave that to the lawyers to figure out, but I raise this issue because it is potentially a problem. As I mentioned, under the Commodity Exchange Act, futures and options markets are embraced by the regulators as long as they are competitive markets and so we have something called the London loophole, whereas the CFTC normally doesn't collect the information on who is trading what but there's no jurisdiction. Now, they've been pushed by the U.S. Congress just in the last month in fact. The CFTC responded and by September of this year ICE has agreed to give the CFTC some additional information, but only because they've been pushed in that direction. And is it also possible that the ICE market will go very slow in terms of cooperation. So that's the regulatory side of my comments.

I want to come back to the food issue very briefly, and I just want to remind you this is not just about oil, it's not just about corn. No, we are in the midst of a general commodity boom, we haven't seen anything like this since 1973, following the Arab oil embargo and the Russian Great Grain Robbery. This graph shows what's happening to the price in the different markets. The line that I have labelled as energy, the blue one, started to increase back in 2002, that was the first market to move upwards. And then the metals are labelled in pink, and we see that metals moved up about the same time. This group includes precious metals like platinum, gold, and silver; and industrial metals like copper, lead, aluminium, and so on. So the major commodity price move started in the energy sector, then it spread to the metals and then to the soft commodity sector, which is the black line in the middle of the graph, that's coffee, sugar, cocoa and so on. You will notice that livestock prices (including hogs and cattle) have been pretty flat because they have been adversely affected by the increasing grain prices. Finally at the bottom of the graph we have the grains we could see that no significant price movement happened in those markets until a couple of years ago. The price of rice, corn and wheat was relatively stable. About two years ago the price of corn started to move up. Two years ago corn was two US dollars a bushel, now it's over seven USD per bushel. As I said, rice prices have tripled in price, so that's what's going on in the grains complex. The controversy over the role of index funds is not isolated to crude oil; they're trading most of these agricultural markets as well. So the pressure that CFTC feels is not just over the price of oil, it's also the price of food, which has a huge global implication because when you think about it, most of these commodity prices are essentially set in the United States. We have exchanges in Europe and Asia, but the US dominates in terms of volume, everybody looks to the Chicago and New York markets for these major commodities. That's where the global prices are set, and if the U.S. has a regulatory problem, well then it's everybody's problem. Here's a graph of the price of corn. You'll notice something, the price as I said is over seven dollars a bushel and last September it was three dollars, so it's more than doubled. So, something has happened, since September, and what could that be? Well, one thing we know is that interest rates are falling, very sharply, so there's...apart from controversial role of the index funds, there's two schools of thought on the fundamental side as to what is driving up the price of corn and other food items. Let's set the index fund issue aside for now.

There's one school of thought that says, well it's supply and demand fundamentals, microeconomics, it's strong import demand from China and India, and it's supply disruptions due to say Argentina's export tax. The reason of price of rice went up is that the second and third largest rice exporters put on export controls. It is true that Vietnam and India implemented export controls on rice after the world price of rice doubled and then, guess what, the price increased even more. And we had weather problems in Australia and we have then the U.S. ethanol subsidies.

Some economists who subscribe to this school of thought say, "You know, this is all about fundamentals, we're in the new era, commodities are a new asset class and we are going to have high commodity prices for some time. High prices are here to stay and it has to do with growing global demand and reduced supply." My reaction is that this argument may be true for certain markets but it doesn't explain the fact that prices in all commodity markets are up. The price of corn might be up because of U.S. ethanol subsidies, the price of wheat might be up because of the drought in Australia, but why is the price of rice up? We haven't had a supply short fall, supply and demand is not imbalanced, in fact it's actually improved somewhat. So why has the rice price tripled? So, that "fundamentals" explanation doesn't allow us to understand why all these prices have risen.

So maybe it comes down to a macro explanation, the alternative school of thought. Some economists say, "Well, there must be some common element here because we don't have a shortage in every single commodity market." So, the Wall Street Journal has gone out on a limb and said that the price boom is not due to rising global demand, it's not due to simple fundamentals; rather it is because of the US weak dollar policy and the low interest rates. They're saying interest rates are low, the dollar is falling, investors are moving into commodities, we're going to see all commodities boom, and that's going to result in a long bout of inflation. So that's an interesting debate between these two schools of thought and on top of that we have the growing role of the index funds, so it is no wonder that the CFTC is under political pressure.

Earlier I showed you the data on speculator positions in crude oil. This graph is the story with speculative positions in wheat, and actually we have better information on wheat. I find it strange that the CFTC started telling the public the size of the positions held by the index funds in agricultural commodities. Yet at the same time they don't provide this information for crude oil or any other commodities, but they release the information for agricultural commodities. So this graph shows the wheat information since the CFTC started reporting it, and again this is just a long side of the market, so it's one-half of the market. And the group represented by the line at the bottom, the blue line, is called commercial lons. And commercial means a hedger, so that would be a firm or individual in the wheat market that's going long futures for commercial reasons. They could be a flour miller, for example, or a breakfast cereal manufacturer. They're like the airlines. They're worried about a rise in raw commodity prices, so they go long. This group holds about 10% of the positions.

The next group, the red line, is called "non-commercial" long. Those are large speculators. The CFTC requires that speculators who hold certain number of positions must report their positions. So if you exceed, I believe in wheat futures it is 250 contracts, you declare to the CFTC whether you are commercial or non-commercial. In wheat, if you claim to be a hedger, unlike Enron, you can't simply wave your hands, you must demonstrate that you have an off-setting cash position to confirm that you are true hedger. So, commercial longs will be traditional hedgers, the second group, "non-commercials" will be large speculators, and then the big players are the index traders. And they hold over 40% of the wheat positions and if we toad in the non commercial longs, in wheat, right now, about 55% of the long positions are held by large speculators, index funds or other forms of speculators. So in all these markets we see very similar patterns. So what is the regulatory agency saying about this issue? They said, "Look, we can't find any evidence of manipulation, we don't think we have to do anything, because these prices are going up due to supply and demand." There are several economists and industry folks questioning that position. They are saying why not close these loopholes? That's a good place to start. There are other suggestions out there, such as limiting the size of positions that institutional investors can hold. There is up to 265 billion USD invested by just the index funds alone. That's a very large share of the market.

OK, so let me just conclude by trying to tie all this together. Commodity prices have surged, and this is a price move that only comes along once every 30 or 40 years. You know, the price of oil has doubled, globally we use 85 million barrels a day. Mr. Masters says we would see the price of oil fall by 60 USD if the index funds were better regulated. Suppose his analysis is too extreme and consider a 10 USD impact instead of 60 USD. Suppose the index traders are responsible for ten dollars. Well, that's 850 million dollars a day. If we multiply that out for a year it's a very big number. The first day of the conference someone was talking about a class action lawsuit that was in the U.S. and in Europe, and they said it was worth a couple of hundred million USD. You know that's about one-fourth of a day's added costs of oil, due to a potential price manipulation of $10 per barrel. If you agree with Mr. Masters, the damage numbers are huge, and for food it's even potentially larger than oil. The price of rice has tripled. If that has something to do with problems in regulation then the economic cost of that is huge. So that's why I think about these issues from a political-economic standpoint. Regulation of these markets is an extremely important issue because the potential cost of manipulation is very very large. But, unfortunately I don't have the answers. I know that interest rates have something to do with the higher prices, the dollar has something to do with it, and there are clearly some fundamental supply and demand issues. But I will say that if the index funds have hijacked these markets then we have a very important international regulatory issue, and I know there are some great legal minds in this room, and I hope you can sort it out. Thank you.

GLOBALIZAÇÃO: DETENÇÃO DE VALORES MOBILIÁRIOS POR
CONTA ALHEIA E VALORES MOBILIÁRIOS REFLEXOS;
EM PARTICULAR, O PROJECTO DE CONVENÇÃO
DA UNIDROIT SOBRE *INTERMEDIATED SECURITIES*

Miguel Galvão Teles[*]

INTRODUÇÃO

1. O conjunto das sessões – numa das quais, a de hoje, intervenho – tem por título **"Portugal/União Europeia e os EUA. Novas perspectivas económicas num contexto de globalização"**.
A globalização aparece assim apenas como *contexto*. Constitui um fenómeno histórico-social, traduzido no aumento fortíssimo da velocidade de movimentação de pessoas e de coisas e em comunicação à distância praticamente imediata, acompanhada por uma língua franca. A este fenómeno vêm associadas a tendência para a supressão de barreiras espaciais à actividade económica e uma política que propugna a eliminação, não ponderada, de barreiras desse tipo ou de algumas delas. Não preciso

---

[*] Advogado.

de tomar aqui posição sobre uma tal política, que tem sido cega e de que não sou entusiasta.

Da globalização como contexto interessa apenas aquilo que se traduz na *liberdade de circulação de capitais*. Basta, para os fins da presente exposição, que a liberdade de circulação de capitais seja um dado em espaço relativamente vasto.

I. O Processo da Chamada "Detenção Indirecta" e de Desmaterialização de Valores Mobiliários

2. Tradicionalmente, os valores mobiliários eram titulados e a sua transmissão fazia-se ou por entrega dos títulos ou por averbamento nos mesmos da titularidade, acompanhada de registo nos livros do emitente. Com a multiplicação das transmissões e a intervenção de intermediários financeiros, os títulos (ao portador) passaram, em larga medida, a ser depositados em conta. De toda a maneira, a movimentação de papel, entre contas ou de um intermediário para outro, tornou-se muito pesada.

Para a evitar, os intermediários começaram a "representar" posições dos clientes por modo simplesmente escritural nas contas destes junto de si. Eram os intermediários financeiros que, sendo os valores ao portador, ficavam a deter os títulos, ou era em seu nome que os valores ficavam registados, se fossem nominativos. As movimentações passaram a ser, em larga quantidade, escriturais, efectuando-se a circulação de papel somente entre intermediários e fazendo-se compensação.

Isto teve reflexo também nos custos: evitava-se, em muitos casos, o pagamento de taxas de bolsa, com possibilidade, aliás, de aumento dos *fees* dos intermediários financeiros.

O passo seguinte consistiu na criação de títulos globais (*global certificates*) duradouros, emitidos logo na origem. Um intermediário financeiro subscreve a totalidade dos valores e, mantendo-se formalmente como o titular destes, coloca "posições" noutros intermediários, com vista a serem atribuídas a clientes finais.

3. Por uma via ou outra, formaram-se *cadeias* de detenção de valores mobiliários, com sucessivos intermediários financeiros, até investidores últimos. Essas cadeias envolviam que, a seguir pelo menos aos *valores directos* ou *básicos* (posições directamente perante o emitente), as situações jurídicas ficassem apenas escrituralmente representadas.

Algumas ordens jurídicas (França, Brasil, Espanha, Portugal ...) permitiram a própria desmaterialização dos valores mobiliários directos ou básicos.

Há assim dois tipos de situações de desmaterialização: desmaterialização apenas a partir do segundo nível da cadeia (começando de cima) e desmaterialização no próprio primeiro nível. A desmaterialização a partir do segundo nível é praticamente necessária, ao passo que, no primeiro nível, depende de uma opção legislativa.

4. Num caso e noutro, pode, conforme se referiu, gerar-se um sistema de "detenção" em cadeia de valores mobiliários, no qual sobre o mesmo objecto último (ainda que não individualizável, se houver fungibilidade no sentido de indistinção) se estabelecem titularidades sucessivas: o banco A detém o "valor" básico, o banco B é titular de direito perante o banco A, o banco C perante o banco B (...), o investidor final perante o banco C. Assim se pode dizer que todos eles, excepção feita ao banco A, são titulares "indirectos" do valor mobiliário e que a detenção é *indirecta*.

No fundo, trata-se, salvo quanto ao investidor final, de titularidade em *nome próprio por conta alheia*. Os termos dessa titularidade apresentam configurações diferentes em regimes que admitam *trust* e naqueles que não o adoptem, nos quais, salvo disposição especial, o direito do titular "indirecto" será tratado como um simples direito de crédito.

Para se compreender conceptualmente o mecanismo dito de *"detenção indirecta"*, é preciso ter consciência de que, relativamente a cada valor mobiliário básico, há, consoante se disse, uma pluralidade de direitos – direito do intermediário titular dos valores básicos, direito do intermediário subsequente perante este, e assim sucessivamente até ao investidor final. Por via de *cadeia*, os resultados, designadamente económicos, de exercício dos direitos devem chegar ao investidor último e este há-de poder dar instruções quanto ao exercício daqueles.

Ao fenómeno correspondente a esses sucessivos direitos chamei *reflexão*, pois cada um dos direitos na cadeia reflecte o direito precedente (mais elevado) e é reflectido pelo direito subsequente (menos elevado). O direito básico é apenas *reflectido*, o do investidor final apenas *reflexo*. Porque os direitos da cadeia podem ser, eles próprios, valores mobiliários, temos a possibilidade de valores mobiliários reflexos[1].

Ponto fundamental é que, em cada linha de *cadeia*, os direitos ou valores (situados "acima" e "abaixo") **não se somam**.

A locução "detenção indirecta", que durante muito tempo foi usada, apresenta alguma incorrecção, porque cada pessoa é, na cadeia, titular de um direito – e titular directo. Mas a locução é expressiva enquanto traduz a relação entre os vários direitos encadeados.

---

[1] Miguel Galvão Teles, *"Unidroit Preliminary Draft Convention on Substantive Rules regarding Securities held with an Intermediary"*, Direito dos Valores Mobiliários, IVM, vol. VI, 2006, pp. 427 ss.

II. Legitimidade e Inevitabilidade da "Detenção" Indirecta, Riscos que Envolve e Exemplos de Regulamentação

5. A "detenção indirecta" é legitimada pela autonomia privada. E mostra-se indispensável para que negócios sobre valores mobiliários a longa distância sejam viáveis.
Se um residente nos E.U.A. quiser adquirir ou alienar valores mobiliários na Europa ou se um europeu o quiser fazer nos E.U.A., para não usar "detenção indirecta" teria de passar procuração a um banco local (ou intermediário de outra natureza) que compraria os valores e os depositaria na conta do interessado, que abriria. Se a pessoa quisesse actuar em várias jurisdições ou em várias bolsas teria de emitir variadas procurações ou de autorizar substabelecimentos. Um sistema de procurações e substabelecimentos seria burocraticamente pesadíssimo e envolveria riscos muito elevados – que normalmente os investidores não quereriam correr.

6. Sendo, assim, o sistema da titularidade indirecta praticamente inevitável num quadro financeiro com movimentação transfronteiriça de capitais, não deixa de apresentar graves riscos, a que é necessário procurar obviar por via normativa.
O primeiro dos riscos, pelo menos num sistema que não adopte o *trust* nem medidas legislativas específicas, é o de insolvência do intermediário financeiro. Se o direito dos "detentores indirectos" for um mero direito de crédito, os titulares indirectos concorrem à insolvência como simples credores. O efeito multiplica-se se o intermediário em causa possuir uma posição elevada na cadeia.
O segundo risco é o da "multiplicação dos pães". Intermediários pouco escrupulosos podem criar direitos em número superior ao dos direitos reflectidos de que são titulares, não

como situação ocasional e imediatamente ajustada, mas por forma duradoura. Se o fizerem, estarão economicamente a criar direitos *ex novo*. Têm o benefício de receberem o preço da respectiva aquisição e podem eles próprios ir financiando o pagamento dos dividendos ou dos juros que correspondam aos valores em causa. No que toca a instruções de voto, a experiência mostra que quanto a grande parte dos valores não são dadas: bastará ao intermediário indicar com redução o número de votos sem instrução recebida e ninguém saberá. Os pedidos de conversão de valores também, em condições normais, nunca seriam muito numerosos. O problema está em que, numa crise, haverá falha no pagamento de dividendos ou de outras distribuições e não se poderá corresponder a pedidos maciços de conversão...

Último risco de sistema de detenção indirecta é o de permitir manter oculta a identidade dos investidores finais.

7. O primeiro perigo a ser enfrentado foi o risco sistemático associado à insolvência de intermediário financeiro. A reacção veio do art. 8 (sobre *Investment Securities*) do *Uniform Commercial Code* dos E.U.A., em particular com a Parte V, respeitante a *"Security Entitlements"*. Especificamente o parágrafo 8-503, (a), afirma que, "*[t]o the extent necessary for a securities intermediary to satisfy all security entitlements with respect to a particular financial asset, all interests in that financial asset held by the securities intermediary are held by the securities intermediary for the entitlement holders, are not property of the securities intermediary, and are not subject to claims of creditors of the securities intermediary...*".

8. Dado o alcance transfronteiriço, a matéria da *"detenção indirecta"* justifica a procura de soluções uniformes. A primeira tentativa situou-se no plano das normas de conflitos e encontra-se

expressa na *"Convenção de Haia sobre a lei aplicável a certos direitos respeitantes a valores mobiliários detidos junto de intermediário"* (*Hague Convention on the law applicable to certain rights in respect of securities held with an intermediary*), com redacção terminada em 2002.

O texto contém um primeiro desvio, ao passar da noção de *"entitlement to securities"*, próprio dos sistema jurídico dos E.U.A. – que respeita manifestamente a direitos não directamente perante o emitente – para a noção de *"securities held with an intermediary"*, onde, pelo menos à letra, se abrangem os próprios valores mobiliários escriturais directamente perante o emitente, ainda que, em termos não muito claros, a Convenção diga que não abrange *"the rights and duties of an issuer of securities (...) wether in relation to the holder of securities or any other person"* (art. 2, n.º 2, al. c)).

O ponto crítico, na Convenção de Haia, reside em ter tomado como referência para a determinação do direito material aplicável a *"conta de valores"* (*securities account*) – ainda por cima com a Convenção a excluir do seu âmbito direitos puramente pessoais (art. 2, n.º 3, a)). Muito resumidamente, a lei aplicável é a lei escolhida no acordo de conta (*account agreement*) ou, na falta de escolha, a lei do intermediário financeiro que esteja em causa (*PRIMA, Place of the Relevant Intermediary Approach*). Isto conduziria à fragmentação excessiva dos regimes jurídicos na cadeia de valores e talvez seja essa a razão por que, tendo a Convenção sido elaborada e aprovada em curtíssimo tempo (2000 a 2002), ainda não tenha sido ratificada por nenhum Estado e só tenha sido assinada por dois: a Suíça e os E.U.A., ambos em 5 de Julho de 2006[2].

---

[2] Na data em que se procede à revisão do texto para publicação (princípios de Novembro de 2009), a Suíça ratificou (14.09.2009) e as Maurícias assinaram e ratificaram (15.10.2008).

9. O passo seguinte na tentativa de uniformização consistiu na abertura, no âmbito da UNIDROIT, de um processo de elaboração de uma Convenção sobre direito material. Os trabalhos começaram em 2002 e em Abril de 2004 foi tornada pública uma *"Preliminary draft Convention on substantive rules regarding securities held with an intermediary"*. Pouco depois da publicação, apresentei uma exposição ao Instituto de Valores Mobiliários sobre "Titularidade de valores mobiliários por conta de terceiros e valores mobiliários reflexos", onde tive a oportunidade de fazer referência ao projecto. E, em Setembro de 2004, a Sociedade de Advogados de que sou sócio (Morais Leitão, Galvão Teles, Soares da Silva & Associados) enviou, à UNIDROIT, um comentário, que se encontra publicado no sítio desta[3]. Publiquei-o também, com alguns ajustamentos e um *postscriptum*, na colectânea *Direito dos Valores Mobiliários*[4]. Nesse estudo insisti principalmente em três pontos: a necessidade de ter presente que se está perante titularidade em nome próprio mas por conta de terceiros e, possivelmente, em cadeia; a necessidade de excluir do âmbito da Convenção os valores mobiliários escriturais *directos* ou *básicos*, isto é, os valores que estabelecem relação imediata com o emitente; e a necessidade de impor aos intermediários financeiros o exercício dos próprios direitos, em benefício daqueles por conta dos quais deles são titulares – imposição que, surpreendentemente, não constava do projecto.

---

[3] http://www.unidroit.org/ Caminho: Work in Progress, Transactions on transnational and connected capital markets, UNIDROIT Convention on Substantive Rules for Intermediated Securities, Archive of documents, UNIDROIT 2004, Study LXXVIII, Doc. 16, 5.

[4] Est. cit. na nota 1.

10. Entretanto, o texto do projecto foi evoluindo e, no momento em que faço a presente intervenção, temos a *"Draft Convention on Substantive Rules Regarding Intermediated Securities"*, de Fevereiro de 2008, preparada pela Comissão de Peritos Governamentais para ser presente à Conferência Diplomática[5].

É sobre este projecto que cabe aqui tecer algumas considerações.

III. O Projecto de 2008 de Convenção da Unidroit

11. Antes de mais, importa sublinhar a importância de um regime uniforme em matéria de "titularidade indirecta" de valores mobiliários, tendo em conta, para mais, o aparente fracasso da Convenção de Haia. Ponto é que as soluções substantivas sejam adequadas e satisfatórias.

12. O regime previsto apresenta as linhas gerais seguintes:
– transmissão dos direitos por crédito em conta, com protecção dos terceiros de boa fé (arts. 9 a 16);
– exclusão dos valores mobiliários ou dos direitos respeitantes a valores mobiliários de que o intermediário seja titular por conta de clientes do alcance dos credores do intermediário financeiro, especialmente em processo de insolvência (arts. 17 e 18);
– Obrigação do intermediário financeiro de deter valores ou direito a valores suficientes, com afectação *pro rata* em caso de insuficiência (arts. 21 e 22).

---

[5] http://www.unidroit.org/ Caminho idêntico ao indicado na nota (4), até Archive of documents. Depois, Conference documents, UNIDROIT 2008 – Conf. 11 – Doc. 3.

13. O projecto de Convenção tem indiscutíveis pontos positivos.

Um consiste na circunstância de, finalmente, e não sem dificuldade (a disposição só aparece em 2006), o projecto estabelecer deveres genéricos dos intermediários financeiros para com os titulares das contas (o que chamei *dever do intermediário de exercer os seus direitos em benefício dos titulares das contas*). Tal dever encontra-se consignado no art. 8, n.º 1:

> "*An intermediary must take appropriate measures to enable its account holders to receive and exercise the rights specified in Article 7 (1), but this obligation does not require the relevant intermediary to take any action that is not within its power or to establish a securities account with another intermediary*".

Segundo ponto positivo está em se resolver a questão da possibilidade de o intermediário financeiro cindir o voto (art. 26, 2, do Projecto e, p. ex., art. 385.º do CSC português) – e resolvê-la com as cautelas devidas.

Tive, noutro local, a oportunidade de chamar a atenção para a proximidade entre a figura da chamada titularidade ou detenção indirecta de valores mobiliários e os *American Depositary Receipts*, muito utilizados, em certo momento, por sociedades portuguesas, incluindo em reprivatizações. Um dos problemas que precisamente se punha era o da cisão de voto. Em certo momento – era o meu querido e saudoso amigo António Sousa Franco Ministro das Finanças, o actual Ministro das Finanças, Prof. Fernando Teixeira dos Santos, Secretário de Estado do Tesouro e das Finanças, e um dos organizadores do colóquio de hoje, o Prof. Luís Morais, seu chefe de gabinete – foi-me pedido que preparasse um diploma sobre ADR. Na relação com a ordem jurídica portuguesa. As coisas acabaram por não ter continuidade porque a equipa ministerial mudou. Mas a grande dificuldade que senti foi a de que os regimes prudenciais de nominatividade de acções e regimes, prudenciais ou não, quanto a participações qualificadas requeriam a possibilidade de condicionamento do exercício de voto ao conhecimento da identidade dos titulares últimos. O *"mercado"* não simpatizou com a ideia.

O n.º 2 do art. 26 do Projecto de 2008 veio precisamente dizer: *"(...) the law of a Contracting State shall recognise the holding of such securities by a person acting in its own name on behalf of another person or other persons and shall permit such a person to exercise voting or other rights in different ways in respect of different parts of a holding of securities of the same description; but this Convention does not determine the conditions under which such a person is authorized to exercise such rights"*.

14. Há, todavia, dois **pecados** *capitais* no projecto:

O primeiro está em parecer que os valores mobiliários directos, isto é, **os valores mobiliários perante o emitente**, quando escriturais, **se encontram abrangidos pela Convenção.**

Os valores mobiliários escriturais (directos ou básicos) cabem na definição convencional de *"intermediated securities"*: são *"securities credited to a securities account or rights or interests in securities resulting from the credit to a securities account"*. A primeira parte da definição parece mesmo destinada aos valores escriturais directos. E a *Explanatory Note* do Secretariado de Novembro de 2004 era já clara no sentido de que a definição excluía apenas o que fosse titulado[6]. O *Explanatory Report* do Secretariado de Fevereiro

---

[6] http://www.unidroit.org/ Mesmo caminho mencionado nas notas 4 e 5 até Archive of documents. Depois, UNIDROIT 2004, Doc. 19.

de 2008 indica no mesmo modo: *"As soon as securities are actually credited to a securities account, they are "intermediated securities". In other words, rights or interests in securities arise when securities are entered into the intermediated system. The definition excludes physically held certificates and rights registered directly with the issuer, nor does it cover securities which are withdrawn from the intermediated system"*[7].

Há dois núcleos problemáticos: um é o da representação escritural; outro o da estrutura em cadeia, a partir do segundo nível inclusive. Misturar os dois núcleos problemáticos é introduzir a confusão. E pergunto-me se as ordens jurídicas que têm valores escriturais básicos estão dispostos a abdicar dos seus regimes quando as ordens jurídicas apenas com valores titulados ou registados no emitente não o fazem.

A situação, porém, não é linear. O n.º 3 do art. 26, na versão de 2008, afirma que *"[t]his convention does not determine whom an issuer is required to recognise as the holder of securities"*. Para reconhecer o titular é preciso tomar um regime de emissão e um regime de transmissão de valores. A Convenção não rege manifestamente a emissão. Pretende reger a transmissão. Mas não pode a lei não convencional dizer que o emitente só reconhece como titular de valores mobiliários aquele que os tenha adquirido por certo modo, condicionada por registo relevante perante o emitente?

É uma dúvida cuja subsistência se mostraria intolerável.

15. Outro pecado capital do projecto de Convenção traduz-se em **não prever a intervenção de critérios regulatórios**.

Não se podem tutelar a posição de todos e quaisquer intermediários financeiros ou de posições coonestadas por todos e quaisquer intermediários financeiros.

---

[7] *Ibidem*. Caminho: Logo após UNIDROIT Convention on Substantive Rules for Intermediated Securities.

16. Ainda negativa é a ausência de rigor conceptual. Na Convenção não está suficiente presente a noção de *cadeia* de direitos que frequentemente se encontrará envolvida. Por exemplo, e considerando em particular o art. 7, direito a receber dividendos – os mesmos dividendos – têm todos os que se encontram em cadeia. Mas, porque se trata de direitos por conta alheia, cada um o exerce sucessivamente, com destino ao investidor final.

As ideias de actuação em nome próprio por conta alheia e de encadeamento sucessivo de direitos, com obrigações associadas, deviam estar omnipresentes na Convenção e mal se manifestam.

Os conceitos não geram soluções jurídicas. Mas deficientes ou insuficientes instrumentos conceituais propiciam a confusão. A prática interpretativa poderá resolver alguns problemas. Mas bom teria sido que o texto convencional ajudasse.

POSTSCRIPTUM

Depois da minha intervenção, realizou-se a Conferência Diplomática, em duas sessões, uma de 1 a 12 de Setembro de 2008, outra de 5 a 9 de Outubro de 2009. O texto da Convenção está pronto, aguardando somente a verificação da conformidade recíproca das versões francesa e inglesa; e é público o Projecto de Comentário Oficial à Convenção. A designação é agora, em inglês, *UNIDROIT Convention on Substantive Rules for Intermediated Securities*. Há alguns desenvolvimentos importantes, mas, em meu juízo, insuficientes.

A matéria dos deveres dos intermediários financeiros foi significativamente desenvolvida (art. 10).

Por outra parte, prevê-se agora expressamente, no art. 5:

> "*A Contracting State may declare that this Convention shall apply only to securities accounts maintained by:*
>
> *a) intermediaries falling within such categories as may be described in the declaration, which are subject to authorization, regulation, supervision or oversight by a government or public authority in relation to the activity of maintaining securities account; or*
>
> *b) a central bank".*

É preciso, contudo, conjugar a disposição com a do art. 3, segundo o qual:

> "*If the law of the forum State is not the applicable law, the forum State shall apply the Convention and the declarations, if any, made by the Contracting State the law of which applies, and without regard to the declarations, if any, made by the forum State".*

A norma do art. 5 não vale, assim, como norma de aplicação imediata – o foro terá de reconhecer as declarações do Estado da lei aplicável e que desconhecer as outras. Isto reforçará uma tendência, que me parecia já inevitável, para a opção, em matéria de normas de conflitos, pela lei aplicável aos valores mobiliários directos ou de base, afastando as soluções da Convenção de Haia.

Resta o tema de a Convenção abranger ou não os valores directos. O texto foi um pouco reformulado, passando agora art. 8, sob a epígrafe *"Relationship with issuers",* a dizer:

> "*1. Subject to Article 29(2), this Convention does not affect any right of the account holder against the issuer of the securities.*

2. This Convention does not determine whom the issuer is required to recognize as the shareholder, bondholder or other person entitled to receive and exercise the rights attached to the securities or to recognize for any other purpose".

O Projecto de *Comentário Oficial* menciona que o propósito essencial terá sido o de excluir do âmbito da Convenção as matérias normalmente designadas como de *corporate law*. O n.º 1 do art. 9 – direitos relativamente ao emitente – contém, de facto, matéria que, por tradição, é de direito societário. Mas, pelo menos em sistemas jurídicos desenvolvidos, a identificação de titulares dos direitos perante o emitente é, em larga medida pelo menos, matéria de direito dos valores mobiliários, sendo este que disciplina a emissão e a transmissão dos valores.

A dúvida persiste, assim.

Já não haverá oportunidade de a remover. Era, em todo o caso, importante que a versão final do *Comentário Oficial* fosse mais esclarecedora. De qualquer forma, estará Portugal disposto a substituir ou a correr o risco de ver substituído grande parte do regime dos valores mobiliários escriturais pela Convenção?

Por mim, não aconselharia pelo menos uma assinatura e uma vinculação precipitadas[8]. Veremos se a Convenção tem melhor destino do que a de Haia.

---

[8] Neste momento, a Convenção foi assinada pelo Bangladesh. Não há ratificações.

A Challenge for Corporate Governance
and Securities Regulation Posed
by the Derivative Market and Hedge Funds

William T. Allen[*]

The systems of corporate finance and corporate governance in the countries of the European Union and in North America, while broadly serving the same purposes, have had important differences. These differences derive in important part from different historical approaches to the allocation of savings to commercial investment. In the past, the U.S. and other common law countries relied to a greater extent than have European economies upon public securities markets to allocate capital. These differences have narrowed in recent decades, as E.U. nations have developed larger and deeper stock markets. Thus,

---

[*] William T. Allen is the Jack Nusbaum Professor of Law & Business at New York University School of Law & NYU Stern School of Business. He serves also as Director of the NYU Pollack Center for Law & Business. From 1985 to 1997 he served as Chancellor of the Court of Chancery of the State of Delaware. Allen also serves of counsel at the New York City law firm Wachtell, Lipton, Rosen & Katz. Allen may be reached at WTAllen@wlrk.com.

the problems of securities regulation and corporate governance that arise in a system of corporate finance in which securities markets play a central role are growing more common on both sides of the North Atlantic.

This essay addresses two related topic relevant to modern corporate governance in a system in which securities markets play an important role. First, it outlines the legal institutional underpinnings of the securities market centered approach to capital allocation, with special attention to the experience of United States. It sets forth the necessary institutional predicates to the growth of securities markets, and focuses especially on one of them: the need for effective system of corporate governance. Investors, who lack significant elements of control, as most do in such a system, must be afforded reasonable assurance that their investments will not be expropriated by corporate managers or controlling shareholders. Rules and practices that constitute the system of corporate governance provide that assurance. Thus in addition to describing the institutional predicates for the evolution of securities markets, the essay describes the evolution of corporate governance in the U.S. over the last fifty years and identifies the drivers of those changes.

The second part of the essay reviews two recent developments in securities markets and the risk that they may present for effective corporate governance. The first development is the evolution of a vast market in derivative securities that makes it possible for financial actors to replicate synthetically the investment outcomes of owning equity securities (or any securities) without having legal ownership of such securities. The second development is the evolution in the United States and elsewhere of unre-gulated (or lightly regulated) investment funds denominated "hedge funds," some of which employ an investment strategy of "shareholder activism." While both of these developments bring significant benefits to the effi-ciency of capital markets, together they may pose certain challenges to the legitimacy of existing corporate governance institutions in the U.S. The forces at work in U.S. securities markets and corporate governance are at work as well in E. U. economies, perhaps in a less dramatic way at the moment.

It is hoped that this essay may provide a framework for thinking about regulatory responses to the governance problems created by these security market innovations and offers some ideas worthy of consideration by those with responsibility for shaping public policy respecting legal regulation of corporate governance.

I. Institutional Predicate of Modern Corporate Governance

I. Variety in Social Institutions for Allocation of Savings to Investment

Savings can be allocated to investment by a variety of alternative social institutions. State agencies, banks, family groups and markets in tradable share or debt securities are among characteristic techniques for allocating savings that historically could be observed around the world. While modernly, most countries deploy each of these allocation mechanisms to some extent, countries do differ on the degree of reliance on each. Nations generally have an identifiable dominant technique for capital allocation. The dominant social technique deployed for affecting the allocation of capital will tend to give rise to characteristic corporate governance problems in that system. For example, the use of the state or state agencies for such allocation tends to give rise to the main problem of such systems: allocations are made with weak or non-existent signals as to comparable productivity of investment (such signals are provided by market prices for products or securities in systems in which securities markets provide the characteristic allocation technique). In the absence of means to assess the effectiveness of management performance in economic terms, state allocation systems inevitably will be prone to misallocations and will lack objective means to assess the effectiveness of senior management of client firms.

In Anglo-Saxon countries we observe the early evolution of large securities markets as the dominant technique for allocation of savings. The use of public equity markets as a technique to allocate savings among competing users of capital, of course, has both costs and benefits.

The efficiency advantages that equity markets make available are principally two. First, prices of equity securities traded on an informed, liquid secondary market for shares will impound a great deal of information, including information respecting the talent and energy of the management team guiding a corporation's actions. Thus market prices in such a system may be used as a good signal of the relative effectiveness of corporate management. This provides an objective, if imperfect, measure of managerial performance reflecting the uncoordinated judgments of many market actors. The second systematic advantage of capital allocation through a securities market is that it will afford to savers and investors, at low cost, the significant economic advantages of diversification of risk. The corporation funded through capital markets provides to investors both (1) an institution capable of operating through its centralized managers with small investment in monitoring by shareholders and (2) an ability to liquidate investments without encumbrance and often speedily. These characteristics that facilitate diversification of risk and reduce costs of investment, tend therefore to reduce the costs of capital that will be to available to those who need new capital to construct new facilities, invest in research or otherwise make real investments. The often noted side effect of this diversification benefit is the rational passivity of investors. With their investments diversified across a number of securities these investors have little or no incentive to invest time and money in studying the business decisions of the firm's managers.

II. Essential Legal System Assurances for an Effective Equity Market to Emerge

In order for those with capital available for outside investment to be willing to release their capital for this purpose by buying equity shares on a public exchange or in initial public offerings, however, the environment must be such as to offer to them reasonable levels of protection along several distinct dimensions. Stated without regard to their relative importance or primacy, these required protections are the following.

First, there must be reasonable assurance that reliable information relating to the future prospects of the investment is available to permit potential investors to evaluate probabilistically the potential risks and returns it offers. Without such assurances the investors will necessarily expend greater funds themselves to acquire information and will impose an additional risk premium for uncertainty. Both steps will raise the cost of capital to firms. At some point of uncertainty the cost of capital for firms (or in that system) will be greater than would be available through one of the alternative allocation systems (e.g. family, banksmor state) and equity markets will atrophy and disappear. Therefore, among the important predicates for an efficient stock market are mechanisms or circumstances that offer reasonable assurance to investors that information sufficient for the market to price securities is and will be available, both at the initial offerings of shares and in future. While modernly we think of assuring an efficient level of information disclosure as a legal system or governmental task, it does not seem essential under all circumstances that governmental organizations provide this assurance in order for markets to exist. Prior to 1933 a very substantial securities market – bonds and equities – evolved in the United States with no legally mandated disclosure and only the basic legal protection of the fraud remedy. Of course, how much the absence of modern disclosure and enforcement regimes increased the risk premium for investments in those times would be an historical and empirical question, but we can presume it was higher than it needed to be under that regime. Many factors including cultural factors would effect the level of perceived risk and thus the information risk premium investors would demand.

Assuring the quality of information in a market involves a multitude of more or less complex issues: the development of standardized accounting and auditing standards; determining mandated financial and business disclosure at the time of an initial public offering of securities, establishing mandated periodic and event driven disclosure on secondary markets; and affording suitable public and perhaps private enforcement mechanisms.

A second requirement of an effective securities market is assurance that the mechanisms of the market itself are reasonably efficient and fairly administered. This entails licensing and supervision of the various agents who operate the market – i.e., the bankers and dealers who distribute securities initially; the accountants who attest to financial statements; and the brokers who execute trades on secondary markets. In addition investors must be assured of the integrity of the mechanisms of the market – such as a best execution obligation; the segregation of customers funds requirement; and clearing and settlement structures. A reasonably effective and efficient securities market will probably include a rule or practice effectively limiting insider trading and fraud in connection with the purchase or sale of securities over the market. The presence of insider trading or widespread fraud will also cause investors to abandon the market or to use it only if an additional return to compensate for this risk is paid. Thus in the absence of such protection the implied cost of capital available on such market will be higher than it need to be. These various types of assurances might to some extent evolve without a powerful regulator – reputation acting as an incentive for good behavior – but optimally the provision of these assurances in an effective way most likely, requires an expert securities regulator, such as modernly exist in most countries.

The third requirement of an effective securities market is reasonably protective system of corporate governance. That is, investors must be offered reasonable assurance that the business entities in which investments are to be made will be managed by corporate managers (1) who will act in a good faith way to advance the business purposes of the corporation and not to unfairly enrich themselves at the cost of the corporation and (2) who be competent and if shown to be incompetent can be replaced by others who may have greater business talent. This third requirement is the realm of company law. It is in most systems the law of business organization and corporate governance that creates shareholder voting rights, director and officer fiduciary obligations, and shareholder enforcement mechanisms, where these exist.

III. Specialization in Risk Bearing

Capital allocation through stock markets allows capital providers to specialize in risk bearing, while corporate management specializes in information, analysis and management of the firm. Thus, it is the essence of a capital market centered corporate governance system that investors rely upon the expertise of professional managers of the businesses in which they invest. This reliance greatly reduces the cost of deploying their capital productively. Ordinarily investors' stakes will be too small, and the economic benefit to them of their monitoring activities will be too diluted, to provide sufficient incentive for investors to become expert in the business of the firm. Thus, they will invest little time or money gathering and analyzing company specific information respecting possible projects, but will instead invest less time (and money) reviewing (past) performance by management. Investors in such a system must to a large extent rely upon the competence and honesty of managers and also upon the legal rights that, collectively, their investment provides to them in the event that incompetence or dishonesty in managers becomes apparent. In such a system the efficiency (talent, diligence and luck) of senior managers is the greatest potential source of value to investors.

It is well known, however, that the investor passivity that such a system invites can permit managers to be lax, poorly motivated or even corrupt. Thus, the absence of active monitoring by investors tends in such systems to produce the so-called "agency problem." The agency problem arises from the fact that the agents who have actual control over the use of the assets of the business inevitably have a somewhat different set of incentives motivating them than have the "owners" of the assets – that is than the shareholders who own the right to residual cash flows from those assets. The agency problem, in one form or another, will occur in all systems that deploy agents – i.e. all systems. Agency costs can be reduced but not eliminated so long as agents are used. In fact one can reduce agency costs too much – that is one could reduce residual cash flows by so constraining agents in the effort to control agency costs. From the shareholders perspective there is in theory an optimal level of agency costs, at least when management is talented and adds value.

Corporate governance scholars and commentators, in thinking about corporate governance, have largely focused on institutional means to reduce the agency costs of management. While there are a number of powerful constraints on the agency problem (competitive product markets being the most powerful one) the primary *legal system* lever in the hands of shareholders to reduce agency costs is indirect: it is the power to vote.[1]

This essay explores the necessary interrelationship between effective corporate governance and securities regulation in a capital market centered system. In particular, after placing its topic in context, it will briefly review the ironic fact that developments in securities markets themselves have the potential to weaken the integrity of corporate voting and thus of corporate governance itself. Systematically weakened corporate

---

[1] Many corporate law scholars focus much of their attention on the hostile takeover market as a constraint on excess agency costs of management. But that market depends ultimately on the legal right to elect the board of the target company in order to make tender offers effective means to gain corporate control. The other significant constraint on agency costs is incentive compensation which to some extent can align the incentives of managers and investors.

governance will result in an additional securities market risk factor to be priced by investors. Thus one aspect of this development threatens systematically elevated cost of the capital available on such markets. A regulatory responses is warranted. At the conclusion of this essay some thoughts on what the aim of such regulatory action are offered. We start our consideration of this subject with a short review of on the fundamental nature of corporate voting as a corporate governance protection.

IV. The Primacy of Voting Rights

An investor in common stock understands that he or she is buying a security that has no maturity date and no right to required periodic returns. In order to induce savers to part with their capital in these circumstances it is necessary for entrepreneurs to offer to them certain control rights. Thus, common stock in capital market systems has long carried with it the collective right to elect and periodically replace the managing board of the corporation, along with rights to approve certain fundamental corporate transactions.[2] Under the dominant company law in the U.S., the General Corporation Law of the State of Delaware, it is required that common shares elect the

---

[2] See e.g., 8 Del. C. Sections 211 (right to annual meeting to elect directors); 141(k) a director or all directors may be removed without cause during the term of his office by a vote of a majority of outstanding stock (except in the case of a staggered board); 109 (shareholders right to enact bylaws); 242 (corporate charter can only be amended with concurrence of majority of outstanding shares); 151 (significant mergers require approval of majority of outstanding voting shares); 271 (sale of substantially all assets require shareholder approval); 275 (dissolution of corporation requires shareholder approval).

board. But since it is not required that all shares have the same voting rights and non-voting shares are permitted, the existence of a general pattern of shares with one vote per share in the U.S. is accounted for by both market demand for voting shares and by listing requirements of major stock exchanges.

The right to vote shares to elect a board of directors and to approve fundamental transactions is an essential element in making the modern business corporation a practicable form in a capital market centered system. It is well understood of course that this voting mechanism is subject to powerful collective action problems in its exercise. The law applicable in the U.S. has recognized the effect that rational shareholder passivity has on the functioning of shareholder voting power. Thus, the U.S. law has attempted to reduce the costs of investors' collective action by, for example, mandating information disclosure to shareholders in standard forms more easily comprehended[3]; by recognizing the right to vote at lower cost through proxies[4]; by creating rights to reimbursement of expenses for election contests in some instance[5]; by creating both the class and derivative forms of civil actions in order to reduce impediments to collective action[6] and, finally, by widely adopting the institution of paying victorious class representative their attorney's fees

---

[3] See Securities Exchange Act of 1934, Section 14a, *codified at* 15 U.S.C.A. Section 78n and regulations at 15 CFR Section 240.14a-1 et seq. (mandated disclosure in soliciting proxies).

[4] See 8 Del. C Section 215 (recognizing right to vote through agents);

[5] See e.g. Allen, Kraakman & Subramanian, COMMENTARIES AND CASES ON THE LAW OF BUSINESS ORGANIZATION SECTION 7.4 (WOLTERS KLUWER LAW & BUSINESS 2D ED 2007)

[6] See e.g. Fed.R.Civ. P. 23 and 23.1

from any benefit won[7]. Moreover, under the court evolved fiduciary duty concept, courts have been very protective of the integrity of the shareholder franchise, for example, striking down board action deemed motivated primarily to interfere with effective shareholder voting.[8]

Despite the rules and practices that make shareholder voting easier and cheaper, academic commentators in the U.S. long took the view that the shareholder collective action problem in voting was so sever that corporate voting was, in fact, little more than gesture or theatre, having little real-world significance. And this view had some foundation in fact. During the period from, let us say, 1920 to 1980 corporations in the United States were largely controlled by self-perpetuating teams of autonomous senior managers who controlled the boards of directors (through their control over the company's proxy solicitation materials). In this era shareholders often had the single option to hold or sell the firm shares. But beginning in the late 1960s or early 1970s, this so-called age of "managerialism" in the U.S. began to fade away. Today it is gone. The governance of large business corporations in the United States today has been transformed from the former concepts of autonomous managers to a paradigm of "monitoring" boards of directors who are increasingly sensitive to shareholder concerns. This change is in part a response to more effective shareholder voting, but other factors have contributed to this evolution as well. I turn now to a brief description of the deep causes of this transformation in U.S. corporate governance.

---

[7] See e.g. *Johnston v. Arbitrium (Cayman Islands) Handels AG*, 720 A.2d 542, 547 (Del. 1998).

[8] *Blasius Industries, Inc. v. Atlas Corp.*, 564 A. 2d 651 (Del Ch. 1988).

V. Deep Drivers of Change in U.S. Corporate Governance: 1970 to Present.

The drivers of this change in U.S. corporate governance are easy to identify. Together these drivers of change have transformed a system that in, e.g. 1965, looked like one completely dominated by self-perpetuating elites of managers to one today in which outside directors are much more responsive to the interests and the voice of investors. They include:

The first foundational change that contributed to the evolution of a new corporate governance model was a remarkable shift in the public's and the governing elites away from an ideology of market regulation to an ideology of "free market" competition. This evolution can be noticed by the early 1970s. Speculation about the causes of secular trends in belief structures concerning the wisdom and fairness of alternative means to regulate the economic activities of citizens is beyond the scope of this short essay. But it seems quite clear that such a change did occur first in the Anglo Saxon nations starting in the late 1960s and later and perhaps less powerfully, in other western nations. In the United States an early indication of a move away from a highly regulated model of industrial organization towards a more market or competition centered model can first be observed with the deregulation of securities brokerage commissions in 1972. Fixed brokerage commissions had been in place for a very long time on Wall Street, with their inevitable effect of restraining competition, slowing innovation and weakening service. The introduction of competitive brokerage fees was the ruination of the brokerage business as it had been in the U.S. and the beginning of lower costs and more active investing. Later in that same decade, the introduction of price competition in air travel similarly began a transformation of air travel from an elite market to a mass market. Pressure for these deregulatory steps initially came from left of center politicians who identified with "consumers" and saw regulation as being subverted into a means for producers to capture government, restrain competition and inflate prices. Later, with the election of Mrs. Thatcher in the United Kingdom and Ronald Reagan in the U.S., right of center politicians adopted the de-regulatory position and pushed change across large parts of these economies. Oil and gas, electricity generation and transmission, air, rail and truck transportation, telecommunications, financial services and other mainstays of the economy became increasingly free of government restrictions on entry, on terms of service or on prices. This move towards more competitive and less regulated markets that gathered power in the Anglo-Saxon nations later spread to Europe and beyond.

The second and third drivers of change in corporate governance also relates to markedly increased product market competition. They are, first, the growth in global competition that accompanied global industrial development that followed recovery in Japan and Europe from the devastation of World War II and, second, technological innovation – from computers to the internet and all else. Together these forces consistently over this period made international product markets more and more competitive and thus gradually placed extreme pressure on corporations and their governance structures.

The fourth primal force affecting the status quo in the world of managerial corporate governance has been the growth of institutional investors in the Anglo-Saxon world (especially the U.S. where pension savings is to a large extent a non-governmental activity requiring much private savings) and growth in institutions of coordination and voice for institutional investors, such as Institutional Shareholders Services, founded in 1985. To some extent the massive holding of equity securities in the hands of relatively few institutional investors reduced or potentially reduced the effect of the shareholder collective action problem that made Managerialist corporate governance possible and dominant.

The last deep force that changed the corporate governance world in the U.S. was change in law and regulation. These changes were many but they fall into changes of two types. Changes that empower shareholder *vis-à-vis* management and the board of directors, and changes that empower or incentivize boards of directors *vis-à-vis* chief executive officers. Generally, in the U.S. the first category of change derives from changes adopted by the Securities Exchange Commission under its disclosure, anti-fraud and proxy solicitation rules. The second category of change was largely the work of the courts of the State of Delaware (where a majority of publicly traded corporations are organized) and to a lesser extent derive from new rules of the stock exchanges.[9]

The interplay of these forces of changes have gradually wrought a revolution of corporate governance in the U.S. This revolution is perhaps most observable simply by discussing the nature of the corporate directors duties with men and women who sit on such boards today. The "ideology" of board service has changed. No longer do men and women who serve as

---

[9] The main Delaware corporate law opinions in this slow transformation would in my opinion be *Smith v. VanGorkom*, 488 A.2d 858 (Del. 1985); *Unocal Corp. v. Mesa Petroleum Corp.*, 493 A.2d 946 (Del/ 1985); *Revlon, Inc. v. MacAndrews and Forbes Holdings, Inc.* 506 A.2d 173 (Del 1986); and *Blasius Industries Inc. v. Atlas Corp.* 564 A.2d 651 (1988) all of which tended to narrow the broad scope of protections offered to directors by the Business Judgment Rule under Delaware law.

corporate directors believe that their action is only required in an emergency or in the face of apparent wrongdoing and that at all other times deference to the organizations CEO is required. Now corporate directors appear largely to have internalized the notion that their role includes an important element of monitoring or questioning and even, where required, of discipline. As a result, for example, the size of the average board has been reduced; the number of "independent directors" (always now a super-majority) has grown; the average tenure of the CEO of a US public company has fallen; and the number of independent Chairman has increased. The change in board ideology is in response to the interplay of several of the deep forces of change. Importantly, courts in the U.S. have consistently for more than 20 years now preached that duty requires directors to be engaged, active monitors of corporate management. But driving much of this change has been that today active voices purporting to speak for shareholder interests are insistent and are heard in American board rooms. Shareholding voting is today seen by boards and by commentators as powerful and important.

Thus, today shareholder voting is a more powerful practical force in U.S. corporate governance than at anytime since the evolution of large equity markets. It thus is significant to note at this very time the evolution of other features of the economy that threaten to make the use of the shareholder voting mechanism less socially useful; that indeed threaten to some degree to undercut the theoretical justification for shareholder voting.

II. Derivative Markets and Hedge Funds

VI. Corporate Voting, Hedge Funds and Derivative Securities.

Capital markets too have been changed by the deep social forces identified above. Certainly they are vastly bigger today then they were in, say 1970, and vastly more complex. That great size is, to some extent, simply a reflection of the growth in the global economy, but general growth does not account for all of the increase in capital markets; finance tends to provide a growing proportion of economic activity as economies grow richer (as does health care for related reasons!)[10]

Today capital markets offer specialized forms of financial contracting that did nor exist or at least did not widely exist forty years ago. This, of course, is largely a result of computers and computer linked markets; but it also is a product of intellectual advances that allow financial economists to model risk. As a result equity investments and corporate debt offer only the most prosaic method deployed by investors today. "Synthetic" securities or derivatives are widely available either on a customized basis or in standard products, not only as investment vehicles but as techniques to manage financial risk. Derivatives are financial contracts in which, in exchange for

---

[10] One interesting speculation about why this is so, notes that as health standards gradually improve and people live longer, there is a growing social need to shift consumption from time of earning to a future time of consumption – i.e. to save for retirement. Assets saved for future consumption are inevitably invested in financial markets and thus where public health improves financial markets should grow faster than the economy in general!

consideration (cash or promised performance), one party promises to pay to the other at a future date or upon an occurrence, an amount that is derived from the value of an underlying asset, reference rate, difference or index. Derivatives can take many forms. They can be swaps – in which parties agree to exchange returns on unrelated securities –, forwards, futures, calls, floors, collars and puts, etc. Generally derivative securities can be classified as either forward contracts or options. A forward contract obligates one party to buy and the other to sell a specific asset at a future date for a fixed price. Forward contracts can be settled by delivery or by payment (cash settled contracts) of an amount of cash. The other basic type of derivative financial instrument is an option. An option contract generally requires the holder to pay a premium to the obligor at the inception of the contract, in exchange for the ability to benefit from favorable movements in the price of the underlying asset, rate or index with no exposure to risk from unfavorable price movements other than the loss of the premium paid. These financial contracts are highly useful. They allow parties to manage financial risk; they may also be used to assume risk for profit potential unconnected with a future obligation to perform on some material market. Whether derivatives are used as a way to hedge or manage real business risk, or as a way to assume risk, they are very prevalent today.

A second innovation affecting modern corporate governance is the growth of unregulated or lightly regulated investment pools known as "hedge funds". Under U.S. law, "hedge funds" are investment management pools or funds that accept investment funds only from high net worth individuals or institutions. These investment managers are lightly regulated on the theory that such investors are sophisticated and well advised and are able to protect their own interests. Therefore, unlike mutual funds, which accept investment funds from the public generally, hedge funds are not required to meet diversification standards in making investments; nor are they required periodically to publicly disclose their investment portfolio as are mutual funds.[11] They are required, like all persons in the U.S., to report ownership of more than 4.9% of the shares of any class of voting securities of any company whose shares are traded over an exchange or on the NASDAQ[12]. There is no restriction on the ability of hedge funds to sell shares short (i.e. sell shares they do not own and that are borrowed for that purpose) and no need to report their short positions. Thus, if a hedge fund such as Perry Capital in the case discussed below has a long position in the shares of a registered company that is greater than 4.9%, it must report that, but if it shorts some or all of those shares at the same time affecting its economic stake in the company, there is no need to report that fact.

Hedge funds can enter into derivative contracts that have either the effect of increasing their economic interest in a target firm without acquiring legal title to shares (e.g. a forward swap transaction) or they can enter into transactions that decrease their economic interest in a firm's cash flows without transferring legal title to shares held (e.g. short sales of target stock). Both situations implicate the integrity of corporate voting, albeit in somewhat different ways. In the forward swap, the hedge fund will pay a premium to the writer of the swap (typically a

---

[11] On the difference between hedge fund and mutual fund regulation under current U.S. law See Marcel Kahan & Edward Rock, "Hedge Funds in Corporate Governance and Corporate Control", 155 U. Pa. L. Rev. 1021 (2007).

[12] 15 CFR Section 240.13d-1.

financial institution) and the writer will oblige itself to pay the market value of the shares covered at a future time. While not legally required to do so, it will simultaneously hedge the risk it assumes by buying an appropriate number of the shares whose value is the measure of its financial obligation. Thus, the vote, which will technically be in the hands of the registered owner will in this case be in the hands of the writer of the swap contract. But the writer of the swap will have no economic interest in the growth of the issuers cash flows; that interest will be held by its forward swap counterparty. Thus the premise of corporate law theory – that votes and cash flow are held in identical hands – is in this case untrue.[13] (This situation arose in the recent CSX case discussed below). On the other hand, in the short sale situation where a registered owner of shares continue to holds registered ownership of the shares but sells matching shares short, the vote will be held by the registered owner, but its economic interest in the company's future cash flows will have been reduced or eliminated by the short sale. (This type of situation arose in the Mylan case discussed below).

This ability of sophisticated investors to divorce their economic investment from the legal title (and voting power) of shares gives rise to problems of two types: securities market problem of incomplete market information and the corporate governance problem of misaligned voter incentives.

A second feature of modern capital markets that affects corporate governance is the emergence of a sub-class of hedge fund managers who specialize in investing in firms with

---

[13] See generally, Shaun Martin & Frank Partnoy, "Encumbered Shares," 2005 U. Ill. L. Rev.775 (2005) (detailed review of extent to which votes and cash flows can be decoupled.).

perceived shortcomings in management and who seek to gain advantage by forcing or inducing change in business policies. These "activists" investors differ from traditional "LBO funds" such as Kohlberg Kravis and Roberts (KKR) or Blackstone, or other traditional investors who sought to take control of underperforming companies, in either a friendly or hostile way. This newer breed of "activist" investors typically does not attempt to buy control. Instead, such investors typically take a small but significant investment stake, say 3-8%, and then demand specific business changes. Sometimes they are seeking a change in control transaction (as is the case currently of Carl Ichan's investment in Yahoo which appears to be used to promote a sale of that firm to Microsoft) or sometimes to block a proposed change in control (as the London based hedge fund TCI did with the Deutsche Borse proposed acquisition of London Stock exchange in the recent past). Other activists, however, aim not at control transactions but at re-structuring the operating business of the firm. This, for example, is the *modis operendi* of the Trian Fund, which is managed by the New York investor Nelson Peltz, or, sometimes at least, of Carl Icahn, who deployed this pressure strategy in his recent efforts at Time Warner, BEA, Inc. and at Motorola. In order to try to get their strategic vision of the firm implemented, such activist investors sometimes threaten or actually do run a "short slate" of directors for election to the board, a short slate being a group of candidates who if elected would not constitute a control block on the board. Because these "activist" investors often do not attempt to gain corporate control over the target, but simply put its nominees into a minority of board seats, institutional shareholders are more likely to vote for their candidates. Once on the board these investors agitate for change, sometimes with beneficial effects.

VII. Corporate Governance: New Forces in Corporate Voting

It is estimated that activist investment funds control only about US$50 billion of the estimated $2 trillion available worldwide in hedge funds. These firms serve mainly a galvanizing role, initiating change that other institutional investors may support but would not themselves initiate. Thus, their effects can be substantially greater than the $50 billion figure may suggest. In trying to implement their vision, these activist investors have the sophistication necessary to deploy derivative contracts in their investment strategies.

As we noted earlier these contracts can be used either to increase or to reduce their economic exposure to investment targets and can be used to affect the possible outcome of corporate elections, as was dramatically demonstrated by the failed 2004 King Pharmaceuticals and Mylan Laboratory, Inc. merger transaction in the U.S. In that incident, Mylan and King signed a stock for stock merger agreement in which King shareholders would receive Mylan shares valued at $16 per King share at the time of the agreement. King shares traded at $12 after the deal was announced because several Mylan shareholders (the lead being assumed by the activist investor Carl Icahn) thought the price that Mylan agreed to pay was too high and sought to defeat it. Icahn announced he would seek run a proxy contest to deny the company necessary shareholder approval. Perry Capital, a New York based hedge fund managed by Richard Perry, was willing to bet that Icahn would fail in this effort; Perry invested substantially in King shares at the $12 market price, betting the deal would close at $16. But in order to try to assure that Icahn's effort would fail Perry, who reportedly had acquired about 10% of King's shares, then bought

9% of the outstanding Mylan shares! Perry then simultaneously entered into a short sale of a 9% block of Mylan shares. Thus, Perry was long 9% of Mylan's shares (owning the associated right to vote those shares) and short 9% of the outstanding Mylan shares pursuant to a transaction with an unnamed financial institution.[14] The obvious economic effect of these transactions, aside from the transactions cost associated with them, was that Perry Capital held 9% of the Mylan vote, but had no economic interest in Mylan's welfare. Perry's interest was only as an investor in the counterparty King.

When this state of facts became known, it shocked U.S. corporate law scholars.[15] The theory that scholars use to tie share voting in corporate governance to social welfare rests on an identity between the holders of voting power and ownership

---

[14] Such a transaction would typically be effectuated by Perry borrowing shares from brokers who held them for clients pursuant to a contract that allows the broker to "lend" the shares, the broker being responsible to the client to make sure shares are available to the client whenever it might wish to sell and deliver them. The short seller will typically put up cash security for this loan and will have an obligation to return the shares at a stated time. The brokers fee for this lending is called "short interest" and while modest (the amount varies depending on the demand for the stock but is usually around 1% annual interest). After the borrowed shares are delivered to the short seller, they are sold (by Perry in this case) on the market and the new owner would in due course seek to vote them. But the owner of the shares on the account of the brokerage will not know about the lending of his shares and may also seek to vote them. Since not all shares are in fact voted in most corporate elections, this sort of double voting is rarely noticed.

[15] See Marcel Kahan and Edward Rock, "Hedge Funds in Corporate Governance and Corporate Control", 155 U. Pa. L. Rev. 1021 (2007); Henry Hu and Bernard Black, Equity and Debt Decoupling and Empty Voting, 156 U. Pa. L. Rev. 625 (2008).

of the rights to residual cash flows from the business. Holders of equity, since they own only the residual rights (junior to creditors of all types) are, under almost all circumstances, positioned to make voting decisions with an eye towards increasing the long term value of the firm and thus of their residual. But if modern financial markets make it possible and relatively inexpensive for investors to hold the vote but transfer the economic interest and if players of sufficient size are available to deploy this strategy, then the efficacy of voting as a surrogate for good faith judgments concerning long term wealth creation may be in doubt. King and Mylan showed that this risk is not imaginary.

Thus, innovation in modern capital markets and evolution of capital market "players" (hedge funds generally and "activist" investors most particularly) have together had an odd effect on corporate voting as a technique to control and direct large corporations in advanced capital market systems.

VIII. If There Is a Problem, Is There a Regulatory Solution?

The King-Mylan incident shows the existence of a potential problem, but how great a problem is it? After all an activist hedge fund, even if it acquires a block of 3-8% of a public company's shares and runs a "short slate," may seem unable to dictate the outcome of that election. In order for an activist investor to win such a campaign it will require support from other sophisticated investors or agents of investors (such as the professional proxy advisory firms). Thus, we may think that such a campaign must serve principally as an investor galvanizing force; important in some cases but not dangerous. In that case we would not be very concerned about the fact that such a galvanizing agent itself has a disproportionately small economic interest in the residual cash flows of the firm. Those who do own the cash flows will have to be persuaded in order for the activists candidates to prevail.

While there is some element of truth in this position, it should not allay all concerns. Contested proxy fights are often decided by narrow margins and a 3-8% voting block might easily be expected to have an outcome determinative effect in many such contests. Consider the well publicized contested vote on the Hewlett Packard – Compac merger. The winning margin in that case was less than 3% of the shares voted.

If we do regard the evolution of derivative transactions that are capable of monetizing stock investments without affecting legal title as a potential threat to the legitimacy of corporate voting, and thus to some extent to the integrity of corporate governance itself, the question we must then ask whether a cost-benefit justified regulatory response can be identified. Possible regulatory responses fall into two categories: disclosure and substantive regulation.

A. Disclosure of Contracts Affecting Economic Interests.

Recall that derivative contracts, whether they increase or decrease a registered voters cash flow rights, can create problems of two types. First, when they are undisclosed they can create a securities market problem of incomplete market information. Markets work best when all material information is available. While the information about who owns what proportion of a firm's cash flow rights is not "core" market information, that it is not directly relevant to the firm itself, its projects, risks or future cash flows, still, at the moment of a shareholder vote when "control" may be contested, such information nevertheless seems quite material. The second problem that derivative contracts can present is the corporate governance problem that arises from divorcing financial investment payoffs from legal title.

If the first of these two problems is deemed to be a one that justifies a regulatory response then, disclosure would seem to be the appropriate remedy. Mandated disclosure would reflect the fundamental philosophy of U.S. federal securities regulation since it inception in 1933.

Perhaps the most apparent disclosure reform addressed to the market problem of incomplete information would require shareholders, for purposes of making disclosures required by Section 13(d) of the Securities Exchange Act of 1934[16], to aggregate with the shares beneficially owned by them, any shares held as a hedge by their derivative counterparty. The British Financial Services Authority announced on July 3, 2008 that it would make such a change in England, requiring such aggregation when shares held plus swap contracts ("contracts for differences" in England) together exceeded 3% of issued shares.

In the U.S., the S.E.C. has taken the view that under existing law there is presently no such obligation to disclose swap transactions that have the effect of building or reducing an economic position in a company's shares, unless those positions are linked with a right to vote or were taken with the

---

[16] This section enacted as part of the 1968 Williams Act requires an array of information to be disclosed by any investor who owns or controls the vote of more than 4.9% of any class of securities of a company, whose shares are traded on an exchange or in interstate commerce. Disclosure includes number of shares held, financing of the holding, purpose of the investment and other matters.

intent to avoid what would otherwise be a disclosable position. It did this in a brief to the United States District Court in a June 2008 case between CSX, the railroad company, and TCI, the London based hedge fund. In that instance TCI had used swap transactions to increase its participation in CSX cash flows. It owned 4.1% of CSX common shares but also had swap rights with investment banks that allowed it to gain or lose on market movements of CSX for an additional 11%. In the litigation CSX alleged that TCI failed to file a Schedule 13D at a time when it owned or controlled in excess of 5% of CSX's shares. TCI maintained that it was not required to file a Schedule 13D because it was the beneficial owner of less than 5% of CSX stock. Its equity swaps were, it said, not the same as ownership of the underlying securities, and the fact that its counterparties may have bought long positions in CSX to hedge their exposure on the swaps that TCI bought did not make TCI the beneficial owner of those shares. (It did not appear that the contract between TCI and the writer of the swaps called for delivery by the counterparty of shares rather than cash at settlement, or that TCI had a legal right to direct voting of the counterparty's hedges).

Despite the S. E. C.'s position, the Court in that case, concluded that TCI *was* the beneficial owner of more than 5% of CSX's shares and was thus required to disclose the economic interest represented by the swap contracts.[17] The court concluded

---

[17] At the trial, there had been evidence that the TCI chief financial officer told its board that a reason to enter into the forward swap transactions was "the ability to purchase without disclosure to the market or the company," and TCI e-mails discussed the need to ensure that counterparties stayed below 5% to avoid disclosure, and that TCI wanted to avoid disclosure so that it could avoid paying a higher price for the shares of CSX.

that TCI's position was "formalistic" and if accepted would "defeat... the purpose of the law." It found that TCI had used the swaps because they allowed it to "build a position" while delaying disclosure, which, while true, hardly seemed to answer the question whether doing so violated the law. While the court recognized that TCI had no right to vote the securities (or any other legal right of legal owner of shares), it concluded that viewing those swaps as anything but regular shares owned outright, "failed to take account of the practical realities of the world," and would "be open to the gravest abuse." On the basis of these conclusory findings and others, the Court found that TCI was the beneficial owner of its counterparties' shares and violated federal securities laws by failing to disclose that ownership. The Court did not however enjoin voting of the shares as CSX sought, being precluded by an existing precedent from doing so. While one may approve the broadening of disclosure obligations as a matter of policy, the reasoning of the Court in the CSX case to find this obligation in existing law seems dubious. The matter is on appeal and its precendential effect for the moment is limited.

In not recommending to the court that it stretch the S.E.C.'s regulatory language to find that TCI had a disclosure obligation, the S.E.C. may have been concerned that the costs that would be imposed by a regime forcing counterparties to aggregate hedged shares would outweigh the benefits of disclosure. These hedging transaction are often socially beneficial as financial risk management techniques. Disclosure would entail costs of several types, and thus would act as an impediment to them. Thus, a disclosure regime that cut too broadly would necessarily be wasteful – imposing costs without commiserate benefits.

If enhanced disclosure is to be considered an appropriate response to the de-coupling of voting power from economic risk, then it would be desirable to develop some techniques to tailor the costs of that disclosure to those situations in which a corporate governance injury from the derivative is most likely. One possible way to extend the disclosure requirement to swaps, but still limit the costs of that obligation, would be to require such aggregation only *on or after a record date* for a vote had been set by the issuer's board of directors. To explain: In order to vote at a general meeting of shareholders, a shareholder must legally own shares (be the registered owner of them) on a "record date" – that is a date set by the issuer's board of directors not more than 60 days nor less than 10 days prior to the vote.[18] Thus, if the disclosure obligation extended only to those derivative contracts (whose value is a function of a listed companies voting securities) (or short sales) entered into on or after the day the "record date" was announced, but not earlier contracts (or sales), much of the disclosure benefit would be captured without the cost of disclosure of contracts that could not materially effect an election. It is to be expected that a hedge funds wishing to manipulate their investment in connection with a vote will wait until a meeting is called to entering into derivative contracts because those contracts are costly to hold.

With respect to the problem of undisclosed short sales by voting shareholders, such as in the King Mylan case, the obligation to disclose "beneficial ownership" under Section 13(d) could be extended to short sales as well. That is an owner of

---

[18] More fully stated in order to vote at such meeting an investor must either own shares at that date or acquire them thereafter, together with a proxy from the person who did own them on that date. See 8 Del. C. Section 213 (a).

more than 4.9% of a class of shares, who has a disclosure obligation under Section 13(d) could and should be required to amend such a filing to disclose any transaction that has the economic effect of materially altering the cash flow rights normally associated with its disclosed holding. Certainly there is value in the market (and the issuer) understanding that a party who appears to hold in excess of 5% of the issuers shares in fact as a different economic interest in the firm once "short sales" are taken into consideration. If desired, the costs of this additional disclosure burden could be moderated by limiting it to short sales entered into or outstanding (i.e. not settled) on or after the date a record date is set. In that way short sales that are unlikely to affect a corporate vote would be exempted from such disclosure regulation.

B. Substantive Regulation of Corporate Voting

While a disclosure obligation that requires both the aggregations of shares held by swap counterparties and disclosure of short sales by filing shareholders would better inform the market, which is a presumably a substantial benefit, the degree of impediment it would provide to the de-coupling of cash flow rights from voting rights is quite unclear. For example, even if Perry Capital were required to disclose everything it did, it could still have arranged matters so as to have its 9% block of Mylan votes while having little or no investment interest in the company. Thus, if the corporate governance effect of such decoupling of votes from economic interest is a serious concern, more direct regulatory responses than mandated disclosure may be considered.

The corporate governance problem may arise in a couple of ways at least. First, where a forward swap is sold by a broker or bank (i.e. it receives cash and promises to the counterparty to pay an amount measured by the price of a security or an index or some other measure at a specific future time) the writer of the swap will normally hedge its risk by acquiring and holding the underlying asset until the contract is settled. In that situation where the derivative or swap is written with respect to an equity security, that financial institution will have the right to vote those shares acquired as its hedge; but it will have no interest in the economic value of the shares (being liable to the counterparty for any gain – and able to collect any loss from the counterparty). A second way the problem arises can be seen when a holder of shares monetizes them without transferring legal title. It may do so, as Perry Capital did with its block of Mylan shares, by holding the shares while short selling an equal number of shares (i.e. selling borrowed shares) or it may monetize its shares by selling a forward swap to a financial institution, while holding its shares. In either case, the holder of shares has the right to vote the shares it holds but has reduced or eliminated its economic interest in the issuer's future cash flows. These two types of problems are closely similar; both result in technical voting power in the hands of a party without cash flow interest. But they are different in that the earlier form of the problem is less likely to arise from an attempt to manipulate the vote. Financial institutions that sell swaps need to acquire shares when they expose themselves to the market for the stock by wring the swap contact. So in this case acquisition of the shares is motivated by this economic need. The "empty votes" that the financial party holds are simply a side-effect of the originating party's initiation of the swap, which presumably was motivated by risk management concerns. These shares are, one suspects, most often simply voted for management, if voted. If policy wanted to remove that status quo bias from votes in these transactions then an industry "best practice" could be evolved that recommended that in any contested matter financial institutions holding votes, but not exposed to cash flow risk, should vote their shares in the same proportion as all other shares are voted. If however, the swap contract provides that the financial party will give the right to vote to its counterparty, there would be no governance problem. In that arrangement the party with the right to future cash flows will be determining the vote. Nor should there be a disclosure problem in that case since the agreement to vote in this way would make the shares disclosable by the owner of the cash flow interest. Thus, an alternative solution to both the market information and the governance problems would be the evolution of a best practice that included in all swap contracts a term that gave to the party with the economic risk in cash flows the right to demand a proxy from the party holding shares as a hedge.

The de-coupling of votes and cash flow rights that occurs when there is a short sale by a legal holder of shares or a sale of a forward swap by a holder – either of which leaves the holder with legal title and votes, but no economic interest,[19] – is different in that this transaction is much more likely to be motivated in order to affect the outcome of a vote. But here

---

[19] For simplicity this discussion treats the sale of swap by a holder as divesting the holder of cash flow rights. In reality of course a holder can retain some cash flow interest by contracting for a collar within which it maintains some upside potential or downside risk. There is complete bargaining flexibility available at least in theory to such parties. To the extent a holder retains some cash flow rights of this type the corporate governance problem is reduced. To the extent it transfers any of those rights the corporate governance problem arises. For simplicity, this treats all swaps as transfers of all economic interests.

also the simple solution would be to evolve a practice that mandates that voting rights travel with cash flow rights, in the form of an implied in law proxy. Is this feasible?

We must ask, where are the cash flow rights when a registered holder sells shares short? The normal or covered short seller is net negative cash flow rights. He will owe to the party from whom he borrowed the shares that he sold any increment in value that accrues to the shares before the position is closed. But the short seller who also owns shares will be cash flow neutral to the extent these shares balance each other. He owns positive cash flow rights on his registered shares and owes cash flow rights on his short sale. So if we want the vote to be exercised by the holder of cash flow rights, we know at least that we do not want that person voting! But who do we want to exercise the vote associated with the shares to which he has legal title (and nothing more)? The person to whom the short seller has sold does have positive cash flow rights, as the owner of the shares purchased, but he should also have the vote associated with those shares. The party who is out voting rights (but probably in fact does not know it) is the customer of the brokerage house who lent the shares to the short seller. That customer continues to have cash flow rights[20], but those rights are owed to him by the short seller (and they are in effect guaranteed by the broker who lent the shares and collected a fee for it). It is this party that – consistent with the general theory of corporate voting – should have and exercise voting rights, for that party will gain or lose in future from corporate decisions.

---

[20] The lender of shares under standard contracts can recall them for voting purposes but this does not often happen. If their shares were recalled the borrower would then have to buy shares to deliver.

Thus, to the extent a short seller owns registered shares of the issuer at the time he borrows shares to short, the corporate governance problem that he creates of decoupling votes from cash flow rights could be reduced or eliminated by a legal rule that required him to disclose that fact to the lender of the shares and to give a proxy to the lender of the shares.

Administration of a role of this kind in order to refurbish the integrity of corporate voting would involve administrative costs. But the problem is worth something to have fixed because it does go to the integrity of corporate governance. Whether the costs would extend the benefits is a practical question for administrative agencies to evaluate.

Concorrência e Regulação

Oradores:

Donald I. Baker
Ernest-Joachim Mestmäcker
F. M. Scherer
Harry First
Luís da Silva Morais

An Enduring Antitrust Divide Across
The Atlantic Over Whether to Incarcerate
Conspirators and When to Restrain
Abusive Monopolists

Donald I. Baker[1]
Lisbon – 26 June 2008[2]

I. The Basic Picture: History, Legal Traditions and Politics Drive Diversity

America and Europe seem to be going in some different directions in two fundamental areas of competition law – cartels and monopolies – based on diverse public perceptions, processes,

---

[1] Senior Partner, Baker & Miller PLLC, Washington DC. *Cornell Law School*. dbaker@bakerandmiller.com

[2] Presentation for the *International Conference on Portugal, the European Union and the USA – New Economic Perspectives in a Context of Globalization*, sponsored by Lisbon Law University, the Portuguese Government, the European Commission and other sponsors. Substantially based on my earlier presentation (and helpful critique) at Loyola Law School Antitrust Symposium in Chicago, Illinois on April 25, 2008. © **Baker & Miller PLLC – 2008.**

and circumstances. Most US politicians and many judges clearly support the antitrust enforcers' enthusiasm for sending individual cartel participants to the penitentiary, while European politicians, criminal prosecutors and judges seem generally reluctant about doing so. Meanwhile, European com-petition authorities and their political supporters are committed to using competition law to curb abusive and exclusionary conduct by dominant firms, while the American consensus and enforcement efforts are more cautious and concerned that anti-monopoly enforcement may deter innovation and investment.

The practical consequences of such divergence are magnified because both enterprises and enforcers are operating in a global economy – where actions and their consequences flow across oceans and borders with increasing ease. Yet the barriers to convergence on how to deal with cartel participants and monopolies are deep seated. The underlying cultural differences and traditions appear to be much more enduring sources of antitrust divergence than the instincts and policy preferences of the present antitrust incumbents in Washington, Brussels and elsewhere.

The antitrust liberals and conservatives in the US agree that cartels are bad at any level – local, national, or international – and that severely punishing the individuals who actually conspire is critical to discouraging potential conspirators in the future. Thus, the leaders at the US Department of Justice ("DOJ") proudly recite the dramatic increase in jail days served by antitrust felons[3] during the current decade when there has

---

[3] Assistant Attorney General Thomas O. Barnett, speech "Antitrust Update: Supreme Court Decisions, Global Developments, and Recent Enforcement" (Feb. 29, 2008) ("*Barnett Antitrust Update*"), 7-8.

been a dramatic decline in civil enforcement by DOJ. The DOJ's efforts to imprison antitrust conspirators (including foreigners resident abroad) has been continuing and growing without serious controversy, during more than three decades of recurring Republican and occasional Democratic Administrations.

Meanwhile, in Europe anti-cartel enforcement has been aggressively pursued by the European Commission ("EC") and the national competition authorities ("NCAs") of the Member States. However, all EC efforts (and most NCA efforts) have been *administrative* proceedings, leading to ever larger fines against *enterprises.* The wrongdoing individuals have generally gotten a free pass, while often avoiding any serious moral opprobrium (and sometimes even retaining their jobs). Price-fixing and bid-rigging are not crimes under European law or the law of a majority of EU Member States; and the criminal prosecutors and judges in those EU members that have adopted criminal sanctions (including the UK and Ireland) seem to be proceeding *very cautiously* about prosecuting and incarcerating individuals. Thus, the practical risk of going to jail remains much more theoretical than probable for the average European conspirator.

When it comes to "monopolies" or "dominant firms", the coin is reversed. The EC and various NCAs are seriously concerned about preventing and punishing abuses of dominance and have undertaken numerous investigations which in turn have led to significant numbers of prohibition orders. The fact that the EC won three Article 82 appellate decisions before the European Court of Justice ("ECJ") and the Court of First Instance ("CFI") in 2007[4] tells a lot about its priorities and

---

[4] *British Airways* in the ECJ and *Microsoft* and *France Telecom (Wanadoo)* in the CFI.

efforts. Thanks especially to the *Microsoft* case, the highest EU antitrust fines ever imposed have been for abuse of dominance violations under Article 82 (rather than cartel violations).

Meanwhile, DOJ has opened very few monopoly investigations since it won *Microsoft* in 2001 and has not brought a significant Section 2 case. The Bush Administration's acceptance of very limited relief in *Microsoft,* after essentially winning on the merits in the DC Circuit, stands in obvious contrast to the EC's tougher (and more regulatory) approach to the same company. The leaders at DOJ and FTC have expressed repeated concerns about chilling innovation and investment with excessive enforcement against dominant firms – and a few sharp exchanges with EC officials have resulted.

The FTC has been more active than DOJ in the Section 2 area – but its efforts have often been thwarted by an ever more conservative judicially (as so unhappily dramatized for the Commission by the DC Circuit's very recent reversal of its *Rambus* decision).

The differences between the US agencies and the EC may well be magnified by judicially-created "state action doctrine" in the US.[5] This prevents DOJ or FTC from pursuing some of the more obvious and arrogant monopolies in the American economy. The European Commission is not subject to any such bar when dealing with Member State-created monopolies (such as ports, postal services and "national champions").

I shall try to explain why I believe that neither side of the Atlantic has a monopoly on antitrust wisdom and that

---

[5] This began with *Parker v. Brown, 317 US 341 (1943),* where the Supreme Court upheld a state-created marketing monopoly for a product (raisins) that California accounted for over 90% of US production.

constructive diversity may well be preferable to some least common denominator convergence – even though diversity may somewhat increase the uncertainties faced by some enterprises, individuals, and their counsel. I believe that serious antitrust sanctions should be applied against the individuals who engage in illegal cartel conspiracies. I also believe that more sensitive approaches to monopolistic refusals to deal, disclose or interconnect especially in network industries.

In any event, I do not see any broad political momentum to narrow the transatlantic divergence on how to deal with individual conspirators and dominant firms. Major change seems unlikely, given the serious social, legal and political traditions that underlie the differences on these major issues. Thus a change of administration in Washington next year and a new Commission in Brussels in 2010 may somewhat temper the tone of the transatlantic dialogue on single firm monopolies, but we are likely to find that the basic underlying differences go well beyond enforcement personalities and political parties.

II. The International Antitrust Pendulum – Institutional Leadership and Momentum Then and Now

The situation we face today ought to be seen in the context of the major shift in power that has occurred in the five decades since the Treaty of Rome created the framework for European competition law and enforcement in 1957. Back then, the US was the unquestioned king of the antitrust world, with fairly active public and private enforcement coupled with expansive jurisdictional concepts that would generate diplomatic and judicial disputes with Britain, Canada and other important international allies. Now, the tide has turned, and antitrust has become a world coinage – and aggregate antitrust enforcement is growing in Europe, while non-cartel enforcement has been stabilizing (or maybe even retreating) in the US. In half a century, the European Commission clearly appears to have become the most important competition enforcement agency in the world, taking on difficult cases and political challenges within Europe and beyond its shores. Its active merger and monopoly enforcement programs have left some US politicians and officials noisily objecting to what they regard as excessive EC enforcement against major US enterprises.

I have lived through this dramatic swing in momentum. Let me offer a few quick snapshots that may help explain how we have gotten to where we are.

1961-62. I was working for a leading solicitors' firm in London, a city where almost no barrister or solicitor would have called himself a competition lawyer. Clients were not clamoring for antitrust advice. The EC enforcement effort was in its infancy dominated by the Germans who had the most interest and experience in the area. Regulation 17 was published (and translated unofficially into English in due course) to establish a "regulatory" system for filing and reviewing agreements in Brussels. The Commission's efforts seemed especially focused on promoting European market integration by eliminating vertical territorial restraints in distribution agreements (an effort the ECJ would uphold in its 1966 *Grundig-Consten* decision). Meanwhile, this was a boom era in US antitrust. The DOJ *Electrical Equipment* prosecution had produced the first dramatic jail sentences for individual executives in major corporations, while the follow-on suits by electric utilities were generating an unprecedented flood of private antitrust litigation against General Electric, Westinghouse and other manufacturers. The

Grinnell monopolization case was being tried in Rhode Island and shortly would produce DOJ's last big Section 2 victory in the Supreme Court.[6] Finally, the "Government always wins" wave of merger decisions had begun with the Supreme Court's populist and confusing *Brown Shoe* opinion.[7]

1974. A prophetic year. The Government's string of merger victories in the Supreme Court suddenly ended with *US v. General Dynamics*[8] and it has not won one there since them. (As the Deputy Assistant Attorney General overseeing antitrust appeals, I was well placed to feel the strong change in the wind!) The DOJ brought a major Section 2 case to break up the telephone industry monopoly of AT&T (while it continued to pour resources and struggle in its five year old prosecution of IBM). Congress made Sherman Act offenses into felonies subject to large increases in corporate fines and individual jail terms.[9]

1976. Antitrust and deregulation were very much in the forefront of the Ford Administration's domestic political agenda. Congress enacted Hart-Scott-Rodino merger control system and had doubled the the Antitrust Division's budget in the past three years. The first DOJ felony prosecutions were being

---

[6] *US v. Grinnell Corp.*, 384 US 563 (1966).
[7] *Brown Shoe v. US*, 370 US 294 (1962).
[8] 415 US 486 (1974).
[9] The maximum corporate fine was increased to $1m (from a derisory $50,000), while the maximum individual jail sentence was increased from 1 to 3 years. Converting the offense from a misdemeanor to a felony would put increased pressure on judges to imprison violators.

brought (against domestic defendants) and jail sentences for individuals were being energetically advocated by me as the new Assistant Attorney General. Meanwhile, in Europe the EC had secured an initial Article 86 victory in *Continental Can* in 1973 and other important abuse of dominance cases were underway.

1980. The US was still clearly the top dog in the antitrust world as a result of legislation, large enforcement budgets and aggressive private plaintiffs; the DOJ *Uranium* grand jury investigation and the follow-on *Westinghouse* cases against the foreign producers generated major diplomatic disputes, a House of Lords decision in England and some antitrust blocking statutes in Europe, Canada and elsewhere. However, the "new antitrust majority" on the Supreme Court had begun what would become a long (and almost-unbroken) string of victories for antitrust defendants in private cases, with *Illinois Brick, Continental TV,* and *Brunswick* in 1977, and *Broadcast Music* in 1979. Meanwhile, in Europe the ECJ had given the EC important (and open-ended) Article 86 victories in *United Brands* and *Hoffman LaRoche*.

1982. A high level US-EC dispute erupted over whether EC could use Article 86 to force IBM to disclose interface standards for peripherals to its competitors in those markets. Meanwhile, DOJ's ill-fated *IBM* case was dropped on the same day that its larger (and better) *AT&T* case was dramatically settled with a huge divesture and an elaborate "regulatory" regime be administered by a District Judge (rather than the Federal Communications Commission) under the Modified Final Judgment. Also, President Reagan ordered DOJ to drop its *Transatlantic Air Passenger* grand jury investigation after a strong personal protest from British Prime Minister Margaret Thatcher. Meanwhile, anti-cartel enforcement was becoming a more important priority for the EC and would generate recurring cases, especially in the chemicals industry.

1990. The EU adopted a comprehensive merger control system, based on a "one stop shopping" between the EC and the Member States. Meanwhile the US merger enforcement process had become largely *administrative* in style, few government merger cases were being brought or litigated and the Supreme Court had not decided a merger appeal since 1975. In response to the Reagan Administration, state antitrust enforcement had becomes a significant political reality; and the state attorney generals, unconstrained by considerations of international diplomacy and comity (the way DOJ and FTC were) brought cases against foreign defendants that generated diplomatic complaints about "judicial imperialism" by US courts (as well illustrated by *Hartford Fire Insurance v. California*[10], involving several states' challenge to Lloyds' underwriting practices*)*.

2000. DOJ won a broad victory before the District Court in *Microsoft*, after a fast trial which had been completed within a year – based on a theory that Microsoft had protected its operating system monopoly by derailing competitive browsers and other "middleware". DOJ's dramatic divestiture plan (which would have divided into an "operating system" company and a separate "applications" company) was accepted by the District Judge – inappropriately – without any serious hearing or study.

---

[10] 509 US 764 (1993).

(This broad DOJ approach would not be resurrected by the Bush Administration in 2001, after the initial divestiture decision had been vacated by the DC Circuit.) On the cartel front, DOJ's novel amnesty program (instituted in 1993) was generating international cartel investigations and prosecutions, while also fostering even more anti-cartel enforcement cooperation among DOJ, the EC and Canada.

2007. Europe had become the top dog on monopoly and merger enforcement which also bring numerous cartel cases. In this one year, the EC won three Art. 82 appeals – *British Air* in the ECJ and *Microsoft* and *France Telecom (Wanadoo)* in the CFI. Meanwhile, the US DOJ has not brought a significant Section 2 case or won a Section 2 appeal since *Microsoft* in 2001. By contrast, the US remains very much the top dog on the criminal side – with DOJ claiming to have obtained in fiscal 2007 sentencing orders for twice as many jail days for criminal violators (31,391) than it ever had before in any prior year.[11] Also, the conservative majority on the US Supreme Court celebrated 2007 by deciding three important private cases narrowing antitrust laws and remedies, generally on the basis of principles advocated in DOJ/FTC amicus briefs supporting defendants[12]. Non criminal antitrust enforcement – public and private - seems simply to have become a narrower and less important factor in the US economy.

---

[11] *Barnett Antitrust Update, supra:*, 7-8.

[12] These decisions eliminated the longstanding per se prohibition on vertical price fixing, expanded antitrust exemptions in the regulated sector, and increased the pleading burden on private antitrust plaintiffs..has been widening the transatlantic gap by narrowing US antitrust law (*Leegin, Credit Suisse, Twombley* etc)

III. Sources of Convergence

Today's international antitrust scene is not characterized by serious conflicts among the enforcement agencies. Rather there has been a long history of friendly and close working relationships among the antitrust officials in different countries. They generally see themselves as ongoing allies in promoting more open markets – which tends to make them quiet supporters in the broader battles that each tends to face against the constituency-serving parts of its own government.

Close and ongoing staff-level coordination is a regular practice in international cartel and merger investigations where multiple enforcers are involved; and these efforts are generally furthered by the antitrust cooperation agreements that have been entered into by many of the leading authorities. (To the extent that there are barriers to coordination, these tend to be generated by legal barriers to sharing confidential materials more than the reluctance of officials to do so[13].)

International coordination is enhanced by a broadly shared vision that cartels are bad and that corporate participants should be heavily fined. Moreover, the foreign competition agencies without criminal enforcement authority do not oppose the energetic DOJ efforts to prosecute individuals in international cartel cases. Rather the European enforcement authorities often seem quietly sympathetic to US efforts, while being generally

---

[13] To the extent that there is a non-legal barrier, it may arise out of plea or settlement negotiations between an agency and the target of the investigation. The latter may strongly desire that status of ongoing negotiations not be shared with other enforcement agencies and, to avoid disrupting the negotiations, the enforcers may acquiesce in this demand by deferring any disclosure to other agencies.

content to have the US serve as "global jailer" for international cartel ringleaders – and thus hopefully increasing global deterrence. Also, the near universal adoption of amnesty programs as a principal way of uncovering cartels tends to foster inter-agency coordination, because the amnesty applicant has a strong incentive to go into *every agency* that might prosecute. Finally, the EC studying a *settlement system,* which would bring its cartel investigation processes and bring them somewhat closer to US DOJ's.

Increasingly consistent views on horizontal merger enforcement seems to be present – as agencies try to bring both substantive standards and procedures for processing merger applications into closer alignment. This has been a particularly active area for the inter-agency international corporation and convergence. Transatlantic convergence is also being encouraged by Court of First Instance ("CFI") decisions requiring more rigorous economic analysis and higher standards of proof by the EC when it makes a merger decision. (Of course, divergent results can occur in same transaction in different jurisdictions, because different agencies reach different conclusions based on different local facts or different presumptions or economic policies.[14])

Antitrust agencies are participants in various consensus-seeking institutions created by governments to encourage international dialogue and convergence on hard issues. The recently-created International Competition Network ("ICN") is particularly devoted to this task in competition law, and the

---

[14] In recent years, the US DOJ has seemed to be more conservative in bringing horizontal merger cases than many other agencies, as illustrated by its nonprosecution decisions in *Maytag-Whirlpool* and *Serius-XM Radio.*

Organization of Economic Cooperation and Development ("OECD") has long had a major committee devoted to competition law issues. The ICN is actively engaged trying to reach closer consensus on how to deal with *exclusionary practices* by dominant firms. Bar associations and universities have also become sources of active discussions on convergence in sessions where government enforcers from different jurisdictions are regular participants.

Even private antitrust litigation, long a source of transatlantic diplomatic discord, is moving toward greater convergence. The EC is actively promoting (and some Member States are adopting) new or expanded private antitrust remedies, and the effort has been given substantial encouragement by the ECJ's liberal construction of key issues in its *Crehan v. Courage* decision. Meanwhile, the US Supreme Court has become more cautious about asserting US jurisdiction over distant activities and parties[15], while also raising the procedural and substantive barriers for private antitrust plaintiffs[16]. The over-all effect is to dilute the clear comparative advantages that U.S. courts have enjoyed as a favored forum for international antitrust plaintiffs. Jurisdictional restraint and greater balance between private enforcement available on both sides of the Atlantic should continue to reduce the frequency of transatlantic diplomatic and judicial conflicts generated by private antitrust plaintiffs in the past.

---

[15] See *Hartford Fire Ins., Empagran* and *Sosa*.
[16] See *Associated General Contractors, Verizon v. Trinko, Twombley v. Bell Atlantic, etc.*

IV. Substantive Sources of Divergence

The major sources of divergence appear to fall into four general categories which I have already mentioned. *First,* the basic political differences on the wisdom of incarcerating individual cartel violators probably reflects underlying social differences about *how evil* such conspiracies are and how to deter them. *Second,* different policies in dealing with particular practices by dominant firms (e.g., refusals to deal, loyalty rebates) reflect divergent views on how much weight to give "fairness", "efficiency", and "level playing field" values as ordering antitrust principles. *Third,* that Section 2 of the Sherman Act differs conceptually from Article 82 (and national laws modeled on it), because it has been construed not to provide an antitrust remedy against *abusive* conduct by dominant firms. *Finally,* the EU and the US have adopted almost opposite approaches to the basic federalism question about whether competition should defer to state-created monopolies and market constraints; the European treaties give the Commission broad powers and it has had constant legal battles with Member States over nationally sponsored restraints and industrial champions. Meanwhile, the US agencies have seldom even advocated legislation to eliminate (or even seriously narrow) the "state action" exemption created by the Supreme Court.

I shall return to all these issues in subsequent discussion.

V. Procedural Sources of Divergence

At the end of the day, fundamentally different procedures seem to generate much more practical divergence than the substantive rules just alluded to. Legal procedures control how laws are actually enforced, while also influencing how the lawyers, administrators and judges are trained to approach critical legal questions. Substantial differences exist within the EU, because each Member State can have its own system of courts, agencies, and procedures. More broadly, the civil law systems of Continental Europe differ in so many fundamental ways from the common law systems that prevail in the United States (as well as the UK and Ireland).[17]

The drafters of the Sherman Act clearly intended to create a common law system of antitrust enforcement (rather than a code-centered administrative system). Generalist federal judges applying vague statutes were left with huge discretion in defining legal wrongs. Both the Federal Government and private parties were given broad rights of enforcement, with private plaintiffs being offered extra bounties (in the form of treble damages and one-way cost recovery) to encourage their participation. Many of the most far-reaching US antitrust precedents have been created in private cases. Today private antitrust plaintiffs are generating negative precedents, just as they generated expansive precedents 40-50 years ago.[18]

---

[17] For example, agency decisions not to bring an enforcement action can be subject to judicial review in Europe but not in the US. The UK seems to have borrowed this feature from the European civil law systems, and thus a number of OFT decisions not to proceed with an action (or a reference to the Competition Commission) have been overturned by the Competition Appeals Tribunal.

[18] Because fewer Government investigations now end up in trials, the DOJ/FTC role has increasingly become that of *amicus curiae* supporting the defendants in private cases. *Eastman Kodak v. Image Technical Services* 504 US 451 (1992) appears to be the last Supreme Court victory for a private antitrust plaintiff, this occurred even though the Government supported the defendant.

Because District Judges determine facts, legal liability and relief in DOJ civil cases, caution is definitely part of the DOJ institutional psychology.[19] This encourages use of civil consent decrees (rather than trials) as the way most DOJ cases are disposed of. (The FTC has recently seemed more willing to bring innovative and close cases, but has not been doing particularly well on judicial fact finding or legal interpretations.[20])

By contrast, the administrative system in Europe apparently enhances powers and discretion of enforcers to find both dominance and infringements on the basis of evidence that might fail to satisfy a US District Judge as a finder of fact. Moreover, the European Courts seem to be giving the Commission more breadth in defining violations than the FTC or DOJ are now given by increasingly conservative US courts.[21] (But EC factual determinations in merger cases have been getting closer Court of First Instance ("CFI") review than they traditionally had, thereby forcing more rigorous economic analysis into the Commission decision-making processes and perhaps bringing it closer to the US agencies' general approach.)

Antitrust enforcement is part of a broader "competition portfolio" for the Commission's Directorate General for Competition ("DG Comp"). Thus the agency is responsible for curbing "state aids" that distort markets and uses broader sectoral investigations as one way of generating rules and cases. The broader mandate necessarily must affect the way that the competition Commissioner and the DG Comp agency officials

---

[19] See, it's litigation difficulties in e.g., *American Airlines and Oracle-PeopleSoft*.

[20] See *Whole Foods, Schering Plough, etc*

[21] Compare *British Airways* or *Microsoft* with *American Airlines, Schering Plough, Rambus, etc*.

look at some key antitrust issues, This is reflected in the current 4-E.ON Art. 82 case and the Commission's high-visibility disputes with some key Member States about its insistence on separating electricity generation and transmission.

Having competition law enforcement in the hands of an *administrative* agency has some important institutional implications – because it tends to dilute a competition agency's influence over the enforcement *criminal* anti-cartel statutes where they have been created in Europe. Where criminal antitrust sanctions exist, enforcement responsibilities tend to be centered in the hands of the normal state prosecutors (such as the UK Serious Frauds Office). Traditional prosecutors (with whom the competition agency may or may not have a close working relationship) are likely to be more cautious in bringing criminal prosecutions against antitrust conspiracies – given either unfamiliarity with competition law issues, other enforcement priorities, or understandable concerns about the higher burdens of proof required in a criminal case.[22]

Thus it turns out to be significant that uniquely in the US, the civil and criminal enforcement functions were combined in the Attorney General's hands when the Sherman Act was passed in 1890 and have remained unchanged. The Antitrust Division does not need the concurrence of the local United States Attorney to empanel a grand jury or bring a case in his District.

---

[22] For example, I understand that in Ireland the Competition Authority has recommended many more criminal cases than the Attorney General's office has been willing to process.

VI. Cartels

Punishing individual conspirators is not an issue that divides the transatlantic competition agencies. The enforcers all agree that cartels are serious evil that ought to be seriously punished and the European enforcers do not seem to be terribly troubled by the US efforts to apprehend and imprison non-resident alien conspirators whose activities have an effect on US commerce. (Indeed, some NGAs are apparently urging their governments to adopt criminal laws to punish individual cartel participants.)

Rather the transatlantic divide on incarcerating price-fixers reflects some much broader social and political attitudes. There are some fundamentally different public perceptions about how evil cartels are and how seriously individual wrongdoers should be punished.[23]

1. Politics and Public Psychologies

In Europe, cartel activities (long assumed to be a way of life) are still often viewed by the public and the politicians as a *"regulatory" problem* subject to regulatory remedies (i.e., fines

---

[23] This may help explain why so much public debate and controversy has been generated in the UK by the efforts (of the Home Office and the US authorities) to extradite a British citizen and resident in a DOJ cartel investigation. This particular case has gone all the way to the House of Lords (the UK's highest court), which denied extradition based on the lack of a parallel antitrust criminal statute in the UK at the relevant time (although the government argued that conspiracy to defraud had long been a common law crime).

and negative injunctions). Nor does there seem to be a sense that local business executives who rig local service markets should be treated as serious criminal targets, as they are in the US.

At the same time there is some change going on in some important parts of the EU. Criminal statutes have been enacted in the UK and Ireland yet we can see different assumptions built into the new systems. Thus the UK statute requires that the prosecution prove beyond a reasonable doubt that the defendants' conspiratorial activities were "dishonest" – i.e., that each defendant *knew* that what he or she was doing was legally or morally wrong. This requirement is clearly a significant practical barrier to securing convictions before juries of ordinary citizens who may have no particular sense of moral indignation about many cartel activities, particularly those involving. In the UK and Ireland investigations and prosecutions are underway – but actual competition law convictions are still relatively few, and incarcerations are unknown outside the encouraging but unusual *Marine Hoses* case that I shall discuss shortly. Whether many more Member States will move further in the direction of criminalization and incarceration is an important question – and developments in Ireland and the UK will be carefully watched on this score.[24]

---

[24] The UK is just bringing its first criminal antitrust prosecutions under a statute enacted in 2002. It has announced several criminal investigation – including an investigation of the international *Marine Hoses* cartel, where the US DOJ has already charged three British nationals and one German (and entered into plea agreements with individuals whose jail sentences could be affected by what the UK does).

For many Americans, imbued with the "robber barons" lore, price-fixing is seen as *covert theft* – and thus sending antitrust conspirators to jail like other white collar thieves, is seen as the right remedy. Moreover, American jurors would be more likely than Europeans to assume that a conspiracy was *inherently* improper and hence the only relevant question in a trial is whether any particular defendant actually conspired with others. Even with this generally favorable political and public psychology, the US society took 70-80 years to broadly accept that *regular* prosecutions and imprisonments would be necessary to deter a serious proportion of the potential antitrust wrongdoers. This effort has been greatly assisted by the adoption of federal Sentencing Guidelines which have limited judicial discretion to treat "nice" white collar criminals more tolerantly.

The fundamental US conception of jail for white collar criminals as *deterrence vis-à-vis future violators* is less well accepted elsewhere. Even where European criminal penalties for white collar crimes are provided (e.g., for embezzlement and frauds), jail sentences are apparently less routinely imposed or are shorter compared with the US practice. In Ireland, which has enacted antitrust criminal provisions, the authorities have secured several convictions against cartel participants, but so far the judges have entered suspended sentences.[25]

---

[25] The same thing has been true in Canada, which has had criminal antitrust liability for even longer than the US, but Canadian judges have generally entered suspended or other non-custodial sentences.

2. Criminal Enforcement Tools and Barriers

It is important to remember that American prosecutors have tools that are unlikely to be available to European prosecutors, even if parliaments are prepared to enact statutes criminalizing hardcore competitive law wrongdoing.

Most notably, the secretive US grand jury system[26] enables DOJ to piece together a credible criminal cartel case even when documentary evidence is limited or benign. Prosecutors do this by playing individual targets off against each other, promising immunity in return for testimony against their supervisors or other cartel participants. The availability of immunity is a power incentive to stimulate, and perhaps even enhance, a target's recollections of things done and said by others! (Today, however, the amnesty program has become an even more important investigational tool for the DOJ than grand jury hearings – and yet the same kind of dynamics persist – with prosecutors deftly playing "second in" targets off against each other in a cooperation and plea bargaining process.).

The contrast with Europe is both obvious and fundamental. The limited access to oral evidence in civil law systems would make it more difficult for a government to criminally prosecute many covert conspiracy criminal cases in Europe. Even in the UK and Ireland, prosecutors lack any pre-charge oral discovery system anywhere close to the US grand jury system. Thus, as in civil cases, damaging documents and other forms of written

---

[26] This system, copied from England, has long since been abandoned in the UK because of its perceived "star chamber" characteristics.. However, continued use of the grand jury in the US is guaranteed by the Bill of Rights (whose framers saw it is a protection against abusive prosecutions).

evidence are going to be even more important for prosecutorial success against antitrust conspirators in Europe than in the US.

Assuming that European enterprises and individuals become more antitrust sensitive from high visibility cartel proceedings and huge corporate fines, will the potential culprits become more cautious about not creating or retaining those memorable "smoking gun" documents that the EC and NGAs have regularly relied on in framing a Statements of Objections in most cartel cases? (There may well be an analogy to virus strains that become resistant to particular antibiotics as a result of their recurring use.) Perhaps, the prevalence of email will extend the effectiveness of "document centered" prosecutions against cartels, especially global ones where distance and time zones make face-to-face or voice communications more difficult to use.

3. Private Incentives and Psychologies

I see the crucial question in this area to be: *who should be held responsible for what all agree is wrongdoing? Should it just be the enterprises that employ the culprits* (as is now the case under EU law)? *Why shouldn't the society also punish the individual actors?*

Indeed, my experience is that such conspiratorial activities may often be hidden from the companies by their wrongdoing employees – ambitious individuals seeking promotions, reputation-enhancement, bonuses or other indirect gains from appearing to have been more successful commercially than they really were. Thus, if I am correct, the antitrust conspirators' psychology often seems similar to that so famously illustrated by the rogue traders at Barings and Société Générale, who apparently would not have been the immediate financial beneficiaries if their fraudulent gambles had succeeded, rather than failed.

The cartel conspirators to whom I have been exposed don't seem to spend time worrying the corporate shareholders being socked with large fines and damages as a result of their activities. Rather they worry being exposed and punished themselves.[27] Of course, it is important that the employing enterprise be punished too, in order to increase its incentives to educate, monitor and discipline employees – yet, beyond a point, increased corporate fines may have limited utility.

I strongly believe that requiring jail sentences for cartel participants has been a major factor in the long run success of the DOJ successful criminal antitrust enforcement program. Fear of incarceration seriously enhances individuals' incentives to (i) reveal a cartel in order to get amnesty[28] and/or (ii) cooperate with an ongoing DOJ investigation and thereby obtain immunity or at least leniency.

---

[27] Recognition of this reality may explain some business schools trying to address individuals' incentives in the *curricula*. See *Using Ex-Cons too Scare MBAs Straight*, BUSINESS WEEK, May 5, 2008 p. 58 ("Business Schools, eager to impart ethics, are paying white-collar felons to recite the error of their ways")

[28] In the corporate context, the DOJ gives all the officers, employees and agents of the "first in" amnesty applicant company a promise they will not be prosecuted; and this seems a significant incentive when the company is deciding whether to seek amnesty. Even a senior officer who may not believe that he had any responsibility for or knowledge of a conspiracy still has to be concerned that, in an ongoing investigation, a subordinate who was involved may be able to obtain immunity in return for testimony that he or other more senior executives knew about or had approved the wrongdoing.

Consistency and comprehensiveness in enforcement are very important. For criminal laws against individual cartel participants to really matter, enforcement must be frequent and highly visible. It has taken almost a century in the US for incarceration to become routine for cartel participants who are caught. By contrast, having a criminal law against a profitable activity is unlikely to be effective as a deterrent if normal prosecution is so infrequent as to appear more like a random lightening strike or a prosecutorial vendetta.

4. The Marine Hoses Prosecutions: Beachhead or Aberration?

A Crown Court in London has just imposed substantial jail sentences against four individuals, ranging from to years, for their participation in a global conspiracy involving marine hoses. This is an important development, since it involves the first actual incarcerations under the newly enacted UK and Irish statutes. It is doubly important as source of deterrence because these sentences have been so widely and prominently reported in the British and international business press.

On the other hand, this prosecution has some unique dimensions. The same individuals had been arrested in the US in 2007, when they had gone to Houston, Texas for a cartel meeting. They were incarcerated. Interrogated, and ultimately released after entering guilty pleas and being sentenced to prison in the US. Under a unique plea arrangement, their US sentences could be served in England if they were found guilty and sentenced to prison under the UK Enterprise Act. Needless to say, this gave the individuals a powerful incentive to plead guilty rather than contest a criminal charge in England. It also gave the Office of Fair Trading and the Serious Frauds Office any easy "victory" in their all-important first prosecution under the 2002 Act.

The importance of the dramatic *Marine Hoses* will be likely to depend what happens in the months ahead. The unusual procedural niceties, just described will almost surely be lost on the crowd of opportunists are trying to deter – and, as a consequence the case should have a serious impact on them for the moment. But, like other dramatic news, the *Marine Hoses* story, standing alone, will have a limited shelf life for the general public. Thus the questions: will this dramatic victory be followed soon enough additional cases to send a *general* message to the business public about the real risk of incarceration? Or will it gradually fade away like the Cheshire Cat in Lewis Carroll's *Alice in Wonderland*.

VII. Monopoly Misconduct

The US and the EU begin with very different images of "monopoly" and public different concerns that flow from them. Most Europeans have had considerable first hand experience with monopolies – undertakings that have provided them with energy, public transportation, broadcasting, telecommunications, medical treatment, etc. Most Americans have had not a comparable exposure – and this is particularly true for Americans living outside the largest metropolitan areas. The Postal Service or the local utility tends to be only an occasional feature in average Americans' lives.

Thus, in approaching competition law enforcement, the European public and enforcement officials will often tend to think of sluggish state-created monopolies, and they have good reason to do so, because many state-created monopolies have been privatized as a single unit rather than being broken up into competitive pieces. Meanwhile, the modern American dialogue tends to focus on innovative companies like IBM, Microsoft, and Alcoa – which were arguably just too aggressive in some respects – rather than looking at the American counterparts of the kinds of monopolies that Europeans are willing to prosecute (e.g., the New York Port Authority, the Washington Airports Authority, or the Union Pacific-Southern Pacific Railroad).

1. Different Laws

Section 2 of the Sherman Act fundamentally differs from Article 82 (and national laws modeled on it) because it is not construed to provide an antitrust remedy against *abusive* conduct by dominant firms. In the US, it is illegal for a single firm to *attain or maintain* monopoly power *by* by improper means (usually referred to as *exclusionary conduct)*; or to *attempt* to acquire monopoly power by predatory means that create a dangerous probability of success. By contrast, under Article 82 (formerly Article 86), the *acquisition* of monopoly power is not the core violation; rather it is the *exercise* of monopoly power, once acquired, to exclude others' from the existing monopoly market, or to exercise leverage vis-à-vis competitors or customers in any related market.[29]

---

[29] See the extensive discussion of the various categories of Article 82 Abuses in P. Roth and V. Rose (eds), BELLAMY & CHILD: EUROPEAN COMMUNITY LAW OF COMPETITION (6TH Ed. 2008) 947-1030 *("BELLAMY & CHILD")*.

Thus the one point at which the two prohibitions coincide is where an established monopolist uses some "unfair" business practice to exclude others from the existing monopoly market.

In its 2004 *Trinko* decision, the Supreme Court underscored this fundamental difference by emphasizing that *exploitation* of a monopoly does not violate Section 2. In an oft-cited paragraph, Justice Scalia explained:

> "The mere possession of monopoly power, and the concomitant charging of monopoly prices, is not only unlawful; it is an important element of the free market system. The opportunity to charge monopoly prices – at least for a short period – is what attracts 'business acumen' in the first place; it induces risk taking that produces innovation and economic growth. To safeguard the incentive to innovate, the possession of monopoly power will not be found unlawful unless it is accompanied by an element of anticompetitive *conduct*."[30]

The *conduct* element referred to here normally only comes into play if it operates *vis-à-vis* present or potential competitors in the monopolized market. Thus, while Europeans will prohibit various kinds of monopoly leverage that has adverse effects in *other* markets, US antitrust liability is only possible where potential or fringe competitors are excluded (or effectively threatened with exclusion) in a market where the defendant is already dominant or threatens to become dominant.

---

[30] *Verizon Communications v. Law Offices of Curtis V. Trinko*, 540 US 398 at 407 (2004) (*"Trinko"*) (emphasis added).

The statutory language in the original Section 2 ("Every person who shall monopolize... shall be guilty of a misdemeanor") did not necessarily dictate this line between *exclusion* and *abuse*. "Monopolize" was never a precise term that clearly differentiated between *attaining* and *exercising* monopoly power. Rather that line has been created by subsequent history of courts and scholars construing and shaping a vague criminal statute that also authorized private civil actions.

By contrast, the original Article 86 (now Article 82) prohibited "any abuse by one or more undertakings in a dominant position" without putting many significant boundaries around the prohibition. The article did include a variety of illustrations – including "imposing unfair purchase or selling prices," "apply dissimilar conditions to equivalent transactions," or "limiting production, markets or technical developments to the prejudice of consumers." This open-ended mandate, based on familiar European civil law concepts of "unfair competition", invited a broad construction and has been broadly construed by the European courts. The ECJ explained the core concept in its 1983 *Michelin* decision:

> "A finding that an undertaking has a dominant position is not itself a recrimination but simply means that, irrespective of the reasons for which it has such a dominant position, the undertaking has a *special responsibility* not to allow its conduct to impair genuine undistorted competition on the common market."[31]

---

[31] Case 322/81 *Michelin v. Commission,* [1983] ECR 461 (emphasis added).

Today there is almost no debate in the US over whether Section 2 could be an appropriate or effective tool to regulate *abuses* by dominant firms (e.g., excessive pricing or refusals to provide interconnections or interoperability information to those in dependent markets). Rather in the US it is just assumed that, when government control over monopoly is needed, this must be a task for some sectoral regulator. This basic assumption underlies the difference between the United States and Europe (and indeed most of the rest of the world) in dealing with dominant firms. It is driven by history and culture. It is also driven, I believe, by the central role given to private plaintiffs in the US *antitrust* system combined with the open-ended prohibition in Section 2.[32]

2. Different Enforcement Presumptions and Priorities

Different legal mandates and different public perceptions almost inevitably generate divergent enforcement policies and concerns in Washington and Brussels. In the US, we hear a recurring chorus about the threat of over-enforcement of Section 2 chilling innovation, risk-taking, and investment. It is not a new thought. Thus that famous jurist, Judge Learned Hand wrote, while imposing Section 2 liability in the 1944 *Alcoa* decision: "A single producer may be the survivor out of a group of active competitors, merely by virtue of his superior skill, foresight and industry.... The successful competitor, having been urged to compete, must not be turned out when he wins."[33]

---

[32] See discussion in VII.4 below.
[33] *United States v. Aluminum Co. of America,* 148 F.2d 416 (2nd Cir. 1945).

This American concern about over-enforcement has become more frequent and stronger in modern times. It has been particularly articulated by the enforcers and judges appointed by the Republican Administrations that have dominated the Federal Government during most of the last three decades. The *Trinko* decision (where the DOJ and FTC, as amicii, had supported the defendant in the Supreme Court) is prominent manifestation of this concern.

But enforcement caution goes beyond any single political party or Presidential administration. The state attorney generals (unlike the NGAs in Europe) have apparently not been running numerous monopoly investigations or bringing Section 2 cases independently from DOJ.[34]

Moreover, concern about over enforcement of Section 2 was also generally reflected in the 2007 report and recommendations of the bi-partisan Antitrust Modernization Commission.[35] The Commission generally endorsed the more conservative judicial decisions[36] and it staked out fairly cautious positions on two areas where US and European law have tended to diverge. On *loyalty rebates,* it proposed a three-part test that included a cost allocation and recoupment standard echoing the strict US predatory pricing laws. On *unilateral refusals to deal,* the

---

[34] A group of state attorneys general participated in DOJ's case against *Microsoft* and some of them unsuccessfully opposed DOJ's narrow settlement.

[35] The Commission was created by statute and appointed by the President and the Congressional leadership of both major parties in 2005.

[36] "In recent decades the courts have adopted and applied sound general principles of Section 2 enforcement. These general principles emphasize that appropriate legal rules should identify unreasonably exclusionary conduct, without discouraging aggressive competition that benefits consumers or creating excessive litigation and compliance costs for businesses and problems of administrability for courts." Report 81-82.

Modernization Commission seemed to endorse the Supreme Court's conservative dicta in *Trinko,* saying, "[r]efusals to deal with horizontal rivals in the same market should rarely, if ever, be unlawful even for a monopolist."[37] The Commission expressed concern about exceptions to this general rule "undermining the value of [a] lawfully acquired monopoly and discouraging others from making similar investments."

Meanwhile, European enforcement has continued to reflect a concern about providing effective remedies against monopolistic bullies and safeguarding small-but-efficient competitors; and the European courts have been frequently willing to accept fairly bright line EC prohibitions against dominant firms. The European Commission treats Article 82 abuses as *very serious violations.*[38] Dawn raids have been used, as in cartel investigations. Some of the largest fines the Commission has ever levied have been Article 82 cases. This stands in sharp contrast to the US reality that the US authorities are limited *to prospective* remedies – namely, civil injunctions and divestiture.[39] The lack of time-sensitive sanctions has given Section 2 defendants strong incentives to drag out Government Section 2 cases almost indefinitely (as so well illustrated by *US v. IBM* during 1969-82) and thus may increase the US agencies' reluctance to invest a lot of staff resources in investigating and bringing Section 2 cases.

---

[37] Report 101-104.

[38] According to some data soon to be published in the *Global Competition Review,* the EC opened 75 new abuse of dominance investigations last year, while in the US the FTC opened 4 and DOJ opened 2.

[39] Section 2 violations can be criminal felonies just the way Section 1 violations are. However, there has not been a Section 2 criminal case since DOJ lost *U.S. v.Empire Gas Corp.*, 537 F.2d 296 (8th Cir.1976).

In Europe, the Commission has certainly used its Article 82 enforcement authority against state-legacy monopolies (such as public utilities and ports); but it has attracted much more international attention for its willingness to deal with global leaders (such as Microsoft and Intel), when the more conservative US enforcers had stood aside, or accepted very limited remedies. A basic reality in these network and information based cases is that relief tends to be global and hence the most active major agency will tend to dictate how the dominant firm operates, regardless of what other enforcers might prefer.

The enforcement differences start with significant differences on how much presumptive weight should be given to market shares in determining the threshold question of defining "dominance"; and the fact that substantially lower market shares (on the order of 40%) have been accepted in Europe as defining "dominance" that triggers the application of Article 82. Clearly market shares can be used to create legal rules that are more predictable but can also generate false positives; and, for this reason, US enforcement has moved steadily away from its earlier reliance on market shares in favor of very detailed analysis in assessing both mergers and alleged monopolies. Meanwhile, Europe gives greater weight to market shares and thus seems closer to the enforcement thinking that the US had when I was in the government four decades ago.

Finally, the European courts have seemed reasonably deferential to the Commission in how it has defined abuses of dominance. The courts have also at times seemed somewhat more willing than the Commission to use bright line approaches to prohibiting monopolistic abuses (as illustrated by the CFI's 2007 *Microsoft* decision).[40]

---

[40] See Case T-201/04 *Microsoft v. Commission* (2007) and discussion of it in BELLAMY & CHILD 1615-1620.

NCAs have also been actively investigating and challenging abuses of dominance, under national laws and under the Article 82 enforcement authority granted them by the EU's 2004 modernization regulation.[41] Judging from all this activity, European enforcers are less worried than their US counterparts about over-enforcement against successful dominant firms.

3. Divergence Illustrated – the Rambus Drama

The underlying legal differences are illuminated by the current *Rambus* saga of transatlantic government investigations into an alleged "patent ambush" in a standards making processes for computer chips.

The company was investigated and then charged by the FTC with misleading a standards setting organization ("SSO") about its potential patent position and thus creating the opportunity for it to charge very high royalties when the adopted standard required use of Rambus' intellectual property. In finding that this "patent ambush" constituted a Section 2 violation, the Commission concluded that, had the SSO been properly informed, it would have *either* (1) adopted an alternative standard not requiring Rambus' IP, *or* (2) insisted that Rambus agree to license its IP on fair, reasonable and non-discriminatory terms ("FRAND").

---

[41] The German Cartel Office reports opening 41 new abuse of dominance investigations last year, while Poland opened 72, Norway opened 37, Austria 19, and Italy 11 (to be reported in *Global Competition Review*). Thus it seems clear that numerous EU Member States are devoting a substantially higher proportion of their enforcement resources to monopoly cases than are the US agencies.

On appeal, the D.C. Circuit Court of Appeals reversed a finding of Section 2 liability. It held the FTC's "either/or" finding did not violate Section 2. Citing *Trinko*, the court held that Rambus being able to charge higher than FRAND royalties was not exclusionary and hence overcharging standard-mandated licensees was not a Section 2 violation.[42]

Meanwhile, the European Commission is actively investigating the very same conduct, and, if it found the same deception that the FTC had found, it could be expected to find an Article 82 violation – even if the SSO would not have been able to develop an alternative standard without the Rambus patents. Rambus still have violated Article 82 by charging excessive royalties made possible by a "patent ambush" would be a clear Article 82 violation as involving "unfair... prices or other unfair trading conditions."

4. Different Economics

The transatlantic enforcement differences are clearly colored by some different visions of how to apply economic policies.

The American dialogue tends to focus on the innovation and investment in the market where market dominance already exists. It thus largely ignores the issues of innovation and investment in *dependent markets* which are likely to require some form of access to the dominant market – a situation is

---

[42] Causing the SSO to adopt a standard that it would not have otherwise adopted was treated by the Court of Appeals as being exclusionary; but the Commission had only found that this was one of two potential alternatives.

particularly likely to occur in network markets. Thus, for example, AT&T (and other monopoly telephone companies) always barred customers from connecting any of their own telephone equipment to the network; and then, after the flat prohibition had been eliminated by the Federal Communications Commission in 1968, AT&T tried to prevent customer use of their own equipment by various more subtle pricing and technical access restrictions. In approaching this set of issues, antitrust concern ought to be focusing on innovation, incentives, and investment in the dependent (and originally nascent) market for independent telephone equipment, as well as in the main monopoly market for telephone services. These issues of interoperability and standards are likely to become even more important as "network effects" are the operational reality in our increasingly interconnect world.

More broadly, the American enforcers and courts have increasingly relied on so-called "Chicago School" economics that assumes that the goal of antitrust is to promote allocative efficiency in the society as a whole. It also assumes that enterprises are run by profit maximizers who would recognize that most predation and leveraging are irrational. Because they believe that markets are self-correcting, Chicago thinkers tend to see antitrust interventions directed at changing market structures as at best wasteful and at worst misguided.

The European enforcers and commentators often start from a different economic perspective (sometimes labeled "post-Chicago" or "ordoliberalism") which relies more on game theory in dealing with dominant firms' strategies for forestalling or minimizing entry, and does not assume that ambiguous conduct is likely to be efficient. It has less confidence that markets are self-correcting and tends to focus on actions that seem to interfere with "competition on the merits" in either a monopoly market or dependent markets. Thus, for DG Competition and European NGAs, it is generally the proper course to put the burden on the dominant firm to prove that an alleged infringement enhances efficiency; and "ultimately the protection of rivalry and competitive process is given priority over possible pro-competitive efficiency gains."[43]

5. Different Processes

However, I think the difference on substantive issues is driven at least as much, and maybe more, by long-standing differences in how Section 2 and Article 82 are actually enforced.

Quite simply, the central role given to private plaintiffs and juries in the United States has understandably bred long-term caution about reading Section 2 expansively. Indeed, the US politicians, enforcers and courts have implicitly made the broad judgment that, when recurring *monopoly abuses* are likely to occur, then a sectoral regulator needs to be created to police the affected situation(s) – rather than trying to rely on antitrust agencies and courts. The apparent reasons are generally not articulated – but I believe flow from the fact that sectoral regulatory regimes do not normally generate private treble damage litigation, while sectoral regulators tend to be more cautious about not disrupting the status quo than judges and juries sometimes are. This rationale seemed especially clear in the recent *Trinko* and *Credit Suisse* decisions[44], where the Supreme

---

[43] *DG Competition Discussion Paper on the Application of Article 82 to Exclusionary Abuses* (2005)Para.

[44] *Trinko, supra (2004); Credit Suisse Securities (USA) LLC v. Billing*, 127 S.Ct 2383 (2007).

Court recently introduced much greater deference to sectoral regulators because:

> "antitrust plaintiffs may bring lawsuits throughout the Nation in dozens of different courts with different nonexpert judges and different nonexpert juries. In light of the nuanced nature of the evidentiary evaluations necessary to separate the permissible from the impermissible, it will prove difficult for those many courts to reach consistent results"[45]

Finally, most judges do not like the idea of courts becoming ongoing regulators of future conduct by a defendant under detailed injunctive orders. Thus in *Trinko*, the Supreme Court opined by way of dicta that "essential facility claims should be denied ... where a state or federal agency has effective power to compel sharing and to regulate its scope and terms."[46]

Meanwhile, European competition authorities enjoy powers that would tend to be confined to sectoral regulators in the US. Thus the European competition authorities can use a so-called "sectoral investigation" to deal with dominance situations on a broader basis. In the context of such a proceeding, the agency may ultimately seek to change the whole way that an industry is structured or operated. Thus, for example, we see antitrust authorities seeking to force separation of different parts of an electricity network (i.e., generation, transmission, distribution), or whether the three London airports should each be placed under separate ownership. Such a process can

---

[45] *Credit Suisse* 127 S.Ct. at 2395.
[46] *Trinko*, 540 US at 411.

generate intense political disputes within a country or between Brussels and a Member State.

What has also be notable is the extent to which the European courts have been willing to defer to the Commission's findings on legal issues and facts on Article 82 prohibitions, in a manner that contrast with the recent judicial review of the Commission's prohibitions (and penalties) in appeals in cases based on the Merger Control Regulation and Article 81 (formerly Article 85).

6. Creating Meaningful Remedies

Other nations have not – and have no need to – follow the bifurcated US approach to monopolistic abuses where they have created an *administrative system* of competition law enforcement. In some jurisdictions, the competition authority and a sectoral regulator are given concurrent jurisdiction to enforce the competition laws (much as the FTC and DOJ have concurrent jurisdiction over Clayton Act enforcement). Moreover, in Australia, the same administrative agency, the ACCC, is both antitrust enforcer and telecoms regulator.

Administrators are generally more willing than judges to make and enforce the kind of "regulatory" judgments that are often needed to deal with monopolistic abuses under the competition laws – and they also tend to have the resources to monitor performance and polices subtle evasions detailed regulatory orders. Thus it is hardly surprising that antitrust findings of infringements based on "monopolistic pricing" and "unreasonable refusals to deal" recur in the EU antitrust jurisprudence, but only infrequently in the US. Moreover, European industries and networks appear to be more inclined to accept "open source" programs or disclosed operational specifications as basis for research and operations, compared with the more "proprietary" solutions often favored by US companies.[47] If so, this difference may make the EC's interoperability relief in its *Microsoft* order seem less radical to Europeans than American critics have tended to see it.

Creating an effective equitable remedy for a monopolistic abuse can be a particularly acute problem. An administrative agency may well have (or think it has) the experience and staff necessary to create and enforce a "regulatory" remedy which a US District Court might well reject as being too complex to handle. (The trial judge in *US v. Microsoft* did not want to seriously confront the difficult remedy issues, and was reversed for his failure to do so.) By contrast, the US has made use of the basic *structural remedy* – *divestiture* – for monopolies (most notably *Standard Oil, United Shoe Machinery,* and *AT&T*), which is something that no European enforcer has apparently dared to attempt for a litigated Article 82 violation.

A basic reality in today's network and information based industries is that any relief an internationally dominant firm tends to be global in scope; and hence the most active major agency will tend to dictate how the dominant firm operates, other enforcers might prefer a lesser remedy or none at all.

---

[47] This point was clearly made at a recent international business conference that I attended in Chicago. A panel of individuals (both American and British) from the big British telecom company BT argued that a more "open" approach to innovation was often accepted in Europe and could work better in various situations, while noting that the more "proprietary" approach in the US tends to make IP more important.

VIII. Practical Consequences of Divergence

The foregoing divergences may or may not be significant for any particular company depending on the scope and scale of its operations around the world. Obviously, the biggest consequences are for companies with substantial operations in both Europe and the US.

First, potential international cartel participants may have to live with the risk of ending up in a US jail, if caught. These risks should grow if more extradition arrangements are generated with EU Member States. Hopefully, the resulting concerns will temper foreign individuals' willingness to participate (or at least make them more secretive in carrying out activities).

Second, international cartel whistleblowers will continue to rush first (or at least simultaneously) to the US, where amnesty rewards are clearly greatest. In particular, amnesty against criminal prosecution of individual executives is an important incentive in the decision making process.

Third, global monopolists may (1) have to refrain from doing some things that US law would permit and (2) be prepared to disclose more information that they believe to be proprietary, especially in network markets (e.g., information on interface, interoperability and interconnection standards).

Fourth, antitrust objectors to dominant firm conduct will continue to flock to Europe whenever jurisdictionally possible. They will presumably start with the EC or the NCAs, but private actions may well take on greater importance in some major jurisdictions which choose to implement the EC's recommendations or other proposals on private remedies.

IX. Some Apparent Effects on Markets and Participants

European and international consumers have almost certainly benefited from the aggressive US approach to cartels. DOJ's highly-successful amnesty program has helped encourage whistle blowing and its aggressive approach to individual wrongdoing should have some deterrent effect on individuals operating in markets for internationally traded goods or services.[48]

US consumers and competitors may well be gaining some immediate benefit from some EC enforcement activities *vis-à-vis* some globally dominant enterprises, at a time when DOJ Section 2 enforcement is virtually non-existent. In an age of instant information and telecommunications some relief is necessarily global. The EC's effort to force Microsoft to disclose interoperability standards clearly has some immediate effect within the US and other countries outside the EU. Whether these types of enforcement negatively affect the longer-term incentives and conduct of global leaders (or potential new entrants) certainly will be debated in the next few years – but perhaps less intensely if a post-Bush Administration in Washington is more active in using Section 2.[49]

The Commission's efforts may also generate some uncertainty and confusion by encouraging private Article 82 actions before Member States courts that are not yet ready to deal

---

[48] Of course, in modern economies, many cartels involve local service markets (e.g., real estate brokerage, construction and local transportation. Energetic DOJ efforts to prosecute individuals resident outside the US will have no likely deterrent effect on participants in these markets.

[49] Such a DOJ or FTC would be more likely it is to seek greater cooperation and convergence with the EC on investigations and relief (as already exists cartels and mergers).

with the kinds of open-ended policies and ambiguous evidence often seen in monopoly disputes. Reversing the traditional flow of transatlantic private litigation, US-headquartered plaintiffs could show up in European courthouses to challenge a global leader's alleged misconduct that current US law would not necessarily reach. Whether such active Article 82 enforcement is likely to occur and, if so, to cause the European courts to take a narrower view of Article 82 than they previous have is an interesting question. There is certainly the possibility the private litigation could enhance judicial caution, as I believe it has in the US.

X. Where to From Here? Differing Politics, Prejudices and Psychologies

Competition is not necessarily a popular political cause among many elements in a democratic society. It can disrupt the existing interests of enterprises and their employees, while the consumers and innovators who benefit from more open markets are often not too aware about competition as the source of their benefits. Thus the political balance can often be struck strongly in favor of marginal farmers or a national economic icon *vis-à-vis* innovation, efficiency and change.

In Europe, of course, competition has been a central public goal for half a century since the Treaty of Rome, because it was seen as a way of breaking down national frontiers and other historic barriers to integration and efficiency. The political goals of *market integration* and *nationality-blind opportunities* may have caused the European Commission to see some straight competition law issues (including vertical restraints and monopolistic abuses) in somewhat more "political" terms than their modern US counterparts. At the same time, by curbing state aids and "national champions", the EC has had to deal with some stronger political opposition than the US agencies have generally had to face within the American federation. President Sarkozy of France has even successfully lobbied to get "unfettered competition" eliminated from the Preamble of the new EU Lisbon Treaty as a fundamental goal, while the French and German governments are strongly opposing the EC effort to force structural separation between generation and transmission in monopoly electric utilities.

In Europe, basic ideas of "fairness" and preserving "level playing fields" have long seemed politically important to the enactment and enforcement of competition laws. In 1957, the framers of the original Article 86 (now article 82) built into its prohibitions some "fairness" concepts potentially derived the European civil law tradition of "unfair competition". This tradition also seems to be reflected in many of the newly-enacted national competition laws (generally based on Articles 81-82). It is also reflected in the priorities of the new, stronger national enforcement agencies now being created and expanded. Like the EC, the NCAs seem more focused on investigating and bringing Article 82 cases than is true of state or federal antitrust agencies in the United States.

In the US, the political dynamics are different because antitrust has always had a strong moral dimension less apparent in Europe. Populist frustrations have generated key political support for creation and enforcement of antitrust law in the US at various critical times. The Sherman and Clayton Acts are prominent national landmarks, created on the basis of populist outrage at the perceived abuses of Standard Oil and other high-visibility villains. That type of populist-driven antitrust was reflected in the 1974 upgrade of Sherman Act violations to million dollar felonies (punishable by three year jail terms) and in today's pending legislation to authorize (indeed, virtually mandate) DOJ to bring cases against OPEC.

Meanwhile, since the 1960s, federal antitrust enforcement has shed its populist veneer and increasingly reflected the thinking micro economists. In the process, it has become intellectually more respectable but politically weaker. The main area where populism and modern economics converge is on punishing and deterring cartels: thus treating price-fixers as felons appeals to both those who are motivated by morality and those who think about economic incentives and deterrents. This political consensus lies behind DOJ's endlessly tough cartel enforcement efforts largely run by the agency's career civil servants. On monopolies, no similar consensus exists: conservatives and many economists counsel caution, while a populist minority dissents. The result has been very few major government Section 2 cases (with the high visibility exception of *Microsoft*).

Thus, the Transatlantic divergence that we see on incarcerating individuals and punishing monopolies seems to flow from ongoing differences in political psychologies, traditions and priorities. Any changes are only likely to come gradually. I do not see most European parliaments rushing to provide for criminal imprisonment for price-fixers, any more than I see American judges or legislators anxious to adopt detailed antitrust remedies against most monopolists in either the public or private sectors.

This situation is not necessarily bad. It may even have some clearly positive dimensions – especially when accompanied by thoughtful dialogue among those in the middle of it. Convergence is generally better than divergence – but divergence may offer ways of experimenting *vis-à-vis* new market realities.

Divergence may also be a positive way of compensating for under-enforcement (or over-enforcement) in some quarters. Some enforcement divergence is also consistent with a core principle of federalism – namely, to allow different governments to experiment on how to deal with ongoing problems and even to come up with different solutions in some cases, provided that differences do not degenerate into disorder. Thus, coordinated enforcement efforts, recognition of comity and jurisdictional restraint by courts and enforcers are likely to be needed to keep antitrust divergence within constructive and reasonable bounds.

THE INTERFACE OF COMPETITION AND REGULATION
IN THE EU AND THE UNITED STATES

*Ernst-Joachim Mestmäcker**

I. The Issues

In community law the relation of competition, competition law and regulation is governed by the applicability of competition law to regulated industries even where these industries are subject to regulation by Member States or secondary community legislation. The primacy of competition law over other legislative instruments follows from its source in the Treaty itself. Together with the so-called four freedoms (free movement of goods, of persons, of services and of capital and risk of establishment) they take precedence over conflicting Member States' rules and limit the legislative discretion of community institutions. In the administration of competition rules and regulation of infrastructure industries there is another defining difference: In competition policy the Commission's jurisdiction embraces administrative as well as certain legislative

---

* University of Hambourg, Max Planck-Institut.

powers. In regulating tele-communications and energy the Community so far has legislative powers only and oversees the implementation of Community directives by Member State authorities.

The interface of competition and regulation becomes relevant in the application of regulatory policies as well as in the application of competition rules. Regulatory policies are a substitute for competition. The hope and frequently their purpose is to be replaced by competition rules once the markets are workably competitive. Telecommunications are an important case in point.

The very purpose of competition rules is to avoid regulation. The now famous dictum of Justice Scalia in the *Trinko Case*[1] warning of "false positives", argues against an interpretation or administration of competition law that leads to regulation rather than to the maintenance of competition. These dialectics are common to community competition law and Unites States Antitrust. Recent opinions by the European Court of Justice and the United States Supreme Court highlight these issues.[2]

Rules against restraints of competition and regulatory rules are at least in principle governed by different rationals. Competition rules prohibit restrictions of competition without

---

[1] Verizon Communications Inc.- v. Law Offices of Curtis v. Trinko, 540 US 398 (2004).

[2] ECJ 29 April 2004, ECR 2004 I 5039, IMS Health; EC 17 September 2007 Microsoft v. Commission (Case T-201/04); Commission Decision 27 February 2008 fixing the definitive amount of the periodic penalty payment imposed on Microsoft Corporation by Decision C (2005) 4420 Final (Case COMP/C – 3/37. 792 Microsoft); US Supreme Court 13 January 2004 Verizon Communications Inc. – v. Law Offices of Curtis and Trinko, 540 US 398 (2004).

directing the undertakings' future conduct. The prohibition of cartels is representative. It is a negative intervention because it leaves former cartel members' future conduct to their own devices. The message is: Compete and do not sin again. The more general principle beyond the prohibition of cartels is that substantive standards and remedies of competition law must be consistent with the demands and conditions of effective competition.

In contrast regulatory policies are to control positively defined conduct frequently through prior authorization of prices and through ongoing oversight.

1. From Regulation to Competition

The transition from regulation to a regime of competition depends upon the development of market structures that make competition feasible. The Commission identifies markets that require *ex ante* regulation by the following criteria: The presence of high and non-transitory barriers to entry; the market structure does not tend towards effective competition; the application of competition law alone would not adequately address market failures.[3] The applicable Community directive defines as significant market power a position comparable to dominant positions

---

[3] Commission Recommendation, 17 December 2007 on relevant product and service markets within the electronic communications sector susceptible to *ex ante* regulation in accordance with Directive 2002/21/EC of the European Parliament and of the Council on a common regulatory framework for electronic communications networks and services, O.J. 28.12.2007, L 344/65.

on the market as defined in Article 82 Treaty.[4] In the absence of significant market power general competition rules apply and replace regulation. The transition to competition is excluded if the national regulatory agency "considers that denial of access to the network or unreasonable terms and conditions having a similar effect would hinder the emergence of a sustainable competitive market on the retail level or would not be in the end user's interest." German legislation provides for such a decision by the regulatory agency if the enterprise has significant market power.[5]

State monopolies pose additional difficulties. A first step is the abolition of special and exclusive rights. But even without these privileges service markets relying on networks will only develop through compulsory access to the networks. For newcomers the incumbent network operator is always a powerful rival. A recent European Court case of 10 April 2008 deals with the relevant conflicts and the Community law principles applicable thereto.[6] The EC Commission charged Deutsche Telekom, the former state monopoly, with an Article 82 abuse

---

[4] Directive 2002/19/EC of the European Parliament and of the Council of 7 March 2002 on access to and interconnection of, electronic communications networks and associated facilities (Access Directive), Art. 7,8; also Directive 2002/22/EC of the European Parliament and of the Council of 7 March 2002 on universal service and users' rights relating to electronic communications networks and services (Universal Service Directive), Art. 16-19.

[5] Critically *Monopolkommision,* 15. Hauptgutachten, Wettbewerbspolitik im Schatten nationaler Champions, 2002/2003, Intr., marginal number 64.

[6] EC 10 April 2008, Deutsche Telekom AG v. EC Commission (T--271/03).

through a price squeeze against actual or potential competitors. A price squeeze is the equivalent of predatory pricing by a dominant, vertically integrated undertaking underselling its competitors on the downstream market while imposing upon them high prices for access to the network on the upstream market. The Court's reasoning upholding the Commission's decision is repre-sentative of the relation of Member State regulation and EC Competition rules with respect to both procedure and substantive law.

Deutsche Telekom is subject to the German Telecommunication Statute and to the jurisdiction of the German network agency. All tariffs found by the Commission to be abusive had been subject to the agency's jurisdiction and had upon application been approved. This did not relief Deutsche Telekom of its community law responsibility. Member State measures will exclude an undertaking's accountability under competition rules only if the government compels anticompetitive conduct. To the extent that undertakings retain discretion of action they are responsible even if they act within a governmental framework. The German "price cap regulation" providing for flexible price policies within certain margins left Deutsche Telekom with "sufficient scope to fix its charges at a level that would have excluded an abuse" (Recital 124). Deutsche Telekom's responsibility included its failure to apply with the network agency for a price rise and in this way end predation through lower prices (Recital 143-145). This standard of abuse is derived from the case law on predatory pricing (Recital 189). Of general significance is the Court's observance that in the interpretation of Article 82 the general principle of legal certainty requires that the lawfulness of pricing practises of a dominant undertaking depend upon information at its disposal enabling it to assess the lawfulness of its own activities (Recital 192).

Finally the Commission's decision takes precedence over the German agency's decision that had considered and approved the very conduct now found illegal. It was immaterial whether the national agency rested its decision on Article 82 or on national law only. In neither case can the Commission be bound by a decision taken by a national body (Recital 120).

2. From Competition to Regulation

Similar problems arise where an unregulated dominant undertaking controls the access to follow up markets. In such cases the application of Article 82 or of Section 2 Sherman Act (monopolisation prohibition) may lead to compulsory access. The United States Supreme Court stressed the dangers for effective competition that may result from misguided "false positives".[7] The imposition of positive specific duties is the regular outcome where competition law interferes with single undertaking's free choice of their customers or their price policies. To avoid these pitfalls the Supreme Court favours a narrow interpretation of Section 2 Sherman Act that prohibits monopolisation and gives priority to relief through the regulatory powers of the Federal Communication Commission (FCC). This ruling is all the more significant because the Telecommunication Act of 1996 (Section 601b)1)) explicitly preserves the applicability of the Antitrust Laws to telecommunications. The Court appears confident that the regulatory powers of the FCC are more effective than adjudication under the Sherman Act.

---

[7] See N. 1.

In Community Law a threshold enquiry concerns the statutory purpose of the broad abuse prohibition in Article 82. If its main purpose is seen in price control, dominant undertakings become regulated undertakings. This view was advanced by my Belgium colleague René Joliet who later became a judge at the ECJ. He relied on Section 86 (a) Treaty (now Article 82 lit.a) that mentions the imposition of unfair purchase or selling prices as a possible abuse. He compared this provision with US-law. In the United States unfairly high prices are not an antitrust offence. Unfair or unduly high prices are the earmark of public utility regulation. On this basis he proposed to interpret Art. 86 as a kind of public utility regulation.[8] Article 86 then becomes an instrument of consumer protection which is to be implemented by price controls. René Joliet explicitly rejected my position that Art. 86 should be interpreted in analogy to the Art. 2 Sherman Act prohibition of monopolisation and had the purpose of protecting residual competition on the market of dominant enterprises.[9] Dominant undertakings do not necessarily exclude all competition on their market. They frequently try to control outside and potential competition, a competition that is not outside the system of undistorted competition as

---

[8] *Joliet*, Monopolisation and Abuse of dominant positions. A comparative study of the American and European approaches to the control of economic power, 1970, pp. 247 ff.

[9] *Mestmäcker*, Die Beurteilung von Unternehmenszusammenschlüssen nach Art. 86 EWGV (Mergers as an abuse under Article 86 Treaty), in: von Caemmerer / Schlochhauer / Steindorff, Probleme des Europäischen Rechts, Festschrift Walter Hallstein, 1966, pp. 322 ff.; also in *Mestmäcker*, Wirtschaft und Verfassung in der Europäischen Union. Beiträge zu Recht, Theorie und Politik der europäischen Integration, 2003, pp 597 ff.

guaranteed by the Treaty.[10] Since the seminal judgement of the ECJ in the Continental Can Case[11] the preservation and maintenance of viable competition governs the interpretation of Art. 82 ECT. Just as mergers by dominant undertakings that exclude all competition may be an abuse, so are other restrictive or exclusionary practices. Consequently the Court imposes on dominant undertakings a special duty not to impair the competitive structure of their markets.

The Commission's practice and the Court's case law show that such a pro-competitive interpretation of Art. 82 does not prevent borderline cases where competition rules have effects similar to regulation. Abusive refusals to deal by dominant undertakings are the most important source of such cases. Their rationale is usually summarized with the essential facilities' doctrine.[12] This doctrine was adopted by the European Commission from the US Antitrust laws. Yet in Community Law it has gained more importance than in the land of its origin. One reason was the applicability of Art. 82 in the now regulated Sectors of Telecommunication and Energy. As long as there

---

[10] For details see *Mestmäcker*, Concentration and Competition in the EEC, Journal of World Trade Law (Vol. 7) 1973, pp. 615, 637-647.

[11] ECJ 21st February 1973, ECR 1973, 215, Europemballage and Continental Can.

[12] See for a broad examination *Hohmann*, Die Essentials Facilities' Doctrine im Recht der Wettbewerbsbeschränkungen. Eine Untersuchung der allgemeinen Zugangs-regelung zu Netzen und anderen Infrastruktureinrichtungen gemäß § 19 Abs. 4 Nr. 4 GWB unter Berücksichtigung US-amerikanischer, europäischer und sektorspezifischer Erfahrungen, 2001; *Heinemann*, Immaterialgüterschutz in der Wettbewerbsordnung, 2002 pp. 93 ff.; see also *Engel/Knieps*, Die Vorschriften des Telekommunikationsgesetzes über den Zugang zu wesentlichen Leistungen. Eine juristisch--ökonomische Untersuchung, 1998.

were no statutory access duties, Art. 82 was the only instrument to deal with refusals of access to these networks. Essential facilities are, however, not only to be found in network industries. The cases in which the Commission and the ECJ found refusals to deal by single undertakings an Art. 82 abuse differ considerably in terms of factual and economic circumstances.[13] On the basis of the Court's jurisprudence the Commission favours a broad interpretation of the abuse prohibition in Art. 82. Where there is a monopolistic position, especially were a production structure has become an industry standard, the dominant enterprise will be obliged to admit and support new competition. If a standard is protected by intellectual property rights special circumstances will justify a compulsory license.[14] The trend towards regulation becomes evident when the denial of access to essential facilities is treated as a per se offence. In the words of Temple Lang, a former Commission official:

> "Where the duty to provide non discriminatory access to an essential facility applys, denial of access and discrimination are in themselves unlawful. Except in the case of intellectual property rights, the duty to provide access is not merely a remedy to be imposed if and when some other kind of abuse occurs."[15]

---

[13] ECJ 6th March 1974, ECR 1974, 223, para. 25, Commercial Solvents; ECJ 3rd October 1985, ECR 1985, 3261, para.26, Telemarketing; ECJ 6th April 1995, ECR 1995, I 743, para. 50, Magill; ECJ 26th November 1998, ECR 1998, I 7789, Bronner. ECJ 29 April 2004 ECR 2004 I 539 IMS/Health; EC 17 September 2007 Microsoft v. Commission (Case T-201/04).

[14] Decision of the Commission (3.7.2001), case COMP D 3/38.004, NDC Health/IMS Health: Interim measures para. 180 f.

[15] In: Hawk (ed.), Defining legitimate Competition: Companies' Duties to supply Competitors and Access to essential facilities, Fordham Corporate Law Institute, 1994, p. 245 (280).

II. Antitrust and Regulation in US Law

The Supreme Court's Trinko Case[16] addresses the dialectics of antitrust and regulation in the perspective of Section 2 Sherman Act and its relation to telecommunications' regulation. A comparison with Community law has to take into account structural differences which are of general relevance for a proper understanding of the different regimes. Contrary to the general applicability of Community competition law there is no general applicability of the antitrust laws to regulated industries. This does not indicate a minor priority of competition policy principles but is due to the unique position of competition rules in Community law. In the United States there is in federal law no equivalent to the Community law primacy of Treaty law over Member State law and secondary Community legislation. Last but not least there is, in the Community, no jurisdiction to apply community law regulation, here the Commission must rely on the cooperation of Member State agencies or on competition rules.

1. Refusals to Deal and Essential Facilities

a) Essential facilities

In light of the importance ascribed to the Essential Facilities Doctrine in United States' law, a comment is called for. The United States Supreme Court in Terminal Railroad Association

---

[16] See N. 1.

v. US of 1912[17] is frequently relied on as a model for a European Essential Facilities Doctrine. In this interpretation denial of access to an Essential Facility or Infrastructure by a dominant undertaking is an Article 82 abuse.[18] The frequent assumption, however, that the Supreme Court held the denial of access to an essential facility an unlawful monopolization in this and later cases is erroneous. The Supreme Court rejected this interpretation several times, most recently in the Trinko Case of 13 January 2004.[19] The diverging interpretations are due to the difference of substantive antitrust law offences and equitable remedies, a difference frequently neglected by European commentators. The Terminal Railroad Case is unambiguous in this respect. A joint enterprise of 14 railroad companies controlled the St. Louis station, the surrounding facilities as well as the ferry and bridge connections over the Mississippi. The Supreme Court ruled that this consortium violated Section 1 and 2 Sherman Act. Possible remedies were the dissolution of the joint enterprise or its commitment to grant non-discriminatory access to its jointly controlled facilities. The Court decided for non-discriminatory access. It retained jurisdiction, however, to order the dissolution of the joint enterprise in case

---

[17] US v. Terminal Railroad Association, 224 US 393 (1912).

[18] *Körber*, Geistiges Eigentum, essential facilities and "Innovationsmissbrauch". Überlegungen zum Microsoftfall im Lichte der EuGH Entscheidung IMS Health, RIW 2005, 881-891; *Drexl*, Intellectual Property and Antitrust Law, IIC International Review of Intellectual Property and Competition Law, Special Issue in Honour of Professor William A. Cornish, 2004, 788 ff.; *Spindler/Apel*, Urheber – versus Kartellrecht – Auf dem Wege zur Zwangslizenz, 133-138.

[19] See N. 1; for earlier decisions see *Mestmäcker/Schweitzer*, Europäisches Wettbewerbs-recht, 2. Auflage 2004 § 18, marginal number 33.

the mandated access should prove ineffective in restoring competition. The judicial determinations made in connection with an order for equitable relief necessarily take into account the specific legal violation; the remedy is not, however, a mirror image of the infringement.[20]

b) Monopolisation and regulation

In Trinko the Supreme Court addressed the question whether the Section 2 Sherman Act prohibition of monopolization is applicable to the denial of access to a telecommunications network even though the Telecommunications Act 1996 provided for such access. The plaintiff argued that a Local Exchange Carrier (LEC) infringed Section 2 Sherman Act by denying access to the local telephone network. The concurrent application of the Sherman Act is explicitly provided for in the Telecommunications Act (Section 601 (b (1)). The Supreme Court nevertheless ruled that the denial of access to the local telephone network was not an actionable offence under Section 2 Sherman Act. This results from a pro competitive interpretation of the antitrust laws in general and a narrow interpretation of illegal monopolization when applied to single enterprises: The antitrust-laws respect the principle of free choice of business partners; undertakings are not obliged to help their competitors. Exceptions to this principle have to be interpreted narrowly. This especially applies where the controversial conduct – in

---

[20] A not dated survey of the connection between breach of substantive law and remedy where illegal monopolization has been established will be found in US v. Aluminum Co. of America DC New York, CCH Trade Cases 1950/51; 62, 646.

this case, access to the network – is subject to the specific administrative regulation by the FCC. The Court's reasoning has been criticized as a recognition of or return to the traditional learning of the Chicago School of Antitrust.[21].

To put the case in perspective we have to distinguish its standing as a precedence for Section 2 monopolization and for its impact on the relation of regulatory statutes and the antitrust laws in general.

Contrary to Community competition law there is no general applicability of antitrust rules to undertakings in regulated industries. The standards developed by the Supreme Court in delineating antitrust and regulation in the absence of statutory guidance may help to interpret the interest balancing by Justice Scalia in Trinko. I propose to look at the interpretation of the Telecommunications Act, providing for the concurrent applicability of the antitrust laws, in light of the interest balancing applied in the absence of statutory directives.

Where regulatory statutes are silent with respect to the concurrent applicability of antitrust, courts must determine whether, and to what extent, they implicitly preclude its application. This determination will vary from statute to statute, depending upon the relation of antitrust to the regulatory program set force in the particular statute and the relation of the specific conduct at issue to the purposes of both sets of laws.[22] According to Justice Breyer, who wrote the opinion for the majority, the Court will inquire whether, given context and likely consequences, there is a "clear repugnancy" between the regulatory

---

[21] *Drexl* (n. 19), pp. 794 ff.
[22] Credit Suisse Securities et all v. Glen Billing, 551 US (2007) – slip opinion.

scheme and the specific antitrust claim. In finding incompatibility the following factors are critical: (1) The existence of regulatory authority to supervise the activities in question. (2) Evidence that the responsible regulatory entities exercise that authority and (3) a resulting risk of conflict from the concurrent application of regulation and antitrust (Slip opinion p. 10). In Trinko we find a comparable interest balancing. Justice Scalia considered that the Telecommunication Act serves the purpose of protecting competition and was applied effectively. The FCC had opened the network for the access of competitors. And the agency was better equipped to deal with the highly complex technologies of networks than the courts. It is against this background that the strict interpretation of Section 2 Sherman Act must be seen. The Court compares the effectiveness of regulation in telecommunications with the specific risk of using Section 2 Sherman Act and the courts to restrict and interfere with the participation of single firm monopolies in dynamic competition.[23]

---

[23] The history of antitrust law and regulation in telecommunications confirm a tradition of pragmatic interest balancing taking into account the problem solving potential and the effectiveness of competing institutions. The most important example is the break-up of American Telephone & Telegraph Co. under Section 2 Sherman Act. Based on a consent decree the industry was in fact regulated by the court charged with overseeing its implementation. In the words of the then famous Judge Green in charge of the consent decree: "If regulation would effectively prevent these anti competitive practises there would be no need for the AT & T action". US v. AT & T, 552 F Supp. 131, 187 (1982). For details see *Haar*, Marktöffnung in der Telekommunikation, Wirtschaftsrecht der internationalen Telekommunikation, vol. 25, 1995, pp. 155 ff.; on newer developments *Geradin/Kerf*, Controlling Market Power in Telecommunications. Antitrust vs. Sector-specific Regulation, 2002, pp. 67 ff.

c) Competitive potential of single firm monopolies

The Supreme Court discussed the anti-competitive potential of Section 2 Sherman Act if applied to refusals to deal by single firm monopolies. I quote:

> "The mere possession of monopoly power, and the concommittant charging of monopoly prices, is not only lawful; it is an important element of the free market system. The opportunity to charge monopoly prices – at least for a short period – is what attracts "business acumen" in the first place; it induces risk taking that produces innovation and economic growth."

The Supreme Court appears to apply the idea that private monopolies not unlike exclusive rights such as patents or copyrights promote the progress of science and useful arts. With "business acumen" the opinion refers to but does not quote the Alcoa Decision and Judge Learned Hand's treatment of lawfully obtained monopolies.[24] The competition the anti-trust-laws protect includes lawful acquisition of a monopoly: "The successful competitor, having been urged to compete, must not be turned upon, when he wins". The prize of successful competition may be a monopoly. And the narrow interpretation of the Section 2 Sherman Act in its application to refusals to deal is based on firmly established traditional principles. I quote US v. Colgate and Co[25]:

> "The purpose of the Sherman Act is to prohibit monopolies, contracts and combinations which probably would

---

[24] US v. Aluminum Co. Of America 148 Fed (2d) 416 = CCH Trade Cases 1944-45, 57/342 (684).
[25] 250 US 300 (1919).

unduly interfere with the free exercise of their rights by those engaged, or who wish to engage, in trade and commerce – in a word to preserve the right of freedom to trade. In the absence of any purpose to create or maintain a monopoly the act does not restrict the long recognized right of trader or manufacturer engaged in an entirely private business, freely to exercise its own independent discretion as to parties with whom he will deal".

The free choice of a trading partner and the freedom to set prices are of the essence of competition. Administrative restriction of the freedom to compete necessarily leads to positive commands and to special risks for the effectiveness of competition. The courts then have to act as "central planning courts" (Trinko) in order to oversee such rules. For such a rule courts are, according to Justice Scalia, not well equipped. These are then the risks of "false positives" that argue against compulsory contracting and price control by courts.

III. Refusals to Deal by Dominant Undertakings in Community Law

1. Special Responsibility of Dominant Undertakings

Community law recognises the right of dominant undertakings to pursue their own interests in their relation with competitors as well as in dealings with customers and suppliers. As in the United States refusals to deal are an essential part of freedom of trade. Dominant undertakings have, however, a special responsibility not to impair effective competition on their markets.

Advocate General Jacobs in IMS-Health analysed the anticompetitive potential of finding refusals to deal an Article 82 abuse, a finding that results in compulsory contracting and price controls.[26] If dominance is based on copyright, "special circumstances" will justify compulsory licensing. The challenge for Commission and courts is to balance the legitimate individual interest resulting from investments in property and industrial property rights, and the public interest in ensuring that competition in the internal market is not distorted. Advocate General Jacobs' critical attitude towards the prohibition of refusals to deal is not very different from the Supreme Court's attitude in Trinko: The right to choose your trading partner is a fundamental right, in some Member States even constitutionally protected; as a rule it promotes competition in the long run. It is in the interest of consumers as well to prevent actual or potential competitors of dominant undertakings to use their facilities and to profit from their investment; it is not the purpose of competition rules to help or protect competitors; in balancing these interests the source and value of the investment has to be taken into account. Where copyrights are involved special circumstances only will justify compulsory license. An abuse will be found only if the access to a facility, product or service is an indispensable prerequisit for competition on a related market.

In comparing the EU experience with the US practice it is evident that in the EU the prosecution of abusive refusals to deal is more frequent than in the United States. Important reasons are exclusive rights of government monopolies that exclude all competition on their own markets as well as on

---

[26] Opinion in IMS Health 28 May 1998 CR 1998 I 7791 Rec. 54-62.

secondary or follow up markets.[27] While government monopolies dominate the Commission's administrative practice, the Court's jurisprudence developed in cases of private monopolies including cases of copyright assisted market dominance.[28] This includes the most important Microsoft Case where the Court assumed, without deciding, that Microsoft is the owner of copyrights protecting its work group server operating system.[29] I propose to discuss the principles applicable to abusive refusals to deal as applied in Microsoft.

In Microsoft it was common ground for the Commission, the respondent and the Court that the case was governed by case law as developed in Magill, Bronner and IMS-Health. There is, however, a remarkable change in the conditions for finding refusals to deal abusive. In Magill as in Bronner and in the Commission's administrative practice refusals to deal were prohibited because they had the purpose and effect of maintaining a monopoly or preventing competition on a secondary market. In IMS-Health the Court modified this requirement. The request of a competitor to enter the market of the dominant undertaking was found sufficient to create a new market, if the claimant wanted to make or offer a new product for which there was demand by consumers.[30] The use of the new product "on different stages of production" was an equivalent of a secondary market. In Microsoft the Court did not rely on the

---

[27] For an overview see *Ritter/Braun*, European Competition Law. A practitioner's guide, 3rd ed. 2004 p. 479.

[28] ECJ 29 April 2004 ECR 2004 I 5039 IMS Health; ECJ 6 April 1995 ECR 1995 I 743 Magill.

[29] EC 17 September 2007 Microsoft v. Commission (Case T-201//04).

[30] IMS Health Rec. 49.

requirement of a secondary market or a new product. Determinative was limiting of technical development to the prejudice of consumers within the meaning of Article 82 (b) (Rec. 665). Against this background I now turn to the Microsoft case.

2. Microsoft and the Abusive Refusal to Deal

Microsoft was found to be dominant on two markets: On the market for client PC operating systems (market share 90%) and on the market for work group server operating systems (market share 60%). Microsoft entered this market after competitors had developed the appropriate software for this new product. Microsoft relied on its monopoly for client PC operating systems to promote its market position in the market for work group server operating systems and refused to supply former customer / competitors with the interoperability information necessary to access the two now combined markets.

The principles the Court relied on to find a dominant undertaking's refusal to grant a license on its copyrighted software an abuse may be summarised as follows: The product or service in question is indispensable for carrying on a particular business; the refusal is liable to exclude all competition on a secondary market; the refusal prevents the emergence of a new product for which there is positive consumer demand; the refusal is not objectively justified (Rec. 176 Microsoft Summary). The relevance of these conditions appeared to be uncontroversial. Most controversial was, however, their interpretation.

a) *Indispensability*

Controversial with respect to both fact and law was the indispensability of the interoperability information for the activity of competitors in the market for work group server operating systems. The Court held the interoperability information required by the Commission was indispensable for competitors to remain viably on the market. That information was of particular relevance in relation to both, the interoperability of work group server operating systems and the client PC operating system where Microsoft enjoys an almost complete monopoly (Rec. 386, 387). Microsoft had been able to impose the Window domain architecture "as the de facto standard for work group competitors" (Rec. 392). That position had been instrumental in the growth of Microsoft's own work group server operating systems (Rec. 393).

b) *Elimination of competition*

The elimination of competition through a refusal to license depends first on the definition of the relevant market – here the market for work group server operating systems. In confirming the definition of that product market the court ruled that elimination of competition will be found if the refusal is likely to eliminate all effective competition (Rec. 563). The likelihood of the exclusion of effective competition was derived from the following circumstances: The growth of Microsoft's market shares after it entered the said product market and the decline of competitors' market positions and competitive opportunities; the disruption of information exchange with former customer-competitors after Microsoft entered the relevant market; the network effect flowing from Microsoft's internal interconnection of the group server operating systems with the monopolistic personal computer operating system.

c) *The new product*

In IMS Health the Court of Justice found a refusal to license an abuse because it prevented the appearance of a new product for which there was an unsatisfied consumer demand. The Court considered this part of case law under the more general Article 82 (b) principle that prohibits abusive practices which consist in "limiting production, markets or technical development to the prejudice of consumers" (Rec. 643). Microsoft's conduct was found to limit and interfere with technical development and progress, because competitors were prevented to make the advance technical features of their product available to consumers (Rec. 654).

Contrary to Microsoft's position, consumer harm was not excluded because no consumer had claimed to have been forced to adopt Microsoft's Window Group Server (Rec. 662). Article 82, according to the Court, concerns not only practices which may prejudice consumers directly but also those which indirectly prejudice them by impairing an effective competitive structure (Rec. 664). The confirmation of this rule is of general significance for the interpretation of Article 82: the effective competitive structure does simultaneously protect consumer choice.

d) *Objective justification*

The court accepted in principle the defence of objective justification of abusive conduct. It is on the dominant undertaking to raise a plea of objective justification and support it with evidence (Rec. 688). It then falls to the commission in finding an abuse to show and prove that the justification can not be accepted. Objective justification is part of the administrative procedure guaranteeing the respondent the right to be heard and to introduce evidence. It does, however, not relieve the Commission from its final burden of proof and responsibility in finding an offence.

The test of objective justification adopted by the Court is probably the opinion's most important and most controversial part. It is important because it structures the finding of abuse under Article 82 in general; it is controversial because the Court modified the balancing test, adopted by the Commission to specify "objective justification". The Commission balanced the possible negative impact of its order to supply competitors with vital information on Microsoft's incentive to innovate with the positive impact on the level of innovation in the industry as a whole (including Microsoft Rec. 706). Objective justification failed because the negative impact on Microsoft was outweighed by its positive industry wide impact on innovation.

The change of perspective from individual conduct and effects to industry wide performance is a characteristic by--product of an efficiency defence favoured by the Commission in other contexts as well. The balancing test in the contested decision reflects the Commission's discussion paper on Article 82 considering objective justification or an efficiency defence along the lines of Article 81 par 3 EC Treaty.[31] The Court, fortunately, did not adopt the efficiency defence in general nor the technological balancing test of the contested decision. It reduces the scope of "objective justification" to the consideration

---

[31] DG Competition Discussion Paper on the application of Article 82 of the Treaty to exclusionary practises, Brussels December 2005, p. 24 Par. 5.5. Possible defences: Objective justifications and efficiencies of refusals to supply, p. 60.

whether the alleged negative impact on Microsoft's incentive to innovate might prevail over the specific "exceptional circumstances" of the case at hand. Copyright as such cannot justify a refusal to license where that refusal has been found to be abusive (Rec. 690). The initial burden to come forward with facts that the disclosure of information stifles the incentive to innovate is on the dominant undertaking. Vague, general and theoretical arguments are insufficient.

Inadmissible are facts that have been analysed already in the scrutiny of abusive conduct.

The Court finally confronted Microsoft's argument that the disclosure of interchangeabililty would eliminate its incentive to innovate. Competitors were interested in developing differentiated products of their own. They had no interest in copying or cloning Microsoft's product (Rec. 701).

3. The Monitoring Trustee

The very real difficulties expounded by the Supreme Court in Trinko and by Advocate General Jacobs in Bronner, are born out by the Commission's design and the administration of remedies in Microsoft. Recognising the difficulties of designing, implementing and controlling the remedy to be imposed on Microsoft, the Commission tried to shift the burden to Microsoft and to delegate its own authority to an "independent monitoring trustee". The trustee was to be renumerated by Microsoft.

The Court summarised the proposals the Commission submitted to Microsoft and that were, after Microsoft's acceptance, to be incorporated in the decision on remedies (Rec. 1233--1237). The trustee was to be appointed by the Commission from a list of persons submitted by Microsoft. The trustee was to be independent of Microsoft and entitled to hire experts. Provisions were to be established in order to guarantee that the trustee had access to Microsoft's assistance, information, documents, premises and employees to the extent that he may reasonably require such access in carrying out his mandate.

The trustee was to have full access to the source codes of the relevant Microsoft products (any controversy as to the accuracy and completeness of the specifications that will be disclosed could only be resolved if the technical information is checked against the actual source code of Microsoft's products).

All costs of establishment of the monitoring trustee including a fair renumeration for the monitoring trustee's activities are to be born by Microsoft.

The trustee's responsibility was to issue opinions on whether Microsoft had, in a specific instance, failed to comply with the contested decision (including compliance with the obligation to implement the remedies correctly). These opinions to be given either upon application by a third party or by the Commission, or by the monitoring trustee acting on his own initiative.

As regards the abusive refusal to disclose the interoperability information, the monitoring trustee was required to assess whether the information made available by Microsoft was complete and accurate, whether the terms under which Microsoft makes the specifications available and authorises their use were reasonable and not discriminatory and whether the ongoing disclosures were made in a timely manner.

The Court had no difficulty to find this part of the Commission's order untenable. I quote: "It follows that the Commission has no authority, in the exercise of its powers under Article 3 of regulation No. 17 to compel Microsoft to grant to an independent monitoring trustee powers which the

Commission is not itself authorized to confer on a third party. The second subparagraph of Article 7 of the contested decision is therefore without legal basis, particularly insofar as it entails the delegation to the monitoring trustee of powers or investigation which the Commission alone can exercise pursuant to regulation No. 17" (Rec.1271).

There are additional means that cast doubts on the order's legality. Microsoft would have been deprived of judicial protection in the implementation of remedies because all implementing measures were to be based on Microsoft's own investiture of the trustee. The delegation of powers of information and inspection which the Commission itself does not have. An important example is the trustee's access to source codes of copyright protected products. The delegation of powers of investigation on the premises of Microsoft that are strictly limited by human rights when exercised by the Commission itself.

4. Reasonable Renumeration for the Availability of the Interoperability Information

The Microsoft saga does not end here. The functional transformation of competition rules to regulation becomes evident in the Commission's decision of 27th February 2008 on the fixing of the definitive amount of periodic penalty payments imposed on Microsoft.[32] The 70 page controversy on the

---

[32] Microsoft was ordered to pay 899 Million € for the period from 21st June 2006 to 21st October 2007 for failing to comply with the obligations regarding reasonable and non discriminatory renumeration for making the required technical information available.

economic standards to be employed in finding a fair and non-discriminatory renumeration is a vivid reminder that the enforcement of prohibitions of refusals to deal will lead to a "planning tribunal" that grapples with the difficulties of price control that are to be compatible with the requirements of competition.

IV. Conclusions

The balancing of interests in the application of Article 82 to refusals to deal by individual undertakings can not be reduced to the contrast between the self interest of the dominant enterprise and the public interest in competition. The balancing has to include the difficulties and vagaries of remedies. Generally even residual competition and realistic potential competition are to be preferred to regulation. A major consideration in deciding priorities of enforcement of competition rules is the origin and structure of dominant positions, particularly the presence of high and persistent barriers to entry. Government monopolies, even without exclusive rights, are more resistant to competition than privately owned dominant undertakings.

PRICES AND PROFITS IN DOMINANT
FIRM ADJUDICATION

F. M. Scherer*

Let me begin by proclaiming that the Microsoft case was a European triumph.[1] It showed that the European competition authorities could deal with tough problems more effectively than their American counterparts. But from my participation during October 2004 as a witness before the Court of First Instance on behalf of Real Networks, I had two misgivings.

First, the Commission and the Court heard witnesses not only from the EC and Microsoft, but from competitors to Microsoft. I believe this is inappropriate. It gives the impression that the Commission is "protecting competitors rather than competition" – a charge U.S. antitrusters have for decades avoided like the Plague. With a strong staff now, DG COMP should present <u>its own</u> witnesses and discourage third party

---

* Harvard University – April 2009 Revision.
[1] For my own brief comparative analysis of the U.S. and E.C. cases, see F. M. Scherer, "Technological Innovation and Monopolization," in W. D. Collins, ed., <u>Issues in Competition Law and Policy</u> (American Bar Association: 2008), vol. II, pp. 1057-1067.

intervention. To be sure, in complex cases it may need help from private parties, but that should be done informally, as it is in the United States.

Second, as I began my (awkward) consultation on behalf of Real Networks, I was shocked to learn that, although insisting that Microsoft offer a version of Windows with Windows Media Player unbundled, the Commission was requiring no price differential between the bundled and unbundled versions. It was clear from the outset that the remedy would be ineffective, and it has been. Almost no unbundled versions have been demanded.

The Problem of Controlling Prices

The second point raises a much more fundamental issue: to what extent the Commission should focus on prices in Article 86 abuse of dominance cases.

Article 86 of the original Treaty of Rome (1957) prohibits "any abuse ... of a dominant position within the Common Market," and in the first clarifying clause (a), it defines as abuses "directly or indirectly imposing unfair purchase or selling prices or other unfair trading conditions." This suggests three more pointed questions:

(1) Is it an illegal abuse for a dominant enterprise to charge high prices and realize commensurately high profits?
(2) Can high profits be used as contributory evidence of a dominant market position?
(3) Under what circumstances should price changes be ordered as a remedy to a finding of abuse by a dominant enterprise (or in the United States, as a remedy for proven monopolization)?

I believe I understand why the Commission did not try to specify prices for the unbundled version of Windows: Previous attempts by the Commission to infer abuse of dominance from high prices and to alter those prices were unsuccessful, having been rebuffed by higher Community courts.

In the General Motors case (1975 E.C.R. 1367), the European Court of Justice held that charging a price excessive relative to the economic value of the service could be abusive, but that the issue was moot because GM had refunded the allegedly excessive margins. The "excessive price" test articulated by the Court, I must note, is nonsensical to an economist, because every price along a monopolist's demand curve reflects the economic value of the relevant unit to a consumer on the margin between buying the service and not buying.

Similarly, in the United Brands (Chiquita) case (1978 E.C.R. 207), the Court of Justice concluded that the Commission had not charged prices that were unfair, and it set out difficult standards for proving unfairness, thereby nullifying the Commission's order for a 15 percent price reduction.

In parallel cases under German law, attempts by the Cartel Office to prove abuse of dominance through excessive pricing met with brusque rejection from higher courts, e.g., in the Valium tranquilizer case (1980) and a case alleging excessive markups of crude oil prices by leading petroleum companies in 1974.[2]

---

[2] See e.g.Erich Kaufer, "The Control of the Abuse of Market Power by Market-Dominant Firms under the German Law Against Restraints of Competition," Zeitschrift für die gesamte Staatswissenschaft, vol. 136 (September 1980), pp. 510-532; Ingo Schmidt, "Different Approaches and Problems in Dealing with Control of Market Power: A Comparison of

A possible exception might be the cellular telephone roaming charge intervention that was concluded in 2006. COM(2006) 382 final (July 2006). Under it, cell phone operators were required to limit their roaming charges on calls made outside the telephone holder's EC home country to specified percentage amounts relative to the average charges levied for inter-network calls within the call-originating nation. But this action was rooted mainly in Article 95 of the EC treaty (on taxes that distorted trade within the Common Market), not in abuse of dominance under old Article 86 (now Article 82 following a treaty revision).

There are deep philosophical arguments for skepticism toward viewing excessively high prices as an actionable abuse of a dominant position.

For one, EC law was influenced significantly by developments in German law, whose passage was promoted by the Freiburg-Ordo School, of whom Franz Boehm was a contemporary leader and Ludwig Erhardt, later prime minister of Germany, was a powerful spokesman. Boehm is said to have exclaimed, "It is easier to hold a greased pig by the tail than to control a firm for abuse of a dominant position." Similarly, Ingo Schmidt, previously chief economist of the German Federal Cartel Commission, characterizes Freiburg school doctrine as perceiving competition to be "a process of discovery whose results are unknown." Therefore, he continues, "It is not possible

---

German, European, and U.S. Plicy Towards Market-Dominating Enterprises," The Antitrust Bulletin, vol. 128 (Summer 1983), pp. 417-460; and Eleanor Fox, "Monopolization and Dominance in the United States and the European Community: Efficiency, Opportunity, and Fairness," Notre Dame Law Review, vol. 61 (1986), pp. 981-1020.

to construct a hypothetical 'as if' price [i.e., one that would obtain under effective competition], as nobody knows this price. The von Hayek School, therefore, rejects any performance control as government intervention which is not consistent with a free society; it only agrees to conduct control."[3]

Actually, it is inaccurate to attribute this hands-off stance to Friedrich von Hayek. In the 1976 edition of his classic, The Road to Serfdom[4], Hayek makes clear his antipathy to monopoly. And in one key passage (p. 198), Hayek concludes, "Even if [stringent price control] should have the effect ... that the services of the monopolistic industries would become less satisfactory than they might be, this would be a small price to pay for an effective check on the powers of monopoly. Personally, I should much prefer to have to put up with some such inefficiency than have organized monopoly control my way of life."

In the early development of U.S. antitrust law, the Supreme Court, confronted with a defense against collusive price-fixing arguing that the prices fixed were reasonable, observed inter alia that "The reasonable price fixed today may through economic and business changes become the unreasonable price of tomorrow ... [Holding price-fixing per se illegal avoids] ... "the burden of ascertaining from day to day whether it has become unreasonable through the mere variation of economic conditions."[5] Similarly, in the famous Alcoa case, appellate Judge Learned Hand chose not to consider claims that Alcoa's profits were reasonable, partly on accounting grounds – "the profit on

---

[3] Schmidt, supra note 2, at p. 434.
[4] The Road to Serfdom, revised with new preface (University of Chicago Press: 1976).
[5] U.S. v. Trenton Potteries Co. et al., 273 U.S. 392 (1927).

ingot was not necessarily the same as the profit of the business as a whole, and ... we have no means of allocating the proper share to ingot" – and partly on more general grounds – "the mere fact that a producer, having command of the domestic market, has not been able to make more than a 'fair' profit, is no evidence that a 'fair' profit could not have been made at lower prices."[6]

Dominant Firm Profitability

Despite the difficulties of having competition policy enforcers carry the burden of ascertaining whether prices are unreasonable and therefore abusive, there is a rationale for considering at least profitability in dominant firm cases. To pursue such a case, one must ascertain what the relevant market is. There are well-accepted tests for doing this – i.e., the so-called SSNIP test, asking whether substitutes would flow into the market if prices were elevated significantly. But for dominant firms that have monopoly power, this test fails because of what is known as the Cellophane fallacy.[7] Specifically, a profit-maximizing monopolist will raise its price near to, but not at or beyond, the level at which substitutes become a significant threat.[8] Therefore, if one asks what will happen when an

---

[6] U.S. v. Aluminum Co. of America et al., 148 F. 2nd 416, 430 (1945).

[7] An early indication of the difficulty was in my textbook, Industrial Market Structure and Economic Performance, second edition (Rand McNally, 1980), p. 60.

[8] A diagrammatic illustration of the problem is found in Scherer, "Technological Innovation and Monopolization," supra note 2, Figure 2.

established monopolist should raise its price, one will usually find lurking substitute competition, which nullifies the valid finding of monopoly power. One way to avoid this is to examine the profitability of the alleged dominant firm. This was not done in the U.S. Microsoft case because the principal economic witness for the government had argued strenuously in the earlier IBM monopolization case (on behalf of IBM) that profit data are meaningless.[9] But in fact, correcting for accounting biases, my colleagues and I showed in an amicus curiae brief that Microsoft's return on investment was an astounding 88 percent – a clear indication of monopoly power.[10]

The Relevance of Prices in Remedies

The remaining difficult issue is whether enforcement agencies and/or the courts should order changes in prices, or otherwise specify prices, when such intervention appears necessary in order to make the remedies for proven abuse of dominance, or monopolization, effective. From the Microsoft case, we can identify two sub-issues.

First, should the Commission have prescribed a percentage differential between the price of the bundled and unbundled versions of Windows? I would argue that such specification was necessary and appropriate to render the remedy effective. How

---

[9] See Franklin Fisher et al., Folded, Spindled, and Mutilated: Economic Analysis and U.S. v. IBM (MIT Press: 1983), especially Chapter 7.

[10] Robert Litan, Roger Noll, William Nordhaus, and F. M. Scherer, amicus curiae brief on remedies submitted to Judge Thomas Penfield Jackson in U.S. v. Microsoft Corporation (April 2000), Appendix.

could it be established? Given that the marginal costs of software are near zero, one way would be to reduce the price of the unbundled version by the ratio of proven R&D expenses developing Windows Media Player to the sum of those R&D costs plus R&D costs for the development of Windows XP. Or alternatively, if this is too difficult, an arbitrary 15 percent differential would have been appropriate.

After some delay, the European Commission eventually intervened in fixing the royalties Microsoft was to receive for interoperability technology its April 2004 decision required. I commend the Commission for its action. In October 2007, the Commission reduced the fee for provision of interoperability information to a flat 10,000 Euros, and, where Microsoft had originally demanded a 7.0 percent royalty for use of its patents, the Commission reduced the royalty rate to 0.4 percent. And no patent rights were to be asserted by Microsoft against non-commercial open source software projects. Here the intervention affected not product prices strictly speaking, but the price one must pay for access to proprietary technology and information.[11]

Does Intervention Jeopardize Technological Innovation?

On May 22, 2008, at a conference in St. Gallen, Switzerland, Judge Bo Vesterdorf, retired chief judge of the European Court of First Instance and presiding judge at the Microsoft appeal,

---

[11] On government royalty-setting experience in compulsory licensing situations, see F. M. Scherer and Jayashree Watal, Post-TRIPS Options for Access to Patented Medicines in Developing Nations," Journal of International Economic Law, vol. 5 (December 2002), pp. 920-924.

expressed surprise at the magnitude of the non-compliance fines levied on Microsoft and, more directly to our concern here, he warned that "one should be careful" not to encroach too much on patent rights "by a too-zealous enforcement of competition law." He warned further that such encroachment could "create legal uncertainty for the holders of intellectual property rights, thereby perhaps diminishing the incentives to sometimes desirable but very expensive research and development."[12] His concern presumably turned on both the compulsory licensing of Microsoft's patents and Commission intervention in requiring royalty rates much lower than those sought by Microsoft. Compulsory licensing at royalty rates less than those companies could otherwise command is an important variant on the price intervention theme. Analogous actions have been taken by the EC authorities under an "essential facility" argument in the Magill (1989, 1995) and IMS Health (2004) cases.

I share Judge Vesterdorf's concern, but once upon a time I was much more worried about the problem than I am now. During the 1940s and 1950s, the U.S. antitrust authorities obtained orders requiring compulsory patent licensing in settlement of approximately one hundred antitrust cases involving an estimated 40 to 50 thousand patents. Concern reached a peak in January 1956, when both IBM and AT&T consented to compulsory patent licensing decrees involving more than 10,000 patents, most to be licensed at zero royalties. My colleagues and I at the Harvard Business School were so concerned about the threat to technological progress posed by these decrees

---

[12] From a Reuters news dispatch May 22, 2008, by David Lawsky, read on the American Antitrust Institute web site.

that we launched a joint research effort, interviewing 22 companies, most targets of the compulsory licensing decrees, and receiving written questionnaires from 69 companies. We learned to our great surprise that the compulsory licensing decrees had little to no perceptible adverse impact on companies' research and development investments and that, more generally, patents were simply not a very important consideration in R&D support decisions.[13] More important, we found, were the advantages companies obtained by being "first movers" in new product or process technology areas. This finding has been validated in numerous additional studies, by C. T. Taylor and Z. Aubrey Silberston in the United Kingdom, by Edwin Mansfield from the University of Pennsylvania, by Richard Levin and associates at Yale University, by Wesley Cohen and associates at Carnegie-Mellon University, and in a statistical study by me.[14] There are, to be sure, exceptions, e.g., patent protection is very important in pharmaceutical development decisions. But for

---

[13] F. M. Scherer and eight others, Patents and the Corporation (second edition, privately published: Boston, 1959).

[14] C. T. Taylor and Z. Aubrey Silberston, The Economic Impact of the Patent System (Cambridge University Press: 1973); Edwin Mansfield, "Imitation Costs and Patents: An Empirical Study," Economic Journal, vol. 91 (December 1981), pp. 907-918; Mansfield, "Patents and Innovation: An Empirical Study," Management Science, vol. 32 (February 1986), pp. 173-181; Richard Levin et al., "Appropriating the Returns from Industrial Research and Development," Brookings Papers on Economic Activity, 1987: Microeconomics, pp. 783-831; Wesley M. Cohen et al., "Protecting Their Intellectual Assets: Appropriability Conditions and Why U.S. Manufacturing Firms Patent (or Not)," National Bureau of Economic Research working paper no. 7552 (May 2004 revision); and F. M. Scherer, The Economic Effects of Compulsory Patent Licensing, New York University Monograph Series in Finance and Economics (1977), pp. 66-78.

most fields of technology — and the software work done by Microsoft is included here — compulsory licensing decrees pose at most mild risks. This evidence — and I urge skeptics to examine it carefully — will, I hope, assuage the fears of Judge Vesterdorf and others.

Conclusion

To sum up, much remains to be done within the European Community in establishing the correct tradeoff between control of monopolistic abuses and intervention of a price-regulating character. The Microsoft case was a key milestone in that development, and it is fair to say, the Commission's success was considerable but not complete. The Commission competition authorities and their reviewing courts need to recognize that there are times when intervention in the price-setting mechanism is an appropriate, and perhaps the only feasible, way to remedy monopolistic abuses.[15] Reticence, to be sure, is warranted. They need also to study the extensive literature, mostly originating in the United States, about the effects of compulsory patent licensing and other impairments on intellectual property rights. The result will be an even more effective enforcement program.

---

[15] When California electricity prices were soaring to unprecedented levels, my students were astonished to learn that, through the application of appropriate price controls, a monopolist could be induced to increase its output. An early demonstration was in Joan Robinson, The Economics of Imperfect Competition (Macmillan: 1933), pp. 160-163. A more extended discussion with historical references is in F. M. Scherer, Industrial Market Structure and Economic Performance, first edition (Rand McNally: 1970), pp. 413-416.

NETSCAPE IS DEAD:
REMEDY LESSONS FROM THE *MICROSOFT* LITIGATION

*Harry First**

I. Introduction

On December 28, 2007, in a blog entry, Netscape announced that AOL would be discontinuing its support for the Netscape browser, which it had acquired for $10.2 billion in 1999. By the time the entry was posted, however, AOL's effort had already dwindled to a "handful of engineers." AOL officially took Netscape off life support on March 1, 2008. Netscape did not live to see its fourteenth birthday.

The report of Netscape's death was greatly exaggerated, however. Netscape actually died in May of 1998, less than a

---

* Charles L. Denison Professor of Law, New York University School of Law. I was Chief of the Antitrust Bureau of the New York State Attorney General's Office from May 1999-May 2001, during which time I was responsible for supervising New York's efforts in the Microsoft litigation. I thank Philip Weiser for his very helpful comments on an earlier draft. Research support was provided by a research grant from the Filomen D'Agostino and Max E. Greenberg Research Fund at New York University School of Law. © Harry First 2009.

year before AOL foolishly bought it. On May 18, 1998, federal and state government antitrust enforcement agencies filed monopolization cases against Microsoft for its conduct of the "browser wars." The key aspect of the governments' complaints was Microsoft's decision to integrate its own Internet Explorer browser into Windows 98 in a way that made it difficult to remove and substitute a competing alternative. As the plaintiffs were filing their complaints, Microsoft was about to ship the code for Windows 98 to computer manufacturers and the plaintiffs asked the trial judge to preliminarily enjoin the shipment lest the browser market irreversibly tip in Microsoft's favor. Four days later, though, the trial judge denied the motion. As a result, a new generation of "Windows 98 computers" was produced, placing Microsoft's browser and its browser icon on the desktops of millions of computer users. It would take another three years before any relief would be granted for bundling IE into Windows. By then the relief did not matter. IE dominated the marketplace.

Actually, Netscape did not fully die in 1998. Instead, it sowed the technological seeds for a competing browser by making its code into open source. In 2003 AOL spun off the development of this open-source software to the newly-created Mozilla Foundation, which AOL supported financially, and Mozilla then developed an independent browser, Firefox. Firefox and Netscape (based on the same underlying code) began releasing versions with features that were not available in Internet Explorer, thereby gaining users. By 2007 60 percent of users in one survey rated Firefox as the "best browser." Only 11 percent rated IE as the best. By May of 2008 – ten years after the monopolization cases were filed against Microsoft – Firefox had almost 18 percent of the browser market. But IE had nearly 75 percent of the market and Microsoft retained more than 90 percent of the desktop operating system market, the market that in 2000 the district court judge found that Microsoft had illegally monopolized.

Some competitors in the browser market have begun talking of a "second browser war" which will be won not by "monopolistic muscle but by innovation."[1] Others are not so sure that monopolistic muscle is out of the picture. On January 17, 2009, following a complaint from Opera, a commercial browser with less than one percent of the market, the European Commission announced that it had sent a Statement of Objections to Microsoft outlining its "preliminary view" that Microsoft's tying of Internet Explorer to the Windows' operating system was an abuse of dominant position in violation of Article 82.[2] The Commission has also reported that other tying complaints had been filed against Microsoft, including a complaint involving Microsoft's search-engine products, as well as the filing of a complaint that Microsoft was refusing to disclose interoperability information relating to its Office productivity software. The Commission announced that it will be investigating those complaints as well.[3]

---

[1] *See* Brad Stone, Open-Source Upstart Challenges the Big Web Browsers, N.Y. Times, May 26, 2008, C1 (quoting partner in a firm that has invested in a browser start-up).

[2] *See* Commission Confirms Sending a Statement of Objections to Microsoft on the Tying of Internet Explorer to Windows, MEMO/09/15 Jan. 17, 2009, *available at* http://europa.eu/rapid/pressReleasesAction.do?reference=MEMO/09 15&format=HTML&aged=0&language==EN&guiLanguage=en.

[3] *See* Commission Initiates Formal Investigations Against Microsoft in Two Cases of Suspected Abuse of Dominant Market Position, Memo/08/19, Jan. 14, 2008, *available at* http://europa.eu/rapid/pressReleasesAction.do?reference=MEMO/08/19&format=PDF&aged=0&language==EN&guiLanguage=en.

From an antitrust standpoint the developments in the browser area are particularly disheartening. After a decade of global antitrust enforcement against Microsoft we seem to be back to where we started, worried about the same products and with Microsoft still holding a monopoly position in the operating system market. It is browser wars 2.0.

The challenge that these developments pose to antitrust is not primarily a challenge of doctrine, however. Courts on both sides of the Atlantic – indeed, relatively conservative courts – have agreed that Microsoft's conduct violated antitrust law. Rather, the challenge is one of remedy.

In this chapter I will use the *Microsoft* litigation as a way to explore some of the remedial issues that antitrust faces in monopolization cases. As a general matter, I think that we have paid too little attention to remedies. My argument is that closer attention requires three things: (1) a greater consideration of potential remedies prior to bringing monopolization cases; (2) use of the full panoply of remedial options; and (3) greater attention to evaluating remedies, including articulating goals and establishing benchmarks for measuring progress.

II. The *Microsoft* Litigation

To give some context to the remedies debate it is useful to review briefly the monopolization litigation brought against Microsoft. There are three sets of cases, the U.S. government cases, the European Commission case, and the U.S. private treble-damages cases.

A. U.S. Government Cases

Two government suits were filed in the United States, each on the same day and each alleging similar facts and legal theories. The United States Justice Department filed one suit, 20 states and the District of Columbia filed the other. Both complaints focused on Microsoft's self-described "'jihad' to win the 'browser war,'" which included its decision to bundle Internet Explorer into the Windows operating system as well as to provide IE along with Windows at no additional charge. The complaints' basic monopolization theory was that Microsoft fought the browser wars to maintain the applications barrier to entry that protected its monopoly in the desktop operating system market. An operating system needs compatible software applications to make the operating system attractive to consumers. At the time, most applications were written to be compatible only with Windows, but Microsoft feared that Netscape, and the Java programming language which Netscape distributed, would be able to operate across platforms. This would make it possible for applications programmers to write programs to Netscape that would run on competing operating systems, not just on Windows. One of the harms from Microsoft's effort to maintain its monopoly position, both complaints alleged, was that innovation in browsers and operating systems would be reduced.

At trial the governments' case broadened out beyond the bundling of Internet Explorer and Windows, showing Microsoft's systematic pattern of behavior aimed at preserving the applications barrier to entry and its operating system monopoly. For the most part the trial judge agreed with the governments' case, finding that Microsoft violated Section 2 of the Sherman

Act.[4] Although some of Microsoft's conduct did benefit consumers, the judge found that there was no reason for Microsoft's refusal to offer an unbundled operating system, with the Internet Explorer browser removed, other than its desire to exclude Netscape from the market.

The Court of Appeals for the District of Columbia Circuit, sitting en banc, agreed with the trial judge that Microsoft had violated Section 2 of the Sherman Act.[5] Applying a rule of reason analytical structure, the court examined each allegedly anticompetitive act that had been shown at trial, assessing whether the conduct was anticompetitive and whether there were any procompetitive justifications.

The court's close examination of each of Microsoft's practices resulted in its finding that most were anticompetitive and lacked any procompetitive justification. With regard to the bundling of IE into Windows, the court condemned Microsoft's decision to commingle browser and operating system code, thereby making it difficult to remove browser code, and condemned Microsoft's failure to provide an "Add/Remove" utility in Windows 98, which would have allowed computer manufacturers to hide IE's functionality, thereby providing a competitive opportunity for other browsers. The court also readily characterized as anticompetitive a variety of contractual practices which resulted in the contracting party's exclusive or near-exclusive use of IE and Microsoft's Java Virtual Machine ("JVM"), to the exclusion of Netscape's Navigator or Sun's JVM. These

---

[4] The district court's findings of fact and conclusions of law are separately reported. *See* 84 F. Supp. 2d 9 (D.D.C. 1999) (findings of fact), 87 F. Supp. 2d 30 (D.D.C. 2000) (conclusions of law).

[5] For the court of appeals' decision, see 253 F.3d 34 (D.C. Cir.), cert. denied, 534 US 952 (2001).

included agreements with Internet access providers, particularly AOL, to limit distribution of Netscape, and agreements to give independent software vendors preferential access to technical information in return for making IE the default browser for software they developed and for making Microsoft's JVM the default JVM for their software. The court condemned Microsoft's threat to withhold support and updating of Office for the Macintosh unless Apple agreed to bundle IE into its operating system and make it the default browser. Similarly, the court condemned the threats that Microsoft made against Intel to convince Intel to stop developing a fast Sun-compliant JVM. Finally, the court condemned Microsoft's efforts to deceive software developers by not telling them that Microsoft's Java development tools would create programs that were not fully cross-platform with programs developed with Sun's Java tools. This was an effort, in the words of Microsoft's own document, to "'Kill cross-platform Java by growing the polluted Java market.'"

B. The European Case

The European Commission's proceeding against Microsoft involved two distinct issues, the bundling of the Windows media player with the Windows operating system and Microsoft's refusal to provide information about its server protocols to its rival, Sun Microsystems. In its 2004 decision the Commission found that both constituted abuses of dominant position in violation of Article 82.[6]

---

[6] For the European Commission's decision, see Case COMP/C-3//37.792 – Microsoft Corp., Comm'n Decision, 2007 O.J. (L 32) 23, ¶¶

Microsoft having conceded that it had a dominant position in the PC operating system market, the Commission's analysis of both violations explored the anticompetitive effects of the practices on the operating system market and on adjacent markets, such as the work group server operating systems market, the media player market, and media content related markets. The Commission concluded that Microsoft had followed a "leveraging strategy" to extend its dominance into these related markets. With regard to the refusal to supply violation, Microsoft had exploited "a range of privileged connections" between the PC operating system and its work group server operating system and deprived competitors in the work group server operating systems market of "interoperability information" that was "indispensable" for viable competition. On the tying violation, Microsoft's practice assured ubiquity of its media player, foreclosing the competitive opportunities of rivals and raising the possibility that Microsoft would have the power to take a "toll" on many future content transactions.

For both violations the Commission stressed the impact that Microsoft's behavior had on innovation. Thus, Microsoft's tying of the media player to the operating system "sends signals" to entrepreneurs and investors as to the "precariousness" of investing in potentially complementary software products which Microsoft could "conceivably take interest in" and tie to Windows in the future. Similarly, if Microsoft came to dominate the work group server operating system market, Microsoft's own incentives to innovate would diminish. On the other hand, had Microsoft disclosed interoperability information "the

---

970, 978-84 (Mar. 24, 2004), *available in full at* http://europa.eu.int/comm/competition/antitrust/cases/decisions/37792/en.pdf.

competitive landscape would liven up" as Microsoft would be forced to compete with its rivals.

The Court of First Instance upheld the Commission on both charges, substantially agreeing with the Commission's finding that the two abuses were a "leveraging infringement."[7] The court agreed that the refusal to supply the requested information was "likely" to eliminate effective competition in the work group server operating system market, pointing out that Microsoft's refusal was "part of an overall strategy" to use its dominant position in the operating system market to "strengthen its dominant position" in that "adjacent market." On the tying claim, the CFI pointed out (taking an approach similar to the U.S. courts) that the problem was not the integration of the media player into the operating system, but Microsoft's refusal to offer a dis-integrated version of Windows. The court also found that the integration offered no "technical efficiencies" and that the operating system would not be "degraded" if the media player were removed. Finally, the CFI also agreed with the Commission's finding that the bundling of the media player and the operating system deters innovation in complementary software products.

C. Private Damages Suits

Numerous private plaintiffs filed treble-damages actions in U.S. federal and state courts against Microsoft for monetary injuries arising out of the conduct at issue in the government

---

[7] For the Court of First Instance's decision, see Case T-201/04, Microsoft Corp. v. Comm'n, 2007 E.C.R. II-3601 (Ct. First Instance).

litigation (or for similar conduct). A few of these suits were filed before the government litigation began, but most were filed after. Of the latter group, Microsoft estimates that 220 private cases were ultimately filed.[8]

1. Consumer Suits

Consumer class actions accounted for the largest group of the private suits – 182 of the cases, or more than 80 percent. In addition, individuals filed thirty cases and state attorneys general filed two cases seeking damages on behalf of their non-business citizens.

Consumer cases faced a number of significant substantive and procedural hurdles. One was proving damages. At the government trial, the plaintiffs had not proved how much above the competitive price Microsoft had charged for Windows, and the district court had found that it "is not possible with the available data" to say what the monopoly price of Windows might have been. This meant that plaintiffs arguing that they had been overcharged for Windows would have to prove how much that overcharge was. Another critical problem for the

---

[8] Information about the consumer suits filed against Microsoft is based on emails to Harry First and Andrew I. Gavil from Rich Wallis, Associate General Counsel of Microsoft, dated Aug. 9, 2007, and June 11, 2008 (author's files). Class action settlement information is posted on Microsoft's website at http://www.microsoft.com/about/legal/consumersettlements/default.mspx (last viewed June 29, 2009); competitor suit settlement information is posted at http://www.microsoft.com/Presspass//legal_newsroomarchive.mspx?case=Other%20Legal%20Issues (last viewed June 29, 2009).

consumer cases was that damages under federal law are available only for direct purchasers. Most consumers were indirect purchasers of computer operating systems and browsers, having bought them preinstalled on their personal computers. This required many of these claims to be brought under state antitrust law in state court. Not every state permitted indirect purchasers to sue, however, and in some states the law was ambiguous, further complicating the litigation. A third problem was that some of those injured consumers were non-U.S. citizens, raising the question whether U.S. law would cover their claims (the claims were eventually denied). Finally, all the class actions faced difficult questions of class certification because of the different circumstances under which end-users acquired Windows.

Microsoft litigated the consumer suits vigorously, winning dismissal in eighteen states and denial of class certification in two. It went to trial in only two of the state cases, settling both before a jury returned a verdict. Settlements were eventually reached in nineteen states plus the District of Columbia. Litigation is pending in only one state (Mississippi).

Settlements of the consumer suits typically provide vouchers to class members that can be redeemed for cash on the purchase of a personal computer and/or software that runs on a personal computer, without regard to the operating system or platform involved. Unclaimed funds are subject to a cy pres distribution in the form of vouchers to poorer K-12 schools in the state. Given the uncertainty of the voucher distribution process, Microsoft indicates that it will be unable to place a cost on the value of any of these settlements until all the distributions are concluded, a process that will take at least until 2012 – more than a decade after the first of these cases was filed and nearly two decades after Bill Gates launched the browser wars.

2. Competitor Suits

The two competitors that were central to the browser wars, Netscape and Sun, both brought private antitrust cases. Netscape's suit was brought by AOL, which had acquired Netscape's assets, including its legal claims against Microsoft, during the government trial. AOL filed its suit in January 2002. Microsoft and Netscape settled the litigation in 2003, with Microsoft paying AOL $775 million. Sun's complaint, filed in August 2002, included allegations related both to the U.S. government litigation and to the then on-going proceeding in the European Commission, which the Commission had begun, in part, on Sun's complaint in 1998. On April 2, 2004, nine days after the Commission issued its decision, Microsoft and Sun settled Sun's antitrust case for $700 million. The settlement involved all of Sun's antitrust complaints, with Sun reporting that the agreement "satisfied" the "objectives it was pursuing in the EU actions pending against Microsoft."

There was also some evidence at the government monopolization trial indicating that two competing sellers of PC operating systems were harmed by Microsoft's conduct, including Microsoft's effort to maintain the applications barrier to entry. One of these competitors – BeOs – filed suit in February 2002, settling its claim in September 2003 for $23.25 million. The other – IBM – had a more substantial claim relating to its attempt to market an operating system called "OS/2," which it ultimately stopped selling. IBM never filed suit, but in 2005 Microsoft agreed to pay IBM $775 million in satisfaction of all antitrust claims except those relating to server products, which IBM is still free to bring.

Original equipment computer manufacturers ("OEMs") were the direct purchasers of the Windows operating system.

If Microsoft, a monopolist, were overcharging for Windows, presumably the OEMs would have the direct claim for damages. In addition, there was substantial evidence introduced at the government trial indicating that Microsoft pressured OEMs in various ways to exclude Netscape, sometimes retaliating when the OEMs did not go along. Nevertheless, only two OEMs pressed claims against Microsoft. One was IBM, whose overcharge claims were included in the $775 million settlement. The other was Gateway, whose claims were settled in 2005 without filing suit, a settlement announced shortly before the IBM settlement. Under the settlement Microsoft paid Gateway $150 million.

Two competitors in markets relating only to the European Commission's proceeding filed suit in the United States for damages. One was Novell, whose antitrust suit related to exclusion from the workgroup server market, in which it had been a major participant with its NetWare server operating system. Novell settled its server claim for $536 million, but the settlement also included Novell's agreement to withdraw from participating in the Commission's case and to not participate as an intervener in Microsoft's appeal to the CFI. The other litigant was RealNetworks, whose media player was the focus of the Commission's tying complaint. RealNetworks sued Microsoft in 2003, alleging that the tie of the media player and the operating system violated Section 1 of the Sherman Act and that Microsoft had attempted to monopolize the market for "digital media," including digital media players, in violation of Section 2. Microsoft and Real settled the antitrust claim in 2005 for $460 million. As in the Novell settlement, Real agreed to withdraw from participating in the European Commission proceeding. In addition, it agreed to withdraw from participating in the Korean Fair Trade Commission's ongoing investigation into the bundling of Microsoft's Instant Messenger into the Windows operating system.

One excluded competitor filed a private antitrust suit outside the United States. In 2004 Daum Communications, a major Korean Internet portal company, sued Microsoft in Korea for 10 billion won ($8.8 million) for bundling Instant Messenger and Windows. Daum had also complained to the Korean Fair Trade Commission, which subsequently found that Microsoft's bundling violated the Korea's antitrust law. In 2005 Microsoft settled Daum's suit for $10 million.

Only one case remains outstanding. Novell's lawsuit against Microsoft not only included claims relating to its NetWare server operating system, but also claims relating to the competitive problems faced by WordPerfect, a word processing software program that Novell owned for two years. Novell's settlement did not include the WordPerfect claim, which Novell has continued to litigate. In 2007 the Court of Appeals for the Fourth Circuit held that Novell has antitrust standing to pursue its claim that Microsoft damaged WordPerfect in a number of ways (including the withholding of interoperability information). Novell's theory is that WordPerfect posed a threat to the applications barrier to entry because its cross-platform capability "could enable an alternative operating system to compete with Windows."[9]

---

[9] Novell, Inc. v. Microsoft Corp., 505 F.3d 302, 314 n.22 (4th Cir. 2007), cert. denied, 128 S. Ct. 1659 (2008).

III. Remedies in *Microsoft*

A. United States

1. Trial Court Remedial Decree

At the conclusion of the government trial, and following the district court's liability decision, the government plaintiffs proposed a remedial decree with two major provisions. Recognizing that Microsoft's conduct was systemic, and not just related to a single aspect of its operations, the plaintiffs proposed restructuring Microsoft into two separate companies, one to develop, license and promote operating systems for computers, the other to carry on the applications business. The theory was that the new Applications Company would have an incentive either to expand its Word software program into a platform that could challenge Windows or might team up with other operating systems (such as Linux) to challenge Windows. Similarly, the Operating Systems Company would have market incentives to provide interoperability with other office productivity suites (such as WordPerfect). The decree also included transitional conduct provisions, with nine categories of conduct covering broad areas of Microsoft's business and behavior, including the critical issues of bundling and information disclosure. These provisions would be ended once the structural relief became effective.

The trial judge entered the remedial decree that the plaintiffs sought.[10] He noted that the structural remedy was one that

---

[10] For the district court's final judgment decision, see United States v. Microsoft Corp., 97 F. Supp. 2d 59 (D.D.C. 2000).

he had "reluctantly come to" but which he viewed as "imperative." The court reached this conclusion on a number of grounds: administering injunctive relief was likely to be contentious and ineffective; Microsoft had shown itself in the past to be "untrustworthy"; the government plaintiffs, charged with crafting a decree, were presumed to be acting in the public interest; and the decree carried out the general purposes of antitrust relief including the need to "revive competition in the relevant markets."

The court of appeals subsequently vacated the decree.[11] Although the court did so for a number of reasons, two were most prominent. First, the district court had not held any evidentiary hearings on the proposal, hearings at which Microsoft wanted to present evidence of the proposal's ill-effects. Second, although the court of appeals affirmed the monopolization charge, it also disagreed with a number of decisions the trial judge had made. Given these changes, the district court needed to rethink whether such a "sweeping" decree was warranted. Any new decree "should be tailored to fit the wrong creating the occasion for the remedy."

2. Final Settlement Decree

On remand of the case to the district court (and the appointment of a new judge) the U.S. Justice Department, nine of the states, and Microsoft arrived at a negotiated settlement decree, which the district court judge approved a year later. The government plaintiffs' decision to settle the case reflected the narrower view of the case that the court of appeals expressed

---

[11] *See* United States v. Microsoft Corp., 253 F. 3d 34 (D.C. Cir. 2001).

in its opinion, as well as the change in administrations from the Clinton Administration to the Bush Administration. The new administration had less concern about aggressive business behavior by monopoly firms and was more skeptical about the wisdom of structural relief or, indeed, remedial efforts that might become overly regulatory.

The settlement decree placed two basic sets of restrictions on Microsoft's behavior. One set related very specifically to the exact conduct in which Microsoft had engaged and for which the district court had found liability (for example, dealings with OEMs). The other set was more "forward looking." First, Microsoft was required to disclose application programming interfaces ("APIs") that would allow software developers more easily to interoperate with the Windows operating system. Second, Microsoft was required to disclose protocols that Microsoft uses to control communication between desktop PCs and servers. These two provisions were considered forward looking because they did not relate to specific facts proved at trial, but, rather, were an attempt to assist in the development of cross-platform middleware. API disclosure would insure that middleware could interoperate with Windows; server protocol disclosure would do the same for server software.

The settlement decree also provided for the establishment of a three-person "technical committee," to be paid for by Microsoft. The Committee, to be composed of "experts in software design and programming," would help monitor Microsoft's compliance with the decree. Including this provision in the decree recognized that technical issues were bound to arise, given the nature of computer programming and the technical disclosure obligations the decree imposed. Government antitrust lawyers would be at a disadvantage in insuring compliance unless there were experts to assist them.

3. Implementing the Remedy

Compliance with many of the decree's provisions has been relatively uneventful. There have been only a few complaints regarding the provisions enjoining Microsoft from engaging in the specific conduct that had been the focus of the litigation and there appear to have been no complaints regarding Microsoft's compliance with the API disclosure requirement.

Compliance with the protocol disclosure requirement, however, has been a major problem. In 2006 – a year before the original decree was set to expire – the Justice Department and the states complained to the district court judge that Microsoft's performance in documenting the protocols had been "disappointing" and that Microsoft needed to devote more resources to the effort and to rewrite the documentation it had produced thus far. Given this lack of progress, the parties agreed to extend the protocols disclosure part of the decree until 2009, with a possible additional three-year extension if necessary.

In October of 2007 some of the state plaintiffs filed motions to extend the entirety of the companion state decree until November 12, 2012 (the judge had entered a virtually identical decree in the states' case). This motion was opposed not only by Microsoft but by the Justice Department, which filed an amicus supporting Microsoft's position. The district court agreed with the states' arguments, granting a two-year extension of the full decree (although not the five years the states sought) on the ground that Microsoft needed to be in compliance with all the provisions of the decree if the decree were to have a chance of achieving its potential of lowering the barriers to entry into the desktop operating system market.[12] Microsoft's

---

[12] For the district court's opinion, see New York v. Microsoft Corp., 531 F. Supp. 2d 141 (D.D.C. 2008).

"inexcusable delay" in complying with the protocols disclosure requirements "deprived the provisions of the Final Judgments the chance to operate together as intended [and] is entirely incongruous with the original expectations of the parties and the Court."

Microsoft subsequently failed to meet its new deadline and in April of 2009 the parties agreed to a further extension of the entire decree. This extension is intended to enable the parties to test the adequacy of Microsoft's latest protocol disclosures to be certain that they are "sufficiently complete, accurate, and usable." The decree is now set to end on May 12, 2011.

Measuring the effect of the decree is more difficult than assessing compliance with the decree's terms. No doubt there is some gain in having Microsoft comply with the injunctive provisions of the decree, ending Microsoft's retaliatory behavior along with some of the other specific efforts in which it engaged in an effort to disadvantage challengers to its dominance in the PC operating system market. There is no indication, however, that the decree's provisions, as complied with, have had any measurable effect on bringing competition to the browser or operating system markets. Indeed, in 2005, in response to a question from the judge overseeing the decree as to the decree's effect in the marketplace, a Justice Department lawyer stated that there had been "no demonstrable change in the operating system market."[13] Most observers also agree that the browser itself had remained stagnant until the recent challenge from Firefox. To the extent that protocols have been documented

---

[13] Excerpts from the transcript of the hearing are reproduced in Harry First & Andrew I. Gavil, Re-framing Windows: The Durable Meaning of the *Microsoft* Antitrust Litigation, 2006 Utah L. Rev. 641, 742-43.

and licensed, there is no indication of the emergence of a new server operating system that might challenge Microsoft (media streaming has been the most popular use of the licenses) or of any other middleware program that could serve as the cross-platform function that Netscape's browser had threatened.

Microsoft's share of the PC operating system market remains above 90 percent, a position it has held for nearly two decades. No remedy, not even the reorganization remedy, could assure that there would be competition in this market, of course, but the lack of any change in Microsoft's monopoly position in the seven years that the decree has been in effect is a good sign that the decree has not opened the operating system market to competition.[14]

B. European Union

1. The Commission's Order

The Commission entered three types of remedial orders. First, it fined Microsoft _497 million. Second, it enjoined Microsoft from repeating the two infringements or from engaging in "any act or conduct having the same or equivalent object or effect." Third, it entered two conduct remedies that were directly related to the infringements and whose purpose

---

[14] For a fuller review of the decree and its effect, see Carl Shapiro, *Microsoft: Remedial Failure*, 75 ANTITRUST L. J. 739 (2009) (concluding that the remedy "did nothing significant to affirmatively restore competition" and that "the remedy in the most prominent antitrust case of our era has failed").

was to restore competition. Microsoft was ordered ("within 90 days") to offer "a fully-functioning" version of Windows without the Windows Media Player, although it was still permitted to offer a bundled version of Windows. In making its decision the Commission rejected Microsoft's argument that removing Media Player code would "undermine the integrity of the operating system" and cause a "breakdown" in its functionality. Microsoft was also ordered to make available ("within 120 days") the interoperability information it had previously withheld and to license the use of that information on "reasonable and non-discriminatory terms" for the purpose of "developing and distributing work group server operating system products." The Commission indicated that "reasonable terms" meant that pricing could not reflect the "'strategic value' stemming from Microsoft's market power" either in the PC or work group server operating system markets.

Similarly to the U.S. settlement decree, the Commission established an expert monitoring mechanism, the Monitoring Trustee. The Trustee would be given responsibility to advise the Commission on Microsoft's technical compliance with the Media Player and interoperability orders. Microsoft was required to give the Trustee full access to its technical information and to pay the Trustee's costs, including the Trustee's compensation.

The Court of First Instance upheld the fine and the Commission's remedial orders. The fine was not "excessive" or arbitrarily set (Microsoft had argued that the fine should have been set at zero); the unbundling order was "proportional" to the infringement, particularly given the fact that Microsoft was still allowed to offer a bundled version of Windows and the Media Player; and the scope of the protocols disclosure order was consistent with the interoperability information that Microsoft had refused to supply.

The CFI rejected the appointment of the Monitoring Trustee, the only significant aspect of the Commission's decision with which it disagreed. The CFI pointed out that the Monitoring Trustee is not simply an expert appointed to advise the Commission, something the Commission could have done. Rather, the Trustee was to be independent of the Commission, was given broad power to act on his own initiative and without any time limit, and was to be paid for by Microsoft. The CFI held that the Commission's investigative and enforcement powers did not extend that far.

2. The Effect of the Remedy

a. Unbundling

The Commission had difficulty getting Microsoft to implement its unbundling order, and it was nearly a year before Microsoft began shipping an unbundled version of Windows to OEMs (longer before it was available to consumers in Europe). First there was disagreement as to the name for the unbundled product. The Commission vetoed Microsoft's first choice – "Windows XP Reduced Media Edition" – eventually rejecting nine names suggested by Microsoft before deciding to call it "Microsoft Windows XP Home Edition N," the "N" standing for "not with Media Player." Competitors then complained that the initial version had technical problems because Microsoft had deleted certain registry settings when removing the media player. Microsoft did not deny the fact that the new version did not work well (in fact, Microsoft planned to say as much on the packaging for the product), but said that the problems were "a direct result of having to comply with the commission's order." Microsoft quickly agreed to restore the registry settings.

The most important deficiency in the unbundling requirement was not of Microsoft's making, however, but of the Commission's. The original order forbad Microsoft from offering a bundled version at a discount, but it did not forbid pricing the bundled and unbundled version the same. Consequently, Microsoft set the same price for the version of Windows with the Windows Media Player and the version without (Microsoft argued that the Windows Media Player was available for free downloading, so how could it charge more for its inclusion in Windows). This meant that OEMs had no incentive to offer the unbundled version to its buyers, and retail purchasers had no incentive to buy it unless they *really* did not want the Windows Media Player. When the unbundled version finally became available Dell announced that it would not offer it to its customers while Hewlett-Packard said that it would offer it, but expected few takers because of the lack of a price differential. By the time that Microsoft's appeal was argued before the Court of First Instance in April of 2006 the Commission was admitting that its remedy had failed in the marketplace because there was no price difference. Indeed, according to Microsoft's counsel, not one order had been placed by any OEM for the unbundled product and only 1,787 copies had been ordered by computer stores across Europe (which amounted to .005 percent of all sales of Windows XP). Microsoft argued that consumers simply did not want an unbundled version of Windows, but there is no way of knowing whether a reduced-price unbundled version would have been popular.

b. Interoperability

As in the United States, the European Commission had a difficult time getting Microsoft to comply with its order to disclose the protocols allowing work group server operating systems to interoperate with Windows server operating systems and the Windows PC operating system. Compliance with the European order was further compounded by disputes over whether the royalties Microsoft sought were reasonable, as required in the Commission's order.

In November 2005, nearly twenty months after its initial decision, the Commission decided that it was necessary to impose fines for Microsoft's failure to comply. Reviewing Microsoft's technical documentation, the Commission found that it was "virtually impossible" to develop interoperable work group server operating system software from the technical documentation that Microsoft had developed.[15] The Commission also set out three principles to be certain that any "non-nominal" licensing rates would not reflect Microsoft's market power: (1) the protocols had to be of Microsoft's own creation, not simply ones taken from the public domain; (2) the protocols had to be "innovative," in the sense that they cannot be "obvious to persons skilled in the art"; and (3) the licensing fees had to be consistent with the market valuation for "comparable" technologies. The Commission then determined that Microsoft's proposed fees were commercially substantial and that Microsoft had not shown adequate justification for the rates, either in terms of the innovative quality of the non-patented protocols

---

[15] This information is from Commission Decision of 10 November 2005 imposing a periodic penalty payment pursuant to Article 24(1) of Regulation No 1/2003 on Microsoft Corporation (Case COMP/C-3/37.792 Microsoft), *available at* http://ec.europa.eu/comm/competition/antitrust/cases/decisions/37792/art24_1_decision.pdf..

or the comparability of pricing of the patented ones.[16] The Commission decided to fine Microsoft _2 million per day (about $2.6 million) if Microsoft were not in compliance with both parts of the order within a month after the Commission's decision.

The Monitoring Trustee subsequently reviewed Microsoft's documentation. The Trustee concluded that a November 2005 version of Microsoft's technical documentation was "not fit for use by developers, totally insufficient and inaccurate for the purpose it is intended, namely to develop work group server operating system products able to viable [sic] compete with Microsoft's own products." Subsequent revisions of the technical documentation fared no better. A December 2005 version failed to fix the "serious deficiencies" found in the November version. A March 2006 version was "fundamentally flawed in its conception, and in its level of explanation and detail." Later documentation submissions only partially revised earlier ones.

In July of 2006 the Commission imposed penalties for Microsoft's failure to make adequate disclosure of the interoperability information.[17] It imposed a _280 million fine (about $350 million) for non-compliance for the period of December 2005 to June 2006 and then increased the daily fine from _2 million to _3 million a day (about $3.8 million at the time) if

---

[16] The Commission assumed at this time that the patented technologies were innovative. *See id.* para. 168.

[17] *See* Commission Decision of 12 July 2006 fixing the definitive amount of the periodic penalty payment imposed on Microsoft Corporation by Decision C(2005)4420 final and amending that Decision as regards the amount of the periodic penalty payment (Case COMP/C-3/37.792 Microsoft), *available at* http://ec.europa.eu/comm/competition/antitrust/cases/decisions/37792/art24_2_decision.pdf.

Microsoft were not in compliance within a month of the decision. The Commission imposed these fines just for Microsoft's inadequate disclosure, leaving for later the question whether there should be an additional fine, dating from December 2005, if the Commission determined that Microsoft's licensing fees were not "reasonable."

Even under the threat of large daily fines it was another fifteen months before Microsoft was in compliance with its obligations. In October of 2007 – three and one-half years after the Commission's initial decision – the Commission announced that the interoperability information "appears to be complete and accurate to the extent that a software development project can be based on it." The Commission also announced that Microsoft had changed its licensing rates: from an initial rate of 5.95% of net revenues for a worldwide license to all the protocols (including patented protocols) to .4% for a patent license, and a one-time payment of _10,000 for the rest of the protocols (about $14,000).[18] The new rates, the Commission said, were now reasonable and non-discriminatory, as it had originally required. In addition, so as to satisfy open-source competitors that operate under licenses that permit copying and redistribution of software code, Microsoft agreed to publish "an irrevocable pledge not to assert any patents it may have over the interoperability information against non-commercial open source software development projects."

---

[18] *See* Press Release, 22 October 2007, IP/07/1567, http://europa.eu/rapid/pressReleasesAction.do?reference=IP/07/1567&format==HTML&aged=1&language=EN&guiLanguage=en. "Net revenues" are the revenues from the products in which the protocols are implemented.

Still to be determined were any additional fines for Microsoft's noncompliance with the reasonable royalty order. In February of 2008 the Commission issued a decision reviewing the royalties Microsoft had been charging between June 2006 and October 2007 for licensing the non-patented protocols.[19] Adhering to the "Pricing Principles" originally set out in the November 2005 decision, the Commission first reviewed the innovativeness of the protocols. In a sixty-nine page annex the Commission listed all the protocols, along with an assessment of their innovativeness, concluding that "166 out of 173 protocol technologies disclosed" were not innovative. The Commission then compared the protocol fees to the fees for comparable technology provided by Microsoft and other companies, concluding that such technology is often provided royalty-free. The Commission accordingly concluded that Microsoft's licensing fees for the period had not been "reasonable." The result was a fine of _899 (about $1.3 billion), bringing Microsoft's fines for noncompliance with the interoperability order to approximately $1.7 billion – nearly three times the amount that Microsoft was initially fined for its two abuse of dominance violations of Article 82.

As with the unbundling order, however, it is difficult to see a positive effect of the disclosure order on competition,

---

[19] *See* Commission Decision of 27 Feb. 2008, Case COMP/C-3/37.792 Microsoft, *available at* http://ec.europa.eu/comm/competition//antitrust/cases/decisions/37792/decision2008.pdf. The fines it imposed were only for the period between June 2006 and October 2007 and were only for the protocols available under the non-patent license. The Commission continued to assume that the patented protocols were presumptively innovative. *See id.* para. 132. Microsoft has appealed the fine. See WALL ST. J., May 10, 2008, at A6.

either in the work group server operating system market or in the desktop operating system market. In its 2005 decision reviewing Microsoft's compliance the Commission pointed out that Microsoft's market share in the work group server operating system market had "continued to grow" since the Commission's 2004 violation decision. In its 2008 decision imposing fines for unreasonable royalty rates, the Commission noted that no firm seeking to develop a competing work group server operating system had yet taken a license under the program; the only licenses taken had been for products that did not directly compete with Microsoft's server operating system. In fact, the Commission noted, Microsoft's share of the work group server operating system market had increased in 2006 and in 2007.

IV. Implications for the Remedies Debate

A. Introduction

The history of the efforts to remedy Microsoft's monopolizing conduct and bring competition to the markets involved is, indeed, disheartening. The effort has been lengthy, marked by Microsoft's intransigence where compliance really mattered, and with little clear payoff for consumers or for innovation.

There are a number of lessons to be drawn from this history. The lessons relate both to fundamental questions of the political aspects of antitrust remedies and to questions of craft. Indeed, the very fact that a number of jurisdictions have attempted to deal with Microsoft's monopoly power in different ways provides us with the a window into the utility of various remedial approaches. If nothing else, these lessons show us how little we know about the efficacy of remedies and how much more attention needs to be devoted to their study.

B. The Political Economy of Remedies

There are many reasons for the wide range of remedies applied in *Microsoft*, but behind the variety in remedies lie some important political choices that reflect fundamental views of the nature of antitrust and of government intervention. The *Microsoft* case shows that these views vary not only across jurisdictions but can vary within jurisdictions over time. The fact that we do not know what remedy is "best" is not just a function of what will work. It is also a function of how different jurisdictions think of "best."

1. The Taste for Government Intervention

Antitrust remedies in the United States have often been criticized as being too weak, creating "Pyrrhic victories" for antitrust enforcers.[20] The tradition of such criticism dates back to the earliest days of U.S. antitrust when Louis Brandeis criticized the relief obtained in the original *American Tobacco* monopolization litigation.

But the real problem may not lie with the weakness of the remedy but with a distaste for the remedy business. Antitrust enforcers have actually been quite willing to propose strong remedies, particularly the remedy of dissolution, in part because such remedies end government intervention. A monopoly firm, once dissolved, can be let loose in the marketplace – competition has been "unfettered" and market processes take over.

---

[20] The phrase dates back at least to Walter Adams, *Dissolution, Divorcement, Divestiture: The Pyrrhic Victories of Antitrust*, 27 IND. L.J. 1 (1951).

What U.S. antitrust enforcers have been hesitant to propose is on-going remedies. Over time the concept has developed in antitrust that the "supreme evil" of remedies is the regulatory decree in which a judge is asked to oversee, perhaps for an indefinite period of time, aspects of the business behavior of a firm or firms that have violated the antitrust laws. U.S. antitrust laws express the political preference for private choice over government control; regulatory decrees run counter to that preference. Better to break up a unitary shoe manufacturing company than to supervise its contracts.[21] As the Supreme Court wrote in *Trinko*, better to withdraw antitrust remedies completely if "effective remediation" would require the court "'to assume the day-to-day controls characteristic of a regulatory agency.'"[22]

This distaste for government intervention certainly shaped the remedies debate over *Microsoft*. One of the major concerns in crafting various remedy proposals was to avoid the regulatory enterprise in which the district court judge overseeing the decree settling the *AT&T* monopolization case had found himself. In that case the parties had agreed to a restructuring of AT&T which included a prohibition on the local Bell operating companies from entering long-distance telephone markets. Almost from the entry of the decree, however, the operating

---

[21] *See* United States v. United Shoe Mach. Corp., 391 U.S. 244 (1968) (discussing need for structural relief involving the monopolist shoe company, after ten years of supervising its business practices had not resulted in any change in the defendant's dominant position).

[22] Verizon Commun's Inc. v. Law Offices of Curtis V. Trinko, LLP, 540 U.S. 398, 415 (2004) (quoting Areeda, Essential Facilities: An Epithet in Need of Limiting Principles, 58 Antitrust L. J. 841,853 (1989)). "Professor Areeda got it exactly right," the Court wrote. *Id.*

companies sought to avoid this line-of-business restriction, eventually inundating the court with requests for waivers. The judge's ongoing oversight of the industry eventually earned him the title of "communications czar," a pejorative political description indeed. Eventually Congress passed the Telecommunications Act of 1996, vacating the decree to which the government and AT&T had agreed and substituting in its place statutory obligations intended to open local markets to competition.

The cautious approach to government intervention also reflects the litigation context in which these problems are handled. Antitrust litigation is inherently backward looking, based on a "crime/tort" model in which the plaintiff proves illegal behavior and then seeks, as remedy, some form of correction. In this enterprise, private plaintiffs have the most direct task. They assert injury (else why sue?) and seek to recover damages. Remedy is apparent. But public litigants have a more complex task. Putting aside those antitrust violations that are considered so damaging that criminal punishment is deemed appropriate, government enforcers are engaged in a more regulatory enterprise. Litigation is brought not to punish or to compensate, but to remediate – to deter future violations and to bring markets back to their competitive state. Despite this desire to ensure competition in the future, proof at trial must demonstrate that a defendant's actions caused some violation in the past. Inevitably, remedy must be connected to what the government proves – it is difficult for a court to remedy what is not shown at trial. Thus, the court of appeals in *Microsoft*, when remanding the case for reconsideration of the remedial decree, cautioned the district court judge that the remedy "should be tailored to fit the wrong creating the occasion for the remedy."

Although the need to connect the remedy to the wrong is a natural reflection of the litigation process, it is also a reflection of a deeper political calculus. Litigation requires the government to prove that the law was violated, which is a constraint on arbitrary government conduct in bringing suit. Tying the remedy to what was proved at trial further limits government action because the government cannot use litigation as an occasion to impose its arbitrary view of economic ordering on a defendant. After all, neither federal antitrust regulators nor the judges before whom they appear are elected officials, constrained by the electoral process. But even if courts and enforcers act within this political constraint, political views themselves can shift over time. Thus, courts in the United States have at different times expressed more willingness than current courts to allow remedial orders that impose affirmative obligations on the firms that have violated the antitrust laws.[23] The breadth of the permitted remedy may very well reflect shifting views of the utility of government intervention and of the abilities of government enforcement agents to handle the regulatory task.

Taste for government intervention may be stronger in jurisdictions outside the United States. Europe, of course, has a stronger tradition of government planning, central economic

---

[23] A good example is the decree entered in the Ford/Autolite merger, which not only required Ford to divest the Autolite spark plug manufacturing assets that it was found to have acquired in violation of the antitrust laws, but also required Ford to buy fifty percent of its requirements from the divested plant for five years. This was intended to insure that the divested company could obtain a foothold in the industry and re-establish its former competitive position. *See* Ford Motor Co. v. United States, 405 U.S. 562 (1972) (upholding order).

control, and government ownership than does the United States. This relatively more positive taste for government intervention has likely affected the way in which the European Commission views antitrust enforcement and its mission. In *Microsoft*, for example, the Commission wrote that imposing liability for a failure to provide interoperability information would be pro-competitive in part because enforcing an obligation to share could "liven up competition" in the work group server market. That is, the Commission felt it appropriate to interpret competition law in a way that would increase competition. Compare that to the Supreme Court's view of antitrust intervention expressed in *Trinko*. The Sherman Act, the Court wrote, "does not give judges carte blanche to insist that a monopolist alter its way of doing business whenever some other approach might yield greater competition." That would be a "more ambitious" regulatory approach. "Section 2 of the Sherman Act, by contrast, seeks merely to prevent *unlawful monopolization.*" It would be a "serious mistake to conflate the two goals," the Court warned.[24]

2. Jurisdictional Centrism

Approaches to remedy have also been affected by the extent to which various jurisdictions have thought their approach to antitrust law should predominate in the world. This is not necessarily a bad thing, in the sense that such views are a natural aspect of jurisdictional competition. Cartel prosecutions are perhaps the best example of where U.S. views of one particular antitrust remedy – criminal fines and imprisonment

---

[24] *See* Trinko, 540 U.S. at 415 (emphasis in original).

– have shaped international policy, convincing many jurisdictions to abandon their tolerance of cartel behavior. Achieving this result, however, took many years and was often met with strong hostility from other jurisdictions.

The *Microsoft* case has had a large dose of this type of jurisdictional centrism from U.S. antitrust enforcers. Although the final settlement decree in *Microsoft* was much-criticized when entered, and despite the difficulties in enforcing key parts of the decree, and despite the apparent lack of any meaningful impact from the decree in terms of Microsoft's market position, U.S. enforcers have felt free to criticize other jurisdictions for imposing remedies that U.S. enforcers considered too interventionist.

A major target has been the European Commission. On the day that the Commission announced its original violation decision the U.S. Department of Justice Antitrust Division issued a critical press release. Asserting that the U.S. settlement "provides clear and effective protection for competition and consumers," it chastised the EC for the amount of the fine and for its unbundling remedy.[25] The statement touted the U.S. settlement's approach of simply prohibiting "anticompetitive manipulation of icons and default settings" as superior to the EC's choice of "code removal." Echoing a major Microsoft argument, the Department asserted that inclusion of media player in Windows was a "product enhancement" and that "[i]mposing antitrust

---

[25] *See* Assistant Attorney General for Antitrust, R. Hewitt Pate, Issues Statement on the EC's Decision in its Microsoft Investigation 1-2 (Mar. 24, 2004), *available at* http://www.usdoj.gov/atr/public/press_releases/2004/202976.htm. The Justice Department did not criticize the Commission's decision on compulsory protocols disclosure.

liability on the basis of product enhancements and imposing 'code removal' remedies may produce unintended consequences." It continued: "Sound antitrust policy must avoid chilling innovation and competition even by 'dominant' companies. A contrary approach risks protecting competitors, not competition, in ways that may ultimately harm innovation and the consumers that benefit from it."

The Justice Department statement also criticized the amount of the fine:

> While the imposition of a civil fine is a customary and accepted aspect of EC antitrust enforcement, it is unfortunate that the largest antitrust fine ever levied will now be imposed in a case of unilateral competitive [sic] conduct, the most ambiguous and controversial area of antitrust enforcement. For this fine to surpass even the fines levied against members of the most notorious price fixing cartels may send an unfortunate message about the appropriate hierarchy of enforcement priorities.

The Department broadened its attack on the Commission's case after the CFI's affirmance in 2007, criticizing both the tying decision and the finding of liability for failure to license interoperability information. In a press release issued the day the CFI's decision was announced, the Assistant Attorney General in charge of the Antitrust Division said:

> We are ... concerned that the standard applied to unilateral conduct by the CFI, rather than helping consumers, may have the unfortunate consequence of harming consumers by chilling innovation and discouraging competition.... U.S. courts recognize the potential benefits to consumers when a company, including a dominant company,

makes unilateral business decisions, for example to add features to its popular products or license its intellectual property to rivals, or to refuse to do so."[26]

Similarly, the Department strongly criticized the Korean Fair Trade Commission in December 2005 when the KFTC announced its decision to order significant changes in Microsoft's marketing practices in Korea. After a lengthy investigation, the KFTC had concluded that Microsoft abused its dominant position in violation of the Korean Monopoly Regulation and Fair Trade Act ("MRFTA"). The KFTC cited three specific practices: (1) Microsoft's tying of its Windows Media Service to the Windows Server Operating System, "where Microsoft has market dominance"; (2) tying Windows Media Player to the Windows PC Operating System; and (3) tying its instant messaging program to the Windows PC Operating system."

To remedy these violations, the KFTC ordered a number of changes in Microsoft's server and desktop operating systems. First, it ordered Microsoft to unbundle Windows Media Service from the Windows Server Operating System. Second, it ordered Microsoft to produce two versions of Windows – one with Windows media player and instant messenger stripped out, and a second that would include two new features to be developed: "Media Player Centre" and "Messenger Centre," which would permit consumers to access and download the media players and instant messaging software of their choice.

The Antitrust Division harshly criticized the KFTC's decision to command Microsoft to unbundle its media player:

---

[26] *See* Assistant Attorney General for Antitrust, Thomas O. Barnett, Issues Statement on European Microsoft Decision, Sept 17, 2007. *available at* http://www.usdoj.gov/atr/public/press_releases/2007/226070.pdf.

The Antitrust Division believes that Korea's remedy goes beyond what is necessary or appropriate to protect consumers, as it requires the removal of products that consumers may prefer. The Division continues to believe that imposing 'code removal' remedies that strip out functionality can ultimately harm innovation and the consumers that benefit from it. We had previously consulted with the Commission on its Microsoft case and encouraged the Commission to develop a balanced resolution that addressed its concerns without imposing unnecessary restrictions. Sound antitrust policy should protect competition, not competitors, and must avoid chilling innovation and competition even by 'dominant' companies. Furthermore, we believe that regulators should avoid substituting their judgment for the market's by determining what products are made available to consumers.[27]

3. Jurisdictional Modesty

The political economy of remedies sometimes leads to the reverse of jurisdictional centrism – jurisdictional modesty. This finds expression in a jurisdiction's concern for over-reaching the boundaries of its power when imposing antitrust remedies that will take effect outside of its borders.

---

[27] Statement of Deputy Assistant Attorney General J. Bruce McDonald Regarding Korean Fair Trade Commission's Decision in its Microsoft Case, December 7, 2005, *available at* http://www.usdoj.gov/atr/public/press_releases/2005/213562.pdf.

Principles of comity have been developed to mediate the interests of multiple jurisdictions that arise in litigation. These comity concerns have affected the development of U.S. antitrust law, both in judicial decisions and in statutory limitations, specifically, the Foreign Trade Antitrust Improvements Act ("FTAIA"), which narrows the power of U.S. courts to apply antitrust law to extraterritorial conduct unless that conduct has "direct, substantial, and reasonably foreseeable effect" on U.S. commerce.[28]

The U.S. Supreme Court's 2004 decision in *F. Hoffmann--La Roche Ltd. v. Empagran S.A.* shows how a concern about the application of antitrust remedies to parties outside a jurisdiction can affect a court's willingness to apply its substantive antitrust law.[29] In *Empagran* the Supreme Court closed the doors of U.S. courts to claims by foreign plaintiffs for overcharges on vitamins purchases made outside the United States, despite the acknowledged existence of a worldwide cartel condemned in numerous jurisdictions. The Court pointed out that "several foreign nations" had filed briefs in the case arguing that the application of a U.S. treble-damages remedy "would unjustifiably permit their citizens to bypass their own less generous remedial schemes, thereby upsetting a balance of competing considerations that their own domestic antitrust laws embody."[30] Principles of

---

[28] *See* 15 U.S.C. § 6a.

[29] *See* 542 U.S. 155 (2004).

[30] *Id.* at 167. Seven countries filed amicus briefs with the Court (United Kingdom, Ireland, Netherlands, Germany, Belgium, Canada, and Japan). The European Commission did not, although soon after the Court's decision it began an effort to increase the use of private antitrust litigation in Europe. *See* M. Monti, "Private Litigation As a Key Complement To Public Enforcement Of Competition Rules And The First Conclusions On The Implementation Of The New Merger Regulation", speech n.° 04/403, Speech at the 8th IBA Annual Competition Conference, September 17, 2004, Fiesole (Italy).

prescriptive comity counseled against allowing the plaintiffs to collect for their injuries, the Court concluded. "[I]f America's antitrust policies could not win their own way in the international marketplace for such ideas, Congress, we must assume, would not have tried to impose them, in an act of legal imperialism, through legislative fiat."

Empagran involved the international vitamins cartel. No one disputed the cartel's existence, its clear violation of antitrust law in all jurisdictions in which it operated, and its adverse economic effects. If the U.S. was reluctant to extend antitrust remedies in such a case, how much more reluctant would a jurisdiction be to extend remedies in more controversial cases where extraterritoriality was involved? Indeed, experience has borne out this concern in a variety of situations, for example, the unwillingness of any jurisdiction to prosecute the OPEC cartel and the European Commission's mild conduct remedy in the controversial Boeing/McDonnell Douglas merger.[31]

Microsoft illustrates the potential impact that jurisdictional modesty can have on choice of remedies. The European Commission did not choose to impose a structural remedy in the case. Although its power to do so was unclear at the time, a structural remedy would likely have encountered extreme political resistance from the United States. Congressmen were already criticizing the Commission just for asserting jurisdiction over Microsoft; it is hard to imagine the U.S. political response had the Commission attempted to order the restructuring remedy that the Justice Department and the states originally had proposed.

---

[31] For further discussion of this problem, *see* Eleanor M. Fox, *Remedies and the Courage of Convictions in a Globalized World: How Globalization Corrupts Relief*, 80 Tul. L. Rev. 571, 583-88 (2005).

Even apart from the question of structural remedies, however, Microsoft often argued that the European Commission should craft its remedies in light of the remedies already imposed in the United States. For example, Microsoft argued that the middleware remedy agreed to in the U.S. settlement (hiding functionality rather than removing code) effectively "unbundled" the Media Player from Windows, thereby obviating the need for any further relief. Both the Commission and the CFI rejected the argument. Microsoft argued before the CFI that the Commission should have imposed a smaller fine to take account of its commitments under the U.S. settlement, but the CFI rejected this argument as well. When considering what a reasonable royalty might be for the work group server protocols, in the context of the Commission's review of Microsoft's compliance with its orders, Microsoft argued that the royalties agreed to in the U.S. settlement were evidence of the market value of such protocols. The Commission rejected this argument, pointing out that the agreed-upon royalties in the United States were quite high.

That the Commission and the CFI resisted treating the U.S. approach as the defining word on appropriate remedies in *Microsoft* shows that jurisdictional modesty may not be a strong constraint. Indeed, there have been other cases in which the Commission has been willing to go against the views of the United States and impose remedies on U.S. companies in the face of different U.S. views. The Commission did so in the 1980s when it rejected the importunings of the head of the Antitrust Division to drop a demand that IBM disclose computer interface specifications.[32] And it did so in the GE/Honeywell

---

[32] *See* Baxter Urges EC Competition Officials Not to Force Interface Disclosures by IBM, 42 Antitrust & Trade Reg. Rep. (BNA) 278 (1982).

merger in the early 2000s when the Commission blocked the merger despite the Justice Department's very different view of the merger's competitive effects and despite the political concerns raised in the United States with regard to the Commission's actions.[33]

With the adoption of the Commission's Modernization Regulation, effective in 2004, it is now clear that the Commission has the legal authority to order structural relief.[34] Indeed, Commissioner Kroes has even mused about the possibility of applying such relief to a company like Microsoft, particularly in light of its failure to comply with the Commission's orders. Nevertheless, restructuring a firm whose major operating facilities are outside the jurisdiction would be a daunting legal and political task. Jurisdictional modesty would thus likely play a stronger role with regard to structural relief than it does for other remedies. There is a big difference between the conduct remedies ordered in IBM, or even a one-time decision to block a merger of two U.S. firms, and a decision to order the restructuring of a company like Microsoft.

See also F.M. Scherer, Microsoft and IBM in Europe, 84 Antitrust & Trade Reg. Rep. (BNA) 65-66 (Jan. 24, 2003).

[33] For a thorough discussion of the case, and its political aspect, *see* Eleanor M. Fox, *GE/Honeywell: The U.S. Merger that Europe Stopped – A Story of the Politics of Convergence*, in ANTITRUST STORIES (Daniel A. Crane & Eleanor M. Fox, eds., 2007).

[34] *See* Reg. 1/2003, Art. 7: The Commission "may impose... any behavioural or structural remedies which are proportionate to the infringement committed and necessary to bring the infringement effectively to an end. Structural remedies can only be imposed either where there is no equally effective behavioural remedy or where any equally effective behavioural remedy would be more burdensome for the undertaking concerned than the structural remedy."

B. Remedial Options

1. Fines

The European Commission imposed large civil fines on Microsoft – 497 million for the two abuse of dominance violations and an additional _1.179 billion for Microsoft's failure to comply with the information disclosure order. These were the largest fines the Commission had ever imposed on a single firm, although some cartel fines had come close.[35]

By contrast, the U.S. imposed no monetary penalties on Microsoft. At present the Department of Justice's authority to impose fines is limited to criminal fines, but the United States has not pursued a significant Section 2 case as a criminal matter since the *American Tobacco* prosecution in 1940. Many states do have authority to impose civil penalties for antitrust violations, and the complaint the states filed in 1998 against Microsoft raised the possibility of seeking such penalties. Nevertheless, the states never actively pursued the option.

The purpose of imposing a fine is deterrence. Economic theory supports this remedial approach because one can – in theory – calibrate an optimal fining level. That is, a fine should be set at a level that will "deter inefficient offenses, not efficient ones."[36] This means that the penalty should equal the net harm

---

[35] The Commission subsequently imposed a larger substantive-violation fine on Intel. *See* Press Release, IP/09/745 (May 13, 2009) (_1.06 billion-), *available at* http://europa.eu/rapid/pressReleasesAction.do?reference=IP/09/745&format=PDF&aged=0&language=EN&guiLanguage=en.

[36] The theory is set out in William M. Landes, Optimal Sanctions for Antitrust Violations, 50 U. Chi. L. Rev. 652 (1983). *See also* Gary Becker, Crime and Punishment: An Economic Approach, 76 J. Pol. Econ. 169

to persons other than the offender divided by the probability of apprehension and conviction.[37] If the violator's gain then exceeds the social cost (that is, if the violation leads to efficiencies that outweigh the harm), the violator should commit the offense and pay the penalty.

Although the economic theory of optimal penalties is straightforward, its application in monopolization cases is problematic. What is the harm that Microsoft caused, for example? Once we get beyond the possible overcharge for Windows (and, perhaps, for work group server operating system software), how would we measure the damage from lost innovation – a harm stressed in both the U.S. and European cases? Equally difficult to calculate would be the "multiplier." Although one might have a rough guess as to the probability of successful detection and prosecution for cartels (and I stress rough), one would be hard pressed to get much beyond saying that the chances of successfully prosecuting cases of monopolization or abuse of dominance is something less than 100 percent (which means that the multiplier would need to be some number greater than one).

The Commission does not follow optimal deterrence theory in setting penalties. Rather, it uses a mixture of economic impact and fault-based factors. In *Microsoft* the Commission first assessed the gravity of the offense, characterizing Microsoft's two violations as "very serious," in part because of their impact

---

(1968). The approach is well accepted, at least as a matter of theory, *see* John M. Connor & Robert H. Lande, *The Size of Cartel Overcharges: Implications for U.S. and EU Fining Policies*, 51 ANTITRUST BULL. 983, 984 85 (2006), although it is highly contested in practice. *See* WOUTER PJ WILS, EFFICIENCY AND JUSTICE IN EUROPEAN ANTITRUST ENFORCEMENT 56-59 (2008).

[37] See Landes, *supra*, at 656 57.

on future related markets. The Commission next found that Microsoft's behavior was "particularly anti competitive in nature" with "significant impact" on markets that are "strategically important" to the information technology sector, affecting the entire European Economic Area. The Commission then set the basic fine at _165,732,101. (Although it did not explain how it arrived at this number, the CFI subsequently explained that the figure was 7.5 percent of Microsoft's EEA turnover in PC and work group server operating systems for the fiscal year 2003.) The Commission next doubled this amount to insure "sufficient deterrent effect," the doubling reflecting the fact that Microsoft "is currently the largest company in the world by market capitalization" and that its resources and profits are "significant." And, finally, it increased that amount by another half to reflect the "long duration" of Microsoft's infringements (five years and five months). Hence the total − _497,196,304.

There is no way of knowing whether this figure is "optimal" from a theoretical standpoint, or, even, whether it is sufficient to deter similar violations in the future (i.e., for general deterrence) or to deter Microsoft from committing future abuses of dominance (specific deterrence), the basis on which the CFI approved doubling the base fine (rather than basing the increase on Microsoft's financial size, as did the Commission). Perhaps the best that can be said is that the penalty amount might be large enough to get Microsoft's attention,[38] although it was not

---

[38] The "get Microsoft's attention" idea may have played a role in the U.S. trial judge's decision to order Microsoft's restructuring. The trial judge, when discussing the Microsoft break-up with a reporter, allegedly told the following "North Carolina mule trainer" story:

He had a trained mule who could do all kinds of wonderful tricks. One day somebody asked him: "How do you do it? How do

as large as the $10 billion fine that one commentator argued should have been imposed to "make even Microsoft ... think twice about committing a similar offense in the future."[39]

But one should approach even the "attention getting" theory cautiously, at least in Microsoft's case. Apparently, the threat of daily fines (that began at _2 million but eventually escalated to _3 million a day) were not sufficient to produce timely compliance, for it took Microsoft 3-1/2 years before the Commission found it had complied.

Even with all the questions raised by the fines that the Commission imposed on Microsoft, the overall theoretical case for using fines as a way to increase deterrence is a good one. Indeed, there a case can be made that U.S. federal enforcement agencies should be given authority to impose such fines in monopolization cases. A fine may not be a stand-alone remedy, but it can be a useful tool for enforcers to have available.[40]

2. Private Damages Claims

Private actions are an important part of the antitrust remedial system, and the private litigation brought against Microsoft

---

you train the mule to do all these amazing things?" "Well," he answered, "I'll show you." He took a 2 by 4 and whopped him upside the head. The mule was reeling and fell to his knees, and the trainer said: "You just have to get his attention."
United States v. Microsoft Corp., 253 F.3d 34, 111 (D.C. Cir. 2001) (quoting Brinkley & Lohr, U.S. v. MICROSOFT 278 (2001)).

[39] *See* Lawrence J. White, A $10 Billion Solution To The Microsoft Problem, 32 J. Cyber Rights, Protection, and Markets 69, 79 (2001).

[40] For further discussion of adopting civil penalties in the United States for monopolization cases, see Harry First, *The Case for Antitrust Civil Penalties*, 76 ANTITRUST L. J. 1501 (2009).

(nearly all of which was in the United States) has been substantial. Announced settlements in competitor law suits add up to approximately $3.5 billion. Class actions increase that figure, although it is unclear by how much given the uncertain valuation of the vouchers included in many of these settlements, the uncertainties of the distribution process, and the need to calculate the after-tax cost of any payouts (Microsoft can deduct from its income the costs of the settlements).

Private damages suits have two purposes: to compensate those injured by antitrust violations and to deter future violations (deterrence has come to receive the greater stress in the United States). From an optimal penalties theory, any money paid out to plaintiffs, just like money paid to government in the form of a fine, makes an antitrust violation less profitable and, hence, makes it less likely that it will be committed. Deterrence becomes optimal when all the pay-outs add up to the harm caused by the violation divided by the chance of successful detection and prosecution.

It is difficult to determine the extent to which the settlements perform either their compensatory or deterrent function. For example, some of the value of the settlements involving RealNetworks and Novell was "hush money," requiring the plaintiffs to withdraw from their intervention before the European Commission and the KFTC. Such payments are not compensatory and undercut deterrence by depriving decision-makers of the views of those who were harmed by the antitrust violation (we can assume that RealNetworks was harmed given the large payment settling its claim). On the other hand, some of the settlements include licenses to Microsoft technology. To the extent that the licenses have value and are provided royalty-free, that would add to the compensatory value of the settlement.

Even if a "bottom-line" figure cannot be determined, it is clear that the existence of a private action means that victims can receive some amount of compensation for their injuries and that deterrence will be increased. Despite the large absolute value of the settlements, however, it is rash to assume that the cumulated private settlements exceed the damages the plaintiffs suffered. Even though the U.S. private right of action is for treble-damages, most observers believe that assessed damages – even in litigated cases – do not exceed actual damages. This means that if the settlements were the only payments that Microsoft had to make, deterrence would be sub-optimal because, at most, Microsoft would be in the same position it would have been had it not engaged in the illegal conduct. Nevertheless, adding the substantial private settlements to the Commission's large fine at least creates the possibility that the total monetary payments will have some deterrent value, that is, the total might exceed the profitability of the conduct to Microsoft.

3. Conduct Remedies

The United States entered into a detailed settlement agreement which attempted to make clear what Microsoft could and could not do. The form of this settlement was the product of many forces, but a critical aspect was the concern that absent detailed provisions, Microsoft would simply achieve the same results in different ways. It was the classic effort to block off the "untraveled roads" as well as the "worn one."[41] Further, the Justice Department had experienced difficulty enforcing an

---

[41] *See* International Salt Co. v. United States, 332 U.S. 392, 400 (1947).

earlier consent decree against Microsoft, which the Department thought had forbidden Microsoft from bundling the browser into the Windows operating system. The Department's effort to hold Microsoft in contempt for violating the decree ultimately failed, but Microsoft's aggressive position with regard to the earlier decree created a lasting impression that the company could not be trusted to abide by a vaguely worded decree.

The European Commission took a very different approach. Its prohibitory decree is the essence of simplicity – Microsoft was forbidden from engaging in "any act or conduct having the same or equivalent object or effect." So far as appears, this order has gone unremarked, causing neither complaint from the Commission nor leading to any different conduct from Microsoft.

It may be that the form of the remedial orders in the two jurisdictions reflected the different litigation emphases in the two proceedings. The U.S. case was a relatively broad one, in which the browser bundling was but one component; the EC case was more closely focused on two discrete issues. Indeed, although the Commission was generally vague in its prohibitory decree, it ended up being very specific and interventionist with regard to the two specific orders it entered, unbundling the Media Player and providing interoperability information.

The experience in both jurisdictions in enforcing their conduct remedies illustrates two important points. First, the fear of regulatory decrees is exaggerated. Second, there is a substantial problem of information asymmetries between a monopolist and an antitrust enforcement agency, asymmetries which are difficult to overcome.

With regard to the exaggerated fear of regulatory decrees, a review of the experience in both jurisdictions shows that conduct decrees can be enforced, although perhaps with some patience, so long as the enforcement agency is willing to devote at least modest resources to policing the decree (modest, at least, in comparison to litigation). Further, the Commission's experience shows that a more interventionist approach can achieve useful results. Particularly dramatic in this regard is the Commission's review of Microsoft's pricing policies for the protocols it was required to license. The U.S. took a negotiation approach, relying in part on licensee complaints and discussions with Microsoft to get Microsoft to reduce its royalties. The Commission, on the other hand, came up with a structured approach to valuing the protocols, eventually publishing a review of the innovativeness of all the non-patented protocols. The result is that the Commission ultimately required Microsoft to license the server-to-server protocols at far lower rates than the U.S. had set −.4 percent of revenues for patented protocols plus a _10,000 fee for the rest, as opposed to the U.S. rate of 4 percent of net revenues.[42]

If the pricing effort shows that a regulatory decree can be implemented, other aspects of the conduct remedies show the difficulties such decrees present, particularly when there is great information asymmetry between the monopolist and the enforcement agency and the monopolist is resistant. Unbundling the Media Player, for example, forced the Commission not only

---

[42] The Commission was certainly aware of the different results and was, perhaps, implicitly critical of the U.S. approach. *See* EC Fining Decision, Feb. 2008, *supra* note 19, para. 248 ("It is not for the Commission to decide on whether the royalty rates of the [U.S.] MCCP licence agreements which have apparently been agreed upon between the Plaintiffs [the United States and the nine settling states] and Microsoft can be considered reasonable in the context of the [U.S.] Final Judgment.")

into software engineering questions, but also into marketing issues (at which it failed dismally). More difficult, both for the Commission and the United States, has been protocol disclosure, where the information asymmetry is particularly strong. Many of the protocols had never been documented even by Microsoft and only Microsoft itself could write the protocols (although outside experts, used in both jurisdictions, could evaluate Microsoft's efforts).

The real information problem, however, was deeper than the technical challenge of requiring affirmative disclosures of sensitive corporate information. The real problem was whether the required disclosures mattered competitively. In a sense, the Commission was on firmer footing here than the U.S. because the required disclosures were of a type that the Commission had already found to have mattered competitively. In the U.S., the protocol disclosures were "forward looking"; server-to-desktop links had played no part in the liability phase of the trial. Even so, the disclosure remedy seems not to have made much competitive difference in either jurisdiction. This may indicate that the real problem is not the "doing" of a conduct remedy, but choosing an appropriate remedy to do.

4. Structural Remedies

Structural remedies is the path not taken, or, more accurately, the path sketched but not taken. The question is whether *Microsoft* will now be seen as proof that it is a path that should not be taken. This may have been the implication of the U.S. court of appeals' decision, when it vacated the restructuring decree and required any relief to be "tailored to the wrong" (although the court did not expressly rule out structural relief in the case).

The standard view of restructuring is the one given by Judge Learned Hand when the Justice Department sought to dissolve Alcoa. "Dissolution is not a penalty but a remedy," he wrote; "if the industry will not need it for its protection, it will be a disservice to break up an aggregation which has for so long demonstrated its efficiency."[43] Although this view is often seen as a conservative one in terms of remedy – ust because a defendant violated the prohibition on monopolization is no reason to force its reorganization – it is actually better understood as suggesting an affirmative approach to remedy. That is, the question is not whether the firm "deserves" dissolution, in the sense that there is a clear causal connection between the conduct that led to the suit and the defendant's ability to maintain its monopoly. Rather, the question should be how best to "unfetter the market" so that competition is possible. To paraphrase Judge Hand, does the *market* need dissolution "for its protection"?

Looked at this way, monopolizing conduct (or abuse of dominance) becomes a screen for sorting those monopolies about which we need not take action and those monopolies which require government intervention. A finding of liability removes the concern for false positives when examining monopolies – the monopolist has been shown to have engaged in anticompetitive conduct. The enforcement agency can now address the important remedial question – how best to restore competition to the market.

Of course, structural relief can present extreme challenges. Although the governments' proposed approach in *Microsoft* was the product of much deliberation, the exact implementation of

---

[43] United States v. Aluminum Co. of America, 148 F.2d 416, 446 (2d Cir. 1945).

the plan was never spelled out and the plan's effects were inevitably speculative. The modern case for structural relief, imposed by judicial decree rather than by settlement, thus remains untested.

C. The Craft of Remedies

1. Ex Ante Decisions v. Sequential Learning

One of the most significant questions that the *Microsoft* litigation poses is whether antitrust enforcers should know what remedy they want before they file suit. Should enforcers take the view that "if you can't fix it, it ain't broke"?

In the U.S. litigation, the Justice Department and the states did have some specific remedies in mind when they filed their complaints. Although there is no requirement that specific remedies be pleaded, government enforcers included in their relief requests a requirement that Microsoft include with Windows both Netscape and Internet Explorer (a "must distribute" requirement), but only for three years; the states also asked that Microsoft be required to share certain interoperability information. The finally developed remedy was much more detailed, however, and made no mention of the must distribute requirement.

Neither complaint sought a structural remedy. This remedy was not really developed until after the government plaintiffs were successful in the liability phase of the litigation. Proposing Microsoft's restructuring was based on the idea that conduct remedies would be inadequate to restore competition and difficult to enforce, and that a more fundamental approach was necessary to address Microsoft's systemic anticompetitive behavior. If this were the case, though, why did it take until the end of the litigation for the plaintiffs to reach this conclusion?

What had happened between the filing of the complaint and the plaintiffs' ultimate remedial proposal was that the plaintiffs learned a substantial amount about Microsoft and its business practices. Once the litigation broadened beyond bundling Netscape into Windows, the initially proposed remedy seemed inadequate to address the competition problem.

Should government enforcers have had their ultimate remedy more definitively fixed before filing suit? On the one hand, it seems inevitable that plaintiffs will refine their case as they learn more in the course of the litigation process. It may be that early notions of the problem and the remedy are misdirected and ill-informed; it would be unfortunate if government antitrust enforcers were locked into a remedial posture at too early a stage in the litigation. This is particularly the case in high technology markets, where technology is complex and technological change can compress the time within which prosecutors need to act (the situation the government plaintiffs faced when filing their initial complaints against Microsoft).

On the other hand, monopolization cases are resource-intensive enterprises. Having some relatively clear idea of remedy prior to bringing suit would seem to be a good way both to check mistakes in instituting such litigation (why bring a case if you can't accomplish anything?) and to help shape the litigation so that the trial shows the need for the remedy that government enforcers seek. After all, in the words of an earlier Justice Department enforcer, the decree is the *"raison d'etre* of the whole lawsuit, for it is the only thing that binds the parties to the litigation and affords relief to an aggrieved public."[44]

---

[44] Sigmund Timberg, Equitable Relief under the Sherman Act, 1950 U. Ill. L.F. 629.

Perhaps the clearest thing that the *Microsoft* litigation teaches about crafting remedies is that some balance needs to be struck between having a good idea of the ultimate goal of the litigation and maintaining some flexibility to learn from the course of the proceedings. What is less clear is whether the balance was adequately struck in the case itself. The plaintiffs ultimately did not prevail in their effort to get structural relief. Is it possible that they would have been more successful had they clearly had such a remedy in mind at an earlier stage in the proceedings and structured the litigation accordingly?

2. Benchmarking

Once remedies are imposed, they tend to take on a life of their own. Enforcers need to pay attention to whether they are being carried out and the monopolist needs to comply. Ultimate goals get lost because the question becomes one of compliance rather than effectiveness. This tendency has been in evidence both in the United States and in Europe, although the district court judge in the United States has, on occasion, expressed concern over the effectiveness of the remedies, a concern that played some part in her willingness to extend the decree. It is this tendency for remedies to continue for their own sake that has led to a strong policy in the United States to limit their duration; such a policy has apparently not yet been felt in Europe (the remedial orders in *Microsoft*, for example, have no express ending date).

More important than end-dates for remedial decrees, however, is setting goals for the remedies in the first place. The need for goals is another aspect of the importance of having some relatively clear idea of the desired remedy when filing a case. In the *Microsoft* litigation one can tease out certain goals in the remedies imposed in the United States and in Europe, but these goals are more related to the exact relief ordered (e.g., providing consumers with Windows with and without the Media Player) rather than related to more substantial competition goals (e.g., jump-start competition by giving consumers a reason to choose a competing media player rather than the Windows Media Player). Further, the goals would have looked quite a bit different depending on who articulated them and when. The current head of the Antitrust Division now describes the goal of the final settlement decree as "protect[ing] consumers by protecting competition in middleware."[45] It is doubtful that the Justice Department would have described this as the goal of the structural decree which it originally proposed (although that decree certainly did seek to advance the ability of middleware software to succeed in the marketplace).

Connected to the failure of the remedy decrees in *Microsoft* to set out clear goals is the failure of the decrees to set benchmarks for measuring success in achieving those goals. For example, if one were to articulate a modest goal in the U.S. case of lowering the applications barrier to entry, one could then try to establish benchmarks for determining the extent to which API and communications protocol disclosure had reduced entry barriers, perhaps by examining the extent to which cross-platform applications had increased in the market. Nothing of this sort has been ventured, however.

---

[45] Assistant Attorney General for Antitrust, Thomas O. Barnett, Issues Statement on European Microsoft Decision, Sept. 17, 2007 *available at* http://www.usdoj.gov/atr/public/press_releases/2007/226070.pdf.

Benchmarking not only offers a way to measure the effectiveness of a decree, but also offers a different approach to crafting these decrees in the first place. Both the United States and Europe chose "command and control" remedies – the enforcement agencies chose a specifically defined remedy and Microsoft had to comply. Another approach would have been to set the goals for the remedy and give Microsoft more control over how to reach those goals. This could avoid some of the information asymmetry problems inherent in ordering a monopolist to design a product or manage its business in a particular way. To return to the Media Player bundling example, why not provide market share benchmarks for competing players and then let Microsoft figure out a way to get consumers (or OEMs) to install them? Microsoft was quite successful in getting users to take Internet Explorer rather than Netscape, often through providing financial incentives for such decisions. Why not let Microsoft do the same for the competitor that it excluded?

D. Multiple Enforcement

1. The Benefits of Diversity

Commentators have argued that diverse enforcement can increase experimentation and lead to innovation, as different jurisdictions try different approaches to solving similar problems. The *Microsoft* litigation would appear to be a good way to test out this theory.

On the positive side it is clear that the range of remedies would have been far narrower had only one jurisdiction been involved. The United States rejected code removal as a way to deal with the technological bundling; Europe and Korea both ordered it, without any apparent technical problems. There would have been no fines imposed on Microsoft without the European case; on the other hand, recovery for market exclusion and overcharges was possible only under U.S. law. Combining the financial penalties imposed by the two jurisdictions likely increased worldwide antitrust deterrence.

Even in the United States there was some benefit on the remedy side from diversity in enforcement. The states that negotiated the settlement along with the Justice Department were able to secure two significant additions to the settlement decree, neither of which would likely have been in the decree absent their efforts.[46] One was the establishment of the Technical Committee to assist in monitoring compliance with the decree. The judge overseeing the decree has written that the Technical Committee "has truly become one of the most successful aspects of the Final Judgments, because it has been invaluable in facilitating the Plaintiffs' enforcement efforts."[47] The other was the requirement of communications protocol disclosure, which the judge described as "the cornerstone of the Court-ordered and Court-approved remedies and, as the Final Judgments' most forward-looking provision, was the basis on which the parties and the Court aspired to have the applications barrier to entry broken down over time."[48]

---

[46] Ten of the original state plaintiffs did not join the settlement with Microsoft, but their effort to seek additional relief from the district court failed. See New York v. Microsoft Corp., 224 F. Supp. 2d 76, 240-66 (D.D.C. 2002). For discussion, *see Re-framing Windows*, *supra* note 13, at 689-92, 707, 718.

[47] *See* New York v. Microsoft Corp., 531 F. Supp. 2d 141, 157 (D.D.C. 2008).

[48] *See id*. at 170-73.

Perhaps the most important contribution that multiple enforcement might make to remedies learning and experimentation is in the different approaches toward government intervention followed by the United States and by the European Commission. The European approach was more interventionist in its willingness to dictate results to Microsoft, the U.S. approach more constrained.

The area in which this made the most difference was in the setting of reasonable royalties. Rate regulation is considered antithetical to antitrust remedies (one of the main reasons given for not allowing a defense of reasonableness in price fixing cases is that courts fear the need for continuing rate supervision that such a defense might require). Nevertheless, even the U.S. enforcers were dragged into some consideration of rates by the very fact that it would be useless to order protocol disclosure if Microsoft were then permitted to charge rates that discouraged competitors from using the protocols. U.S. enforcers dealt with the issue through negotiation, so it is difficult to tell how they decided that Microsoft's rates were, in fact, reasonable. The Commission, however, dealt with rates more openly, although even here it is hard to tell how much the articulated principles and their application were more the product of the Commission's power to impose penalties for non-compliance than of reasoned decision-making. In any event, if the Commission's goal were to provide potential competitors with necessary information – and not to be so concerned with whether Microsoft was getting a sufficient reward to incentivize innovation – then the Commission's more activist approach was plainly more successful than the Justice Department's.[49] Rates were far lower and Microsoft

---

[49] Note that the Commission dealt with the incentives issue by finding that nearly all the non-intellectual property protocols were not

pledged not to enforce any intellectual property rights against non-profit open source users (who are the strongest competitors Microsoft faces).

A review of the remedies, however, also shows that the potential benefits of diversity were somewhat muted. For one, despite a remedies debate in the United States that provided a rich range of possibilities, the government plaintiffs were ultimately rather conservative in their choices, even, in some ways, in the restructuring proposal itself (for example, not breaking Microsoft up into three competing companies as some suggested). Certainly the failure to pursue a structural remedy, whatever the legal or tactical reasons for that choice, limited the experimental value of diverse enforcement. For another, it is difficult to make great claims for experimentation when there were no hypotheses advanced and nothing was being tested. Indeed, without clearly articulated goals and observable benchmarks, it turns out to be quite difficult to say which of the "experiments" were good ones and which were not. The need for such hypotheses and benchmarks if experimentation is really to be useful is another important lesson to be learned from the remedies in the *Microsoft* litigation.

2. Enforcement Agency Coordination

The *Microsoft* litigation shows how many seekers of antitrust remedies there can be: U.S. government agencies, both federal and state, the European Commission, Korea, Japan, private

---

innovative. Nevertheless, it also substantially reduced the royalty rates for the patented protocols, which it assumed were innovative.

plaintiffs suing in the United States or elsewhere (Korea in this case, but perhaps more private cases will be filed in the EU in the future). The litigation also shows how uncoordinated this effort was.

In the United States the Department of Justice and the states began their investigations separately and filed separate complaints. The trial judge required the two cases to be tried together, leading the Justice Department and the states to cooperate during the liability phase of the litigation. After the court of appeals decision, vacating the remedial decree, coordination issues again arose, with nine of the states joining the Justice Department settlement and nine continuing to litigate the remedies issues (to no effect). Although all the states have cooperated with the Justice Department in administering the decree (even those who opposed the settlement in the first place), the states again split with the Justice Department over the question whether the decree should be extended (this time the judge agreed with the states' position, not with the Justice Department's).

Europe did not have the same coordination issues with the national competition authorities in *Microsoft* (the national competition authorities could not act individually against Microsoft once the Commission initiated the proceeding), but there is no indication that the Commission coordinated its investigation with the U.S. Justice Department. There is also no indication of coordination in the remedial phase, even though there was likely some overlap in the types of protocols each was requiring.

The reasons for the lack of coordination are not clear. Coordination between the Commission and U.S. enforcement authorities is now routine in merger and cartel cases, but it is not routine in abuse of dominance cases. This may be because abuse cases are more "one-off" affairs, with unique factual settings requiring intensive investigation. Or it may be because Europe and the U.S. had fairly different views about single-firm conduct during the Bush years. Legal differences, however, would not explain the lack of coordination in the early phases of the U.S. and EU investigations of Microsoft, when enforcement positions were more closely in synch.

Whatever the reasons for a lack of coordination, it is hard to argue that the present state of affairs is optimal. Surely antitrust investigators in multiple jurisdictions would benefit from an exchange of information when they are focused on the same dominant firm's conduct. These exchanges will not always prevent jurisdictions from taking different views; indeed, they should not cut off diversity in enforcement or remediation. Early coordination may also make it more difficult for disappointed competitors to forum shop. As the investigation proceeds, the pooling of knowledge can help deal with information asymmetries between enforcers and private firms. It might also allow enforcement agencies to focus more clearly on the international effects of the remedies they are considering, perhaps leading to more effective remedies (or, at least, helping to avoid inconsistent ones).

V. Conclusion

The ghost of Netscape haunts the *Microsoft* litigation. Netscape's competitive position at the start of the litigation underscored the rapidity of technological changes in Microsoft's high tech industry. Even the courts worried about whether the law could move fast enough to deal with the issues under adjudication. "Legal time" was seen as too slow. "Internet Time" was seen as properly fast.[50]

But, like most specters, the importance of Netscape and its fate is more imagined than real. Antitrust law cannot save competitors. It can only protect the competitive process, keeping it open to new entry and making sure that dominant firms do not exclude their rivals.

In truth, "Legal Time" was actually not so slow in *Microsoft*. The law had enough time to do better to remedy the monopoly problem that Microsoft presented. And "Internet Time" was not so fast. Desktop computers and servers, and operating systems and browsers, are at least as important today as they were a decade ago when the litigation began. Not much has changed in the way these products work.

Much of the recent dominant firm debate has been about substantive law approaches, clearly an important topic. There is

---

[50] Before turning to the merits of the case, the court of appeals in *Microsoft* observed (253 F. 3d at 49):

> What is somewhat problematic, however, is that just over six years have passed since Microsoft engaged in the first conduct plaintiffs allege to be anticompetitive. As the record in this case indicates, six years seems like an eternity in the computer industry. By the time a court can assess liability, firms, products, and the marketplace are likely to have changed dramatically. This, in turn, threatens enormous practical difficulties for courts considering the appropriate measure of relief in equitable enforcement actions, both in crafting injunctive remedies in the first instance and reviewing those remedies in the second. Conduct remedies may be unavailing in such cases, because innovation to a large degree has already rendered the anticompetitive conduct obsolete (although by no means harmless). And broader structural remedies present their own set of problems, including how a court goes about restoring competition to a dramatically changed, and constantly changing, marketplace.

still divergence between EC law and U.S. views of Section 2, but the extreme differences from the Bush years will likely moderate as the new Obama administration takes hold.

As important as the debate over the appropriate legal test is, it may be even more important to pay attention to the issue of remedies in dominant firm cases. The *Microsoft* litigation provides a rich case study for this inquiry. From it I think we can take the following lessons:

1. Enforcers should consider remedies first, not last, inverting the analytical pyramid. I do not think this means a definitive rule of "if you can't fix it, it ain't broke," but it does mean that enforcers should not bring a dominant firm case where they have no good idea about the remedy. In *Microsoft*, enforcers did have some ideas about remedy when they filed the case, but the outcome of the litigation might have benefited from greater attention to remedy at an early stage in the enforcement effort.

2. Enforcers should consider all remedial possibilities. Antitrust's distaste for interventionist remedies has likely gone too far. The *Microsoft* litigation shows that ongoing conduct remedies are not impossible to carry out. Government enforcers, with technical assistance, can be effective in making sure that a dominant firm does not continue to engage in illegal practices. And conduct remedies can appropriately be used to increase competition, particularly if they make use of marketplace incentives (such as low prices), thereby reversing the effects of a dominant firm's exclusionary efforts.

Still, conduct remedies may not be adequate in cases of systemic exclusionary behavior. As Judge Hand wrote in *Alcoa*, dissolution is a remedy, not a penalty, to be employed when the market needs it "for its protection." Business people reorganize firms all the time. Surely it is not beyond antitrust enforcers to draw on that expertise when warranted.

In carrying out any remedies in dominant firm cases, enforcers and courts should, of course, be cautious, but they need not be timid. As an examination of the range of remedies imposed in the *Microsoft* litigation shows, any remedy in a dominant firm case presents unknowns, even the computation of an appropriate fine. Some modesty is appropriate, but excessive deference to the views of outside enforcement authorities is unnecessary.

3. Enforcers need to evaluate the effectiveness of remedies. The evaluative process requires a definition of goals and the articulation of benchmarks for measuring progress and success (or lack of it). Absent this evaluative process, remedies will continue to be haphazard and we will learn little from past efforts.

Benchmarking offers an additional potential benefit. Using benchmarks may enable enforcers to move away from command-and-control regulation to more results-oriented decrees. Rather than worrying about whether a monopolist is carrying out the terms of what may be an ineffective decree, the parties can concentrate on giving incentives to the monopolist to make the remedy effective.

★ ★ ★

Drawing on the *Microsoft* litigation to improve future remedial efforts in dominant firm cases will not only improve the effectiveness of antitrust law in dealing with monopoly issues. Closer attention to what is achieved in monopolization cases can also undercut a continuing critique of antitrust itself: that antitrust is an ineffective legal regime benefiting no one except the professionals who run it, or, perhaps, competitors who are protected by it. Proponents of antitrust believe this critique is fundamentally misguided, but it would be helpful to have more empirical support for antitrust's positive results.

COMPETITION LAW
– A HISTORY OF TERSIONS AND PROSPECTS OF CONVERGENCE
BETWEEN THE US AND THE EU

Luís Silva Morais[1]

1. GENERAL OVERVIEW OF THE EVOLUTIONARY TRENDS OF EU COMPETITION LAW

1.1. Main Evolutionary Trends of EU Competition Law

1.1.1. The purpose of this Article[2] is to briefly analyse the evolution and prospects of evolution of EU competition law and policy. In that process we also purport to identify possible

---

[1] *Law PhD (Doctor in Law) – Lisbon Law University (FDL); Professor at Lisbon Law University (FDL); Vice-President of the Institute of Economic Financial and Tax Law of Lisbon Law University (IDEFF): Attorney-at-Law.*

[2] *This Article was initially based on a presentation in a Competition Panel of the International Conference on Legal and Economic Relationship between the US and the EU, put together by IDEFF in June 2008 (of which the author was co-organizer). The text also benefited from subsequent presentations at several Workshops and was substantially reviewed and updated until December 10, 2009.*

points of *convergence* with US competition law. Conversely, we shall try to assess the possible *limits of that convergence*.

Our starting point lies in establishing a global and systematic view about the current status of EU competition law '*vis a a vis*' US competition law. On that basis, we think it may be useful to apply in this field a thought often put forward in the field of political and diplomatic relations between the EU and the US: It is perhaps time to, on the one hand, identify and consolidate points of *convergence* in the areas of competition law and policy and, on the other hand, to 'agree' in some specific areas of disagreement – or, to put it mildly, of *lack of convergence* – between the two sides of the Atlantic. In fact, while the *convergence* process is largely desirable on the whole, it certainly has its limits, that should be acknowledged as such.

1.1.2. Taking into consideration this general *leit motif* for our analysis, let us start by identifying what we consider as the major evolutionary trends of EU competition law and policy in the latest years.

On the whole, we think that *as regards the recent and prospective evolution of EU competition law, four major trends may be identified* (which we shall try to describe, justify and put into context *infra*, in the course of our analysis).

Some of these trends, particularly the first and second ones, may also be considered in the context of the evolution of national competition Laws of the EU Member States (including, naturally Portuguese Law), bearing in mind the process of *soft harmonization* that has been consistently taking place between EU competition Law and such national competition Laws.[3]

---

[3] On the idea of *Soft Harmonization* that has been taking place between EU competition Law and EU Members national competition Laws, see, *inter alia*, Drahos (2001).

(i) *Firstly, a shift in the teleological priorities of EU competition law and policy;*

(ii) *Secondly, and strictly connected with the former aspect, a profound change of the legal methodology of EU competition law;*

(iii) *Thirdly, a significant change of the institutional model or system of application of EU competition law, initiated with the decentralisation process[4] and, somehow, continued, with the current initiatives towards the development of processes of private enforcement of EU competition law;*

(iv) *Fourthly, a liberalization and re-regulation process of former state monopolies under article 86 of the EC Treaty [article 106 of the Treaty on the Functioning of the European Union (TFEU)],[5] which has allowed the EU to expand its regulatory powers and has even contributed in the field of some utilities to the establishment of a broad new area of regulatory 'competition' law, that does not merely complement competition law but, in some domains, may even represent a rival body of law or, at least, a regulatory body*

---

[4] On the *decentralization* process regarding the enforcement of EC competition law and started with the "*White Book*" of 1999, see, *inter alia*, C.D. Ehlermann (2005).

[5] *Considering that the Treaty of Lisbon is to be applied from 1 December 2009, we shall recurrently refer to the relevant competition provisions according to the articles of the Treaty on the Functioning of the European Union (TFEU), since the former EC Treaty competitions provisions were thus renumbered. In various passages in which we are putting into an historic context of evolution the relevant competition provisions, we may refer to the former EC Treaty provisions as well, under an abbreviated form, 'EC', for instance article 81 EC meaning article 81 of the EC Treaty (mentioning then the correspondence to the current provisions of the TFEU, as resulting from the Treaty of Lisbon).*

of law whose boundaries and interplay are sometimes difficult to determine.[6]

Beside those aspects, attention should also be given **(v)** to the *possible differing answers – in terms of competition policy – to the international economic crisis*, which erupted in 2007 and had its fullest expression in the last quarter of 2008 and in the course of 2009 (following the bankruptcy of Lehman Brothers, in October 2008).[7]

1.2. Key Aspects Regarding New Teleological Priorities and Changes of Legal Methodology of EU Competition Law – Critical Issues in Connection with Unilateral Practices

1.2.1. There is no space in the context of this analysis to cover extensively or even equally these points. We shall briefly review them and, as regards each of those topics [*supra*, **1.1.2.**, **(i)** to **(iv)**], we shall specially emphasise *convergence* or *divergence* aspects between EU and US competition law, as the case may be.

In that process, we shall also endeavour to identify some apparently paradoxical aspects, arising from elements of *divergence* between the European Union and the US.

---

[6] In general, about these *liberalization* processes, and the subsequent regulatory processes, which have essentially started with the telecommunications sector, see, *inter alia*, Jordana & Levi-Faur (2004).

[7] About the international economic crisis, see, in general, Blundell-Wignall (2008); Neven (2008).

Considering, in first place, the shift in the main goals of EU competition law and policy [*supra*, **1.1.2.**, **(i)**], it should be referred that such process has been largely influenced by the consolidation of the internal market which, in turn, has determined that the formerly overriding goal of promoting economic integration through competition law has no longer the same importance.[8] On the other hand, we clearly have to acknowledge here a significant influence of the US Chicago School of Economics (although somehow mitigated or adjusted by the rise of the post-Chicago thinking in economics[9]).

That influence has gradually determined that *economic efficiency*, especially in the form of *allocative economic efficiency* and *consumer welfare* is a key factor in guiding the interpretation and enforcement of competition law. This aspect should be taken into consideration with the proviso that it is not always clear – even in the in the US antitrust envi-ronment – what actually represents, in substantive terms, the *efficiency standard* (meaning, *eg.*, the realities which have been termed has *total welfare* or, alternatively, *consumer welfare*[10]).

Actually, recent analysis – such as the critical review of the Chicago School carried out by Fox (2008) in the context of comprehensive studies of the evolution of US antitrust law and policy after two republican administrations with a clear

---

[8] On this topic see Morais, (2010, forthcoming) (especially Part IV).

[9] We refer to what is largely known as 'Post-Chicago Economics' in terms of competition theory. See on this topic Brodley, (1995: 683). For a comprehensive analysis of some of the excesses generated by the Chicago School in the field of antitrust, see, in general, Pitofsky (Editor), (2008).

[10] On the discussion of the welfare of efficiency standard for the purposes of competition law, see, *inter alia*, Neven &Ršller (2000); Motta (2004).

conservative focus and agenda (coordinated by Pitofsky)[11] correctly emphasize that there are several economic definitions of *efficiency* as a driving force of the interpretation and enforcement of the very general rules and principles of competition Law.

Furthermore, Fox (2008) also points out that the more conservative approaches based on a stricter reading of Chicago School assumptions often lead to oversimplifying the evaluation of market conduct and market structures (leading to negative results in numerous cases).

In particular, the economists debate the possible differences between a *consumer welfare standard* and a *total welfare standard*, with a considerable group of economists – and also of *interdisciplinary legal and economic analysis* – showing a marked preference for the idea of *total welfare*[12] (even if that implies some minimum requirements in terms of safeguarding *certain levels of consumer welfare*, frequently envisaged as the goal of *maximizing consumer surplus over time*, in dynamic terms; however, in that case, the need to take into account a rather diffuse process of distribution of benefits to consumers over the medium term, in the form of innovation and even of income derived by citizens from firms, will somehow blur the dividing line between consumer and total surplus).[13]

In connection with the aforementioned *shift of teleological priorities*, we have witnessed a fundamental *change in the legal methodology of EU competition law* [*supra*, **1.1.2.**, **(ii)**]. It is a

---

[11] See the analysis of Fox (2008: 75) comprehended in the collective work Edited by Pitofsky (aforementioned).

[12] On these issues, see, *inter alia*, Geradin, Elhauge, (2007). See also Morais (quoted), especially Part IV.

[13] On this point, see, *inter alia*, Motta, (quoted: 21).

change leading to an increasing importance of *economics* in competition law analysis and decisions. That gradual and consistent incorporation of economic analysis and criteria in the process of interpretation and enforcement of EU competition law has been rather loosely referred as the development of an *effects based analysis*.[14]

In short, it corresponds to an analytical process which intrinsically combines legal methodology parameters with economic criteria or factors, while placing a major emphasis on assessment of *market power* of undertakings (or factors directly related with such market power).[15]

To be more precise, the overriding factor is the critical assessment of what should be called the *long lasting market power* on the part of certain undertakings. This has led, particularly in the field of anticompetitive cooperation – meaning here the discipline of article 101 of the TFUE (article 81 EC) or the *corresponding rules in terms of national competition law of the EU Member States* –[16] to a decisive emphasis on the control of horizontal agreements (especially cartels[17]) and to the repla-

---

[14] About this rather loose concept see Ridyard, (2009).

[15] On the overriding importance of market power, see Azcuenaga (1992: 935).

[16] In terms of Portuguese competition law, we refer here to articles 4 and 5 of Law n.º 18/2003, of 11 June. Taking into consideration the intense process of soft harmonization of national competition Laws, comprehending Portuguese competition Law, the aspects assessed above are to be applied *mutatis mutandis* to the relevant provisions of Portuguese competition Law.

[17] On the concept of cartel and on the priority which has been given to its antitrust scrutiny, see, in general, Siragusa & Rizza (2007).

cement of the old legalistic Block Exemption Regulations with new generations of Block Exemption Regulations[18] and Guidelines, which embody a more economic approach.

1.2.2. However, we can argue that this new *effects based* and economic approach has been largely developed in the field of 101 of the TFUE (article 81 EC – anticompetitive cooperation between undertakings) but not as much – at least comparatively – in the field of article 102 of the TFUE (article 82 EC – abuse of dominant position).

In fact, as regards abuse of dominant position and (anticompetitive) unilateral conduct on the part of undertakings, we still have a major gap – a major difference – with the US framework of monopolisation.[19]

Also, while it is to be reckoned that there is growing convergence in the analysis of *horizontal effects of mergers* between EU and US competition laws and policies, major, if not fundamental, differences seem to remain in the fields of assessment of *vertical* and *conglomerate effects* of mergers. There are perhaps three cases in the last fifteen years which, somehow, epitomise

---

[18] A process which has started with the Block-Exemption Regulation covering vertical restrictions (EC Regulation 2790/1999 – OJ L336 of 29 December 1999). The Commission has in the meantime initiated a first review of this first new generation block-exemption Regulation and the associated Guidelines in July 2009.

[19] It should be reckoned from the start that *there are important differences between the EC abuse of dominant position regime and the US monopolization regime*. However, beyond such normative differences, a significant part of the current divergence between the US regime of monopolization and the EU regime of abuse of dominant position results from different parameters of interpretation and enforcement. On the US regime of *monopolization*, see, in general, Fox (2007: 329).

or illustrate possible divergences in the these fields of *unilateral conduct of undertakings* and *merger control* in the European Union and the US.

We refer to the **(a)** "Boeing-McDonnell Douglas" merger case,[20] to the **(b)** "GE/Honeywell" merger case[21] and to the **(c)** "Microsoft" case (in the field of abuse of dominant position in the EU and of monopolization in the US).[22] Also, although on a somehow different stand, we could refer as well to the more recent "Intel" case.[23]

1.2.3. Although we shall produce – *infra*, **1.3.**, some very succinct comments on those important precedents, we do not purport to critically analyse in great detail those cases. Anticipating and summarising some of the most important issues arising from such cases, we may argue that the most significant dividing line between EU Competition law and policy and US antitrust law and policy lies, nowadays, in the area of unilateral conduct of dominant firms.

---

[20] See "*Boeing-McDonnell Douglas*" *merger case as decided in the US and the EU. In the US – Explanatory Letter of July 1, 1997, of the FTC, deciding not to challenge the merger [Chairman* PITOFSKY *and Commissioners* JANET STEIGER, ROSCOE STARK III, CHRISTINE VARNEY, *5 Trade Reg. Rep. (CCH), par 24,295, at 24, 123 (July 1, 1997)]. In the EU see Commission Decision IV/M.877 of 30 July, 1997.*

[21] See "*GE/Honeywell*" *merger case as decided in the US and the EU. In the EU see Commission Decision "GE/Honeywell" (COMP/M 2220) and CFI/GC Judgment of December 2005 (T-210/01).*

[22] See "*Microsoft*" *cases as decided in the US and the EU. In the US see, in particular, US v. Microsoft Corp, 97 F Supp 2d 59 (D DC 2000)". In the EU see Commission Decision of March 24, 2004 (COMP/C-3/37.792) and CFI/GC Judgment of September 17, 2007 (case T-201/04).*

[23] See "*Intel*" case – Commission Decision of 13 May 2009 – COMP//37.990.

The differing approaches between the two sides of the Atlantic in this particular domain are also very starkly illustrated in two recent Court cases in the US and European Union (again very briefly mentioned)

In the US, the Supreme Court in the "Trinko" case[24] emphasised that the mere possession of monopoly power and the concomitant charging of monopoly prices is not an unlawful practice and, on the contrary, it may be deemed as an important, if not decisive, element of the free market system. The US Supreme Court went on to consider the existence of a particular risk of undue condemnations with respect to unilateral conduct, thus affecting undertakings with market power that in numerous situations may be merely competing on the merits, while taking advantage of such market power (which may also be potentially advantageous for consumers).[25]

Also, in the more recent "linkLine" case,[26] the US Supreme Court, in the context of alleged price-squeeze practices,[27] considered again problematic the potential liability of undertakings with market power, on account of the excessive risks of qualifying as anticompetitive practices several forms of unilateral

---

[24] See *"Trinko" case of the US Supreme Court – "Trinko, 540 US. at 414"*. About this case, Schoen (2005: 1625); Lao; (2005: 171).

[25] On this analytical perspective developed by the US Supreme Court in the aforementioned *"Trinko"* case, see again Schoen (already quoted).

[26] See this precedent of the US Supreme Court – *"Pacific Bell Telephone Co v linkLine Communications Inc., 555 US, slip op (February 25, 2009)"*; see also *"linkLine Communications, Inc. v. California, 503 F.3d 876 (9th Cir. 2007)"*.

[27] See, in general, about the anticompetitive practices of *price-squeeze* developed by undertaking with high market power – or dominant position in terms of EC competition Law – which there is no room here to characterise, Mosso et al. (2007: 313).

conduct that correspond to a legitimate use of market power (with price benefits for consumers). Particularly sensitive and objectionable in the Supreme Court's view would be the fact that such undertakings with market power would have no safe harbour for their pricing practices even if they were seeking to avoid price-squeeze antitrust liability ["(É) most troubling, firms that seek to avoid price-squeeze liability will have no safe harbour for their pricing practices (É)"[28]].

Differently, the European Court of First Instance (CFI) [currently the General Court (GC), after 1 December 2009 with the Treaty of Lisbon],[29] in the aforementioned "Microsoft" case [supra, **1.2.1., (c)**], emphasised that dominant undertakings have a special responsibility,[30] irrespective of the causes of that market position. That special responsibility carries with it particular duties of refraining from any conduct that is prone, due to the large market power of the undertaking at stake, to impairing and distorting competition in the common market.

Understandably, in the context described above the CFI (GC) "Microsoft" Judgment of September 2007 met with a considerable criticism on the part of an important sector of the

---

[28] See – "linkLine Communications Ink", slip op. at 13. This risk of undue con-demnation with respect to the unilateral conduct was also especially emphasized by the Supreme Court in the "Trinko" case.

[29] The 'Court of First Instance' (CFI) created in 1989 corresponds from 1 December 2009 onwards – with the application of the Treaty of Lisbon – to the current 'General Court' (GC). We shall recurrently use the two denominations, referring in principle on a cumulative basis to the former denomination (CFI) as regards jurisprudence previous to 1 December 2009.

[30] About the idea of a *special responsibility* on the part of dominant undertakings, particularly in case of overwhelming market power on the part of certain undertakings see again Faull, Nikpay, (Editors), (2007).

US doctrine and even of the US public antitrust enforcers.[31] This was followed by the adoption of an important Report by the US Antitrust Division of the Department of Justice (DOJ) on unilateral conduct under Section 2 of the "Sherman Act". This Report arose from previous Joint DOJ-Federal Trade Commission (FTC) Hearings on Section 2. We refer here to the DOJ Report "Competition and Monopoly: Single Firm Conduct under Section 2 of the Sherman Act" (September 2008).[32]

Significantly, even considering what seemed at the time prevailing views towards less intervention on the part of public antitrust (federal) agencies in the field of unilateral conduct, this September 2008 Report proved controversial. In fact, the FTC did not follow the DOJ in the adoption of such Report, which established a series of safe harbours concerning specific circumstances and situations that would allow the pursuit of certain conducts by undertakings with monopoly power without the risk of being considered anticompetitive by the DOJ (under Section 2 of the Sherman Act). In short, the guiding principles or parameters endorsed in the Report, for the purposes of antitrust evaluation of unilateral conduct carried out by undertakings with monopoly power, somehow discouraged a more active enforcement of Section 2 of the Sherman Act towards those undertakings. It adopted a very conservative view about the actual possibilities of distinguishing beneficial competitive

---

[31] On that rather critical reception of the CFI/GC Microsoft decision of September 2007, see Hawk (Editor) (2008: 613).

[32] On this *DOJ Report "Competition and Monopoly: Single Firm Conduct under Section 2 of the Sherman Act" (September 2008)*, see, inter alia, Oliver (2009: 27).

conduct by such undertakings from harmful exclusionary or predatory conduct by the same undertakings.[33]

The emphasis and particular concern in avoiding "overly broad prohibitions that suppress legitimate competition", on the part of undertakings with monopoly power, somehow led to a form of benign neglect in terms of Section 2 enforcement.

If, on the one hand, a significant part of the forms of exercising market power by undertakings with monopoly power – that would be qualified *'mutatis mutandis'* as dominant undertakings in the field of EU competition Law – should be regarded as competition on the merits and, on the other hand, the distinction between such beneficial competitive conduct from harmful exclusionary or predatory conduct proved especially difficult, then, on balance, only a reduced number of cases should be prosecuted as anticompetitive.

Beside that, it may be argued that this conservative view about either the justification or the feasibility of negative antitrust evaluations of conduct and market situations regarding undertakings with monopoly power also led indirectly to a more permissive orientation as regards the potential consequences of the creation or reinforcement of dominant positions for the purposes of merger control. This, in turn, may explain the more significant cases of transatlantic divergence that we identify and very succinctly comment in this article, both in the field of unilateral conduct and merger control or concentration control, if we use the EU legal terminology (see the cases briefly referred and discussed *infra*, **1.3.**).

---

[33] See the aforementioned DOJ Report (September 2008), esp its *Executive Summary* and the basic principles articulated in Chapter 1 of the Report.

It is, therefore, striking that less then a year after the adoption of the DOJ Report "Competition and Monopoly: Single Firm Conduct" the new Assistant Attorney General in charge of the DOJ Antitrust Division, under President OBAMA administration, CHRISTINE VARNEY, announced in May 2009 the withdrawal of such Report, stating that it would no longer be DOJ antitrust policy.[34] More remarkably still, such position was accompanied by the express statement of "aggressively pursuing cases where monopolists try to use their dominance in the market place to stifle competition and harm consumers". It is a global shift in the policy and forms of antitrust scrutiny to be adopted towards the unilateral conduct of undertakings with monopoly power, pursuing an overall purpose of a more vigorous enforcement of Section 2 of the Sherman Act to those undertakings (while recognising and not underestimating the particular hermeneutical and enforcement challenges that such a policy implies).

Theoretically, this pronounced shift in US antitrust enforcement policies may represent a rather unexpected form of convergence of US competition Law with EU competition law, which has maintained a more vigorous scrutiny of abusive behaviour by dominant undertakings (unexpected in the sense that in the recent past most of the convergence process had implied some form of assimilation of US principles of patterns by EU competition law). However, it remains to be seen how the US Courts will react to the new orientation by the DOJ (particularly if we take into consideration the more conservative precedents that the US Supreme Court has produced in the field of Section 2 enforcement).

---

[34] See the DOJ Press Release of May 11 2009 – "*Justice Department Withdraws Report on Antitrust Monopoly Law*".

Conversely, on the EU side the adoption, in December 2008, of the European Commission's "Guidelines" referring to the "application of Article 82 of the EU Treaty to abusive exclusionary conduct by dominant undertakings"[35] – following a complex, not too consensual, and long process of debate after the "Discussion Paper" presented by the Commission in December 2005[36] – seems '*prima facie*' to have represented a major step in the direction of an economic and effects based approach to exclusionary conduct.

However, when closely and extensively analysed the EU 2008 "Guidelines" have serious shortcomings and areas of potential uncertainty (which do not contribute to make clear what will be the medium term impact of the "Guidelines"). Also, the recent case law of the GC (CFI) in the field of article 102 TFUE (article 82 EC) does not seem to imply so far that the Court is ready to accept a more flexible view or mitigated conception about the special responsibility of the dominant undertakings[37] [which, beside the undisputed normative differences between Section 2 of the Sherman Act and article 102 TFUE (article 82 EC), contributed to a stricter enforcement of this provision in comparison with US antitrust law].

In this context, we seem to be confronted in the past eighteen months with a double movement from both sides of

---

[35] We refer here to the "Guidelines on the *application of Article 82 of the EU Treaty to abusive exclusionary conduct by dominant undertakings*" – C (2009) 864 final (9 February 2009).

[36] See "*EC Commission DG Competition Discussion Paper on the Application of Article 82 of the Treaty to Exclusionary Abuses*" (Brussels, December 2005).

[37] About the difficulty of reconciling a more flexibile view of article 102 of the TFEU (article 82 EC) with the relevant jurisprudence in this field, see, *inter alia*, Gerber (2008).

Atlantic, which could be construed as a shift to a somehow unexpected degree convergence between US and EU competition Law in the field of unilateral practices by undertakings holding high market power (monopolists or dominant undertakings on the basis of the legal terminology to be applied in the US and the EU).

On the one hand, EU Competition Law seems to be shifting to a more economic and effects based approach in this field under an undeniable influence of US Law (which is epitomised by the adoption of the December 2008 "Guidelines"). On the other hand, US antitrust Law seems to be leaving behind the more extreme and conservative rigours of the 2008 DOJ Report "Competition and Monopoly: Single Firm Conduct", which is being repelled by the new Assistant Attorney General of the DOJ Antitrust Division, CHRISTINE VARNEY (as per the aforementioned May 2009 announcement). This latter movement may, in turn, be construed as having been, to some extent, influenced by the EU more vigorous scrutiny of unilateral conduct by dominant undertakings.

It is still premature, nevertheless, to take as granted such process of convergence and its possible extension. The EU move towards a more effects based approach is far from clear or consolidated. The new disposition of the US Federal antitrust enforcers under the OBAMA administration needs to be translated into specific enforcement actions that, in turn, will have to be submitted to judicial scrutiny in terms that may possibly overcome a more conservative line adopted by US Courts and particularly the Supreme Court[38] in recent years. In any case,

---

[38] *On the more conservative line adopted by US Courts and particularly the Supreme Court in the antitrust area over the recent years see, inter alia,* Pitofsky (Editor), already quoted; Desanti (2007).

a new form of interplay between US antitrust Law and EU competition Law in the field of unilateral conduct is about to emerge. Its contours are to be critically discerned and evaluated in the coming times.

1.2.4. Up to know, and considering the developments which preceded the very recent (May 2009) withdrawal of the DOJ Report "Competition and Monopoly: Single Firm Conduct", a clearly different view had been maintained in the two sides of the Atlantic about the incentives to innovate. As far as that fundamental issue is concerned, we may argue that perhaps some of the differences at stake may result from the timeframe through which innovation and incentives to innovate are assessed.

We would venture to argue that in the EU one tends to look at innovation more from a medium term perspective, which takes into account possible 'gatekeeper effects'.[39] We mean here negative effects for the competition process and dynamics, preventing the development of new competitors in new and especially dynamic markets, since dominant companies tend to reproduce their initial dominant positions in those new markets.

Furthermore, there is also reason to think that, beside qualitative differences in economic theory – economic theory of competition and corresponding differences in terms of competition policies –[40] most probably some of the apparent divergence in this field may be due to the actual economic conditions of US and the European Union markets.

---

[39] About the concept of *'gatekeeper effects'* in new and especially dynamic markets, see, inter alia, O'donoghue, Padilla, *(2006: 194, 491)*.

[40] About the concept and implications of *economic theory of competition* see in general Motta, already quoted (esp Chapters 1 and 2).

In fact, it may be argued that the US markets are, '*in concreto*' more economically integrated and more dynamic then the EU markers. Accordingly, the US markets tend to be more easily self-correcting, while in Europe self-correction of the markets takes more time or may even not occur at all in some situations.

1.3. Some Major Precedents Illustrating Points of Divergence Between the EU and the US in the Fields of Merger Control and Unilateral Practices

1.3.1. In spite of the somehow differing approaches followed in the US and the EU in the treatment of situations involving significant market power, especially as regards unilateral conduct but also – perhaps more indirectly – as regards concentration control, the precedents in which divergent positions have prevailed as surprisingly scarce (particularly in a context of economic globalization, implying that major groups of undertakings will often have to deal simultaneously or successively with US antitrust rules and with EU competition rules or even EU Member States rules deeply influenced by EU Law).

That may be largely attributed to the practices of intense cooperation between US and EU authorities that have been developed in the latest two decades[41] and also to new ways of sharing values which are increasingly common, even if the legal formulae and terminology differs.

---

[41] On those practices of increasing cooperation, see, *inter alia*, Majoras (2008: 2).

Anyway, in the course of that period some precedents – if not numerous – have somehow epitomised the remaining points of divergence between US and EU rules and deserve to be very briefly mentioned (since they may illustrate or clarify to extent and actual significance of such divergence).

1.3.2. The "Boeing/McDonnell Douglas" merger in the mid-1990s has represented one of the cases in which the allegedly divergent visions between US and EU competition law enforcement has been more publicized and commented (even in a political sphere, taking into consideration the important ties between the commercial aircraft industries and the State and the world dimension of such markets in terms of geographic market definition).[42]

In brief, this merger transaction was evaluated in both sides of the Atlantic, with the FTC taking US antitrust authority for reviewing the concentration,[43] and with the same operation meeting the threshold criteria of the EU Merger Control Regulation and therefore being subjected to European Commission jurisdiction.[44]

In the US, after a lengthy investigation, the FTC decided not to challenge the merger and, accordingly, published a brief explanatory letter (on July 1, 1997). In the EU the Directorate

---

[42] On this *"Boeing/McDonnell Douglas" merger case, see, in particular,* Kovacic, *(2001: 805 ss.); see also* Fox *(1998:30).*

[43] In fact, in the US the FTC and DOJ have adopted *"Clearance Procedures"* for the purposes of deciding which Agency will be responsible for reviewing a merger and, in this case, allegedly a sensitive political debate took place over who would review the Boeing/*McDonnell Douglas" merger and preceding the decision to award authority to the FTC.*

[44] Thus originating Commission Decision IV/M.877 of 30 July 1997.

General of the European Commission undertook an extensive investigation of the notified concentration, following which, on July 4 1997, a fifteen member advisory panel unanimously recommended that the Commission blocked the merger. That stance originated an unusual war of words and tension[45] that was finally overcome when Boeing made several last minute concessions, that made possible an approval of the concentration by the Commission, on July 23 2007, subject to undertakings (conditional approval).

There is no room here to any lengthy analysis of the differing evaluations of the concentration in the US and the EU.[46] However, some particular points may be emphasized on account of their significance. On the one hand, it may be considered that US Law places a greater concern on the likelihood of oligopolistic pricing in a concentrated market. On the other hand, it may be considered that EU Law places a greater focus on the likelihood of a market leader achieving and using significant market power. As regards this first perspective, the US authorities have taken into consideration McDonnell Douglas pre-merger inability to compete, therefore implying that the merger would not adversely affect the prices to be paid by consumers. On the contrary, US authorities have especially value the supposed efficiencies created by the merger that could translate in lower prices for consumers.

---

[45] On that tension, which even originated statements produced by President CLINTON, see Brian Coleman, "*Clinton Hints US May Retaliate if EU Tries to Block the Boeing-McDonnell Deal*", in Wall Street Journal, July 18, 1997, at A2.

[46] For that purpose, see, *Kovacic* and *Fox, quoted supra (41)*.

As regards the second perspective, the European Commission particularly focused its attention on the changes that would be produced in the market structures and their dynamics and the associated increase of the dominance of the leading commercial aircraft manufacturer (those concerns were highlighted in the case by perceived long term supply relationships with the leading firm, that could undermine the capacity of the rivals to attract customers, thus producing negative repercussions for the competitive process in the global market). At the same time, the European Commission had a more sceptical view about the extent of economic efficiencies generated by the merger and, above all, about the fact that any cost savings would actually benefit consumers on the long run.

In fact, on a fundamental issue – the acquired undertaking's competitive role in the market – the FTC and the European Commission managed somehow to agree [both agencies recognised that McDonnell Douglas ('MDD') was no longer a real force in the market]. However, the European Commission went on to consider the position of MDD not on a stand alone basis but in terms of effects to be produced simultaneously on Boeing – "absorbing Douglas Aircraft's supply and maintenance commitments (É)"[47] – and on Airbus (contributing to some extent to a foreclosure of the market as regards Airbus).[48]

On the whole, it may be argued that the FTC failed to appreciate Boeing's increased market power arising from privileged access to new customers and suppliers on account of the new market structure and its underlying dynamics.

---

[47] See, emphasizing this point Kovacic, in the aforementioned *(2001: 831)*.

[48] On this point see also, Muris (2001).

Conversely, the European Commission may have failed to consider the extent of welfare effects arising from the merger. In an oversimplified and too linear view this could be construed as some form of protection of the competitors and competition structures (Airbus and its position in the competitive structures of the market) and not of competition itself. The reality is more complex and both agencies have probably focused excessively in particular areas of concern, thus affecting a more 'nuanced' evaluation of the situation (and reflecting some prevailing views in US Law and in EU Law that would gain from a proper critical combination).

1.3.3. Also in the field of concentration control, the more recent "GE/Honeywell" case represents another problematic precedent, comparable – as regards the wave of discussion and criticisms it generated – with the "Boeing/McDonnell Douglas" case.[49]

The "GE/Honeywell" case[50] was one of the two concentration operations involving essentially US companies that have been blocked by the European Commission (the other being "MCIWorldCom/Sprint",[51] with the difference that this case was also blocked in the US). Again, we have no room here to examine the details of the case. Furthermore, the potential elements of divergence may be here more straightforward then in the "Boeing/McDonnell Douglas" case.

In fact, this case particularly reflected the EU more interventionist line with regard to conglomerate issues raised by

---

[49] Emphasizing this fact see also, Veljanovsky, (2004: 15).
[50] See *"GE/Honeywell"*, *already quoted. On this case see Fox (2001: 257)*.
[51] See *"MCIWorldCom/Sprint"* – *Case COMP M.1741 (2000)*.

certain concentration transactions. As far as such conglomerate concentrations are concerned, the European Commission has developed a conceptual framework that contributes to the identification of significant anticompetitive consequences of the concentrations (which tend not to be envisaged as such by the US antitrust agencies). We refer here, in particular, to the portfolio effects theories developed by the Commission and especially applied in several mergers in the beve-rage sector (*inter alia*, in the cases "Coca-Cola Amalgamated Beverages GB", "Coca-Cola/CarlsbergA/S" or "Guinness//Grand Metropolitan"[52]).

In the "GE/Honeywell" case the concentration allowed the combination of products that were complements (e.g., GE's aeroengineering and Honeywell's avionics systems), thus giving rise to a possible leveraged dominance across two or more separate product markets and, in turn, creating the conditions in the future for possible forms of exclusionary behaviour on the part of the entity resulting from the concentration. The final outcome of the case is somehow curious and leaves significant questions unanswered, since the CFI (GC), in its 2005 decision ("General Electric v. Commission"[53]), on the one hand recognised in principle the legal grounds of the Commission's portfolio effects theories, but, on the other hand, determined that the Commission had failed to produce adequate proof to establish a competition law violation on such grounds.[54]

---

[52] See *"Coca-Cola Amalgamated Beverages GB" (Case N.º IV/M.794), "Coca-Cola/CarlsbergA/S" (Case N.º IV/M.833) or "Guinness/Grand Metropolitan" (Case N.º IV/M.938)*.

[53] See *CFI/GC decision "General Electric v. Commission", Case T-210/01 (2005)*.

[54] On this CFI/GC decision *"General Electric v. Commission"* see, inter alia, Weinberg (2006: 153).

Again, we would venture to suggest that this outcome somehow means that there is a middle ground to be covered between the more extreme positions that have surfaced in the enforcement of US and EU competition rules. Some attention on the dynamics of market structures and forms of possible leveraged dominance arising from the combination of complementary lines of products or services may be in order and should not be entirely dismissed (as it may happen sometimes in terms of US enforcement). Conversely, the standards of proof for identifying alleged anticompetitive consequences of conglomerate concentrations, on the basis of portfolio effects theories, should be more demanding then the Commission tends to assume in its practice.

1.3.4. Moving now to the field of unilateral practices, as such, the decisions adopted in the EU on the "Microsoft" case epitomise more than any other recent case the state of the art divergences between the US and the EU competition jurisdictions (although things may quickly change in this area, as referred above, taking into consideration the new positions of principle assumed by the DOJ under the new OBAMA administration).

The EU "Microsoft" case is widely familiar and needs not being addressed here in any detail.[55] As it is known, the Commission's March 24 decision of 2004 found that Microsoft had abused its dominant position in client operating systems and that such abuse was twofold. On the one hand, the Commission

---

[55] We refer to the *Commission Decision of March 24, 2004 and CFI/GC Judgment of September 17, 2007 (both aforementioned supra, note 21)*. On this EC "*Microsoft*" case, see, *inter alia*, First (2008); Ahlborn, Evans, (2008). See also First's Article in this Number of the Review (2010).

found that Microsoft had unlawfully refused to provide certain computer protocols that would enable competing server operating systems to interoperate with Microsoft's Windows client and server operating systems (a situation that was identified on the basis of a complaint lodged by Sun with the European Commission[56]). On the other hand, the Commission found that Microsoft had tied Windows Media Player to Microsoft's Windows client operating system (this situation being identified on the basis of a self-initiated investigation by the Commission).

Microsoft tried to have the Commission's decision annulled by the CFI (GC), but on September 17, 2007, this Court rejected Microsoft's application and confirmed the legal grounds on which the Commission had adopted the decision [the CFI (GC) merely annulled a part of the decision that concerned the appointment of a trustee to administer the protocol licensing program]. In the end, Microsoft decided not to appeal to the European Court of the Justice (ECJ) on October 22, 2007.

Even in the EU, the CFI (GC) decision originated a fierce debate and some very critical evaluations, according to which such Microsoft Judgment would have allegedly followed a "traditional ordoliberal analysis"[57] (in detriment of an effects based analysis). While we consider that line of criticism clearly excessive, we tend to recognize that the CFI (GC) Microsoft Judgment, on the one hand, entrusted the European Commis-

---

[56] This fact is relevant because it suggests that in the context of divergent views in the field of *unilateral practices* a somehow positive spill over effect may arise from such situation with competitors reacting in one of the jurisdictions at stake. On this view of possible positive spill over effects see Baker (2009: 145).

[57] For that line of critical evaluation see, again Ahlborn, Evans (already quoted).

sion with a wider margin of appreciation for evaluating exclusionary abuses, and, on the other hand, it somehow softened the requirement of elimination of competition in order for the competition authorities to intervene in these types of situations.

Once again, we believe that one of the deciding factors for the adoption of such perspective has to do with the more prospective line of reasoning retained at EU level in comparison with the evaluation of unilateral practices in the US. In the Microsoft case, the Commission and the CFI acted out of concern with an elimination of the competition in the future [which, if based on objective factors able to sustain a solid prospective judgment, will translate in an idea of elimination of effective competition, for article 102 of the TFEU (article 82 EC) purposes, even if at a given present moment an undertaking does not actually eliminate all competitors].[58]

Furthermore, considering the prospective risks of elimination of competition and the relative intensity within which such risks are valued that may also translate in different ways of applying an effects-oriented standard (even in a context where such a standard tends to be invoked and applied by both US and EU competition authorities). In fact, when the prospective risks are particularly taken into consideration – as it happens in the EU – that will imply that the quantum and type of evidence that the competition authorities or the courts will require to find present and actual anticompetitive exclusionary effects is bond to be different.

1.3.5. Also in the field of unilateral practices the very recent "Intel" case, in which the European Commission imposed

---

[58] On this point, see, in particular points 561 to 563 of the CFI/GC "*Microsoft*" Judgement.

a record fine, is well representative of the current differences between the US and the EU (although in a context of possible and rapid change).

We refer here to the Commission's decision of 13 April 2009,[59] whereby the Commission heavily fined Intel Corporation for violating article 102 of the TFEU (article 82 EC), abusing its dominant position in a determined (worldwide) market for computer chips and central processing units for computers (CPUs). This decision, even if it did not provoke the same high level political and institutional turbulence between the US and the EU as it happened in the aforementioned "Boeing/McDonnell Douglas" case (*supra*, **1.3.2.**), gave rise to some vigorous controversial reaction on the US side.

Two Congressional Letters were sent in September 2009, both to the Assistant Attorney General – Antitrust Division CHRISTINE VARNEY and to the Chairman of the FTC, JONATHAN LEIBOWITZ, criticizing the Commission's "Intel" decision as an exercise in "regulatory protectionism" and, on the whole, the line of action underlying such decision as Commission's efforts at "exporting its competition policy to emerging markets".[60] While this type of positions seems to have not found any resonance with the DOJ and FTC, it still echoes anyhow a certain perception of the differences between the US and the EU as regards the treatment of unilateral practices (even after DOJ May 2009 Statement, withdrawing the previous DOJ Report "Competition and Monopoly: Single Firm Conduct").

---

[59] See "*Intel*" decision, already quoted.

[60] We refer here to a letter sent by twenty two members of the US Congress to the DOJ and the FTC on the 23 rd September 2009 expressing concern about at how, allegedly, the European Commission would be treating the US companies, on account of the "*Intel*" decision.

In this "Intel" case the Commission found that Intel Corporation, holding at least 70% market share in a particular CPU market, had engaged in two specific abusive (exclusionary) practices. On the one hand, Intel would have given wholly or partially hidden conditional rebates to computer manufacturers (depending on their buying all or almost all their CPUs to Intel); on the other hand, Intel made payments to computer manufacturers in order to halt or significantly delay the launch of products containing competitors' CPUs and to limit the sales channels available to those products as well (furthermore, according to the Commission's investigation, Intel also made payments during a considerable period of time to a major retailer on condition it stocked only computers with Intel CPUs).

While part of the aforementioned business practices developed by Intel may have led to lower prices for consumers for certain periods of time – a fact acknowledged by the Commission on account of the rebates practiced by Intel – that did not avoid a finding of infraction, since the rebates practiced by such dominant undertaking were conditional on buying less of a rivals' products or not buying them at all, which, in turn, would lead to reduced choices for consumers (and, we may imply, would also lead in future to higher prices if the exclusionary practices at stake were successful).

Once again, we may verify that, in terms of EU competition law enforcement in the field of unilateral practices, the decisive focus is not put on immediate or short term price reductions to consumers – as it may tend to happen more frequently in the US context – but on a range of various effects on the market functioning and on consumers over a certain period of time (bearing in mind a time frame which may comprehend medium term effects). Also, in the US context there tends to exist an overriding concern about hypothetical over-enforcement of Section 2 of the Sherman Act (monopolization) having a negative effect on innovative and risk-taking undertakings as Intel. In the EU context, conversely, more attention is given to the scrutiny of innovators – that should not be deprived of incentives to innovate on account of an excessive burden of responsibility attached to their dominant position – and also to the proper incentives to innovate, not only in a dominated market (or monopoly market) but in dependent and interconnected markets as well.

2. ENFORCEMENT ISSUES THAT CONTRIBUTE TO REMAINING AREAS OF DIVERGENCE BETWEEN THE EU AND THE US

2.1. General Overview

2.1.1. There is no doubt, at the current stage of evolution of US antitrust Law and EU competition Law, that different procedural frameworks influence, to a certain extent, different enforcement options, that, in turn, play a part in the maintenance of appreciable areas of divergence between those two bodies of Law. While different procedures were always bound to influence the substantive definition of multiple legal institutes, that aspect is especially relevant in the field of competition law (a body of law whose rules are predominantly dependent, as regards its extent and legal meaning, on casuistic processes of enforcement).

The US antitrust system was clearly built upon a common law basis, which fundamentally differs from an administrative system as the one that has been underlying EU competition law (and national competition Laws in a significant part of the Member States with civil law systems).

In short, the system of enforcement of US federal antitrust law relied essentially on the Courts, which have played a major part in building fundamental legal parameters – e.g. the rule of reason parameter. Although the US Federal Government was given significant powers of enforcement – through the DOJ and the FTC –[61] it has never had the margin for intervention and decision and the discretion of the Commission (acting as EU competition Law enforcer) or of most of the national Competition Authorities of the EU Member States. Furthermore, private parties were also given broad powers of enforcement, which were particularly enhanced by specific legal instruments as treble damages or one-way cost recovery. That explains why, historically, some of the most important US antitrust precedents were created in private cases (although this tended to happen above all in earlier cases and has somehow drastically changed in more recent years).

As regards the Federal Agencies antitrust investigations in civil cases, the final role in determining facts and liabilities belongs to Courts – which have shown themselves increasingly conservative in this field – and that, in turn, may explain a more cautious or even conservative approach on the part of those Agencies (in comparison with the European Commission). It is striking to notice that in recent years fewer cases brought up by the US Federal Agencies have ended up in trials (with the DOJ/FTC assuming more frequently a role of amicus curiae supporting the defendants in private cases).[62] Again, that

---

[61] There is no room here to going into details about the institutional system of enforcement of US antitrust Law in comparison with the EU system. On those topics see, in general, Doern & Wilks (1996).

[62] Beside an overly cautious approach on the part of the US Federal antitrust agencies – especially the DOJ – has indeed led to fewer cases

may somehow change presently, on account of a more interventionist stance of the antitrust agencies in the context of the new OBAMA Administration (but it is too soon to make an accurate estimate and up to now the trend is as aforementioned described).

2.1.2. Conversely, in the field of cartels, the US Federal antitrust agencies – namely the DOJ – have extensive criminal enforcement powers that the European Commission does not possess (nor most of the national antitrust enforcers of the EU Member States possess, although things may change soon, since criminal competition law statutes have recently been enacted in the UK and Ireland and other States seem to be considering reforms in that line as well).[63]

It is noteworthy, and curious at the same time, that in the field of criminal prosecution of cartels the court procedures involved – in contrast with what happens in the field of unilateral practices – do not represent a weakness or a constraint leading the Federal agencies to a more cautions or timid approach. The US judicial system is notably equipped with instruments to aggressively investigate and enforce criminal antitrust offences (including, e.g. wiretapping and a considerably secretive US grand jury system), that would be strange to the European

---

initiated by such Agencies and ending in trials. In the field of unilateral practices the "*Microsoft*" case (aforementioned) in 2000 was practically the last case brought to trial. Beside that, even in the domain of private enforcement, which originated in the past expansive precedents, most cases in recent times have led to negative results for the antitrust plaintiffs with "*Eastman Kodack v Image Technical Services, 504 US 451 (1992)*" being the last Supreme Court victory for a private antitrust plaintiff.

[63] On the criminal prosecution of cartels under US antitrust law, see, in general, OECD (2003); International Competition Network (2008).

judicial culture (both in terms of the specific Courts of the EU and the national Courts of the Member States, even if at EU level or national level hardcore cartels were to be criminalised through new statutes).[64]

2.1.3. Another factor which has allowed the European Commission an important intellectual leadership in terms of enforcement priorities and of defining in a particular light and considering a number of overreaching objectives certain legal institutes in EU competition Law – with no parallel in terms of US system of enforcement characterised by the intervention of diverse players (Federal Agencies, different Federal Courts up to the Supreme Court and other public enforcers) – has to do with the appreciable degree of centralization that was underlying EU competition policy until the major reform of Regulation 1/2003.

That centralization arose from a lack of solid competition culture in most of the EU Member States and although it was fundamentally corrected after the 2003 reform – initiating what we have *supra* referred to as one of the four major trends of recent and prospective evolution of EU competition Law [see **1.1.2., (iii)**] – we can sustain that, even in the context of the new institutional model of enforcement of EU competition Law, a more coordinated basis for defining priorities and new legal understandings still lies with the European Commission (within the European Network of Competition Authorities, notwithstanding the lack of a solid normative or institutional basis for that Network or other lacunae it may have).[65]

---

[64] On these issues, see also in general, Furse (2006: 466).

[65] We have no room here to analyse the *decentralisation process* arising from Regulation 1/2003 and the creation of *the European Network of Competition Authorities*. See, in general, Ehlermann (2000: 537); Hawk (2007: 41).

2.2. The Interplay Between Differing *Enforcement* Systems and Instruments and the Competition Law Scrutiny of *Unilateral Practices*

There is another curious factor that should not be overlooked, which has to do with enforcement practices and the type of effective remedies that can be used to tackle monopolistic abuses.

In the US, public authorities are essentially limited to civil injunctions and divestitures whose adoption – as already referred in general terms – effectively depends on Courts. This judicial arm of the system, in turn, tends to be – at least in the course of recent years – very conservative.[66] Differently, in the context of the EU competition law system, more use is made of enforcement instruments such as large fines and other remedies which are very actively promoted by administrative agencies and not wholly dependent on Courts (either the European Commission, acting as the EU Competition Authority, either the Member States Competition Authorities in the framework of the European Network of Competition Authorities).

What is curious or even paradoxical here is that, despite Europe's legal activism in the field of article 102 of the TFEU (article 82 EC unilateral practices by dominant undertakings), it is the US that has effectively used in the past what we may call the 'atom bomb', meaning the basic structural remedy of divestiture. In fact, while article 7, par. 1, of EU Regulation 1//2003 has expressly established a power to adopt structural

---

[66] This, of course, may change although at this point the general trend of the Supreme Court in the antitrust area seems to be steadily conservative. On this context and on the prospects concerning such jurisprudence see, inter alia, Harber (2007); Elhauge (2007: 59).

measures necessary to end the infractions to competition Law,[67] the fact remains that the Commission or the EU Regulators do not actually use such structural remedies in situations involving article 102 of the TFEU infringements (or do not even have in itself the power to impose such structural measures, as it happens, in our view, e.g., with the Portuguese Competition Authority[68]).

As regards the more recent hurdles that in the US seem to be on the way of a more active application of Section 2 of the Sherman Act to unilateral practices – by the Federal agencies and by the Courts – some attention should also be given to the private enforcement factor (to which we shall briefly refer *infra*, **2.3.**). In fact, WILLIAM KOVACIC has rightly emphasized that there may be a concern on the part of US Courts with possible excesses of private rights that could be developed if the liability standards in the area of unilateral practices were somehow lowered.[69] (a type of concern that would be virtually unknown in the EU).

Considering the potential for some excesses of private antitrust litigation in the US context, a measured concern for the consequences of lowered antitrust liability standards in the area of unilateral practices and adverse effects on innovation that would arise from that process may actually be understood. Those concerns, in turn, should not be magnified to the point of making innovative dominant undertakings virtually immune

---

[67] On this sensitive point, see, *inter alia*, about *structural measures*, comparing the US and the EU regimes, Shelansky, Sidak (2001, p. 1); Rochefordiere (2001: 11).

[68] On this specific point concerning Portuguese competition law see Morais (2006: 127).

[69] See Kovacic (2008).

form antitrust enforcement in the area of monopolisation. It is indeed striking in this field that, after prosecuting the "Microsoft" case in the District Court in 2000,[70] the US Federal antitrust agencies have not brought to Courts a single Section 2 (monopolisation) case in the subsequent seven years. Underlying this peculiar situation are Supreme Court precedents in the (already mentioned) "Trinko" case and also in the "Credit Suisse" case,[71] which have severely constrained the margin for antitrust liability under Section 2.

2.3. Issues Regarding the Private Enforcement of Competition Law

As regards the systems of enforcement of competition rules and the substantive elements of divergence that may arise from such procedural aspects, we have already referred incidentally above that one of the chief differences between the US and the EU has to do with the major importance of the elements of private enforcement in the US, with no correspondence in the EU.

Again, the historical context of formation and development of each of those bodies of Law plays an important part in that

---

[70] See *US v. Microsoft Corp, 97 F Supp 2d 59 (D DC 2000)*. Curiously, the DOJ won then a significant victory before the District Court, although followed by a rather different judicial decision of the DC Circuit (on account of a serious lack of study and relevant hearings on the part of the District Court). However, the more aggressive DOJ approach involving a divestiture plan would not be pursued by the BUSH Administration in 2001.

[71] See the US Supreme Court precedent in the "*Credit Suisse*" *case* – "*Credit Suisse Sec (USA) LLC v Billing, 551 US 264 (2007)*".

contrasting procedural framework, which we shall not discuss here.[72] US judicial culture created the conditions over the years for a peculiar and distinctive form of private rights of action, with mandatory treble damages, broad rights of discovery, class actions, jury trials and other elements. The EU judicial landscape is entirely different, especially in the Continental Member States. Furthermore, EU competition Law was developed and nurtured on the basis of a centralised policy of enforcement – having the European Commission as its axis – that only recently (2003) has been adjusted. Such centralised and administrative option in terms of enforcement policy was not only originated on the basic characteristics of the legal systems that more decisively influenced the EU legal system, but also derived from a lack of a disseminated competition culture at European level.

Accordingly, at the moment in which the consolidation of an European competition culture has made possible the decentralisation reform of 2003, consideration was also given, almost immediately, to the creation of new conditions that could foster a dimension of private enforcement of competition Law. Hence, the analysis proposed by the European Commission in the "Green Paper" of December 2005, closely followed by the "White Paper" of 2008.[73]

Although major judicial precedents – namely the Court of Justice of the EU cases "Courage and Creham" and "Man-

---

[72] On this historical context see, in general, Grady *(2006:* 515).

[73] See "*Green Paper on Actions of Compensation for competition law infringements*" – *COM (2005) 672 final, Brussels, 19,12,2005, and "White Paper on Indemnity Actions for competition law infringements*" – *COM (2008) 165 final, Brussels, 2, 4, 2008. On the perspective of private enforcement of competition Law in the EU see, in general,* Komninos, (2008).

fredi" –⁷⁴ and the considerable discussion associated with the "Green Paper" and "White Paper", of 2005 and 2008 have paved the way to new developments in terms of private enforcement, we maintain that there are clear limits as to what Europe can do in this field (at least, in comparative terms with the US).

In other words, we believe that, even if some movement towards private enforcement of EU competition rules may be initiated – e.g., on the basis of one or more Directives to be proposed and approved after the discussion of the 2008 "White Paper" – it will always be a limited one and the US and the EU will continue to live in two separate worlds in this area (accordingly, the idea that, in time, EU Courts may follow US Courts in their concern with excessive liability to be established under certain competition rules, inviting thereby an overreach in terms of private enforcement, has no support in the prevailing legal context, at least for the foreseeable future).

3. THE CONTROL OF UNILATERAL PRACTICES AND PUBLIC INTERVENTION AND THE INTERNATIONAL ECONOMIC CRISIS

3.1. General Overview

The non consolidated parameters of enforcement and interpretation of the regimes of monopolization and abuse of dominant position in the two sides of the Atlantic do not

---

[74] See *"Courage and Creham" (C-453/99) case, of the Court of Justice of the EU, and "Manfredi" case (C-295/04 and others) of the same Court.*

benefit from the conditions of the current economic crisis arising from the credit crunch. On the whole, this systemic crisis has led to major doubts about the repercussions of such a serious economic disruption on competition law and policy, breaching somehow the consensus that had apparently been generated around the core objectives of competition policy, either around the US antitrust model, either around the EU competition model [a consensus epitomised by the works and membership of the International Competition Network (ICN) over the last decade and the transition from the XX to the XXI century].

There has been, in fact, widespread speculation about a possible major shift in terms of safeguards of market values and competition on account of the rather extreme economic conditions occurred in the course of 2009, despite the signs of economic recovery in the last quarter of the year (which are yet to be confirmed).[75]

As far as we are concerned, we do not share views sustaining a major paradigm shift in this domain due to the conditions of the economic crisis. Conversely, we admit that these conditions may affect, in different ways, certain areas of enforcement of competition Law (leading to contradictory pressures, either to more or less intervention of competition authorities).

Furthermore, a recession period, increasing the fragility of some undertakings and expelling some undertakings from the market, is bound to reinforce the market power of the remaining undertakings in some markets (or the dominant position of undertakings which were able to adjust in time to the new

---

[75] On that widespread discussion – which we have no room here to develop – see, *inter alia*, Freeman OECD (2009); Vickers (2008).

conditions). In some of the more affected economic sectors – as the financial sector which has been at the centre of the crisis – the rapid return to high profits, and in some cases to extremely high profits, of a restricted group of undertakings,[76] may well signify that such undertakings are having ideal conditions for monopolising or abuse of dominant position practices that should be carefully scrutinised despite the context of economic crisis.

In other cases, public intervention in the context of the crisis may even facilitate or lead certain undertakings with dominant positions and with special connections to the State to incur in abusive practices [which are to be scrutinised under the cumulative application of article 102 of the TFEU (article 82 EC) and article 106, par. 1, of the TFEU (article 86, par. 1 EC)].

In general, we may consider that the peculiar conditions of the economic crisis and subsequent exit strategies to the crisis may induce or facilitate abusive conducts of the exclusionary type. The downturn period may, even, facilitate predation strategies, reducing the short term costs and increasing the long term expected gains. However, the conditions of such downturn will significantly increase the difficulties in identifying predation strategies or other exclusionary strategies (because apparently more aggressive commercial conducts may just represent a response to the drop in demand or to other economic troubles). In this context, and given these difficulties, the differences between application of competition rules to unilateral practices

---

[76] We may refer as a particular example, among others, the exceptionally positive results obtained by financial institutions like Goldman Sachs or JP Morgan in the second semester of 2009.

associated with exclusionary conduct in the US and the EU may assume disproportionate importance and induce undesirable distortions in the process of economic recovery in the two sides of the Atlantic.

3.2. New Developments and Remaining Shortcomings in terms of Control of Unilateral Practices – A Brief Comparative View Between the EU and the US

3.2.1. Regardless of the peculiar circumstances of the downturn, it should be stressed that in the EU, in the course of the latest years, there were some specific factors dictating a more interventionist approach in terms of monopolisation and control of exclusionary conducts and enlarging, somehow, the divide with the US.

We may, in fact, consider that in the EU there was something of a 'momentum' in terms of abuse of dominance control, which was brought up through the overriding goal of actively controlling former state monopolies transformed in dominant firms in a recently liberalised environment.[77]

This overriding goal and the corresponding 'momentum', or activism in terms of a more intense enforcement of article 102 of the TFEU (article 82 EC), has, somehow, been channelled to an intense scrutiny of the market practices carried out by

---

[77] On this connection between active control of incumbent companies with dominant positions in certain sectors and resulting from former state monopolies in the context of the liberalization of a fundamental group of economic sectors in the EU, see, *inter alia*, Geradin (2000). See also Ferreira Morais (2009: 7 ss.).

the biggest global undertakings in multiple economic sectors, comprehending also major north American entrepreneurial groups companies, which nowadays tend to receive a more benign treatment in the US (in this context, it is to be emphasized, for instance, that the EU "Intel" case was originated or fuelled by US complainants, which, by the way, developed litigating procedures in US Courts, in order to ascertain elements of proof that could be presented to the European Commission).

US undertakings and competitors to potentially monopolising firms have, thus, reacted to the narrow approach followed in the US towards monopolies and its unilateral practices, whereby issues of public control over monopolies tend to be entrusted to sectoral regulators with the exclusion of antitrust agencies or courts.

On the contrary, in the EU the liberalization and re-regulation process of former state monopolies under article 86 EC (article 106 of the TFEU) – corresponding to the fourth major evolutionary trend of EU competition Law, referred *supra*, **1.1.2., (iv)** – has led to an *active interplay between sectoral regulation and competition rules*. Such interplay generates some undeniable issues of coordination between the interventions of sectoral regulators and competition authorities,[78] but with the fundamental merit of maintaining, and even enhancing in the course of time, the scrutiny of these situations, on the basis of competition rules and reducing, in due time, the requirements of sectoral intervention (as the evolution of the electronic communications sector after its liberalisation epitomises in the EU[79]).

---

[78] On this interplay and its complexity, Geradin (2004).

[79] On the paradigm that the process of liberalization and re-regulation of the electronic communications sector has represented in the EU see, in general, Bavasso, (2003).

3.2.2. What would be of paramount importance in this EU context would be to ensure that the legal activism of the Commission – or even of a significant part of the Member States Competition Authorities – towards an intense and demanding control of abuse of dominant position is duly counterbalanced by an effective and consistent scrutiny by the EU Courts [in particular by the GC (CFI) as regards Commission activities).

We refer here, in particular, to an adequate and balanced scrutiny by the GC (CFI) of the factual economic aspects which are relevant for the legal assessment of cases. In this field, while it should be recognised that the GC (CFI) has shown in previous years some signs of a willingness to assert that control, that judicial scrutiny is by no means consolidated (in terms of article 102 of the TFEU enforcement and ensuring a minimum of predictability to undertakings in this area).

Beside that, it would also be important to achieve in this field a minimum degree of consolidation of an effects based approach and predictable tests regarding the assessment of exclusionary practices covered by the prohibition established under article 102 of the TFEU (article 82 EC). However, the follow up of the December 2005 "Discussion Paper" of the Commission towards possible "Guidelines on exclusionary abuses"[80] has, on the one hand, taken too much time and, on the other hand, it has not produced results that may be deemed as entirely satisfactory and ensuring an actual and stable level playing field for dominant undertakings or for undertakings affected by the practices of the former entities.

---

[80] On the debate generated by the December 2005 "*Discussion Paper*" see, *inter alia*, Gerber (2008).

As we have already referred (*supra*, **1.2.3.**), the Commission December 2008 "Guidelines on the application of Article 82 of the EU Treaty to abusive exclusionary conduct by dominant undertakings", have serious shortcomings which may reduce their apparent contribute to a less formal analysis of abusive conducts. It is to be acknowledged that the "Guidelines", at face value, establish fundamental principles in this field, e.g. when stating that what really matters is protecting the competitive process and not simply protecting competitors, which "may well mean that competitors who deliver less to consumers in terms of price, choice, quality and innovation will leave the market (É)".[81] In accordance with this essential principle, the "Guidelines" introduce a distinction between 'foreclosure' of the market and 'anticompetitive foreclosure' (the later implying some form of harm to consumers).

Furthermore, the "Guidelines" introduce a dichotomy between price and non price abuses, establishing a particular benchmark which is limited to the former category and which corresponds to the "equally efficient competitor" (with the less efficient competitors in principle not being entitled to competition law protection in the context of the enforcement of abuse of dominant position regimes).

Despite the apparent signs of positive revaluation of commercial conduct aimed at maximizing profits in the short term, and taking advantage for that purpose of the efficiencies underlying some forms of market power – following an apparent line of convergence with US treatment of unilateral conduct by firms with market power – the "Guidelines", on the whole, do not provide a clear and consistent model of analysis.

---

[81] See Guidelines, par. 6.

We do not have room here to an '*ex professo*' analysis of the "Guidelines", but considering only its potential role as the basis for a distinctively EU more interventionist model of scrutinizing abusive conduct, following an intermediate perspective, not excessively dependent on formal parameters of evaluating the behaviour of such undertakings – something of a middle ground between the recent US non interventionist and benign antitrust stance in terms of Section 2 and the traditional EU enforcement of article 82 EC (current article 102 of the TFEU) – the aforementioned "Guidelines" are not up to that role and may have represented a missed opportunity (which is to be negatively emphasized after such a long period of debate as the one that followed the Commission's "Discussion Paper" of December 2005).

In the first place, the "Guidelines", in the important field of price abuses, establish cost tests and parameters for assessing rebates that are prone to operational and practical difficulties. In line with those practical difficulties for enforcing the model cost tests, the language and concepts used in a significant part of the "Guidelines" may be considered excessively vague (particularly when covering more complex economic assessments). Bearing in mind the sensitive and thin line dividing conduct leading to innovation and potentially beneficial to consumers from anticompetitive exclusionary behaviour reproducing dominance in several related markets, it would have been useful guidance to establish same safe harbours to undertakings (although a group of much more limited safe harbours that the ones established in the DOJ 2008 Report on Section 2).

Moreover, the "Guidelines" also use an excessive number of exceptions to the general principles established and supposedly based on substantive economic criteria (e.g. as regards the aforementioned "equally efficient competitor test"). While in complex legal assessments based on economic factors and criteria, some exceptions would have to be retained, in order to preserve some flexibility of analysis, a more balanced use of such legal technique of exceptions should have been made (an aspect which is aggravated by the lack of practical examples that could somehow enhance the coherence and illustrative power, in terms of induction analysis, of the analytical models to be offered by the "Guidelines").

Due to those shortcomings, the "Guidelines" pave the way for a more substantive and economically driven analysis of exclusionary abuses, but at the cost of a serious uncertainty and lack of legal security to the undertakings. This new instrument may have the merit, notwithstanding those drawbacks, of initiating the discussion of an effects based and less ordoliberal approach in the field of article 102 of the TFEU, that may in time lead to a more balanced analytical model.

What is also particularly striking is that, in contrast with what happened in the recent past with several Commission "Guidelines" on the inter-pretation and enforcement of article 101 of the TFEU, the 2008 "Guidelines" on exclusionary abuses are only scarcely intertwined with the Court of the EU and the GC (CFI) jurisprudence in this field (which enhances the problems of uncertainty that plague most undertakings in this field and are highly undesirable as such).

Without multiplying the examples here, it is undeniably hard to conciliate an effects based approach in the field of article 102 of the TFEU with recent Court precedents, such as the "Michelin II" or the "British Airways" cases.[82] The least

---

[82] See *"Michelin II" case (T-203/01) and "British Airways v. Commission" case (T-219/99 and C-95/04)*.

that can be said here is that there is a long road ahead in order to progressively build – through an active interplay of, on the one hand, precedents and refinements of analytical models by the Commission and, on the other hand, the jurisprudence of the Court of the EU and the GC (CFI) – a new paradigm in terms of interpretation and enforcement of article 102 of the TFEU. That new paradigm would ideally correspond to an EU model of treatment of unilateral practices in convergence with the US – such convergence coming from an expected and desirable dual movement, involving more effects based analysis in the EU, in line with what happens in the US, and a less lenient approach in the US, more in line with the EU stance, following the May 2009 withdrawal of the DOJ 2008 Report on Section 2.

3.3. The Control of Public Intervention and the International Economic Crisis

Considering the EU 'momentum' – briefly stated above (**3.1.** and **3.2.**) – in terms of article 102 of the TFEU (article 82 EC) enforcement to incumbent undertakings that correspond to former state monopolies – sometimes in conjunction with article 106 of the TFEU (article 86 EC), which reinforces the scrutiny of entrepreneurial practices under article 102 – it is curious to verify that the EU, being allegedly more prone to public interventionism, has put in place effective means to curb state or public intervention, that, conversely, the US is deprived of. This is the result of the Supreme Court having established a "state action doctrine", which, somehow, limits the action of competition agencies as regards forms of antitrust monitoring of State created monopolies.⁸³ Accordingly, the US antitrust regime has no counter part whatsoever to the EU state aids rules or even to the regime on public intervention in the economy of article 106 of the TFEU (article 86 EC).⁸⁴

While some renowned authors, like Kovacic (2008: 10) refer in this field an alleged "shared suspicion of government restraints on competition" on the part of US and EU competition agencies, and even consider – although with some caveats – this area as an area of "substantive similarity" between US and EU competition rules and cultures, we strongly disagree with such views.

This divergence is especially important in the current context of economic crisis, since, while both the US and the EU have engaged in massive public interventions of financial assistance to the financial sector and to certain industrial sectors (e.g., the car industry) – albeit in different forms and intensities, as the EU responses were less coordinated and more State driven due to the limitation of European integration – the potential competition distortions associated with such interventions are to be actively monitored in the EU and that will not essentially happen in the US.

In fact, in the EU context we may even consider a potential paradox here, because, although the crisis undeniably puts under strain the market mechanisms and forces and the legal instruments that safeguard it – as it typically happens with competition rules – conversely the conditions of the downturn have led to

---

[83] On the so called *state action doctrine*, see, inter alia, the precedent that somehow stated it – *"Parker v Brown, 317 US 341 (1943)"*.

[84] On this point and emphasizing this contrast see Sappington, Sidak (2003: 479).

a 'de facto' tremendous expansion of the monitoring powers of the European Commission, acting as the EU competition authority.

We refer here, in particular, to the domain of state aid control and, more specifically, to state aid control related with the financial sector, with the Commission defining an extensive framework in order to monitor complex restructuring processes that are imposed to financial institutions beneficiaries of state aid (as the one which arises from the important "Commission Communication on the return to viability and the assessment of restructuring measures in the financial sector in the current crisis under State aid rules").[85] The fact that the US has no corresponding schemes or instruments to monitor competition distortions potentially arising from public financial assistance of such magnitude may be a further and undesirable element of imbalance in the exist strategies to the crisis followed in the two sides of the Atlantic.

REFERENCES

AHLBORN, Christian, EVANS, David
2008 «The Microsoft Judgment and its Implications for Competition Policy Towards Dominant Firms in Europe», Working Paper Series, April, available at SSRN (Social Science Research Network) – http://ssrn.com/abstract==1115867 (Accessed, November, 10, 2009).

---

[85] See *"Commission Communication on the return to viability and the assessment of restructuring measures in the financial sector in the current crisis under State aid rules"* – *OJ C 195/9 of 19, 8, 2009.*

AZCUENAGA, Mary
1992 «Market Power as a Screen in Evaluating Horizontal Restraints», in *Antitrust Law Journal*, vol. 60, pp. 935-975.

BAKER, Donald
2009 «An Enduring Antitrust Divide Across the Atlantic over Whether to Incarcerate Conspirators and When to Restrain Abusive Monopolists», in *European Competition Journal*, vol. 5, n.º 1, pp. 145-199.

BAVASSO, Antonio
2003 *Communications in EU Antitrust Law – Market Power and Public Interest*, The Hague/London/New York: Kluwer Law International.

BLUNDELL-WIGNALL
2008 «The Subprime Crisis: Size, Deleveraging and some Policy Options», in *Financial Market Trends*, vol. 1, nº 94, Paris, pp. 24-45.

BRODLEY, Joseph
1995 «Post-Chicago Economics and Workable Legal Policy», in *Antitrust Law Journal*, vol. 63, pp. 683-712.

DESANTI, Susan
2007 «Whither Antitrust in the Supreme Court?», in *www.theantitrustsource.com* (Accessed, March,10, 2009).

DOERN, Bruce & WILKS, Stephen Editors,
1996 *Comparative Competition Policy*. Oxford: Clarendon Press Oxford.

DRAHOS, Michaela
2001 *Convergence of Competition Laws and Policies in the European Community*, The Hague/London/New York: Kluwer Law International.

EHLERMANN, C.D.
2000 «The Modernization of EC Antitrust Policy: A Legal and Cultural Revolution», in *Common Market Law Review*, vol. n.º 37, pp. 537-590.

ELHAUGE, Einer
2007 «Harvard, Not Chicago: Which Antitrust School Drives Recent Supreme Court Decisions», in *Competition Policy International*, vol. n.º 2, Autumn, pp. 59-82.

FAULL & NIKPAY, Editors,
2007 *The EC Law of Competition – Article 82*, Oxford: Oxford University Press.

FERREIRA, Eduardo Paz, MORAIS, Lu's Silva
2009 «A Regulação Sectorial da Economia – Introdução e Perspectiva Geral», in PAZ FERREIRA, Eduardo *et al.* (ed.), *Regulação em Portugal – Novos Tempos, Novo Modelo?*, Coimbra: Almedina, pp. 7-38.

FIRST, Harry
2008 «Strong Spine, Weak Underbelly: The CFI Microsoft Decision», in *New York Law and Economics Research Paper*, n.º 08-17-April.

FOX, Eleanor
1998 «Antitrust Regulation Across National Borders: The United States of Boeing Versus the European Union of Airbus», in *Brookings Review*, vol. 16, Winter, pp. 30-32.
2001 «GE/Honeywell: The US Merger that Europe Stopped – A Story of the Politics of Convergence», in *Columbia Business Law Review*, 257, pp. 331-360.
2007 «Monopolization and Dominant Position: US and EU Views», in Mateus, Abel & Moreira, Teresa (ed.), *Competition Law and Economics – Advances in Competition Policy and Antitrust Enforcement*, The Hague / London / New York: Kluwer Law International, pp. 329-342.

2008 «The Efficiency Paradox», in *How the Chicago School Overshot the Mark – The Effects of Conservative Economic Analysis on US Antitrust*, Oxford: Oxford University Press, pp. 75-110.

FREEMAN, Peter

2009 «Competition Night?», in *Concurrences*, n.º 1-2009, pp. 1-2.

FURSE, Mark

2006 «Issues Relating to the Enforcement and Application of Criminal Laws in Respect of Competition», in Mardsen, Philip (Editor), *Handbook of Research in Trans-Atlantic Antitrust*, Cheltenham/UK-Northampton / MA, USA: Edward Elgar, pp. 466-492.

GERADIN, Damien,

2000 *The Liberalization of State Monopolies in the European Union and Beyond*, The Hague / London / New York: Kluwer Law International.

2007 *Global Competition Law and Economics*, Oxford / Portland, Oregon: Hart Publishing.

GERADIN, Damien (ed.)

2004 *Remedies in Network Industries: EC Competition Law vs. Sector Specific Regulation*, Antwerp / Oxford: Intersentia.

GERBER, D.J.

2008 «The Future of Article 82: Dissecting the Conflict», in Ehlermann, CD & Marquis, M. (ed.), *European Competition Law Annual 2007: A Reformed Approach to Article 82 EC*, Oxford – Portland, Oregon: Hart Publishing, pp. 56-91.

GRADY, Kevin

2006 «Lessons Learned from the US Experience *in Private Enforcement of Competition Laws*», in Marsden, Philip (ed.), Handbook of Research in Trans-Atlantic Antitrust, Cheltenham, UK-Northampton, MA, USA: Edward Elgar, pp. 515-540.

HARBER, Pamela Jones

2007 «The Supreme Court's Antitrust Future: New Directions or Revisiting Old Cases?», *www.theantitrustsource.com* (Accessed, December, 2, 2009).

HAWK, Barry

2007 «EC Modernisation and Antitrust Law», in Mateus, Abel & Moreira, Teresa (ed.), *Competition Law and Economics – Advances in Competition Policy and Antitrust Enforcement – Part I – Antitrust Enforcement: The Modernisation Package*, The Hague / London / /New York: Kluwer Law International pp. 41-60.

HAWK, Barry (ed.)

2008 *Fordham 2007 Competition Law Institute – International Antitrust Law & Policy, PANEL DISCUSSION – Remedies and Sanctions for Unlawful Unilateral Conduct*, Huntington, NY: JurisPublishing, pp. 613-651.

International Competition Network

2008 Cartel Settlements – Report to the ICN Conference, Kyoto, Japan.

JORDANA & LEVI-FAUR (ed.)

2004 *The Politics of Regulation in the Governance of the European Union*, Cheltenham, UK-Northampton,MA, USA: Edward Elgar.

KOMNINOS, Assimakis

2008 *EC Private Antitrust Enforcement – Decentralised Application of EC Competition Law by National Courts*, Oxford – Portland, Oregon: Hart Publishing.

KOVACIC, William

2001 «Transatlantic Turbulence: The Boeing-McDonnell Douglas Merger and International Competition Policy», in *Antitrust Law Journal*, vol. 68, pp. 805-831.

2008 *Competition Policy in the European Union and the United States: Convergence or Divergence?*, Bates White Fifth Annual Antitrust Conference, Washington DC.

LAO, Marina
2005 "Aspen Skiing and Trinko: Antitrust Intent and 'Sacrifice'", in *Antitrust Law Journal*, vol. 73, pp. 171-208.

MAJORAS, Deborah Platt
2008 «Convergence, Conflict and Comity: The Search for Coherence in International Competition Policy», in *2007 Competition Law Institute – Fordham University School of Law – International Antitrust Law & Policy*, pp. 1-24.

MORAIS, Luís
2006 «La Défense de la Concurrence au Portugal – Les Relations entre l'Autorité de Concurrence et les Autorités de Régulation Sectorielle – Les Sanctions en Cas d'Atteintes à la Concurrence», in *Estudos em Homenagem ao Professor Doutor Marcello Caetano no Centenário do seu Nascimento*, Coimbra: Coimbra Editora, pp. 127-149.
2010 (forthcoming) *Joint Ventures and EU Competition Law*, Oxford – Portland, Oregon: Hart Publishing.

MOSSO, Carles Esteva *et al.*
2007 *The EC Law of Competition – Article 82*, Oxford: Oxford University Press.

MOTTA, Massimo
2004 *Competition Policy – Theory and Practice*, Cambridge: Cambridge University Press.

MURIS, Timothy
2001 *Merger Enforcement in a World of Multiple Arbiters*, Remarks before the Brookings Institution Roundtable on Trade and Investment Policy, Washington DC, December.

NEVEN, Damien
2008 «Managing the Financial Crisis in Europe: Why Competition Law is Part of the Solution, Not Part of the Problem», in *Global Competition Policy* (online magazine).

NEVEN, D. & RÖLLER, L-H
2000 «Consumer Surplus versus Welfare Standard in a Political Economy Model of Merger Control», in WZB Working Paper FS IV 00-15.

O'DONOGHUE, Robert & PADILLA, Jorge
2006 *The Law and Economics of Article 82 EC*, Oxford – Portland, Oregon: Hart Publishing.

OECD
2003 *Hardcore Cartels: Recent Progress and Challenges Ahead*, Paris: OECD
2009 *Competition and the Financial Crisis*, Paris: OECD.

OLIVER, Geoffrey
2009 «The EU Commission's Guidance on Exclusionary Abuses: A Step Forward or a Missed Opportunity», in *Concurrences*, n.º 2-2009, pp. 27-29.

PITOFSKY, Robert, Editor
2008 *How the Chicago School Overshot the Mark – The Effects of Conservative Economic Analysis on US Antitrust*, Oxford: Oxford University Press.

ROCHEFORDIERE, Christophe de la
2001 «Structural versus Behavioural Remedies: American Hesitations in the Telecommunications Sector», in *Competition Policy Newsletter*, N.º 2 – June, pp. 11-14.

SAPPINGTON, David & SIDAK, Gregory
2003 «Competition Law for State Owned Enterprises», in *Antitrust Law Journal*, vol. 71, pp. 479-523.

RIDYARD, Derek
2009 «The Commission's Article 82 Guidelines», in *European Competition Law Review*, Volume 30, Issue 5, pp. 230-236.

SCHOEN, Frank
2005 «Exclusionary Conduct After Trinko», in *New York University Law Review*, vol. 80, n.º 5, pp. 1625-1660.

SHELANSKY, Howard & SIDAK, Gregory
2001 «Antitrust Divestiture in Network Industries», in *University of Chicago Law Review*, vol. n.º 68, pp. 1-99.

SIRAGUSA, Mario & RIZZA, Cesare, (ed.),
2007 *EU Competition Law*, Volume III, *Cartel Law*, Leuven, Belgium: Claeys & Casteels.

VELJANOVSKY, Cento
2004 «EC Merger Policy after GE/Honeywell and Airtours», in *The Antitrust Bulletin*, vol. n.º 1, pp. 152-185.

VICKERS, J.
2008 «The Financial Crisis and Competition Policy: Some Economics», in *Global Competition Policy*, Release: Dec-08(1), pp. 1-10.

WEINBERG, Jeremy
2006 «Judicial Review of Mergers in Europe: Tetra Laval, GE Honeywell and the Convergence Towards US Standards», in Marsden, Philip (ed.), Handbook of Research in Trans-Atlantic Antitrust, Cheltenham, UK-Northampton, MA, USA: Edward Elgar, pp. 153-194.

WILS, Wouter
2005 *Principles of European Antitrust Enforcement*, Oxford-Portand, Oregon: Hart Publishing.

**Globalização, Reforma Fiscal
e Concorrência Fiscal Internacional**

Oradores:

Carlos Loureiro
Clotilde Celorico Palma
Gary Clyde Hufbauer
José da Silva Lopes
M. H. Freitas Pereira
Manuel Pires
Paulo Macedo

A Globalização e os Processos de Reforma Fiscal – a Concorrência Fiscal Internacional

Carlos Loureiro*

Muito boa tarde a todos, agradeço, desde já, o convite do IDEFF e felicito, em particular, o Professor Paz Ferreira por esta ambiciosa e oportuna iniciativa, bem como os assistentes que ainda sobrevivem depois desta maratona. Portanto, tenho uma tarefa difícil, que é ser "As fast as the ladies", e comprometo-me a respeitar o tempo que me foi dedicado.

Irei falar numa perspectiva um pouco diferente, que tem a ver, por um lado, com o meu "background" académico na área de economia e gestão e, por outro, com a minha experiência prática como consultor. Portanto, a minha abordagem vai consistir muito, já que o que nos traz aqui são as relações entre Portugal, União Europeia e Estados Unidos, em olhar para a perspectiva do investidor norte-americano em Portugal, incluindo sobre quais são os aspectos relevantes, o que é que nós podemos melhorar na nossa competitividade e, consequentemente, será uma abordagem um pouco diferente daquela que foi apresentada anteriormente.

---

* Divisão de Consultoria Fiscal da Deloitte

De facto, com a globalização e outros factores, que o tempo não nos permite discutir, há uma efectiva concorrência fiscal internacional e as nações concorrem e tentam, como qualquer empresa, tornar-se mais atraentes. Mais atraentes para atrair capital, para atrair "know-how", para atrair talento e o que se pode discutir (e as soluções e as conclusões são variadas), é qual o real impacto do sistema fiscal na competitividade das nações e do respectivo tecido empresarial. Há um conjunto importante de factores, naturalmente, na competitividade de um país, e o sistema fiscal é seguramente um deles. Não quer isto dizer que o sistema fiscal resolva todos os problemas, e há vários estudos que o demonstram, mas, seguramente, não pode ser um factor de dissuasão, não pode ser um factor negativo e, portanto, no mínimo, exige que em termos de comparação internacional o nosso sistema seja tão competitivo como o dos países que concorrem connosco, nos fazem sombra em termos de atrair o investimento. É verdade que nós temos que, para conseguir atrair o investimento, mudar uma série de outros factores que influenciam a rentabilidade do investimento em Portugal, quando se olha para o resultado repatriado após impostos, pelo que naturalmente muito investimento será logo eliminado. Mas o que qualquer investidor sofisticado faz é um "Business Case", um projecto de investimento em que olha ao resultado final do lucro repatriado, o qual é influenciado pelos impostos, quer no país de destino, quer no país de origem e, naturalmente, esse efeito fiscal é importante.

Se a concorrência fiscal, como penso que já podemos concluir, existe – e eu arrisco-me a antecipar que existirá cada vez mais nos próximos anos – esta questão da concorrência fiscal prejudicial será muito relevante. Recordo que nesta sede e também no âmbito do Código de Conduta, quando há uns anos atrás foi lançado este desafio dentro da União Europeia, creio que na altura a quinze, os nossos amigos (e concorrentes, nesta perspectiva) holandeses, muito pragmaticamente encomendaram um estudo a uma entidade independente que identificou mais de trezentas medidas de concorrência fiscal entre os Estados Membros, na altura, de acordo com este estudo, que agora seriam certamente muito mais dentro do espaço da União Europeia. Naturalmente, a Zona Franca da Madeira foi o primeiro a ser efectivamente atacado no âmbito deste exercício, com os resultados que conhecemos. Portanto, há, de facto, que desmistificar um pouco esta questão da concorrência fiscal prejudicial: ela existe, os dados, como foram muito bem discutidos pelos meus antecessores, não indicam que a situação seja tão dramática como se chegou a recear no âmbito da tal "Race to the Bottom" e, portanto, quando nós estamos a discutir estas matérias, teremos que ver se, concretamente no caso do investimento norte-americano em Portugal, existem ou não factores que podem ser melhorados. Algo que a título de ponto prévio nos fará com certeza pensar um pouco, tem a ver com os dados do investimento directo estrangeiro.

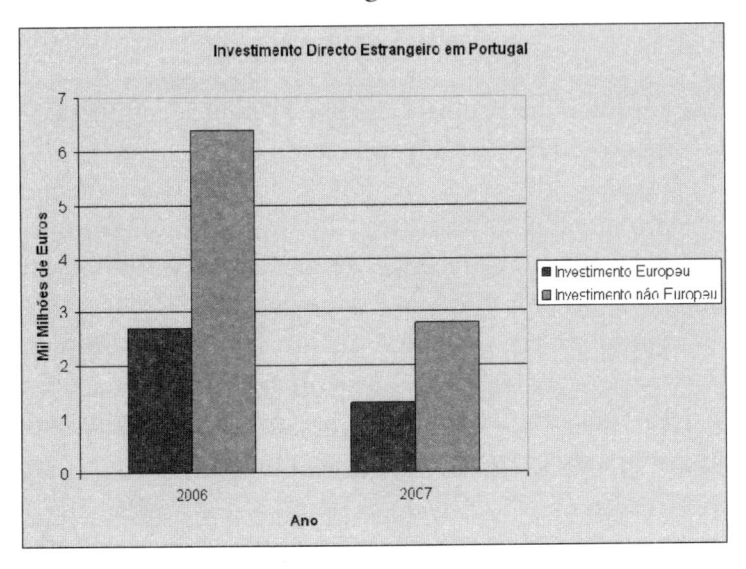

O que se verifica desde já é que, entre 2006 e 2007, o IDE caiu praticamente para metade perante o investimento dentro e fora da União Europeia e quando se olha para o investimento directo americano em Portugal, verificamos que ele é, não só é incipiente no total do investimento directo estrangeiro, como também não tem vindo a crescer, muito pelo contrário.

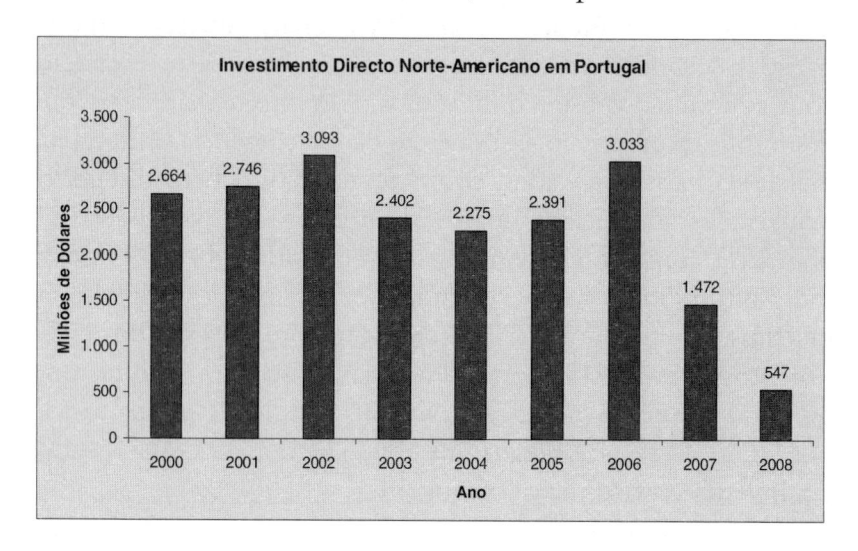

Investimento Directo Norte-Americano em Portugal (Milhões de Dólares)

Ano	2000	2001	2002	2003	2004	2005	2006	2007	2008
Valor	2.664	2.746	3.093	2.402	2.275	2.391	3.033	1.472	547

Só para dar uma ideia, fazendo as contas muito por alto, o investimento directo estrangeiro das empresas norte-americanas em Portugal, é de cerca de 0,4% do investimento norte-americano na União Europeia. Portanto, claramente, haverá alguma coisa que pode e deve ser feita, não só na área fiscal, mas também na área fiscal, nesta perspectiva.

Tentando ser tão objectivo quanto possível e com base no que a experiência nos indica e, também, em alguma doutrina nesta área, nos vários aspectos na competitividade, podem estruturar-se três grandes áreas, que têm a ver com:

i) a estabilidade, certeza e segurança do sistema fiscal;

ii) a simplicidade e os custos de cumprimento que ele implica; e também com
iii) a carga fiscal.

A ordem não é totalmente arbitrária, mas eu acho que a carga fiscal será "Last", mas não necessariamente "Least", nestas matérias e, concretamente em termos da concorrência fiscal internacional – repito, na perspectiva do investidor estrangeiro e, em particular, norte-americano – quais são as principais reclamações (algumas que nós subscrevemos totalmente, outras nem tanto) que são referidas pelos investidores e, portanto, quais são as áreas onde nós poderemos, de facto, melhorar de uma forma pragmática e, nalguns casos, de forma relativamente simples e sem perda de grande receita, identificando alguns dos aspectos que nos poderão ajudar a ser mais competitivos, nesta perspectiva que comentei.

Estabilidade, certeza e segurança do sistema fiscal

Estabilidade, certeza e segurança

– Alterações legislativas frequentes, com falta de coerência conceptual, qualidade técnica e adequada ponderação
– Inexistência de um sistema de "*ruling*" efectivo
– Redução das garantias dos contribuintes
– Incerteza quanto à aplicação futura da lei
– Manutenção da relevância das normas administrativas
– Deficiente funcionamento da máquina fiscal e dos tribunais, com prazos de respostas alargados

9 Concorrência Fiscal Internacional © 2008 Delcitte & Associados, SROC, S.A.

Por um lado, há uma questão que é extraordinariamente importante, que tem a ver com a estabilidade do próprio sistema fiscal. Nós temos tido ao longo dos anos, e os potenciais investidores olham para os outros investidores que já cá estão, falam sobretudo com investidores que já cá estiveram e foram embora e, portanto, têm uma análise bastante abrangente da realidade.

De facto, tem havido alguma instabilidade, as alterações nem sempre apresentam muita coerência sistémica e conceptual, e são, por vezes, de difícil percepção e apreensão, sobretudo numa perspectiva, como veremos, de aplicação prática.

Um segundo aspecto tem a ver com o sistema de "Ruling". Nós temos, de facto, o nosso regime das informações prévias vinculativas. Com grande agrado se constata que há uma preocupação de o tornar mais efectivo, sobretudo numa perspectiva de rapidez de resposta, que é fundamental porque hoje em dia determinadas operações não podem esperar três a seis meses, ou se calhar um mês, e portanto quando a resposta vem, o investimento já se foi embora para algum dos nossos concorrentes. Para além do aspecto crucial da rapidez de resposta, há outro aspecto que é muito importante, que é a própria concepção do sistema de "Ruling". É que nós não temos um sistema de "Ruling" competitivo com o dos outros países onde as empresas americanas investem. Quando se pensa na Holanda, na Bélgica e em muitos outros países, o sistema de "Ruling" implica a capacidade de negociação, de diálogo. Há duas ou três reuniões e numa semana tem-se exactamente o custo fiscal, a taxa de tributação de um determinado investimento. Por muito rápida que seja a capacidade de resposta em Portugal, essa capacidade negocial pragmática não está prevista na lei, portanto, isto terá de ser algo mais do que uma revolução dos aspectos meramente procedimentais, tem a ver também com a própria filosofia contemplada na nossa legislação fiscal.

Um outro aspecto que também se tem verificado, embora talvez empolado em algumas circunstâncias, tem a ver com as garantias dos contribuintes, que abrangem coisas muito latas, mas que claramente têm vindo a diminuir, nomeadamente, em termos dos custos de litigância, etc., e, portanto, é um factor que, quando comparado, também nos coloca algumas questões de competitividade. Naturalmente, também suscita algumas incertezas quanto à aplicação futura da lei, porque é por vezes incerta a interpretação que pode ser dada, o que tem a ver com algum peso ainda relativamente grande (e aí não é só Portugal) das normas administrativas e dos princípios não estritamente jurídico-fiscais da nossa legislação.

Há também uma notória incapacidade de resposta da máquina fiscal em termos do interlocutor único e da capacidade de dialogar, de manter durante um período relativamente curto um intensivo conjunto de conversas, nomeadamente, para colmatar algumas das insuficiências competitivas do nosso sistema que estão listadas antes. Mais preocupante ainda, porque a máquina fiscal tem verificado uma evolução positiva nos últimos anos, apesar de um maior rigor também assinalável, é sobretudo a questão dos tribunais, pois quer queiramos, quer não, para qualquer investidor estrangeiro, mas em particular para um investidor norte-americano, o mau funcionamento dos tribunais é dramático e é amplamente divulgado pelos outros investidores. Veja-se a este propósito as estatísticas dos processos tributários pendentes.

Os resultados para 2007 ainda não estão disponíveis, mas o que se verifica é que depois de haver alguma recuperação, devido a uma alteração legislativa, neste momento o que constatamos é que tem aumentado o stock de processos por decidir (e aqui as impugnações judiciais e também as oposições têm um peso muito grande) e no final de 2006 já íamos com cerca de vinte e dois mil processos pendentes. Mas o que é assustador

Estabilidade, certeza e segurança

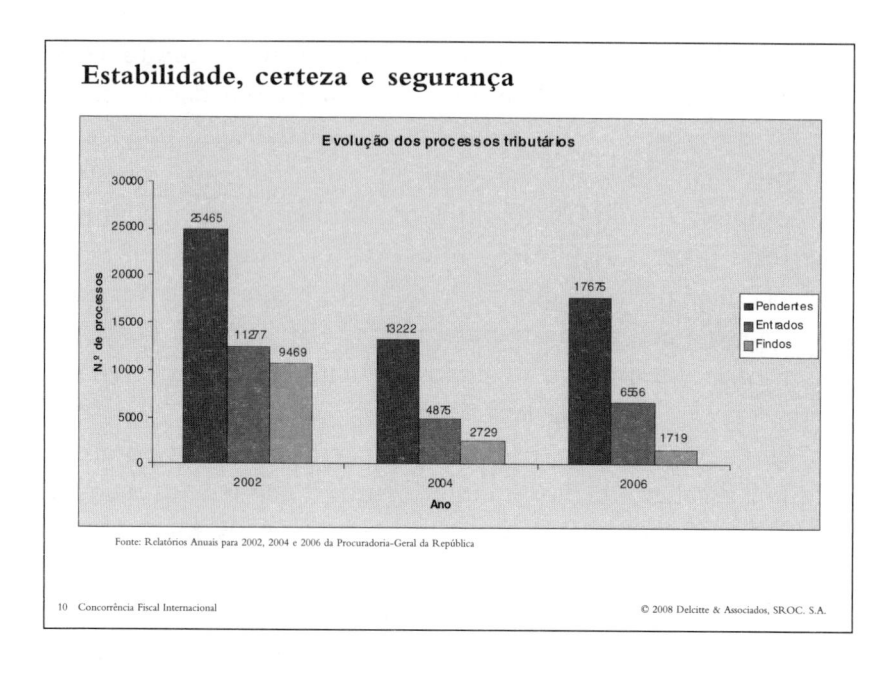

Evolução dos processos tributários

- 2002: Pendentes 25465, Entrados 11277, Findos 9469
- 2004: Pendentes 13222, Entrados 4875, Findos 2729
- 2006: Pendentes 17675, Entrados 6556, Findos 1719

Fonte: Relatórios Anuais para 2002, 2004 e 2006 da Procuradoria-Geral da República

10 Concorrência Fiscal Internacional © 2008 Delcitte & Associados, SROC, S.A.

é que, não só tende a aumentar exponencialmente o número de processos entrados, portanto, o número de litígios, mas também tende a diminuir o número de processos resolvidos o que, no limite, tenderá para o infinito e, portanto, o stock vai aumentar todos os anos. Isto são dados da Procuradoria Geral da República, portanto acima de qualquer suspeita, e de facto é preocupante e, naturalmente, indica que o prazo médio de resolução, nomeadamente das impugnações judiciais, será cada vez mais desfavorável. E contra estes factos não há muitos argumentos que possamos apresentar aos investidores.

Simplicidade e custos de cumprimento do sistema fiscal

Olhando para a segunda grande área, a simplicidade e custos de cumprimento, naturalmente, quando alguém investe num país desconhecido onde ainda por cima se fala uma língua

> **Simplicidade e custos de cumprimento**
>
> – Sistema ainda burocrático e com diálogo difícil com as autoridades fiscais, sem interlocutor único
> – Dificuldade de interpretação da lei, em termos de aplicação prática
> – Aumento dos ónus para os contribuintes, com obrigações mais complexas e onerosas, não só decorrentes da lei, como de obrigações administrativas
> – Criação de exigentes normas antiabuso, muitas vezes criando ónus e incertezas significativas para os contribuintes

estranha, há sempre uma preocupação sobre a capacidade de cumprir todos os requisitos. Portanto, eles têm que ser simples, claros. Tenho que poder ter um centro de processamento de informação, um "Shared Service Center", localizado noutro país, não tenho que ter grandes formalismos, não tenho que ter documentos originais arquivados, posso usar um plano de contas que é usado no grupo em todo o mundo. Há um conjunto de aspectos importantes e, na verdade, aqui o sistema, apesar da evolução que se tem sentido, ainda tem um cariz bastante burocrático.

Dir-me-ão, mas quando comparamos o peso dos códigos fiscais americanos e os nossos códigos, realmente, a complexidade do sistema americano é brutal, ganham-nos em peso de pelo menos dez para um, mas de qualquer forma as coisas são objectivas, estão previstas e muito dentro daquele princípio do "Check the Box" (por algum motivo chamamos testes americanos aos testes das cruzes), as coisas são bastante bem delimitadas e estão bastante claras. Portanto, são investidores que estão habituados a que as coisas sejam claras e feitas para pessoas com pouco tempo e que querem saber exactamente qual é a resposta de uma forma pragmática, não havendo em Portugal esta facilidade e revelando-se difícil encontrar um interlocutor, nomeadamente na administração fiscal.

Já falaremos à frente sobre os incentivos, que poderão ser uma forma de compensar algumas das insuficiências, conjugado com dúvidas muitas vezes de ordem prática na interpretação da legislação, não só fiscal, mas também fiscal, mas isto naturalmente também causa pressões e influencia as decisões de investimento, eventualmente pela negativa.

Por outro lado, o nosso sistema tem criado um conjunto de ónus, de custos de cumprimento para os contribuintes, substituindo-se algumas funções de controlo do Estado e obrigando a um conjunto de situações de reporting, etc., cada vez mais complexas e, portanto, com um custo inerente e também com um conjunto de obrigações bastante exigentes, até do ponto de vista dos próprios sistemas para cumprir com algumas dessas obrigações, e os sistemas informáticos que nestes grandes grupos tendem a ser muito standardizados, têm custos de adaptação relativamente elevados.

Por outro lado, a proliferação das nossas normas anti-abuso também são motivo de preocupação. É uma tendência que não é só portuguesa, como aliás vimos de uma forma muito clara por alguns dos meus antecessores, mas de facto desde logo temos a nossa famosa cláusula geral anti-abuso (número 2, do artigo 38º da Lei Geral Tributária), que assusta imenso qualquer investidor estrangeiro porque, lendo muito literalmente, de facto, cria uma espécie de bomba atómica, criando portanto algumas preocupações.

Por outro lado, numa série de áreas está, de facto, vertido um conjunto de normas anti-abuso, que nós percebemos qual é a sua génese e também conhecemos a forma como são aplicadas, mas que também criam preocupações aos investidores estrangeiros. Quando falamos de comprar empresas para fazer o "turn around", onde, por definição, existem prejuízos fiscais e quando há normas anti-abuso para o reporte dos prejuízos fiscais, para a reestruturação de empresas, para produtos financeiros, etc., há portanto, um conjunto tão vasto de normas anti-abuso, algumas realmente pouco claras e difíceis de explicar a um anglo-saxónico, estas limitações também tornam o nosso sistema um pouco mais difícil de vender.

Carga fiscal

Carga Fiscal

– Concentração da receita, dependente de um número limitado de empresas, o que enviesa as comparações internacionais da carga fiscal e comporta riscos acrescidos

– Diferença entre taxa nominal e efectiva, sendo que Portugal revela historicamente os maiores diferenciais entre ambas

– Taxa nominais aparentemente competitivas, mas não diferenciadoras

---

Finalmente, falaremos muito rapidamente da questão da carga fiscal, porque já foi tratado seguramente muito melhor do que eu poderia fazer, e como disse não é, segundo a minha experiência, talvez o aspecto mais importante, até porque há, como veremos já a seguir, alguns mecanismos que o podem compensar. E existe ainda, como eu ia referir, a questão da diferença entre a taxa nominal e efectiva.

Para termos ideia da posição comparativa do nível de tributação em Portugal com um conjunto seleccionado de países, podemos constatar que Portugal tem uma posição aparentemente competitiva.

Carga Fiscal

Taxas nominais máximas sobre os lucros em 2008		Taxas de IVA
Estado	Taxa	Taxa
Alemanha	30-32%	19%
Brasil	34%	7-25%
Chipre	10%	15%
Espanha	30%	16%
EUA	35%	Sales Tax
França	34,43%	19,6%
Holanda	25,5%	19%
Irlanda	12,5%	21%
Luxemburgo	29,63%	15%
Portugal	25%	21%*
Turquia	20%	18%

* (20% após 01/07/2008)

Fonte: Taxanalyst

13 Concorrência Fiscal Internacional © 2008 Delcitte & Associados, SROC, S.A.

Portugal historicamente é dos países que mostra maior diferença entre as duas taxas, nominal e efectiva, e portanto, se calhar, há aqui alguma forma de tornar o nosso sistema mais comercial, mais "market oriented", alargando a base, racionalizando as diferenças entre o lucro contabilístico e fiscal, o que poderá ser algumas vezes mais atraente para o investidor estrangeiro, porque, sendo as taxas efectivas, o que realmente é relevante, o que é verdade é que os investidores não conhecem as taxas efectivas aplicáveis, tal como eu não as conheço.

Há várias tentativas de cálculo das taxas efectivas de imposto através de "case studies" ou de análises empíricas, até porque a taxa efectiva varia extraordinariamente de empresa para empresa e de projecto para projecto, o que numa análise de um projecto de investimento, quando se considera a taxa de tributação sobre o lucro do investimento e os custos para repatriar os lucros, o que se utiliza são as taxas nominais, precisamente porque as taxas efectivas não se conhecem e variam de caso para caso.

Portanto, de facto o nosso sistema fiscal está a ser prejudicado pela taxa nominal quando a taxa efectiva é muito mais competitiva, pelo menos na minha modesta opinião, para além de outros aspectos que agora dispensaria comentar.

Quando realmente se olha para as taxas nominais, Portugal revela-se competitivo (esqueçamos agora o caso do Chipre, que aliás continua a estar na "Blacklist" portuguesa, apesar de membro da União Europeia, e da Turquia). Temos obviamente o caso da Irlanda, mas Portugal compara-se de uma forma relativamente positiva com a generalidade dos países e, portanto, também não será por aqui a razão da nossa falta de competitividade.

Sinceramente acho, e a experiência indica-me, que a taxa elevada de IVA é um falso problema em termos da competitividade. Poderá haver algum efeito nas franjas de comércio da raia portuguesa, mas não me parece que tenha um peso muito grande na economia portuguesa, apesar dos incentivos à interioridade, e, aliás, se virmos o famoso caso da Irlanda, esta tem uma taxa tão alta como nós tínhamos e, portanto, a partir da próxima semana vamos ficar mais competitivos do que a Irlanda em termos de IVA, o que são bons sinais.

Também foi aqui há pouco referido que Portugal tinha – e nós somos especialistas às vezes em prejudicarmo-nos a nós próprios – a taxa mais baixa de IVA da União Europeia, na Zona Franca da Madeira, que se perdeu quando se passou para a taxa de 15%. Na altura o Luxemburgo também tinha 15%, agora Chipre também tem 15%, e nós perdemos uma série de negócios na área do comércio electrónico, etc. por causa desta alteração. De qualquer maneira, também a partir da próxima semana voltamos a ter a taxa mais baixa, isolada, da União Europeia em termos de IVA, que são os 14% da Madeira e Açores, o que esperamos possa servir para atrair algum investimento de qualidade.

Existem alguns outros aspectos que são relevantes, quando se comparam competitividades dos sistemas fiscais. Há, desde logo, um que é muito mais importante do que parece, até porque quem toma decisões são pessoas e algumas das que influenciam as decisões são também os expatriados potenciais. Nós não temos um regime especial para os expatriados, uma coisa que existe em variados países, a qual, geralmente, é um potencial incrementador de receita fiscal e de tudo o que está associado à existência de uma colónia expatriada. Por exemplo, os nossos vizinhos espanhóis já têm um regime nesta área relativamente atraente.

Temos também um regime pouco competitivo, nesta perspectiva e na perspectiva burocrática, em termos de pagamentos ao exterior, em que incluímos a retenção na fonte sobre tudo, nomeadamente, assistência técnica e prestações de serviços. Conseguimos ainda negociar um período transitório para a Directiva de juros e royalties, e, portanto, tornámo-nos menos competitivos também nesta área.

No caso específico dos Estados Unidos, temos um acordo de dupla tributação que é relativamente pouco atraente em termos competitivos (aliás, o meu colega Phil Morrison, no painel seguinte, discutirá que há talvez uma janela de oportunidade para renegociarmos alguns aspectos do acordo com os Estados Unidos, podendo haver receptividade da parte dos mesmos). Adicionalmente, temos diversas obrigações que criam imensos problemas e má imagem de Portugal, como por exemplo não aceitarmos o "form" americano que a maior parte dos países aceita para certificação da residência, o famoso "sixty one sixty six", insistindo nos nossos "forms RFI", agora felizmente só quatro, mas que podem demorar três meses ou seis meses a ser certificados. Em muitos casos, os "forms RFI" não vêm bem certificados, e às vezes as autoridades fiscais americanas apagam ou riscam uma área, porque não a podem certificar, e depois o "form" já não é aceite.

Veja-se, a título ilustrativo, as taxas de retenção na fonte aplicáveis pelos Estados Unidos, ao abrigo de diversos acordos de dupla tributação celebrados com um conjunto seleccionado de países:

Taxas de retenção na fonte decorrentes de ADT celebrados pelos EUA			
Estado	Dividendos	Juros	Royalies
Alemanha	5/15%	0%	0%
Bélgica	0★/5/15%	15%	0%
Brasil	N/A	N/A	N/A
Chipre	5/15%	10%	0%
Espanha	10/15%	0/10%	5/8/10%
França	5/15%	0%	5%
Holanda	0★/5/15%	0%	0%
Irlanda	5/15%	0%	0%
Luxemburgo	5/15%	0%	0%
Portugal	**5/15%**	**0/10%**	**10%**
Reino Unido	0★/5/15%	0%	0%
Turquia	20%	18%	

★ (participação de 80%)

Fonte: Taxanalyst

Temos aqui também um factor de falta de competitividade., que penso poderá ser ultrapassado. Olhando de facto para um conjunto de acordos celebrados entre os Estados Unidos e alguns dos nossos concorrentes, verifica-se que, em termos de dividendos, o regime é mais ou menos competitivo, mas quando olhamos para os juros e royalties tal já não se verifica (e relembro que a taxa zero para juros só se aplica em circunstâncias muito específicas, nomeadamente, empréstimos a mais de cinco anos por instituições financeiras, portanto, tem um interesse relativamente limitado). Nós temos dez por cento em ambas as rúbricas, de juros e royalties, e quando comparamos com outros países constatamos haver regimes mais favoráveis na generalidade dos casos (esta é apenas uma amostra, mas se aumentássemos a amostra continuaria a ser verdade esta conclusão).

Muito rapidamente, alguns comentários sobre a questão dos incentivos. Podendo, de alguma forma, o regime contratual tornar mais competitivo o nosso sistema, nós temos sentido algumas questões: em primeiro lugar, alguma incerteza, pois de facto não é possível explicar qual é concretamente o regime que vai ser aplicado, por muito que se fale com ministérios, com organizações encarregues destas matérias, não é possível obter uma resposta rápida. Às vezes, enquanto ainda se está a discutir, já há ofertas concretas de uma série de outros países e temos vários exemplos, infelizmente, num passado recente de investimentos muito interessantes que não se materializaram por razões burocráticas, e esta comparação internacional também aqui não é especialmente favorável.

Considerações finais

Dentro da lógica que eu propus e que não me tornará necessariamente muito popular, apresento a seguir algumas ideias mais relevantes para pragmaticamente tentarmos que o nosso sistema fiscal seja mais atractivo, como uma das partes, um subsistema, da actividade concorrencial de Portugal perante investidores estrangeiros, nomeadamente norte-americanos.

Quais são algumas áreas de particular preocupação, que com alguma actuação pontual e específica, poderão tornar o nosso sistema bastante mais atraente

Em primeiro lugar, urge claramente rever o sistema de incentivos, tornando-se mais pragmáticos, mais automáticos, com

> **Barreiras fiscais ao investimento Norte-Americano em Portugal**
>
> - Barreiras ao investimento estrangeiro que limitam a atracção de um maior número de investidores Norte-Americanos:
>   - Ausência de preferência por sistemas de incentivos de carácter automático
>   - Tempo alargado de aprovação nos sistemas de incentivos sujeitos a aprovação e várias entidades envolvidas
>   - Dificuldades de obtenção de resposta da Administração Tributária
>   - Tribunais Fiscais carentes de meios e capacidade técnica necessária ao seu bom funcionamento, nomeadamente em termos de prazos
> - Para que não seja a burocracia um dos factores a restringir a evolução do investimento Norte-Americano em Portugal, urge reformular a carga administrativo-burocrática que impende sobre os investidores
> - Urge ir mais longe na revisão dos procedimentos formais para a aplicação dos ADT celebrados por Portugal, nomeadamente mediante a aceitação do *form* Norte-Americano de certificação de residência ("Form 6166")

maior capacidade de resposta. Não sei se é preciso criar um "triple PIN" ou qualquer coisa assim, mas de facto é preciso criar mecanismos rápidos e eficientes de resposta, simular o incentivo aos investidores, como quando se vai a um banco e nos simulam um empréstimo para a compra de habitação. Tem que haver um mecanismo mais pragmático, e não necessariamente mais oneroso em termos de despesa fiscal, para responder aos grandes projectos, e temos obviamente que saber quais são os projectos estratégicos que nos interessam.

Tem que se criar um sistema de resposta a pedidos de informação prévia vinculativa também mais rápida e mais abrangente, mais negocial, um sistema de "ruling", no sentido que existe nalguns dos nossos concorrentes, para permitir responder e dialogar, não só com os investidores estrangeiros, naturalmente, mas nesta sede em particular com os investidores estrangeiros, criando de facto um interlocutor único, uma forma de intervenção directa.

Temos também que rever toda a parte – e aí não implica custos, pelo contrário – de redução da carga burocrática e administrativa que impende sobre os investidores, a todos em geral, mas em particular para estes, que têm hipótese de comparar e de decidir ir para outro país.

Também a questão dos acordos de dupla tributação tem que ser revista, incluindo algumas medidas muito simples, apesar das significativas melhorias que o regime sofreu este ano, ser mais ambicioso, ir um bocado mais longe e quem sabe talvez renegociar o Acordo com os Estados Unidos, que será seguramente uma oportunidade a utilizar.

Não consegui ser tão rápido como as senhoras, mas agradeço a vossa atenção e paciência.

Muito obrigado.

Carlos Loureiro
Junho de 2008

PORTUGAL, A CONCORRÊNCIA FISCAL PREJUDICIAL
E A COMPETITIVIDADE FISCAL

Clotilde Celorico Palma[*]

Muito boa tarde. Eu começava por agradecer ao meu querido amigo, o Professor Doutor Eduardo Paz Ferreira o facto de estar aqui nesta mesa cheia de celebridades e, quase como última oradora, vou prometer *laddies almost last but laddies always fast*, portanto, espero não atrasar a conferência.

Procuro aqui trazer um conjunto de preocupações que me têm acompanhado ao longo dos dez anos em que tenho vindo a trabalhar na matéria da concorrência fiscal prejudicial, acompanhando desde as primeiras reuniões, os trabalhos do grupo do Código de Conduta da Fiscalidade das Empresas e do Fórum da OCDE para a concorrência fiscal prejudicial.

Eu propunha-me, então, fazer um apanhado breve sobre as medidas que, em Portugal, adoptámos no contexto do controlo ou do combate à concorrência fiscal prejudicial e, no contexto de uma maior competitividade fiscal, fazer uma pequena

---

[*] Doutora em Direito pela Faculdade de Direito da Universidade de Lisboa. Docente do IDEFF e do ISCAL. Advogada.

abordagem dos trabalhos da União Europeia e da OCDE, terminando com algumas conclusões, procurando, na medida do possível, ser o mais objectiva.

Relativamente à questão da concorrência fiscal prejudicial, é sabido que, tendo-se vindo a intensificar o movimento da globalização, foi sobretudo a partir dos anos oitenta que, em diversos países, se foram introduzindo práticas de concorrência fiscal prejudicial. Relativamente a essas práticas de concorrência fiscal prejudicial, chamem-lhes paraísos fiscais, regimes fiscais privilegiados, regimes fiscais preferenciais, ou, como nós fazemos, regimes fiscais claramente mais favoráveis, houve uma tentativa de controlo, sobretudo, a partir dos anos noventa, na OCDE e na União Europeia, basicamente, com o Código de Conduta da Fiscalidade das Empresas e com o Relatório da OCDE sobre as práticas da concorrência fiscal prejudicial.

Eu não poderia deixar de salientar um aspecto que é essencial, que é o facto da competitividade fiscal, sendo um dos objectivos dos sistemas fiscais, ser apenas uma das componentes da competitividade de um país. E, dentro desta temática da concorrência fiscal, não nos podemos esquecer que há aqui um problema de esquizofrenia, digamos assim. A concorrência fiscal pode ser positiva, mas tem também um lado negativo. A dificuldade é, efectivamente, saber qual a fronteira a traçar entre aquilo que é positivo e aquilo que é negativo nesta matéria. O próprio preâmbulo do Código de Conduta da Fiscalidade das Empresas vem dizer aquilo que acabei de referir. Entre nós, não nos podemos esquecer que na Lei Geral Tributária está acolhido um princípio que nos vem dizer que a tributação deve ter em consideração a competitividade e a internacionalização da economia portuguesa no quadro de uma sã concorrência.

A questão que eu coloco é se este princípio, com as medidas que têm vindo a ser adoptadas, tem vindo a ser respeitado entre nós. Também à semelhança do que se passou no contexto internacional, em Portugal foi sobretudo a partir dos anos noventa que assistimos a um acréscimo do controlo, do combate às práticas de concorrência fiscal prejudicial. Podemos aqui enunciar algumas das medidas mais relevantes que foram introduzidas na nossa legislação fiscal. Eu lembro as medidas CFC e o caso das regras sobre a subcapitalização que acabaram por vir a ser alteradas em virtude de uma jurisprudência conhecida do Tribunal de Justiça das Comunidades, ficando em conformidade com as regras comunitárias. Temos as regras sobre os preços de transferência e aguardamos também a publicação, que está para breve, da portaria dos acordos prévios em matéria de preços de transferência. Chamo a atenção para a cláusula geral anti-abuso, para as medidas relativas a *exit tax*, que foram introduzidas muito recentemente, e para as alterações que foram introduzidas em matéria de acesso directo a dados cobertos pelo sigilo bancário. Há relativamente pouco tempo tínhamos apenas um acesso indirecto a estes dados e fomos, progressivamente, agilizando as práticas de acesso directo. Um outro aspecto que é relevante mencionar é o relativo às regras recentes sobre o planeamento fiscal abusivo.

Nos últimos anos, assistimos a um decréscimo progressivo, em conformidade com a tendência generalizada a nível internacional, da taxa nominal do IRC. Há bem pouco tempo, em 1995, a nossa taxa era de 36,5%. Mais aspectos a mencionar em relação a medidas adoptadas em prol da competitividade fiscal do país: ouvimos falar do regime do artigo 39.º do EBF, tendo esse regime sido alterado de uma forma pró-activa em virtude dos trabalhos do grupo comunitário do Código de Conduta da Fiscalidade das Empresas. Na realidade, esse regime estava vedado a projectos de investimento estrangeiro e, em Portugal, alargámo-lo, numa perspectiva pró-activa. Chamo também a atenção para o facto da nossa rede de convenções para evitar a dupla tributação ter crescido substancialmente desde 1995. Temos mais trinta e nove ADTs desde 1995 e não quero deixar de sublinhar que o nosso sistema fiscal, ultimamente, tem sofrido melhorias significativas no tocante à modernização e à simplificação fiscal.

Eu gostaria de fazer referência, em particular, a dois regimes que são apontados em regra como instrumentos de competitividade fiscal. Esses regimes são os regimes das SGPS e o regime da Zona Franca da Madeira ou Centro Internacional de Negócios da Madeira. Queria, todavia, registar, relativamente ao regime das SGPS, o facto de termos tido quatro regimes regra diferentes entre 2000 e 2003 no tocante à tributação das mais e menos valias das SGPS e, no tocante ao regime da Zona Franca da Madeira, queria deixar uma nota objectiva relativa ao facto de as negociações dos últimos regimes se terem arrastado demasiadamente. Tivemos o regime "suspenso", não houve regime em termos de novo licenciamento de entidades durante dois anos, ao passo que os nossos vizinhos das Canárias tiveram o seu regime aprovado atempadamente sem qualquer interrupção. Quanto ao último regime, também se arrastou a negociação e há alguns dados que apontam para uma perda de competitividade como, por exemplo, o facto de se ter passado a exigir a entidades isentas, licenciadas no Centro Internacional de Negócios da Madeira, a entrega do pagamento especial por conta.

Ao nível da União Europeia e da OCDE, o que é que eu gostaria de vos comunicar em resultado da minha experiência pessoal de acompanhamento destes regimes? Ao nível do Código de Conduta da Fiscalidade das Empresas, como sabem, em virtude deste acordo político, alterámos o regime da Zona Franca da Madeira, expurgando-o das actividades financeiras, embora com a tal *nuance* de termos ficado dois anos a negociar este regime em sede de auxílios de Estado. Por outro lado, como referi, numa atitude pró-activa viemos a alterar o artigo 39.º do EBF, no sentido do alargamento do regime.

Em termos dos trabalhos prosseguidos no contexto do Código de Conduta, o que é que eu posso registar? Os trabalhos no âmbito deste Código, à partida, têm necessariamente um âmbito desequilibrado dado que este se restringe ao espaço da União Europeia. Todavia, isso não acontece só a nível teórico, acontece na prática, mesmo dentro do espaço da União Europeia. Devo dizer-vos – e aprendi bastante com estes trabalhos ao longo destes dez anos, também a nível pessoal – que, claramente, houve um favorecimento de países com língua oficial inglesa e isso acontece, nomeadamente, com o que verificamos a um nível objectivo relativamente às medidas de Malta relativas a operações financeiras em que, pura e simplesmente, este país manteve os regimes com admissão de novas entidades, com uma tributação quase zero para operações financeiras, ao passo que, outros Estados membros, como Portugal, aboliram os seus regimes. Portanto, daí eu concluo muito objectivamente que há uma necessidade de adoptar neste contexto procedimentos equilibrados e de abolir qualquer tipo de não discriminação. A não discriminação deve abolir-se não só teoricamente como na prática e isso é extremamente importante.

O mesmo devo apontar ao Relatório da OCDE. Relativamente aos trabalhos da OCDE, não posso deixar de felicitar esta organização pelo trabalho excelente que tem vindo a desenvolver nesta área. Devo, contudo, também observar que também aqui há uns certos desequilíbrios relativamente a determinadas medidas de determinados países. Por outro lado, também não podia deixar de salientar que, efectivamente, na OCDE se avançou bastante com a celebração de uma série de acordos sobre trocas de informações com diversos países, o que fez com que a lista de paraísos fiscais da OCDE, neste momento, se restrinja a três países – o Liechtenstein, Andorra e o Mónaco. Todavia, uma coisa é efectivamente a celebração de um acordo sobre troca de informações, outra coisa é a sua implementação efectiva.

O que é que posso concluir dos trabalhos ao nível da União Europeia e da OCDE? Pessoalmente, eu entendo que não se atingiu um *level playing field*. E por que razão não se atingiu? Muitas vezes por um tratamento discriminatório, outras vezes por uma atitude defensiva ou meramente correctiva por parte de determinados Estados. O certo é que se olharmos actualmente para as medidas que tínhamos na altura dos trabalhos do Código de Conduta e da OCDE, se fizéssemos uma comparação – e era interessantíssimo fazer-se um trabalho nesse contexto – vamos assistir a um reequacionamento da concorrência fiscal a nível internacional. Ouvimos há pouco o representante da OCDE a dizer que uma coisa é o respeito pela letra do Código de Conduta e do Relatório da OCDE, outra coisa é o respeito pelo espírito do Código e do Relatório. Aquilo que hoje temos por parte de uma série de Estados é que foram pró-activos, suprimindo ou alterando regimes que foram extremamente competitivos a nível internacional e que, actualmente, continuando a ser competitivos, eu tenho dúvidas que respeitem efectivamente o espírito do Código e do Relatório da OCDE.

Em conclusão, eu penso que, analisando de uma forma objectiva as medidas que têm vindo a ser adoptadas por Portugal, nós temos reagido mais de uma forma defensiva ou correctiva do que de uma forma pró-activa. Nesse contexto, só me resta concluir que efectivamente o que deveríamos fazer é o que ainda ontem na apresentação do *survey* de Portugal pela OCDE, dizia o Secretário-Geral da OCDE – "Portugal deve aproveitar o contexto da globalização". No fundo, Portugal deve ser mais agressivo, mais competitivo face à globalização. Eu penso que também aqui, na óptica fiscal, nós temos que ser mais próactivos, criar instrumentos ou repensar alguns instrumentos que temos, sendo certo que, obviamente, tudo isto depende de um contexto favorável por parte da Administração Fiscal, que cada vez tem vindo a dar melhor resposta a uma série de questões e refiro-me, concretamente, às situações de resposta a questões que lhes sejam colocadas pelos contribuintes, respostas atempadas, salvaguardando, obviamente, o respeito pelas garantias dos contribuintes.

Eu terminava com esta frase que foi extraída de um relatório que diz respeito à matéria da competitividade industrial, lembrando que a competitividade não é um fim mas apenas um meio, realidade da qual não nos podemos esquecer nunca – "*La compétitivité désigne la capacité des entreprises, d'industries, de régions, de nations ou d'ensembles supranationaux, de gérer de façon durable un revenu et un niveau d'emploi relativement élevés, tout en étant et restant exposés à la concurrence internationale*" (*La compétitivité industrielle*, OCDE, 2006).

Muito obrigada pela vossa atenção.

INTERNATIONAL TAX COMPETITION:
THREE BIG ISSUES

Gary Clyde Hufbauer[*]
Jisun Kim Peterson[**]

In the wake of the financial crisis, more countries have joined the crusade against tax havens, even claiming that financial secrecy offered by tax havens has contributed to the crisis. Since President Barack Obama took office in January 2009, the new US Administration has expressed its intention to take action both on tax haven and tax competition questions. In his written testimony, prepared for the Senate confirmation hearing on January 21, 2009, Treasury Secretary Timothy Geithner said that he would give offshore tax evasion issues a high priority and examine a wide range of policy options to address these

---

[*] Gary Clyde Hufbauer is the Reginald Jones Senior Fellow at the Peterson Institute for International Economics. Jisun Kim is a Research Assistant at the Institute. This paper draws heavily from the book by Gary Hufbauer and Ariel Assa, *US Taxation of Foreign Income*, published in 2007 by the Peterson Institute for International Economics.
[**] Institute for International Economics

issues.[1] President Obama's 10-year budget blueprint, released on February 26, 2009, proposes to raise about $210 billion over the next 10 years through "international enforcement, reform deferral, and other tax reform policies"[2] According to details released on May 4, 2009, about $95 billion will be raised over the next 10 years through "efforts to get tough on overseas tax havens."[3] At the recent Group of 20 (G20) summit held in London in April 2009, leaders pledged to "take action on non-cooperative jurisdictions including tax havens" and expressed possible deployment of sanctions against such jurisdictions.[4] Evidently tax competition and tax havens have joined the priorities on the global agenda.

---

[1] See Timothy F. Geithner's written testimony prepared for the hearing on confir-mation of Mr. Timothy F. Geithner to be Secretary of the US Department of Treasury, available at www.finance.senate.gov.

[2] See "A New Era of Responsibility: Renewing America's Promise," Office of Management and Budget, released on February 26, 2009, available at www.whitehouse.gov.

[3] See "Leveling the Playing Field: Curbing Tax Havens and Removing Tax Incentives for Shifting Jobs Overseas," released on May 4, 2009, available at www.whitehouse.gov.

[4] In their *communiqué*, the G20 leaders said, "to take action against non-cooperative jurisdictions, including tax havens. We stand ready to deploy sanctions to protect our public finances and financial systems. The era of banking secrecy is over. We note that the OECD has today published a list of countries assessed by the Global Forum against the international standard for exchange of tax information." See "Leaders Statement: The Global Plan for Recovery and Reform" April 2, 2009 (the full text is available at http://www.g20.org/Documents/final-communique.pdf).

Harmful Tax Competition?

The debate surrounding international tax competition divides observers into two camps. One camp contends that tax competition makes a healthy contribution to world economic growth by reducing taxation of two highly mobile factors, physical and intellectual capital, thereby enlarging the global capital stock. Seen from a purely national vantage point, competitive tax policies can attract foreign investment, and enhance the export performance of domestic firms. This camp argues that efforts to restrain tax competition don't make sense.[5]

Followers of the opposing camp – including advocates of "harmful tax projects" conducted under OECD auspices – contend that tax competition misallocates resources to low tax jurisdictions, unfairly shifts the fiscal burden to labor, and hobbles industries in countries that maintain "normal" corporate tax practices.

The outer frontier of the tax competition debate is occupied by so-called tax haven countries, a term that includes Liechtenstein, Bermuda and the Cayman Islands, and is sometimes extended to Hong Kong, Singapore, and Ireland. Tax havens are sometimes confused with nations that coddle money laundering and drug lords, but Dharmapala and Hines (2006) found almost no poorly governed tax havens. Indeed, tax havens

---

[5] Conconi (2006) for example contends that global tax harmonization which fosters the elimination of tax competition can prompt countries to adopt higher than optimal capital taxes. Edwards and de Rugy (2002) point out that defensive responses to tax competition – such as tax rules that deter investment flows to lower tax jurisdictions – do not necessarily promote economic growth or reform inefficient tax systems.

score very well on cross-country indexes of governance that include measures of voice and accountability, political stability, government effecti-veness, rule of law, and control of corruption.

In light of this debate, which has stretched over decades, a crusade to eliminate tax competition or shut down tax havens is neither practical nor persuasive. Both in terms of tax policy and scholarly argument, the pro-tax competition camp is gradually gaining the high ground. It seems more sensible for countries that see themselves at a disadvantage to promote competitive business tax systems at home rather than complain about excessively generous systems abroad. To the extent our prescription – namely join the global trend towards lower business taxation – seems to unduly favor the "rich," the United States and other countries can add a more progressive tilt to their personal tax systems.

In our view, the current US business tax system deserves vigorous criticism for failing to address US competitiveness in the global economy, either as a site for production of goods and services or as a headquarters location for multinational enterprises (MNEs). While the United States has many attractions for business firms – including a large market, a skilled work force, functioning infrastructure and urban amenities, the US tax system is not particularly favorable. At the same time, and somewhat paradoxically, the system facilitates tax evasion on foreign portfolio income by US citizens and residents.

The following sections of this short paper focus on three topics that are closely related to the international tax competition question – foreign direct investment, international portfolio income and E-commerce.

Territorial Taxation for Foreign Direct Investment

Academic studies report that business tax competition, mostly in the form of lower tax rates, affects international investment and production behavior. For example, Mutti (2003) found that reducing the before-tax cost of capital by 10 percent boosts the level of production by local affiliates of MNEs by 6 percent. Gorter and Parikh (2003) report that firms based in one EU member state will increase their FDI stakes in another EU member state by approximately 4 percent if the second state decreases its effective corporate income tax rate by one percentage point relative to the European mean.

In a "meta-analysis" of prior empirical studies, the OECD (2008) concluded that, on average, inward FDI increases by 3.7 percent following a one percentage point decrease in the corporate tax rate (e.g., from a 25 percent rate to a 24 percent rate). However, the OECD study uncovered a wide range of estimates, finding variation that partly reflects differences between industries and countries. The more recent studies surveyed in the OECD (2008) report suggest that FDI has become increasingly sensitive to taxation, reflecting rising mobility of capital as non-tax barriers to FDI continue to decline.[6]

---

[6] Low corporate tax rates are often credited with economic success. The outstanding example is Ireland, which slashed its corporate taxes starting in the late 1970s and now has a flat rate of 12.5 percent. Low Irish corporate tax rates are credited as the magnet for attracting FDI in knowledge-intensive industries. Between 1993 and 1999, Ireland recorded a huge improvement in its main economic indicators: a 62 percent increase in real GNP; and a drop in unemployment from more than 14 percent to under 6 percent. As is well known, Ireland's tax regime attracted fire from other EU members. For more details, see Hodge (2001).

These findings support the proposition that corporate tax policies shape the flow of foreign direct investment: The inevitable result is tax competition between jurisdictions — whether they be states, provinces, or nations. KPMG (2007) tracked trends from 1993 through 2007 in 92 countries, and found that corporate tax rates (federal and subfederal) in most countries gradually fell. On average, countries covered in the survey reduced their statutory corporate tax rates from 38 percent to 27 percent. However, the United States remained steady at 40 percent (federal plus state), while the European Union average fell from 38 percent to 24 percent, and Portugal dropped from 40 percent to 25 percent.[7]

As we have observed, the United States has many attractions as a place to do business but its tax system is not among them. For firms doing business as corporations — the legal form used by nearly all MNEs — the US tax system imposes some of the highest marginal effective rates among developed countries.[8] Unlike tax practice in the BRICs,[9] US federal taxes are seldom

---

[7] KPMG also pointed out that competitive forces are still driving European corporate tax rates down while indirect tax rates (adjusted at the border) are high. KPMG predicted that further reductions would occur in the United Kingdom, Germany, Spain, Singapore and China, and that international tax competition is alive and well. Some 92 countries are included in the survey. Corporate tax rates reflect federal, state and local statutory tax rates. The full report is available at http://www.kpmg.com.mx/pdf/public_2008/corp_tax_2007.pdf.

[8] US business taxation is decidedly more friendly for smaller firms operating as partnerships or as subchapters S corporations. These entities are essentially taxed at the partner or shareholder level, not at the business firm level.

[9] The term "BRICs" refers specifically to Brazil, Russia, India, and China, and more generally to all large emerging countries (e.g., Indonesia and South Africa as well).

"tailored" to attract new investment, though this some-times happens at the state level. The US corporate tax system has the further defect that it contains unintended incentives for US multinational enterprises (MNEs) to locate high technology production abroad and to locate headquarters activities outside the United States.

To remedy these important failings, the United States should do two things. First, it should simplify the US corporate tax regime, broaden the base, and lower the statutory tax rate to 25 percent or less. Second, the United States should adopt a territorial approach to the taxation of "active income" earned by MNE subsidiaries doing business abroad.[10] Shifting from a worldwide tax system to a territorial system would ensure that the United States remains attractive as a location for MNE headquarters – since the active business income of foreign subsidiaries would no longer be subjected to a residual US corporate tax.

Residence Taxation for Portfolio Income

As everyone knows, thanks to encrypted internet communications and many other new technologies, international capital markets have flourished. According to the IMF, flows of world portfolio investments amounted to $2.5 trillion in 2007, while flows of direct investment amounted to $2.2 trillion in

---

[10] The basic idea of a territorial system is that the United States would tax business income earned in the United States but not tax "active" income earned abroad. Of course close scrutiny is needed to draw the line between "active" and "passive" income. For more details, see Hufbauer and Assa (2007).

that year.[11] Correspondingly, return flows of portfolio income are how a huge entry in the balance of payments. In fact, in 2008, reported earnings of US portfolio income were about the same as US direct investment income, $376 billion versus $371 billion.[12] These numbers reflect the reality that skilled investors – such as pension funds and wealthy individuals – can allocate capital efficiently on a global scale, without relying on intermediation by MNEs.

At the same time, portfolio income accruing to individual investors lies at the center of tax evasion. As the volume of cross-border portfolio investment has increased, taxing return income flows on the basis of taxpayer residence has become more complicated. With gaping loopholes in reporting networks, the potential for tax evasion is substantial. Tax treaties are supposed to be the answer.[13] However, those treaties have their own loopholes (permitting, for example, hybrid entities) and in any event, they do not establish systematic reporting networks that cover substantially all payments of dividends, interests, rents and royalties. Moreover, few tax haven countries enter into tax treaties.

To reduce tax evasion by wealthy persons, and to buttress whatever progressivity countries choose to build into their personal tax systems, the OECD countries – starting with the United States and the European Union – should agree on a residence approach for the taxation of foreign portfolio income.

---

[11] Balance of Payments (BOP) Statistics Online (subscription only), International Monetary Fund (IMF).

[12] Survey of Current Business, April 2009, Bureau of Economic Analysis (BEA).

[13] The United States had tax treaties with 65 countries as of December 2008.

Once the principle is agreed, they need to establish effective international cooperation, starting with vastly enhanced information exchange programs, backed up as needed by withholding taxes imposed at the source.[14] With a US-EU core, the system could be gradually widened to cover other OECD countries and establish a network that substantially curbs evasion by wealthy individuals.

To jumpstart a trans-Atlantic approach, the United States might need to revise its historical preference for tax treaties with individual European nations, and instead negotiate a single treaty that contains strong reporting provisions with the entire European Union.[15] EU member states have already agreed on the exchange of information on interest payments made to recipients in other member states. As a first step, the United States should join the EU framework on interest payments.

Taxation of Electronic Commerce

As the volume of international E-commerce soars, tax authorities worldwide worry about tax base erosion. One estimate suggests that E-commerce could reach $15 trillion very soon, owing to years of double-digit growth.

Issues created by cross-border E-commerce arise with respect to various taxes: income taxes, franchise taxes, sales and use taxes, and value added taxes. In the context of Business-to-Business (B2B) tran-sactions, E-commerce presents four main

---

[14] See Hufbauer and Assa (2007) chapter 4, for proposed details.

[15] The United States currently has a tax treaty with each EU member state except Malta, which the US perceives as a tax haven country.

challenges to existing international income tax principles: income characterization, income source, income allocation, and enforcement.[16] However, the most severe problems arise with respect to retail sales taxes and value added taxes (VAT).

The United States has a moratorium on retail taxes that would otherwise reach E-commerce. By contrast, in 2002, the European Union adopted a directive which required all E-commerce firms to account for and collect VAT on electronically supplied services with EU consumers, regardless of the selling firm's location.[17] The adoption of the EU directive resulted from competitive concerns resulting from the disparity of VAT treatment between B2B transactions and B2C (Business-to-Consumer) transactions. The directive set the stage for a tax conflict between the United States and the European Union.

Under the EU legal regime before the directive was adopted, if a non-EU-based-seller exported software through internet to a commercial trader in the European Union (a B2B transaction), the VAT liability was imposed on traders. However, if a non-EU-based-seller, located in a country outside the European VAT system, exported software through the internet to a private consumer in the European Union (a B2C

---

[16] For more details, see Appendix E, Hufbauer and Assa (2007).

[17] For more details, see Council Directive 2002/38/EC. The language of the Directive can be found at http://eur-lex.europa.eu. The Directive provided for a regime lasting only three years. Unanimous consent of the member states was required for extension, and this was achieved by Council Directive 2006/58/EC, adopted on June 27, 2006, which extended the application of Council Directive 2002/38/EC by a further six months until December 31, 2006. On December 19, 2006, Council Directive 2006/138/EC extended the application of Council Directive 2002/38/EC until December 31, 2008.

transaction), no VAT liability would be imposed on either the seller or the consumer. Under the new directive, for sales to nontaxable persons in the European Union, a seller – whether based in the European Union or outside – is supposed to collect and remit the VAT at the applicable rate in the buyer's member states.

The directive provoked criticism, especially in the United States, mainly for two reasons: first, the United States ranks among the largest exporters of E-commerce services and US firms would face a new tax; second, the United States does not have a VAT system, and there would be no reciprocity terms of remitted tax revenues. These differences might be bridged. However, if the United States is going to assist Europe in the collection of its VAT on B2C E-commerce sales, then the European Union should offer a major concession in some other dimension of trans-Atlantic commerce. Conceivably, in the context of trans-Atlantic talks about controlling greenhouse gases (GHGs) and establishing carbon emission systems, the taxation of E-commerce might become a "balancing item" to reach a grand bargain.[18]

References

CONCONI, Paola. 2006. *Is Capital Tax Centralization Desirable?* Discussion Paper 5761. London: Center for Economic Policy Research.

---

[18] For a discussion of the GHG issue, see Hufbauer, Charnovitz, and Kim (2009).

DHARMAPALA, Dhammika and James R. Hines. 2006. Which Countries Become Tax Havens?. Available at SSRN: http://ssrn.com/abstract=952721.

EDWARDS, Chris and Veronoque de Rugy. 2002. *International Tax Competition: A 21st- Century Restraint on Government*. Policy Analysis No. 431. Cato Institute.

GORTER, Joeri and Arikh Parikh. 2003. How sensitive is FDI to differences in corporate income taxation within the EU? *De Economist* 151, no.2:193-204.

HINES, James R. 2004. *Do Tax Haven Flourish?* NBER Working Paper 10936. Cambridge, MA: National Bureau of Economic Research.

HODGE, Scott A. It's Not the Luck of the Irish – It's Their Low Corporate Taxes. *Tax Foundation's Tax Features* 45, no.3 (May/June):7-8.

HUFBAUER, Gary Clyde and Ariel Assa. 2007. *US Taxation of Foreign Income*. Washington DC: Peterson Institute for International Economics.

HUFBAUER, Gary Clyde, Steve Charnovitz, and Jisun Kim. 2009. *Global Warming and the World Trading System*. Washington DC: Peterson Institute for International Economics.

KPMG. 2007. *KPMG's Corporate and Indirect Tax Rate Survey 2007*. London: KPMG.

MUTTI, John. 2003. *Foreign Direct Investment and Tax Competition*. Washington DC: Institute for International Economics.

OECD (Organization for Economic Cooperation and Development). *2008. Tax Effects on Foreign Direct Investment. Policy Brief*. February 2008. Paris: OECD.

Concorrência Fiscal

*José da Silva Lopes**

A Globalização e a Concorrência Fiscal e Regulatória

A concorrência fiscal é um produto da globalização económica que se tem vindo a desenvolver nas últimas três décadas. Os investimentos directos estrangeiros, incluindo em particular as deslocalizações de empresas, os movimentos de internacionais de capitais e próprio comércio externo de bens e serviços são substancialmente influenciados pelas diferenças nos regimes fiscais dos diversos países.

A necessidade de promover a competitividade das empresas no contexto da globalização cria fortes pressões para que os diferentes países aliviem a tributação e as regulamentações (sobre rendimentos de capitais e das empresas, sobre o trabalho, sobre produções de bens transaccionáveis que podem ser deslocados de num país para outro, sobre os rendimentos dos particulares que podem ser sediados no exterior, sobre mais valias, etc.).

---

* Professor Jubilado do ISEG.

Tais pressões dão assim origem à concorrência fiscal e regulatória. Como em muitas outras áreas da política económica há profundas divergências nas opiniões sobre essa concorrência. Para uns, ela tem pouca importância ou é benéfica; para outros, ela dá origem a distorções e a riscos graves, nomeadamente os que se traduzem pelo nivelamento por baixo (*race to the bottom*) das tributações e das regulamentações, com reflexos negativos sobre as possibilidades de os Estados manterem as políticas sociais que pretendam e as políticas de correcção das falhas de mercado que considerem necessárias.

Argumentos a favor da Concorrência Fiscal

Os principais desses argumentos são os seguintes:
- A concorrência fiscal defende a liberdade. Os que exprimem esta posição (sobretudo os libertários da extrema direita), argumentam que os impostos são um atentado à liberdade individual, na medida em que privam os indivíduos de determinar livremente a utilização a dar a uma parte dos seus rendimentos e da sua riqueza (correspondente à carga tributária, muitas vezes considerável, que suportam);
- Tentar combater a concorrência fiscal é minar um dos fundamentos da democracia: o direito dos povos de, através dos seus parlamentos, decidirem o sistema fiscal que preferem;
- A concorrência fiscal exerce uma pressão sobre os governos para que reduzam as despesas públicas e o peso do Estado na economia. Este é um resultado que os liberais aplaudem, dado que sustentam que com menor papel do Estado a economia será mais eficiente;

– Justifica-se que os países mais pobres recorram à concorrência fiscal para manterem menores cargas fiscais do que os mais desenvolvidos, a fim de, por essa forma, compensarem a suas desvantagens no que respeita à possibilidade de aproveitarem economias externas e às dificuldades competitivas iniciais das indústrias novas.

Argumentos contra a Concorrência Fiscal

Os que pretendem mais restrições na concorrência fiscal alegam que:

– Ela obriga os países com cargas fiscais mais pesadas a reduzi-las, daí resultando, por um lado, o risco de quase desaparecimento de alguns impostos (*race to the bottom*) e, por outro lado, um ataque à soberania desses países, que ficam impedidos de manterem todas as despesa públicas que considerem essenciais;
– Ela cria obstáculos às intervenções dos governos na correcção de desigualdades de rendimentos, na medida em que reduz os recursos necessários à manutenção do Estado Providência (*Welfare State*) e em, que além disso, torna mais difícil utilizar a fiscalidade para corrigir disparidades na distribuição da riqueza e do rendimento (progressividade nas taxas do IRS, tributação do capital internacionalmente móvel e dos seus rendimentos);
– A concorrência fiscal não favorece necessariamente a eficiência produtiva, uma vez que introduz distorções nas transacções de bens, serviços e factores produtivos que impedem o melhor aproveitamento das vantagens. comparativas e tem o mesmo efeito do que as medidas

proteccionistas. É de acrescentar, neste contexto, que não está provado de forma incontroversa que a redução da carga fiscal contribua para acelerar o crescimento económico.

Não há Sinais Suficientemente Claros de que a Concorrência Fiscal esteja a obrigar os Países a reduzirem as suas Cargas Fiscais

Os defensores da globalização consideram que há exagero nos receios do nivelamento por baixo, argumentando que:

– A mobilidade internacional das produções, dos factores produtivos e dos rendimentos é frequentemente muito mais fraca do que se apregoa;
– Nos casos em que tal mobilidade é significativa, os seus efeitos trazem em geral mais benefícios que custos aos países afectados;
– Não há sinais claros de que na UE o montante total das receitas fiscais esteja a cair por causa da concorrência fiscal.

Este último argumento é confirmado pelo Gráfico 1 para a média da UE-15 (os 15 países que formavam a União antes do alargamento a 10 países do leste europeu, a Chipre e a Malta), mas não para o conjunto dos novos Estados Membros da União (neste texto designado por NM-12). Mas o mesmo Gráfico não deixa dúvidas de que nalguns desses Estados, e também na Irlanda, a fiscalidade tem estado a ser usada como um instru-mento agressivo de promoção da competitividade internacional. O Gráfi-co mostra também que, em Portugal, o peso da fiscalidade tem subido continuamente, em contradição com o que tem sucedido na generalidade dos países europeus: isso significa que, em termos globais, a concorrência fiscal não só não tem sido utilizada como meio de promover a competitividade externa da economia nacional, como tem sido mesmo uma das possíveis causas (embora certamente não a mais importante) da deterioração dessa competitividade.

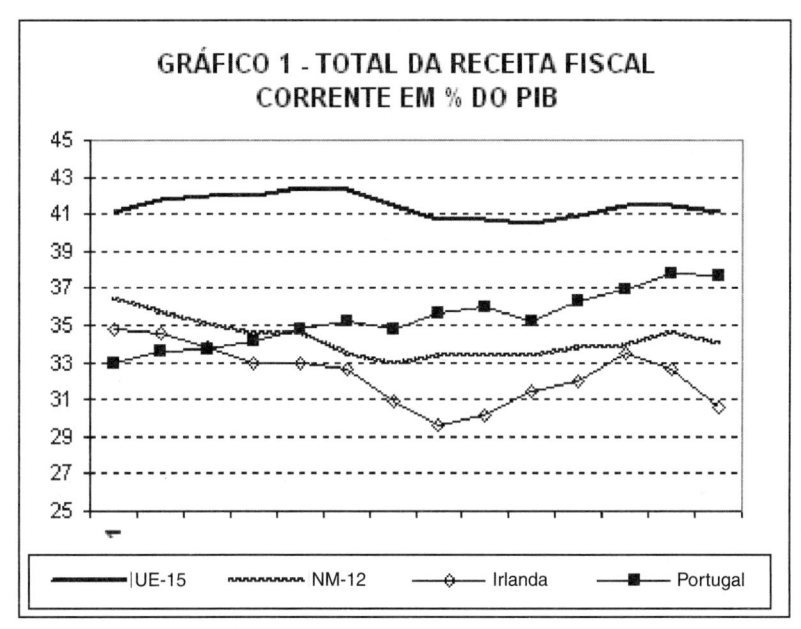

GRÁFICO 1 - TOTAL DA RECEITA FISCAL CORRENTE EM % DO PIB

Fonte: AMECO, 2009

Há porém Alterações na Estrutura das Receitas Fiscais que serão em grande Medida de atribuir à Concorrência Fiscal

As estatísticas fornecem sinais de que a concorrência fiscal provocou alterações na estrutura das receitas ficais.

É frequente afirmar-se que aquela concorrência provoca a deslocação de parte da carga fiscal dos impostos directos para os impostos indirectos. Os gráficos 2, 3 e 4 fornecem indicações nesse sentido, mas nem todas elas são suficientemente claras. No que respeita ao conjunto dos países da UE-15, eles não sugerem que tenha havido grandes deslocações dos impostos sobre rendimento para os impostos indirectos. Mas mostram que no conjunto dos NM-12, onde se tem recorrido activamente à concorrência fiscal, os impostos indirectos têm maior peso proporcional como fonte de receita do que na média da UE--15 e que nos impostos directos sucede o contrário. Ora, os impostos indirectos têm muito menos efeitos adversos sobre a competitividade da economia do que os impostos directos, uma vez que ao contrário destes últimos são reembolsados quando há exportações e oneram as importações da mesma maneira do que a produção interna..

As contribuições sociais têm por base tributária os salários e por isso encarecem os custos da mão de obra. Têm por isso uma influência negativa directa sobre a competitividade perante o exterior. Compreende-se assim que a generalidade dos países tanto da EU-15 como do grupo dos NM-12 tenham procurado reduzir a proporção das suas receitas tributárias que vêm das contribuições sociais. Em Portugal não foi assim: a competitividade da economia foi sacrificada à voracidade das despesas públicas que levou a impostos cada vez mais pesados e a défices orçamentais persistentes e elevados, com os belos resultados que actualmente estão a ser sentidos. No Gráfico 4, os valores da Irlanda não são comparáveis aos demais, porque nesse país as contribuições para a segurança social são na sua maioria pagas a fundos de pensões privados e só em pequena parte são consideradas como impostos,

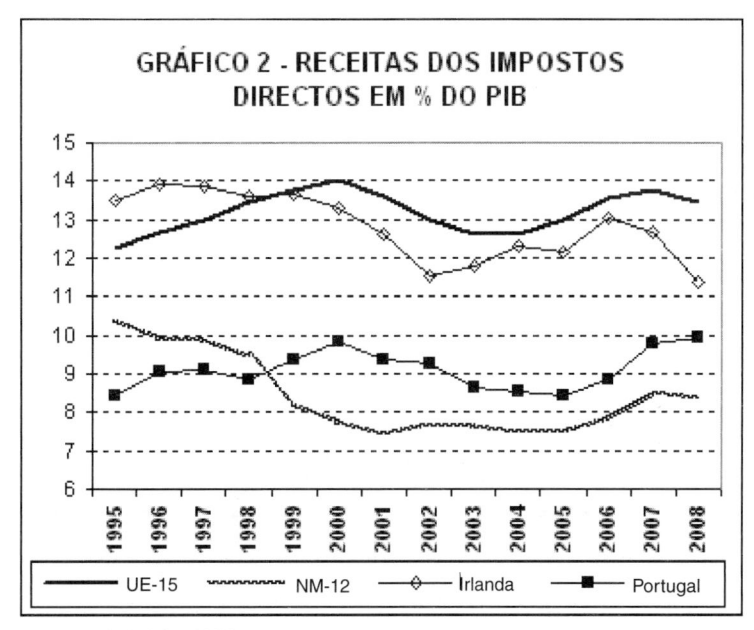

GRÁFICO 2 - RECEITAS DOS IMPOSTOS DIRECTOS EM % DO PIB

Fonte: AMECO, 2009

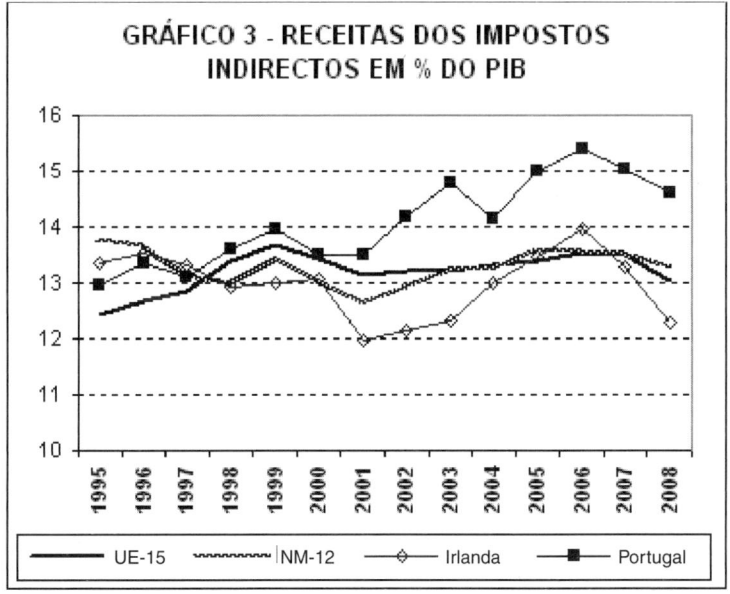

GRÁFICO 3 - RECEITAS DOS IMPOSTOS INDIRECTOS EM % DO PIB

Fonte: AMECO, 2009

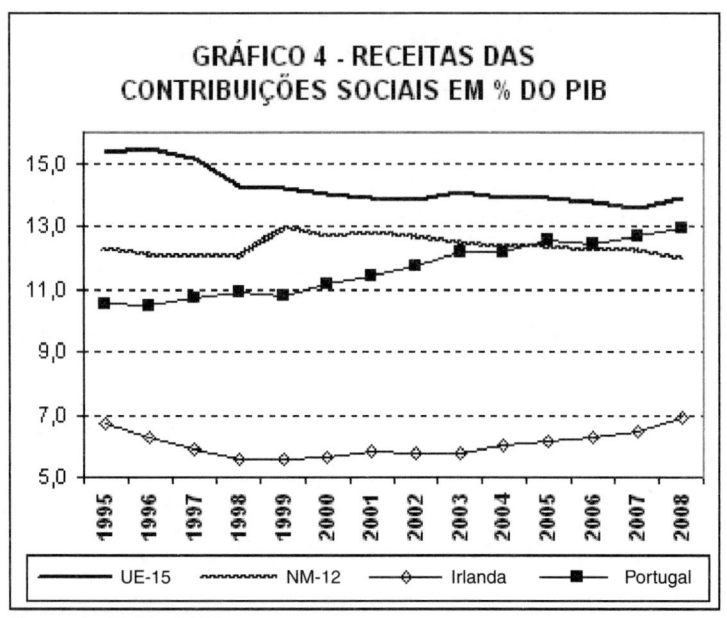

GRÁFICO 4 - RECEITAS DAS CONTRIBUIÇÕES SOCIAIS EM % DO PIB

Fonte: AMECO, 2009

Outras manifestações importantes da concorrência fiscal têm sido:

- os abaixamentos observados na generalidade dos países europeus das taxas máximas dos impostos sobre o rendimentos pessoais e sobre os lucros das sociedades e das empresas;
- a adopção de sistemas duais de tributação dos rendimentos de pessoas singulares introduzidos nos países escandinavos e em outros (Noruega, Suécia, Finlândia, Dinamarca, Áustria, Holanda e também Portugal): esses sistemas envolvem taxas proporcionais a nível moderado para rendimentos de capital e de mais valias, onde há mais possibilidades de mobilidade internacional; e taxas

progressivas sobre os rendimentos do trabalho, onde a mobilidade internacional é menor, com a taxas marginais máximas muito acima das taxas proporcionais para os rendimentos de capital;
— a introdução de sistemas de taxa única (*flat rate tax*) para a tributação dos rendimentos de pessoas singulares, como sucede por exemplo na Eslováquia;
— a redução ou abolição de impostos sobre a riqueza (por exemplo: imposto sucessório e de mais valias sobre activos financeiros), provocada também pelas possibilidades de mobilidade internacional.

O abaixamento da imposição sobre os lucros das empresas, para atrair investimentos directos do exterior ou evitar deslocalização de empresas para outros países é documentado no Gráfico 5. Os cortes de taxas máximas nos impostos sobre o rendimento de sociedades e particulares não se têm contudo traduzido em quebras equivalentes nas receitas proporcionadas por esses impostos. A explicação para a diferença assim observada estará em: alterações nas regras de determinação das bases tributárias (deduções, mínimos, etc.); regimes especiais de tributação para empresas que façam investimentos considerados de alto interesse para a economia nacional (uma solução a que se tem recorrido bastante em Portugal com base nos chamados regimes contratuais para atrair investimentos estrangeiros e promover alguns grandes investimentos nacionais); subidas do peso dos rendimentos do capital no rendimento nacional; possíveis aumentos noutras taxas inferiores às máximas; e maior eficácia no combate à evasão fiscal.

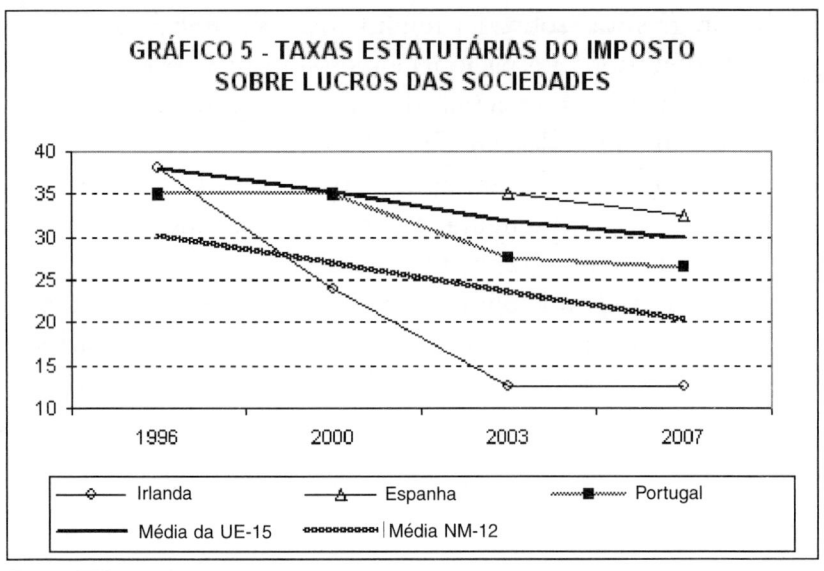

GRÁFICO 5 - TAXAS ESTATUTÁRIAS DO IMPOSTO SOBRE LUCROS DAS SOCIEDADES

Fonte: IFO

A Concorrência Fiscal e os Investimentos Directos Estrangeiros (IDE)

Há dados estatísticos a revelar que a distribuição internacional dos investimentos directos estrangeiros é fortemente influenciada pelos níveis de fiscalidade dos diferentes países, entre os quais as empresas multinacionais podem optar. O gráfico 6 mostra que há mais entradas de IDE nos países de baixa fiscalidade do que naqueles em que a carga dos impostos é proporcionalmente mais pesada. E embora as saídas de IDE também tendam a ser maiores nos países de baixa fiscalidade, neles os saldos entre entradas e saídas tendem a ser positivos diferentemente do que acontece nos países de fiscalidade mais pesada.

Não se pode pretender porém que a fiscalidade é o único factor que determina as entradas ou saídas de investimentos directos estrangeiros num dado país. Outros factores são também importantes, por vezes até mais: a proximidade dos mercados, os recursos naturais, as economias externas, o acesso a recursos de capital humano, os riscos políticos, etc.

Mas é inegável que os investimentos directos internacionais são bastante sensíveis ao peso da carga fiscal que sobre eles pode recair.

Não surpreende assim que as empresas multinacionais organizem frequentemente verdadeiros leilões informais entre os países que podem acolher os seus investimentos para dessa forma obterem o máximo de benefícios fiscais e de subsídios estatais.

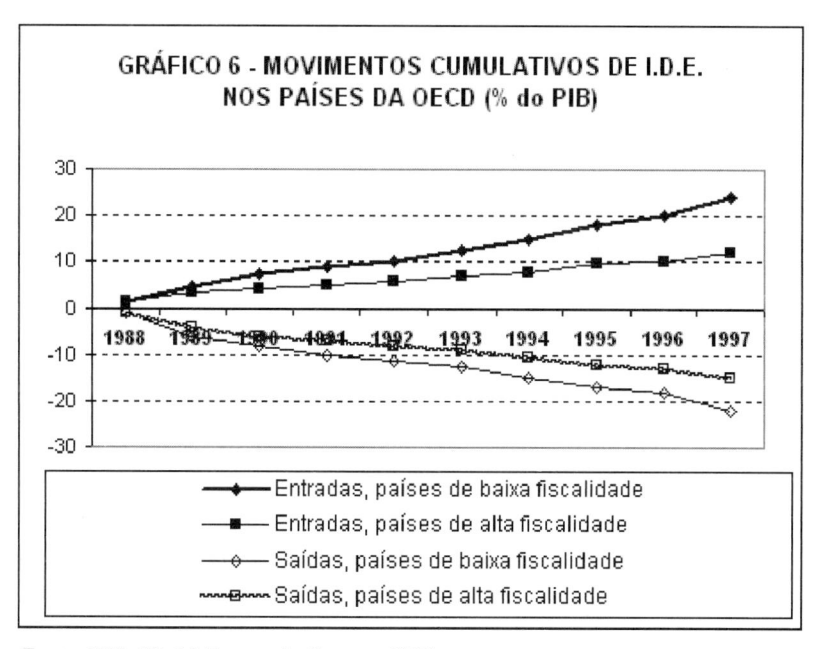

GRÁFICO 6 - MOVIMENTOS CUMULATIVOS DE I.D.E. NOS PAÍSES DA OECD (% do PIB)

— Entradas, países de baixa fiscalidade
— Entradas, países de alta fiscalidade
— Saídas, países de baixa fiscalidade
— Saídas, países de alta fiscalidade

Fonte: UN. World Economic Survey, 2005

Soluções que, por Hipótese, poderiam servir para atenuar os Efeitos Negativos Associados à Concorrência Fiscal

a) Cooperação fiscal internacional

A criação de uma Autoridade Fiscal Internacional não é actualmente hipótese realista.

Também não é de esperar que a OECD venha a desenvolver um papel activo nesta matéria. A concorrência fiscal não parece ser por agora um problema que preocupe muito os países que comandam os trabalhos dessa Organização. Vários deles, são dos que mais activamente suportam essa concorrência ou até dos que deliberadamente a promovem. Foram tomadas algumas iniciativas contra a chamada concorrência fiscal prejudicial e contra os paraísos fiscais, mas os resultados práticos até agora obtidos deixam muito a desejar. De qualquer maneira a OECD limita-se em geral a fazer estudos e recomendações. Não tem grandes poderes para impor soluções.

A União Europeia tem mais poderes de decisão do que a OCDE, mas mesmo assim esses poderes são extremamente limitados pela regra da unanimidade exigida em todas as decisões do Conselho sobre a fiscalidade. Na União tem-se estado a trabalhar na elaboração de um Código de Conduta sobre Concorrência fiscal prejudicial. Como se trata de um Código voluntário, não é de esperar que venha a impor disciplina adequada sobre os países que mais recorrem à concorrência fiscal com o objectivo de atrair empresas de outros países e reforçar a competitividade das suas produções.

Os Acordos bilaterais sobre dupla tributação, e fornecimento de informações, podem trazer alguma contribuição para moderar a concorrência fiscal, mas os seus feitos dificilmente deixarão de ser muito modestos.

b) Disciplina dos paraísos fiscais

Estima-se que haja actualmente mais de 11 milhões de milhões de US$ (triliões na terminologia anglo-saxónica) de activos colocados em paraísos fiscais.

A OECD tem desenvolvido algum trabalho destinado a obter mais informações sobre os activos detidos nesses paraísos e sobre os rendimentos neles domiciliados. Mas o que se tem feito é profundamente insuficiente. Enquanto não houver um Tratado Multilateral, prevendo trocas de informações automáticas e com sanções efectivas para os violadores de disposições desse Tratado o sistema da OCDE actual pouco resolverá.

c) Harmonização fiscal

A concorrência fiscal poderia em princípio ser reduzida através de acordos internacionais de harmonização fiscal.

Na União Europeia, bastante foi feito no que respeita à harmonização do IVA, sobretudo porque o sistema desse imposto é uma das bases sobre que assentam as contribuições nacionais para o Orçamento da União da base fiscal (empresas, IVA, etc.). É verdade que, mesmo assim, existem diferenças substanciais entre as taxas do IVA impostas nos Estados Membros, mas essas diferenças afectam pouco a concorrência fiscal, salvo eventualmente no comércio entre regiões fronteiriças, uma vez que o IVA é reembolsado nas exportações e cobrada sobre as importações.

Todavia muito pouco foi conseguido em matéria de harmonização do impostos sobre as empresas, envolvendo por exemplo uma taxa mínima para tais impostos. Tem-se trabalhado na harmonização das regras de determinação da base tributária do imposto sobre as sociedades, mas o objectivo parece ser sobretudo o de facilitar a vida às empresas multinacionais com estabelecimentos em mais de um dos Estados membros da União e não o de combater a concorrência fiscal.

Considera-se que a fiscalidade é uma prerrogativa inalienável da soberania dos parlamentos nacionais e que por conseguinte uma harmonização das taxas de tributação sobre os lucros das empresas ou sobre os salários só pode ser estabelecida por voto unânime no Conselho da União Europeia. Como os países da União mais empenhados em melhorar as suas posições competitivas através da concorrência fiscal se oporão sempre a quaisquer tentativas de harmonização que reduzem as suas possibilidades de desenvolver tal concorrência, a consequência é que ela tem provocado e continuará a provocar distorções no comércio inter-comunitário sem justificação à luz de critérios de eficiência económica. Tais distorções têm efeitos semelhantes, embora não iguais, aos dos auxílios de Estado às empresas, que são severamente condicionados pela legislação comunitária. No caso dos países que mantêm autonomia nas suas políticas cambiais, poderá argumentar-se que as diferenças de tributação aparecem reflectidas nas taxas de câmbio e são por isso em boa parte neutralizadas por estas. Mas esse argumento não é válido para os países da Zona Euro. A concorrência fiscal entre estes é claramente uma política de empobrecer o vizinho.

É óbvio que o que não se consegue fazer em matéria de harmonização fiscal no interior da União Europeia, será ainda mais inviável à escala mundial.

d) Sobrecargas compensatórias

Em teoria, seria possível aos países com maior tributação sobre as empresas defenderem-se da concorrência fiscal de outros países onde essa tributação fosse mais baixa impondo sobretaxas às importações provenientes destes últimos. Essa solução não é porém praticável: não é possível determinar para milhares de bens e serviços os níveis das sobretaxas correspondentes ao valor dos benefícios resultantes das diferenças na tributação sobre os lucros; e principalmente não há acordos internacionais que permitam a um país aplicar medidas desse tipo sem se expor a medidas de retaliação contra as suas próprias exportações.

e) Troca de informações e transparência:

A União Europeia estabeleceu, na Directiva do Conselho sobre a Poupança, um sistema de troca de informações entre os Estados Membros sobre activos financeiros e respectivos rendimentos possuídos pelos residentes de um desses Estados nos demais. Esses sistema foi alargado aos Estados Membros da Zona Económica Europeia e à Suíça no contexto dos Tratados que eles assinaram com a União Europeia.

Foram porém admitidas excepções: nalguns países como o Luxemburgo, a Áustria e a Suíça, os depósitos bancários e outros activos financeiros possuídos por residentes de outros países abrangidos pelo sistema podem ficar excluídos das trocas de informações desde que paguem uma retenção na fonte de 15% sobre os rendimentos tributáveis. Em boa parte dos casos, tais excepções deixam boa margem para concorrência fiscal, tanto mais que, segundo parece, o rigor na aplicação da taxa de retenção na fonte de 15% tem por vezes deixado muito a desejar. Foi, por exemplo, noticiado que num ano recente a Suíça só entregou cerca de 100 milhões de dólares de retenções na fonte aos outros países abrangidos pelo sistema; essa parece ser obviamente uma quantia demasiado baixa em face do que se crê ser o montante dos activos possuídos em instituições financeiras suíças por residentes da União Europeia com objectivos de fuga fiscal.

Como acima foi mencionado, o sistema da OECD de combate aos paraísos fiscais também assenta sobre troca de informações, mas esse sistema é mito mais imperfeito do que o da União Europeia e, salvo no caso de um ou outro país com mais poder de negociação, como os EUA, a França ou a Alemanha, praticamente nada vale para atenuar as consequências negativas da concorrência fiscal.

f) Controlo dos preços de transferência pelas autoridades fiscais

O controlo dos preços nas transacções internacionais de bens e serviços pelas autoridades fiscais tem por objectivo evitar transferências de lucros de empresas multinacionais para jurisdições com baixa fiscalidade, através das práticas de sobre e sub-facturação ou de vendas fictícias.

As dificuldades práticas do controlo de preços de transferência são porém gigantescas. É muitas vezes praticamente impossível determinar quais seriam os preços que se formariam no mercado no caso de produtos com marca própria transaccionados só no interior de um grupo de empresas. O mesmo se dirá acerca dos preços a atribuir a pagamentos entre empresas do mesmo grupo relativos a *royalties*, utilização de marcas, assistência técnica, etc.

Por tudo isso, o controlos de preços de transferência entre empresas de um mesmo grupo só muito parcialmente pode contribuir para travar a concorrência fiscal internacional.

Tributação das Sociedades
e Globalização Económica*

M. H. de Freitas Pereira**

1. Introdução

A globalização económica e a concorrência fiscal que dela deriva não podem deixar de suscitar reflexão sobre as suas consequências em termos de política fiscal, importando analisar os seus possíveis efeitos em termos de receitas fiscais, de repartição da carga fiscal entre o capital e o trabalho, bem como sobre o investimento e o emprego.

Trata-se de um fenómeno que se acentuou a partir dos anos 80 do século passado e que é o resultado de uma multiplicidade de desenvolvimentos verificados na economia internacional: a abertura das economias nacionais ao exterior e

---

* Texto preparado para a "Conferência Internacional "Portugal/União Europeia e os EUA – Novas perspectivas económicas num contexto de globalização", Instituto de Direito Económico, Financeiro e Fiscal, Faculdade de Direito da Universidade de Lisboa, 23 a 27 de Junho de 2008.

** Professor Catedrático Convidado do ISEG, Juiz Conselheiro do Tribunal de Contas.

o extraordinário incremento do comércio mundial, acompanhado igualmente por um aumento extraordinário dos movimentos de capitais; uma importância crescente no papel desempenhado pelas empresas multinacionais e da repartição das suas actividades por um maior número de países (segundo a UNCTAD um terço do comércio mundial tem lugar entre entidades relacionadas no âmbito de grupos multinacionais); uma maior mobilidade internacional das pessoas físicas[1]. Acresce a tudo isso o progresso tecnológico, proporcionando novas realidades como a do comércio electrónico.

Os efeitos destes desenvolvimentos nos sistemas fiscais foram e ainda são muito fortes e a concorrência fiscal que deles emergiu passou a condicionar fortemente as políticas fiscais.

Nos últimos anos têm sido consagrados a este tema numerosos estudos e debates, o que evidencia o seu relevo e importância. Uma revisão da literatura produzida em consequência revela-se muito enriquecedora, ajudando a clarificar os problemas que se colocam e a delinear linhas de orientação para os enfrentar.

Nesta comunicação, centrada apenas na tributação das sociedades, analisam-se, com base em alguns desses estudos e debates, dois aspectos centrais dos efeitos fiscais da globalização: a evolução verificada nas últimas duas décadas em termos de taxas de tributação das sociedades, quer das taxas nominais, quer das taxas efectivas; a dicotomia tributação na fonte – tributação na residência à luz desta nova realidade.

---

[1] Uma excelente síntese desta problemática pode ver-se em TANZI, Vito, *"Globalization and Tax Systems,"* in *15 anos da reforma fiscal de 1988/89*, Coimbra, Almedina, 2005, págs. 695-705.

2. Taxas de tributação das sociedades

2.1. *Taxas nominais ou estatutárias*

As taxas nominais ou estatutárias da tributação das sociedades baixaram substancialmente nas últimas décadas – tendo passado, ao nível da OCDE, para 16 países para os quais existem dados em 1981, de uma média de 48,88%, em 1981, para 30,07%, em 2007 (Gráfico 1). Portugal acompanhou essa tendência – a baixa foi de 48,96% em 1981 para 26,5% em 2007[2].

Esta baixa é geralmente associada à globalização – a mobilidade do capital e a consequente concorrência fiscal internacional constituem uma pressão determinante e muito poderosa no sentido da baixa das taxas (às vezes designada como *"race to the bottom"*). Isso mesmo tem sido assumido pelos decisores políticos quando procuram justificar essa descida.

**Gráfico 1. Imposto de Sociedades:
Taxas nominais (1981-2007)**

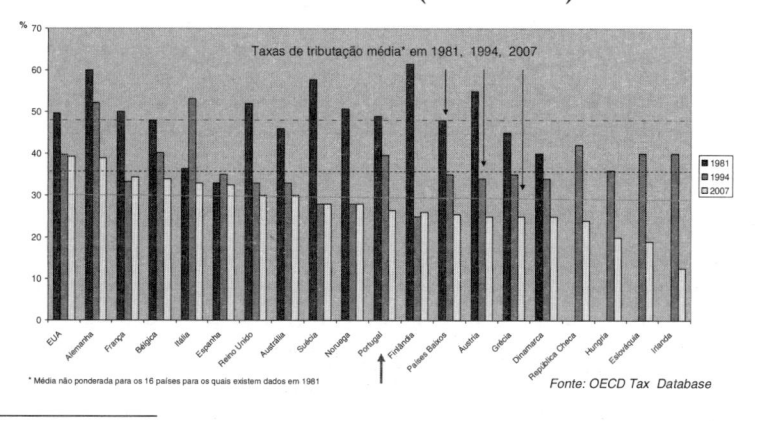

* Média não ponderada para os 16 países para os quais existem dados em 1981
Fonte: OECD Tax Database

---

[2] Considera-se aqui, para 2007, a taxa normal de IRC acrescida da derrama pela taxa máxima. Existem porém taxas reduzidas para as empresas situadas nos Açores e na Madeira, assim como para as tributadas pelo regime simplificado e para as instaladas no interior.

Porém, até agora, as receitas do imposto de sociedades têm resistido bem a esta tendência já que, apesar da grande baixa de taxas, verifica-se que, na generalidade dos países, as receitas fiscais deste imposto têm crescido ou estão estabilizadas, quer em termos da sua relação com o PIB quer quanto ao seu peso no total das receitas fiscais. O que significa que o crescimento das receitas do imposto de sociedades tem, em muitos casos, particularmente nos países de média e pequena dimensão, sido superior ao crescimento do PIB e das outras receitas fiscais.

Com efeito, em termos de PIB, na média não ponderada dos países da OCDE, o imposto de sociedades passou de 2,4% em 1980 para 3,7% em 2005 (Gráfico 2). Em termos de estrutura fiscal, o imposto de sociedades representava, na mesma média, 7,6% do total das receitas fiscais em 1980, passando para 10,3% em 2005. A mesma tendência se verifica na União Europeia (a 19), em que o imposto de sociedades que representava 2% em 1980 e 5,7% do total das receitas fiscais passa a representar, em 2005, respectivamente, 3,3% e 8,5%. Em Portugal verifica-se uma evolução semelhante, principalmente em termos de relação com o PIB, já que esse indicador passa de 2,2% em 1990 para 3% em 2005[3].

---

[3] No caso português tem sido justamente assinalado que este incremento se deve igualmente a melhorias de eficiência da administração fiscal. Assim, a Comissão Europeia (cf. *"Public Finances in EMU – 2007", European Economy*, nº 3, 2007, págs. 270-273) analisa a evolução das receitas fiscais em Portugal no período 1995-2006 e procura identificar os diferentes factores que estiveram na base dessa evolução, designadamente alterações fiscais e evolução macro-económica, tendo concluído que parte significativa da evolução das receitas fiscais não é explicada por esses factores. A análise permite evidenciar que, a partir de 2004, se verifica um conjunto de outros factores que explicam o elevado crescimento das receitas fiscais, entre os quais melhorias nos níveis de cumprimento fiscal e na cobrança fiscal especialmente em alguns impostos, entre os quais se situa o IRC.

Esta assimetria – baixa das taxas nominais e aumento das receitas fiscais – é explicada quer pelo alargamento da base tributável (designadamente através de alterações no regime fiscal das amortizações e de outras deduções[4]), quer pelo incentivo para a constituição de sociedades constituído pela diferença entre a taxa marginal do imposto pessoal de rendimento e a taxa de tributação de sociedades[5]. Pode também ser o resultado de aumentos do investimento potenciado pela maior disponibilidade de recursos proporcionada por menores taxas de tributação, aumento do investimento que incrementa as bases de tributação e, consequentemente, as receitas fiscais.

Em alguns estudos tem ainda sido assinalado, com referência a alguns países, que a própria globalização pode ter contribuído em certa medida para o crescimento das receitas pois as novas oportunidades que ela abre reflectem-se em aumentos da taxa

---

[4] DEVEREUX et al. analisaram o *"present discount value"* das deduções para depreciação em 19 países e concluíram que em 11 deles se registou uma quebra dessas deduções entre 1982 e 1994, o que representou um alargamento da base tributável. Em especial, no Reino Unido e na Irlanda estas deduções baixaram substancialmente de 100% para 73% e 71%, respectivamente. Em cinco países, essas deduções mantiveram-se constantes e apenas em 3 países – Grécia, Portugal e Espanha – essas deduções aumentaram. Cf. DEVEREUX, Michael e SORENSEN, Peter Birch, *The Corporate Income Tax: international trends and options for fundamental reform,* European Commission, Economic Papers, n° 264, December 2006.

[5] Na explicação da inconsistência entre baixa das taxas de imposto e aumento ou estabilização das receitas fiscais segue-se aqui de perto OECD, *Fundamental Reform of Corporate Income Tax*, Paris, 2007, págs. 33 e 34. Cf. igualmente MOOIS, Rund e NICODÈME, Gaïtau, *Corporate tax policy, entrepreneurship and incorporation in the EU,* European Commission, Economic Papers n° 269, January 2007.

de rendibilidade antes de impostos[6]. Também não pode ignorar-se, relativamente aos países de menor dimensão, onde as taxas de tributação tendem a ser menos elevadas, o efeito da deslocalização do investimento ou dos lucros dos países de maior dimensão para esses países.

Gráfico 2. Imposto de Sociedades em % do PIB (1980-2005)

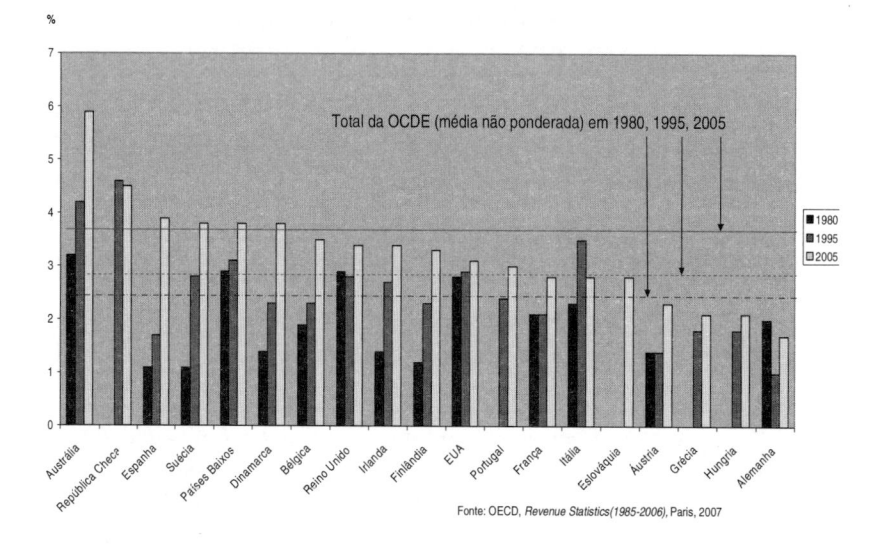

Fonte: OECD, *Revenue Statistics(1985-2006)*, Paris, 2007

De qualquer modo, até ao momento, a concorrência fiscal internacional está longe de pôr em causa a existência do imposto de sociedades. Algumas das justificações teóricas que desde

---

[6] Cf. também BECKER, Johannes e FUEST, Clements, *Internationalization and Business Tax Revenue – Evidence from Germany*, Paper prepared for The ETPF Meeting in London, July 2007, onde se constata uma relação positiva entre indicadores de internacionalização e receitas do imposto de sociedades, que se tenta explicar por vários motivos, entre os quais uma maior atenção das administrações fiscais às empresas multinacionais.

sempre tem sido avançadas para a sua existência ganham até maior significado com a globalização económica. A principal – o imposto de sociedades actua como pagamento por conta (como *"backstop"*) do imposto pessoal de rendimento, ou mesmo substituindo-se a este – é potenciada pelo facto de, com a globalização, ter aumentado significativamente a parte do capital das sociedades detida por não residentes e, desse modo, o imposto de sociedades é a única forma de garantir uma tributação no país da fonte. Além disso, sendo o imposto de sociedades uma forma de compensar financeiramente despesas públicas de que beneficiam essas sociedades, designadamente com infra-estruturas ou com educação e formação, justifica-se a existência de uma tributação no país onde se exercem as actividades.

2.2. *Taxas efectivas*

Dado que constituem uma combinação de elementos referentes à taxa nominal e à base tributável, as taxas efectivas de tributação são um importante instrumento de análise das políticas fiscais[7].

Com efeito, a concorrência fiscal internacional, que a globalização económica tem proporcionado, ultrapassa a simples consideração das taxas nominais ou estatutárias para atender também às taxas efectivas. AUERBACH *et al*, em estudo recente[8], consideram que a concorrência fiscal internacional se faria:

– através das taxas nominais para atrair lucros;

---

[7] Sobre este ponto específico veja-se FREITAS PEREIRA, M. H., *Fiscalidade*, 2ª ed., Coimbra, Almedina, 2007, págs. 35 e segs.

[8] AUERBACH, Alan J., DEVEREUX, Michael P. e SIMPSON, Helen, *Taxing Corporate Income*, Paper prepared for The Mirrless Review "Reforming the Tax System for the 21st Century", March 2008.

– através das taxas médias efectivas para atrair empresas;
– através da taxas marginais efectivas para atrair investimento.

Importa, assim, ter em conta o papel das taxas efectivas.

A maneira tradicional de medir o impacto da tributação do lucro das sociedades sobre o investimento em economia aberta é efectuado através da chamada *"taxa de tributação marginal efectiva"* [*"efective marginal tax rate"* (EMTR)]. Uma "taxa de tributação marginal efectiva" elevada aumenta o custo do capital e reduz, consequentemente, o investimento.

Mais recentemente foi dada atenção às práticas das multinacionais na escolha de localizações alternativas para as suas unidades de produção – naturalmente, a escolha recairá, no aspecto fiscal, na localização que garanta um maior lucro após impostos. Isso leva a considerar em que medida o resultado antes de impostos é diminuído pela tributação, o que é traduzido pela chamada *"taxa de tributação média efectiva"* [*"efective average tax rate"* (EATR)].

Assim, a taxa de tributação média efectiva seria decisiva para a localização do investimento enquanto a taxa de tributação marginal efectiva determinaria a dimensão óptima do investimento.

Nos modelos que têm sido apresentados, qualquer destas taxas é calculada considerando um determinado investimento hipotético. A OCDE, tendo como fonte dados do *International for Fiscal Studies,* apresenta estes cálculos considerando um modelo muito simples, assente num investimento em instalações e maquinaria numa empresa industrial, financiado na totalidade por capital próprio[9]. Não é tomado em conta qualquer benefício

---

[9] OECD, *Fundamental Reform of Corporate Income Tax,* págs. 26 e segs.

fiscal que esteja disponível, nem o imposto pessoal de rendimento que incida sobre lucros distribuídos[10].

Assim, quanto à *taxa marginal efectiva* (Gráfico 3), em 16 países analisados, 12 reduziram as suas taxas marginais efectivas no período 1982-2005. Em termos globais, em termos de média não ponderada, a redução foi de 30,1% em 1982 para 19,8% em 2005. Os países onde essa redução foi de maior amplitude foram a Finlândia, Grécia, Portugal e Suécia. Em Portugal, essa taxa terá passado de 48% em 1982 para 15% em 2005, registando-se neste último ano taxas mais baixas apenas na Grécia e na Irlanda[11].

Pode assim concluir-se que a baixa das taxas nominais de tributação teve um grande impacto nas taxas marginais efectivas ainda que estas tenham descido em menor amplitude devido às medidas de alargamento da base tributável que foram tomadas.

---

[10] Para o caso português, tendo em conta o regime de benefícios fiscais ao investimento produtivo de natureza contratual (artº 39º do Estatuto dos Benefícios Fiscais), aplicável a grandes projectos de investimento, é de esperar que a taxa marginal seria substancialmente reduzida se o modelo de cálculo tivesse em consideração este benefício fiscal.

[11] Seguindo a mesma metodologia EGGERT e HAUFLER apresentam as taxas marginais efectivas, em 2004, para 10 novos Estados Membros da União Europeia e, considerando esse universo, registam também taxas menores que a de Portugal (15%), Chipre (13%), Estónia (5%), Letónia (12%), Lituânia (6%), Polónia (12%), Eslováquia (10%) e Eslovénia (13%). Assim, dado que, em média, as taxas marginais efectivas dos novos membros (13,3%) é mais baixa em cerca de 5 pontos percentuais que a dos antigos (na União Europeia a 15 essa taxa seria, em termos médios, 19,1%), o alargamento contribuiu para a descida da tributação das sociedades na Europa. Cf. EGGERT, Wolfgang e HAUFLER, Andreas, *Company – Tax Coordination cum Tax-Rate Competition in the European Union*, FinanzArchive – Public Finance Analysis, vol. 62, 2006, nº 4, págs. 579-601.

Gráfico 3. Taxas marginais efectivas (1982-2005)

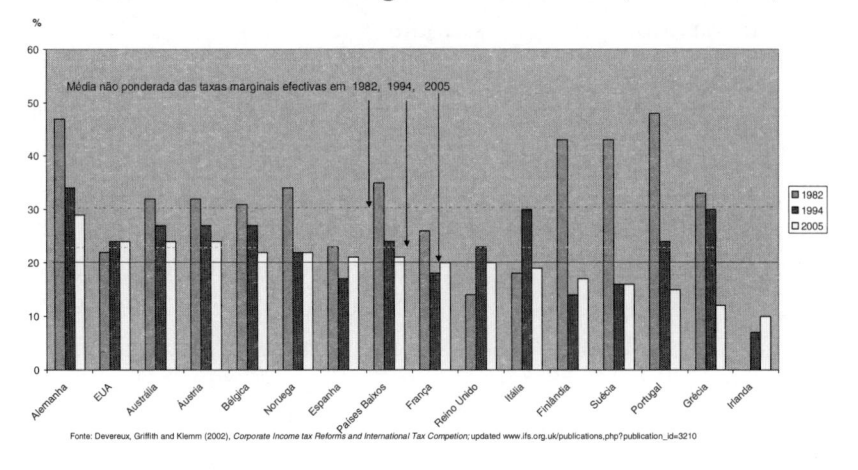

Fonte: Devereux, Griffith and Klemm (2002), *Corporate Income tax Reforms and International Tax Competion*; updated www.ifs.org.uk/publications.php?publication_id=3210

No tocante à *taxa média efectiva* (Gráfico 4), é possível verificar que na maioria dos países se registou uma diminuição da taxa média efectiva no período 1982-2005. Em termos globais, a média não ponderada nos países analisados, passa de 34,75%, em 1982, para 26,81%, em 1994, e 23,94% em 2005. As maiores reduções ocorreram na Finlândia, Alemanha, Portugal e Suécia. Em Portugal, essa taxa terá passado de 48% em 1982 para 20% em 2005, apenas superior neste último ano à registada pela Irlanda, não obstante o crescimento registado por esta, que passou de 5% em 1982 para 11% em 2005[12].

---

[12] Também aqui convirá completar a análise com a situação que se verifica nos novos Estados Membros da União Europeia. Assim, seguindo a apresentação feita por EGGERT e HAUFLER (*art. cit*, in loc. cit), em 2004, para 10 novos Estados Membros da União Europeia registam taxas médias efectivas menores que a de Portugal (20%), Chipre (15%), Hungria (18%), Letónia (14%), Lituânia (13%), Polónia (17%) e Eslováquia (16%) e Eslovénia (13%). O que confirma o referido a propósito das taxas marginais efectivas,

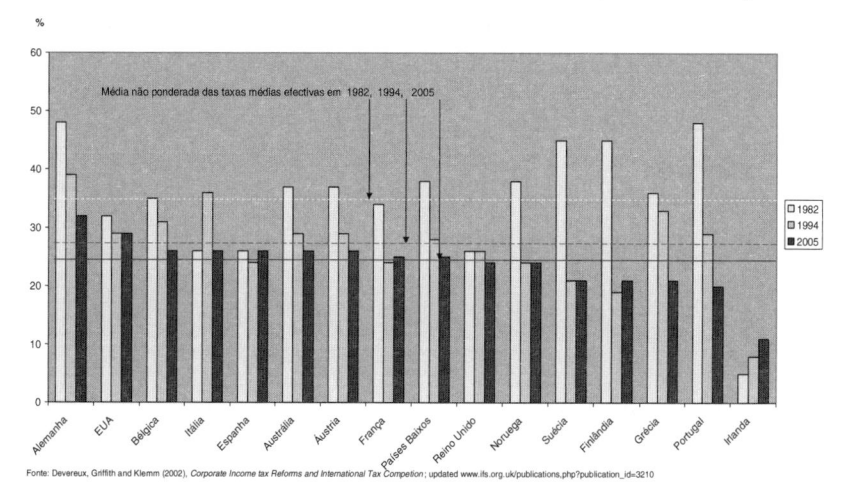

Gráfico 4. Taxas médias efectivas (1982-2005)

[Gráfico de barras mostrando taxas médias efectivas em 1982, 1994 e 2005 para: Alemanha, EUA, Bélgica, Itália, Espanha, Austrália, Áustria, França, Países Baixos, Reino Unido, Noruega, Suécia, Finlândia, Grécia, Portugal, Irlanda]

Fonte: Devereux, Griffith and Klemm (2002), *Corporate Income tax Reforms and International Tax Competion*; updated www.ifs.org.uk/publications.php?publication_id=3210

3. Tributação na origem ou tributação na residência?

3.1. *Razões que justificam a opção pela tributação na fonte*

Numa economia aberta em resultado da globalização, a velha dicotomia tributação na fonte ou origem ou tributação na residência ganha ainda maior relevo.

De uma forma simples, de acordo com a tese da *tributação na origem*, os lucros devem ser tributados apenas no país onde o capital é investido; já segundo o princípio da *tributação na residência* os lucros devem apenas ser tributados no país de residência dos investidores.

---

pois também aqui, em termos médios, a taxa média efectiva dos novos membros (19,1%) é mais baixa em cerca de 5 pontos percentuais que a dos antigos – na União Europeia a 15 essa taxa seria de 24,3%.

Em termos de neutralidade, a tributação na fonte asseguraria a *neutralidade na importação de capitais* (NIC), implicando que num dado país os investimentos internos e externos são tributados à mesma taxa efectiva e que no país de residência dos investidores os lucros de origem externa devem estar isentos de tributação. Por sua vez, a tributação na residência proporcionaria a *neutralidade na exportação de capitais* (NEC) – o investimento no país ou fora dele deve ser tributado de igual forma, o que não é incompatível com a tributação na origem desde que o país de residência conceda um crédito de imposto na sua tributação correspondente ao imposto pago no estrangeiro.

Há muito que defendemos que, em termos teóricos, não se pode dizer que a NEC seja preferível à NIC e que, num país como Portugal, importador líquido de capitais, certamente que a NIC será a opção mais correcta[13].

Aliás, nos últimos anos, a tributação na origem tem vindo a ganhar novos defensores que a defendem em vários planos[14]:

- a teoria da fonte é a única consistente com a teoria do benefício, dado que é o Estado da fonte que proporciona os benefícios relevantes para a produção do rendimento;
- a teoria da fonte assegura a neutralidade entre nações, assim garantindo que nenhum país usa os seus poderes fiscais para alterar os preços relativos noutros países de

---

[13] FREITAS PEREIRA, M. H., *"Concorrência fiscal prejudicial – o Código de Conduta da União Europeia,"* in *Ciência e Técnica Fiscal*, n.º 390, Abril-Junho de 1998, págs. 205-219.

[14] Cf. igualmente os relatório geral e relatórios nacionais apresentados no Congresso de Buenos Aires, em 2005, da "International Fiscal Association" e publicados em *"Source and residence: New Configuration of their Principles,"* in *Cahiers de Droit Fiscal International*, vol. 90.ª, Sdu Fiscale & Financiele Uitgevers, Ameesfoort, 2005.

modo diverso do que se verificaria na ausência de impostos;
— a teoria da fonte permitiria alcançar uma equidade entre-nações e dessa forma uma mais justa repartição das receitas fiscais das operações internacionais.

Todas estas razões ganham ainda especial significado em termos de tributação das sociedades.

Há também uma certa razão de pragmatismo na opção pela tributação na fonte — é ela que assegura mais eficazmente uma tributação e, desse modo, o combate à evasão fiscal, já que a tributação na residência, dependendo de detalhadas informações sobre os rendimentos obtidos no estrangeiro, apenas poderia ser assegurada em toda a sua plenitude através de uma atempada e operante cooperação entre administrações fiscais, designadamente quanto à troca de informações relevantes, o que está ainda longe de acontecer.

Na prática, porém, como não há sistemas puros, nos sistema fiscais de grande parte dos países, principalmente dos mais desenvolvidos, tende a coexistir uma combinação de elementos próprios de uma tributação na fonte com elementos característicos de uma tributação na residência. Desenhar a combinação óptima numa época de globalização e de concorrência fiscal é algo que depende de uma multiplicidade de factores, entre os quais as taxas aplicáveis.

Neste contexto, vejamos o que sobre este ponto específico é possível, de uma forma muito sucinta, enunciar ao nível dos grandes princípios, distinguindo a tributação na fonte dos rendimentos de empresas não residentes e a tributação na residência dos rendimentos de origem externa.

3.2. *Tributação na origem dos rendimentos empresariais de investidores externos*

Em nome do princípio da tributação na fonte, na maioria dos países, e também em Portugal, estão sujeitos a tributação no Estado da fonte os lucros obtidos nesse Estado por actividades aí desenvolvidas em resultado do investimento externo, quer aquelas sejam exercidas através de estabelecimentos estáveis (muitas vezes, em linguagem corrente, designados por sucursais ou *branches*), quer através de sociedades participadas por não residentes (também vulgarmente designadas por subsidiárias ou *subsidiaries*).

A essa tributação acresce, por vezes, a tributação por retenção na fonte relativamente a dividendos, juros e royalties pagos a não residentes. Esta última tributação é normalmente restringida e, por vezes, levada a zero pelos acordos bilaterais de dupla tributação. No quadro da União Europeia, em consequência da Directiva sobre o regime fiscal comum aplicável a sociedades mães e afiliadas de Estados Membros diferentes (Directiva 90/435/CEE, de 23 de Julho de 1990) e da Directiva relativa a um regime fiscal comum aplicável ao pagamento de juros e royalties entre sociedades associadas de Estados Membros diferentes (Directiva 2003/49/CE, de 3 de Junho de 2003) estas retenções na fonte não existem nestes casos, em que está em causa investimento directo estrangeiro.

Há ainda que considerar o regime das mais-valias de partes sociais detidas por não residentes, que é, em Portugal, em geral, o da isenção (art.º 27.º do EBF).

Neste quadro, o que se torna decisivo são as taxas de tributação aplicáveis aos lucros, sendo de assinalar no caso português o regime geralmente muito favorável de que tem beneficiado o investimento externo por virtude dos benefícios fiscais a que pode aceder em regime contratual (art.º 41.º do Estatuto dos Benefícios Fiscais) e a necessidade de melhoria em certos aspectos lidados às práticas de determinação dos lucros (em que assume particular relevo o regime dos preços de transferência) e às garantias dos contribuintes, em especial quanto à resolução atempada de pedidos de informação vinculativa e de eventuais litígios.

Em especial, quanto a estabelecimentos estáveis, além dos termos em que está definido o respectivo conceito (em Portugal, presentemente alinhado com o adoptado internacionalmente, nomeadamente pela OCDE) importará desenvolver adequadamente, de acordo com a evolução da doutrina a nível internacional a este respeito, o princípio da "empresa distinta e separada" que deve presidir à tributação desses estabelecimentos, com reflexos na aceitação de encargos, designadamente de índole financeira, ligados ao capital afecto pela empresa mãe à actividade do estabelecimento[15].

---

[15] Tal princípio, não obstante ter sido revogado o n.º 2 do art.º 57 do CIRC, na redacção inicial deste Código, que o consagrava expressamente, continua a ser o único válido em termos internacionais e comunitários para determinação do lucro tributável do estabelecimento estável. Veja-se, por todos, o relatório geral e os relatórios nacionais apresentados no Congresso de Amesterdão, em 2006, da "International Fiscal Association" e publicados em *The Attribution of Profits to Permanent Establishments, in Cahiers de Droit Fiscal International*, vol. 91b, Sdu Fiscale & Financiele Uitgevers, Amersfoort, 2006 e, em Portugal, DURO TEIXEIRA, Manuela, *A determinação do lucro tributável dos estabelecimentos estáveis de não residentes*, Coimbra, Almedina, 2007.

3.3. Tributação nas sociedades residentes de rendimentos empresariais de origem externa

O princípio que subjaz à tributação das sociedades residentes, na maioria dos países e também em Portugal, é o da tributação numa base mundial, o que significa que são objecto de tributação no país da residência os lucros de actividades desenvolvidas quer nesse país, quer no exterior.

PORTUGAL
Tributação dos rendimentos de origem externa

- Tributação numa base de acréscimo (*"accrual"*)
  – Estabelecimentos estáveis
  – Transparência fiscal internacional (art° 60° do CIRC)

- Tributação quando o lucro é colocado à disposição (*deferral"*)
  – Sociedades participadas

- Isenção de tributação (*"exemption"*)
  – Afiliadas [art.° 46.° do CIRC e art.° 42.° do EBF]

A tributação numa base de acréscimo – tributação dos lucros realizados no estrangeiro à medida que são obtidos – ocorre, no entanto, apenas no caso dos estabelecimentos estáveis (sucursais) de empresas residentes estabelecidos no exterior, só se verificando em relação a sociedades participadas (subsidiárias) domiciliadas no estrangeiro nos casos em que, por medida anti-abuso, se verifica a chamada "transparência fiscal internacional", ou seja quando se aplica o regime fiscal conhecido pela sigla

CFC ("*controlled foreign companies*"), que em Portugal está estabelecido no art.º 60.º do Código do IRC[16]. Trata-se de um regime que é principalmente aplicável aos denominados "rendimentos passivos" e que visa combater a retenção de lucros nos territórios onde as subsidiárias estão estabelecidas quando aí sujeitos a um regime fiscal privilegiado. Nesse caso esses lucros são tributados ao nível dos sócios à medida que são obtidos e independentemente da sua distribuição.

Nos restantes casos de subsidiárias, os lucros só são tributados na sociedade participante quando lhe são distribuídos, podendo então ser-lhes aplicado o regime de isenção, total ou parcial, através da dedução, à base tributável daquela, da totalidade ou de parte dos lucros que lhe forem distribuídos (o que no caso de isenção total permite alcançar em pleno o princípio de tributação exclusiva na origem) ou ser-lhes concedido um crédito de imposto por dupla tributação internacional, o que no caso de abranger quer o chamado crédito directo (o correspondente à retenção na fonte que tiver sido aplicada aos lucros distribuídos), quer o denominado crédito indirecto (o correspondente à tributação que recaiu sobre os lucros distribuídos ao nível da sociedade que os distribui), combina, com equilíbrio, a tributação na origem e na residência.

Numa primeira análise poderá considerar-se que os rendimentos empresariais obtidos no exterior através de estabelecimentos estáveis têm um regime fiscal mais desfavorável do

---

[16] Na bibliografia portuguesa veja-se DUARTE MORAIS, Rui, *Imputação de lucros de sociedades não residentes sujeitas a um regime fiscal privilegiado*, Porto, Publicações Universidade Católica, 2005. No panorama internacional referência deve ser feita ao relatório OECD, *Controlled Foreign Company Legislation*, Paris, 1996.

que os realizados através de subsidiárias, principalmente quando na residência se aplica em relação a estes o regime de isenção. Com efeito, enquanto no caso das subsidiárias se verifica no Estado de residência da sociedade participante um diferimento de tributação para o momento em que os lucros lhe são distribuídos, no caso das sucursais os lucros são tributados, quer sejam repatriados quer não, logo no ano em que são obtidos, não beneficiando, em geral, de isenção no Estado de residência da sociedade e sendo-lhes apenas aplicável um crédito de imposto por dupla tributação internacional (na maioria das vezes sob a forma de imputação ordinária).

No entanto, não é despiciendo, principalmente na fase de arranque da actividade no estrangeiro, em que muitas vezes ocorrem mais prejuízos do que lucros, a possibilidade de imediata dedução dos prejuízos dos estabelecimentos estáveis na determinação do lucro da empresa mãe (o que não ocorre nos casos de subsidiárias), a limitação, em grande parte dos Estados, da tributação, no país de acolhimento do estabelecimento estável, à incidente sobre os lucros do mesmo (não lhe acrescendo tributação por retenção na fonte correspondente aos lucros repatriados, como muitas vezes sucede no caso de lucros repatriados por subsidiárias) e ainda a não sujeição a tributação no Estado da empresa mãe nos casos de transferência de activos dessa empresa para as suas sucursais.

O modelo de tributação dos rendimentos de origem externa das sociedades residentes em Portugal está em sintonia, em termos gerais, com os princípios acabados de enunciar.

Quanto ao método da isenção dos rendimentos de origem externa ele está actualmente previsto relativamente aos lucros distribuídos por sociedades residentes em Portugal e nos outros Estados Membros da União Europeia (art.º 46.º do CIRC) bem como aos lucros distribuídos por sociedades residentes nos

Estados africanos de língua oficial portuguesa (art.º 42.º do EBF). Algumas convenções para eliminar a dupla tributação (com os EUA, Brasil, Chile e Turquia) prevêem também a aplicação desse método em condições algo similares.

Em linha com o que se referiu sobre a aplicação do princípio da tributação no Estado da fonte e de acordo com o que se julga serem os interesses de Portugal num contexto de internacionalização das empresas portuguesas, deveria ser ponderado um alargamento da aplicação do regime de isenção a lucros distribuídos a sociedades residentes por afiliadas estabelecidas noutros países. Ao mesmo tempo, poder-se-ía pensar em substituir esse método pelo método do crédito de imposto (directo e indirecto) nos casos em que as afiliadas não residentes fossem tributadas a uma taxa inferior a determinado limiar e bem assim estabelecer regras claras quanto à não aceitação de encargos financeiros de algum modo associados a participações em relação às quais se aplique o método da isenção ou o desse crédito de imposto.

Lisboa, Junho de 2008

Um Caminho Longo para um Tratado Destinado
a Prevenir as Duplas Tributações – O Caso do Tratado
Luso-Americano[1]

Manuel Pires[2]

Em primeiro lugar, uma felicitação pela realização deste evento. Em segundo lugar, um agradecimento ao Senhor Professor Doutor Paz Ferreira por me ter convidado para falar sobre o Tratado Luso-Americano destinado a prevenir as duplas tributações. Em terceiro lugar, uma felicitação aos presentes sobreviventes. Efectivamente após um dia longo de trabalho, mostram uma resistência notável. Em quarto lugar, um agradecimento aos Senhor Presidente e à minha colega Doutora Ana Paula Dourado por terem permitido antecipar a minha intervenção.

Vou falar hoje do Tratado Luso-Americano destinado a prevenir a dupla tributação. A primeira coisa que vos digo é que não falarei de todo o Tratado. Em segundo lugar, poderia haver a tentação de comparar este Tratado com o modelo dos

---

[1] Texto da comunicação feita no Colóquio "Portugal/UE e os EUA", tendo-se mantido o respectivo estilo.
[2] Prof. Doutor na Universidade Lusíada – Lisboa.

EUA, o último de 2006, mas também não vou fazê-lo ou, se o fizer, reduzir-se-á a uma ligeira referência. É uma prevenção para não dizerem que pequei por omissão.

Existe um problema prévio importante que é este: a essencialidade ou não, a importância ou não das convenções para prevenir as duplas tributações. É evidente que, como estamos na época do *marketing*, seria extremamente agradável para mim, que me tenho dedicado a estas convenções, dizer que o objecto da minha actividade era o mais importante de todos para promover o investimento, para promover o desenvolvimento das relações entre Estados. No entanto, tenho a dizer que isto é um mito. Há relações económicas intensas mesmo sem convenções e há relações económicas não intensas mesmo com convenções, o que suscita imediatamente a questão de saber qual o lugar das convenções. Aliás, apontar números, percentagens, inquéritos, etc., lembra-me sempre uma obra já antiga, em que era incluída a pergunta aos agentes económicos americanos qual era a importância da tributação para o seu negócio e eles colocavam a tributação no fundo da tabela. E depois, quando perguntavam a importância da fiscalidade para promover o investimento no estrangeiro, colocavam-na em primeiro lugar. Há aqui qualquer coisa em que a racionalidade não joga totalmente. Resultado, não vou exagerar dizendo que as convenções não servem para coisa nenhuma, não vou exagerar dizendo que o fiscal não tem interesse nenhum para as realidades referidas, mas também não exagero, não o transformo numa religião monofiscalista. O fiscal é importante, mas efectivamente não é a coisa mais importante. Aliás, tanto quanto me lembro, o Dr. Silva Lopes, hoje, também referia outros elementos que são muito mais importantes que o fiscal. De qualquer maneira, é elemento que deve ser considerado.

Por outro lado, há algo ainda muito curioso. Aos técnicos, na matéria imputa-se muita responsabilidade. Os políticos não se entendem, não dão importância às duplas tributações, recordam-se das convenções que visam preveni-la quando nisso têm conveniência, e depois dizem que não se celebram tratados de dupla tributação por culpa dos mencionados técnicos. Pode ser dito que se aumentou o número das convenções de dupla tributação celebradas por Portugal a partir de certa altura, há uns anos. Mas isso aconteceu exclusivamente porque o Ministro de Finanças de então começou a dialogar com os colegas do estrangeiro. Até aí o diálogo era entre técnicos e os técnicos não podiam ultrapassar determinados limites. Logo, não eram os técnicos que eram obstinados, eram os políticos que eram omissivos. Por outro lado, há um *leitmotiv* no direito internacional fiscal e esse *leitmotiv* é constituído pela colisão dos interesses dos países mais desenvolvidos com o interesse dos países menos desenvolvidos. Esta é a base fundamental de toda a construção do direito internacional fiscal e, lamentavelmente, há uma quase total ausência do sentimento da necessidade de existir um direito internacional fiscal para o desenvolvimento.

A OCDE – que eu considero o fórum actual mais notável para o estudo e para o progresso do direito internacional fiscal, embora, muitas vezes, não no sentido mais adequado, mas, de qualquer maneira, temos de reconhecer o respectivo trabalho – tem esquecido sistematicamente a necessidade – apesar das promessas que fez num documento de 1965 – da existência desse direito internacional fiscal para o desenvolvimento. Por outro lado, é historicamente curioso celebrarmos convenções que reflectem – de outro modo, seria escandaloso – a reciprocidade de direito – princípio importante –, mas essa reciprocidade deve também ser acompanhada pela reciprocidade de facto – e aqui lembro-me de uma frase às vezes recordada em que se considera maravilhoso o Princípio de Igualdade que permite aos ricos e aos pobres dormirem debaixo das pontes.

A reciprocidade de direito existe, mas ambos vão aplicá-la de facto?

Também as fábulas – muitas vezes há pessoas que julgam serem essas histórias coisas para apenas serem contadas aos meninos pequeninos quando eles têm necessidade de ouvir alguma coisa para adormecerem ou para retirarem lições das situações figuradas – traduzem algo assaz importante para os adultos. De entre outras, lembro a da raposa e da cegonha. Como é sabido, a raposa convidou a cegonha para ir comer a sua casa e pôs a comida num prato o mais liso possível e, assim, a coitada da cegonha não conseguiu comer nada de especial enquanto a raposa se banqueteava. A cegonha, que não era desprovida de inteligência – ainda ontem verifiquei que as cegonhas põem os ninhos em cima dos separadores das auto-estradas, no melhor sítio possível para poderem ir ao mar e verem passar os automóveis –, convidou também a raposa e quando a convidou o que fez? Pôs a comida dentro de um vaso enorme e alto. Resultado: a raposa, coitada, não podia chegar em baixo onde estava a comida e a cegonha com o bico evidentemente trazia a comida toda.

Logo, a exigência da conjugação das diversas posições dos países e a necessidade de se beneficiar de facto da reciprocidade conduziu algumas vezes a dificuldades, de que resultaram tempos recordes das negociações, casos da Suécia, Holanda e Estados Unidos – Estados Unidos, cerca de trinta anos, a Suécia e a Holanda um pouco menos, mas também temos um recorde no sentido contrário: uma dezena de horas de trabalho. Mais precisamente, nove horas de trabalho para trinta anos... Há realmente um *décalage* enorme. Dizia eu que celebrar um tratado não se resume à reciprocidade de direito, embora, repito, esta reciprocidade tenha de ser assegurada. Curiosamente, o nosso padrinho de baptismo, na negociação de convenções gerais, não compreendendo apenas rendimentos de transporte, foi, em 1961, os Estados Unidos. Foi aí que nós começámos e, nessa ocasião, tínhamos um sistema fiscal que era baseado na tributação do rendimento normal e, como sabem, os Estados Unidos não tinham esse sistema e daí a dificuldade de prosseguirem as negociações. Modificámos o sistema e voltámos a negociar. E tenho a dizer que o relacionamento, que não o pessoal, com o "padrinho" não foi fácil, foi assaz difícil. Para os resultados do relacionamento funcional foram necessários trinta anos.

Esse Tratado teve duas premonições. Uma foi o modo de eliminação da dupla residência de pessoa que não seja pessoa singular (artigo 4.º n.º 3). Como sabem, hoje um dos grandes problemas é saber onde reside uma pessoa colectiva e até já há quem diga, sem surpresa, dada a evolução, que o critério da unidade de residência desaparecerá. Curioso como nessa ocasião tivémos um artigo 4.º n.º 3 em que se era conduzido para a solução do conflito de residência das pessoas colectivas, num caminho que não era o normal nessa época: acordo amigável e, no caso de inexistência, a pessoa em questão não será considerada residente em nenhum dos Estados Contratantes para efeitos dos benefícios previstos na convenção.

Em segundo lugar, trata-se do problema que constitui preocupação no domínio da União Europeia – a existência do *Exit Tax*, imposto que é cobrado nomeadamente por ocasião da cessação de actividade num território, atento o receio que o contribuinte, depois, não pague o imposto na altura devida, nomeadamente, mas não exclusivamente, sobre as mais-valias – e que efectivamente é bem relevado em dois acórdãos do Tribunal da Justiça Europeia (acórdão Lasserie du Saillant e N). Nesses acórdãos, julga-se não se dever tributar à saída enquanto que, na disposição do Protocolo da convenção luso-americana, aceita-se a tributação à saída. De qualquer maneira, é de relevar verificarmos que o problema actual foi resolvido, nessa altura, embora de um modo diferente.

O Tratado com os Estados Unidos, e utilizando uma linguagem farmacêutica ou médica, tem agentes histaminóides favorecendo reacções anafilácticas. Numa linguagem mais simples, o Tratado provoca alergia. Exemplo: a exclusão dos impostos infra-federais. É verdade que pela Constituição dos Estados Unidos não podem ser vinculados os entes infra-federais mas, actualmente, posso dizer-vos que existe um problema grave de uma empresa residente de Portugal e que, portanto, beneficia do Tratado e que as autoridades municipais norte-americanas estão a querer tributar, o que pode provocar grandes prejuízos a essa empresa. É certo que a questão resulta da Constituição, mas o Brasil também tem uma Constituição no mesmo sentido e, apesar de tudo, foi já entendido que, quando o Brasil celebra uma convenção, celebra-a em nome de todo o Brasil e não apenas da União.

Temos também o ajustamento automático dos lucros, quer dizer, quando um Estado corrige os lucros entre empresas associadas, o outro é obrigado a proceder ao respectivo ajustamento, o que não parece muito certo, atento o carácter de obrigatoriedade. Temos ainda o problema das tributações na fonte reduzidas. Compreendo que a tributação exclusiva na residência resolva muitos problemas, designadamente, o problema dos investidores que não têm de se ocupar, por si ou interpostas pessoas, com tributações no Estado onde investiram, compreendo isso perfeitamente. Mas, também compreendendo que isso significa a adopção do *Capital Export Neutrality (CEN)* contra a outra concepção que é o *Capital Import Neutrality (CIN)*. É que, não há nenhum fundamento científico para defender a exclusividade da tributação na residência, posto que esta corresponda ao interesse de determinados Estados e determinados contribuintes. A ciência não apoia de modo nenhum esta orientação.

Ainda foi consagrada, no tratado uma peculiaridade americana, posto que não privativa consultando-se a legislação de outros Estados – o *branch tax*. Ao fim e ao cabo, o lucro do estabelecimento estável é tributado duas vezes, em certas circunstâncias, nomeadamente, quando são remetidos para o exterior. Por outro lado, ainda existe um caso estranho, trata-se de separação e de divórcio. Se alguém residente nos Estados Unidos ou em Portugal pagar uma pensão a uma pessoa que está no outro Estado, o Estado onde reside o indivíduo que paga é que tem o direito de tributar exclusivamente. Não consigo muito entender, mas com certeza que não foi essa a razão dos trinta anos que foram necessários para a celebração da Convenção.

Há também uma ficção de cidadania por parte dos Estados Unidos. Em certas circunstâncias, considera que o indivíduo continua a ser cidadão, ficção, aliás, adoptada posteriormente pela lei fiscal portuguesa. Ainda, infelizmente, a delegação portuguesa, de que não fiz parte na última ronda das negociações, permitiu a integração na convenção, nessa última fase, do imposto sobre sucessões e doações por avença, o que nunca sucedera antes, em virtude de não se tratar de um imposto sobre o rendimento, embora calculado com base no rendimento. Outro ponto importante: se uma empresa não residente exercer actividade num país, o lucro respectivo só é tributado nesse país se existir um estabelecimento estável. Diferentemente acontece com os royalties, que podem ser tributados no Estado onde reside o devedor. É evidente que se forem excluídos certos rendimentos da noção de royalties, tal significa uma amputação do poder de tributar do Estado da fonte. Ora foram excluídos daquela noção as importâncias derivadas do aluguer dos contentores e integradas na disposição relativa aos lucros.

Por fim e para além de uma disposição do Protocolo (n.º 14) quanto às informações, que não é muito clara, a questão do *Tax Sparing Credit*. Como sabem, este alívio fiscal foi criado pelo Reino Unido e durante cerca de trinta anos não obteve grandes referências. Foram os Estados Unidos, por um Secretário de Estado do Tesouro, que o ressuscitaram, numa conferência em 1941 ou 1942, no Rio de Janeiro. Mas o que aconteceu foi que os Estados Unidos nunca o aceitaram. Incluíram-no primeiro nas convenções com o Paquistão e a Republica Árabe Unida, que foram rejeitadas pelo respectivo Senado. Neste contexto, permita-me um parêntesis: rendo homenagem a uma das pessoas que, embora tendo grande influência nessa rejeição, foi um grande profissional, amigo e colega, o professor Stanley Surrey. Sobre a sua posição e respectiva argumentação, tive ocasião de uma vez lhe dizer em Copenhaga que, quando se quer, tudo é possível, quando não se quer, arranja-se sempre razões. Num passado mais próximo e sem surpresa, dadas as posições dessa Organização, a OCDE publicou um livro negativo relativamente ao *tax sparing credit*.

Mas, no Tratado Luso-Americano, também há agentes anti-histamínicos, há aquilo a que nós poderemos chamar os corticóides fiscais. Dá-se uma definição alargada, ampla de estabelecimento estável que, aliás, agora já não significa ampliação da noção interna portuguesa – diferentemente de na ocasião da negociação, porque, na modificação que se fez do Código do IRC em 2000, o conceito foi muitíssimo ampliado, tendo o legislador sido mais Ocediano do que a OCDE. Por outro lado, conseguiu-se, no Tratado, a ampliação da tributação dos profissionais independentes, o que é de registar. Também o intercâmbio cultural tem sido a finalidade de os professores não serem tributados nem na residência, nem no Estado onde estão a exercer actividade diferente da residência, embora satisfazendo certos requisitos. Compreenderam o propósito, a França, o Brasil e os Estados Unidos – embora estes mais limitadamente do que a

França e o Brasil –, o que diversos países não quiseram entender. Também relativamente aos estudantes e estagiários, houve uma atitude de compreensão que é de relevar, visto o tratamento favorável amplo acolhido. Também os Estados Unidos aceitaram o *underlying credit* ou crédito indirecto, o que é de registar, visto não serem muitos os países que o incluíram nas Convenções com Portugal. Consequentemente, temos de ser justos, equitativos indicando que, se existem soluções que provocam a alergia fiscal, também há outras que curam de certo modo essa alergia. Ainda a preocupação da fraude e evasão é patente e, aqui, estou também de acordo. Para isso, as *LOBs* foram incluídas em disposição que, aliás, apresenta-se muito complexa. Mas também não foi por causa disso que as negociações duraram trinta anos.

Está velho o Tratado? Como sabem tratado é masculino e os masculinos envelhecem. Se dissesse a convenção, era capaz de beneficiar do segredo da juventude das senhoras, mas como disse tratado, efectivamente, ele envelheceu, porque há realidades novas, v.g., a tributação do comércio electrónico. Esse é um dos grandes problemas que eu gostaria de ver compreendida numa revisão, seria um *tax dream,* mas, de qualquer maneira, eu gostaria que fosse contemplado, até porque estive a ler o modelo norte-americano de 2006 e não vi nenhuma referência ao comércio electrónico. Vi uma referência ao *software*, a novas realidades mas, em relação ao comércio electrónico, não vi a mínima referência. Importa ainda não esquecer a ausência de regulação explícita dos rendimentos de instrumentos financeiros derivados com crescente importância.

Por outro lado, o próprio modelo da OCDE é modificado constantemente. Em Junho próximo [2008], irão ser aprovadas outras alterações, parecendo até estar ausente da OCDE, a preocupação da certeza e da estabilidade. Pode dizer-se que tal significa vitalidade, mas da vitalidade nestas manifestações deriva muitas vezes a inquietude e aí é preciso terminar. No modelo da OCDE foi modificado o artigo 3.º n.º 2 que, na altura em que foi celebrada a convenção com os Estados Unidos, acolhia a interpretação estática, tendo na modificação adoptada a interpretação ambulatória, o que não sucede na mencionada convenção. Muitas das alterações, aliás, revelam o estado patológico da evolução do Direito Interno e do Direito Internacional Fiscal. A evolução desses ramos está a ser feita de uma maneira totalmente errada. A tributação exclusiva na residência é, na verdade, algo – e está de acordo com tudo o que disse antes – contrário a toda a justificação científica, estando apenas – repita-se – de acordo com os interesses de alguns países e alguns contribuintes. A repartição entre a residência e a fonte é a única solução científica aceitável. Como no Tratado com os Estados Unidos, há uma certa predominância da residência, ele parece estar de acordo com a evolução.

Mereceu o acordo tanto tempo de negociação? Tudo merece a pena quando a alma não é pequena. No entanto, há sempre outra realidade que olho com muita preocupação relativamente aos Estados Unidos, é a sua concepção do *Treaty Override*. Tive ocasião de discutir a matéria no Comité dos Assuntos Fiscais da OCDE e lembro-me que, na ocasião, perguntei ao delegado dos Estados Unidos se se recordava do instituto da responsabilidade internacional, embora tendo consciência de que poderia suscitar vários pensamentos, entre os quais, porventura o mais benévolo: «De que é que estes universitários se lembram, quando estamos aqui a discutir os interesses financeiros dos países". Obrigado!

A GLOBALIZAÇÃO E OS PROCESSOS DE REFORMA FISCAL
A CONCORRÊNCIA FISCAL

*Paulo Macedo**

Boa tarde.
Gostaria antes de mais de agradecer o convite que me foi dirigido e felicitar o Prof. Doutor Paz Ferreira por esta iniciativa. Quero também felicitar a Faculdade de Direito da Universidade de Lisboa por esta oportunidade de confronto de opiniões.

Vou abordar fundamentalmente três assuntos: primeiro, quais são os factores de competitividade mais relevantes, segundo, como enquadrar a concorrência fiscal dentro dos factores de competitividade (ou seja, a competitividade e a fiscalidade) e, terceiro, o que eu entendo sejam algumas das tendências que podem ser apontadas para o futuro.

1. Factores de competitividade

São vários os estudos que regularmente são divulgados sobre os factores de competitividade. Por exemplo, um estudo de uma empresa de consultoria internacional contempla vinte

---

* Administrador do Millennium BCP.

e seis factores que levam uma empresa a escolher uma determinada localização. Noto que o factor fiscal foi aqui englobado no factor financeiro, embora ao mesmo seja dado grande importância em termos daquilo que é percepcionado pelos agentes económicos.

De acordo com este estudo, quando uma empresa escolhe a loca-lização seja de uma fábrica, seja de um centro logístico, seja de outro tipo de unidade, considera estes vinte e seis tipos de factores, sejam eles, relativos ao negócio, às pessoas, aos custos laborais, factores quantitativos ou qualitativos como a qualidade de vida, a segurança, etc. No entanto, claramente como foi dito, o factor fiscal tem um peso significativo e, dentro da "área financeira", a taxa de imposto e as isenções concedidas são apontadas como o sexto e oitavo factores a ter em consideração na localização, de um investimento. No fundo, é tentarmos colocar em perspectiva aquilo que sabemos que é importante mas que sabemos não é o factor determinante.

Key Site Location Factors		
	Cost Factors	Other Key Factors
Business	Business Costs Land/building/office Labor wage/salary/benefits Transportation and distribution Utilities Financing Federal/regional/local taxes	Business Environment Labor availability and skills Access to markets, customers, and suppliers Road, rail, port, airport infrastructure Utility and telecom/internet service reliability Suitable land sites Regulatory environment
Personal	Cost of Living Personal taxes Cost of housing Cost of consumer products and services Health care costs Education costs	Quality of Life Crime rates Health care facilities Schools and universities Climate Culture and recreation

Fonte: Competitive alternatives – KPMG's guide to international business costs, 2006 Edition.

Noutro tipo de análise, designadamente a do World Economic Forum, reportada à competitividade no comércio externo, constatamos que as "tarifas" aparecem entre os dez factores que são apontados como relevantes em termos concorrenciais. O vigésimo sexto lugar ocupado por Portugal neste *ranking* é satisfatório, se considerarmos que são cento e oitenta países. Os factores mais penalizadores são o acesso ao mercado e os mais favoráveis o *business environment*, apesar da legislação laboral e do funcionamento dos Tribunais.

Competitividade - The Enabling Trade Index 2008 (World Economic Forum)

	OVERALL INDEX		Market access		Border administration		Transport and communications infrastructure		Business environment	
Country/Economy	Rank	Score	Rank	Score	Rank	Score	Rank	Score	Rank	Score
Hong Kong SAR	1	6.04	1	6.66	7	5.99	4	5.86	2	5.84
Singapore	2	5.71	27	4.99	1	6.51	7	5.53	3	5.82
Sweden	3	5.66	14	5.21	2	6.32	1	5.77	14	5.35
Norway	4	5.65	2	5.89	6	6.06	20	5.21	10	5.45
Canada	5	5.62	3	5.87	9	5.78	11	5.50	16	5.33
Denmark	6	5.62	15	5.15	5	6.10	10	5.51	5	5.70
Finland	7	5.61	19	5.08	4	6.15	18	5.29	1	5.92
Germany	8	5.58	9	5.34	15	5.57	5	5.66	4	5.74
Switzerland	9	5.58	5	5.65	12	5.69	14	5.39	7	5.58
New Zealand	10	5.52	7	5.41	3	6.16	21	5.09	11	5.42
Netherlands	11	5.51	18	5.10	8	5.98	2	5.73	17	5.22
Luxembourg	12	5.50	17	5.10	10	5.77	9	5.51	6	5.63
Japan	13	5.43	4	5.86	17	5.55	13	5.42	35	4.90
United States	14	5.42	6	5.65	21	5.29	3	5.66	25	5.08
Austria	15	5.42	13	5.22	16	5.57	12	5.43	9	5.45
United Kingdom	16	5.30	24	5.02	14	5.58	8	5.52	26	5.07
Australia	17	5.22	44	4.72	11	5.71	17	5.32	21	5.14
Belgium	18	5.21	16	5.12	25	5.23	16	5.33	20	5.16
France	19	5.20	20	5.08	26	5.21	6	5.54	31	4.98
Ireland	20	5.20	25	5.01	19	5.43	24	4.79	8	5.56
Taiwan, China	21	5.15	38	4.83	22	5.27	15	5.37	22	5.13
Spain	22	5.03	34	4.87	23	5.26	22	5.08	33	4.92
United Arab Emirates	23	4.96	50	4.50	27	5.18	23	4.80	15	5.34
Korea, Rep.	24	4.95	72	4.07	18	5.49	19	5.23	30	5.02
Estonia	25	4.89	47	4.60	13	5.60	29	4.51	39	4.76
Portugal	26	4.88	45	4.72	32	4.95	28	4.57	13	5.39
Chile	27	4.88	40	4.77	20	5.43	42	3.93	12	5.40
Israel	28	4.76	36	4.84	29	5.02	26	4.64	57	4.53
Malaysia	29	4.75	68	4.09	24	5.23	27	4.62	27	5.07
Slovak Republic	30	4.74	23	5.03	35	4.68	35	4.17	24	5.09

Fonte: The Global Enabling Trade Raport 2008, World Economic Forum.

Para enquadrar os factores de competitividade, refiro por fim o estudo do Banco Mundial, que se reveste de um interesse especial pela análise comparativa que permite a série de dados existente. Portugal aparece no lugar trigésimo sétimo, uma posição mais favorável que a Itália ou que a Grécia, (que tem registado o dobro da nossa taxa de crescimento nos últimos anos).

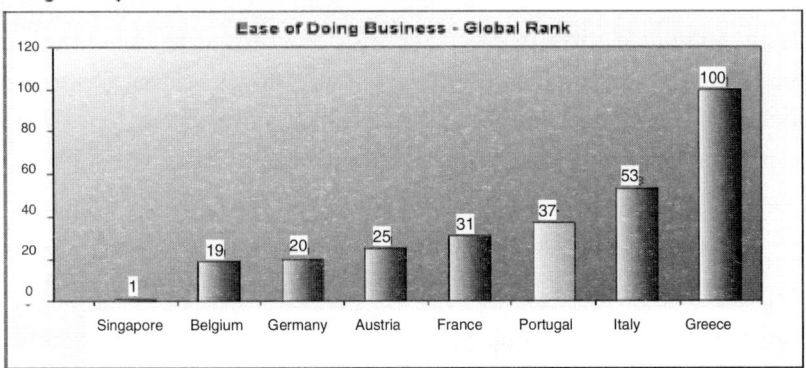

Portugal - Compared to Global Best / Selected Economies:

Ease of Doing Business - Global Rank

Singapore	1
Belgium	19
Germany	20
Austria	25
France	31
Portugal	37
Italy	53
Greece	100

Fonte: Doing Business 2008, IBRD/Word Bank.

Quais são então os factores que estão na origem desta classificação de Portugal?

Competitividade
Ranking de Portugal no Doing Business 2008 (Banco Mundial)

Rank	Doing Business 2008 (out of 178 economies)
Ease of Doing Business	37
Starting a Business	38
Dealing with Licenses	112
Employing Workers	157
Registering Property	65
Getting Credit	68
Protecting Investors	33
Paying Taxes	66
Trading Across Borders	31
Enforcing Contracts	49
Closing a Business	20

Fonte: Doing Business 2008, IBRD/Word Bank.

2. Concorrência Fiscal e competitividade

A competitividade fiscal de Portugal (ou antes, o "pagamento de impostos") é classificado no final do primeiro terço dos cento e oitenta países. Há factores que são considerados mais positivos, como o *closing of a business* e o *trading across borders*, mas os factores mais negativos, que penalizam a posição do nosso país em termos de competitividade, são claramente o licenciamento e a legislação laboral. Se analisarmos especificamente o licenciamento, constatamos que, em média, a atribuição do licenciamento demora cerca de um ano e não se têm verificado melhorias a este nível.

Dealing with Licenses data	Doing Business 2006	Doing Business 2007	Doing Business 2008
Rank		114	112
Procedures (number)	20	20	20
Duration (days)	327	327	327
Cost (% of income per capita)	61.8	60.3	54.0

Compared to Comparator Economies			
	Procedures (number)	Duration (days)	Cost (% of income per capita)
Portugal	20	327	54.0
Austria	13	194	73.7
Belgium	14	169	63.7
France	13	137	24.9
Germany	12	100	63.1
Greece	15	169	61.7
Italy	14	257	138.2

Fonte: Doing Business 2008, IBRD/Word Bank.

Já relativamente à legislação laboral, Portugal encontra-se no último quarto da tabela em termos de competitividade.

Competitividade (Banco Mundial)
Paying Taxes in Portugal

Paying Taxes data	Doing Business 2006	Doing Business 2007	Doing Business 2008
Rank		65	66
Time (hours)	328	328	328
Total tax rate (% profit)	45.2	45.2	44.8
Payments (number)	8	8	8

Compared to Comparator Economies			
	Payments (number)	Time (hours)	Total tax rate (% profit)
Portugal	8	328	44.8
Austria	22	170	54.6
Belgium	11	156	64.3
France	23	132	66.3
Germany	16	196	50.8
Greece	21	264	48.6
Italy	15	360	76.2

Fonte: Doing Business 2008, IBRD/Word Bank.

Não quero com isto dizer que os impostos não são um factor de competitividade, mas, se analisarmos os aspectos que foram tomados em consideração para efeitos deste *ranking* e se compararmos Portugal com os países que mais directamente são comparáveis, constatamos que Portugal não está mal colocado em termos de "taxas" nem em números de pagamentos, mas compara mal em termos de horas necessárias para fazer o pagamento. O facto de o número de horas se manter estável ao longo dos três anos causa alguma estranheza, porque seria de esperar que com o pré-preenchimento de declarações e com a declaração de informação empresarial simplificada (que combina várias declarações que anteriormente tinham que ser entregues) se tivesse verificado uma melhoria.

Mas, de facto, de que é que depende a concorrência fiscal, quais são os principais factores de competitividade? Nesta Conferência já foram discutidos vários, tais como: o nível de despesa pública, as opções do próprio Estado, as taxas de imposto, as bases tributáveis, as garantias dos contribuintes, o funcionamento dos tribunais, a administração fiscal, a complexidade do sistema, etc.

Em relação às taxas de imposto, assistimos à sua redução generalizada, com uma maior queda no conjunto da União Europeia do que nos restantes países da OCDE.

Taxas de impostos sobre os lucros (1993-2007)

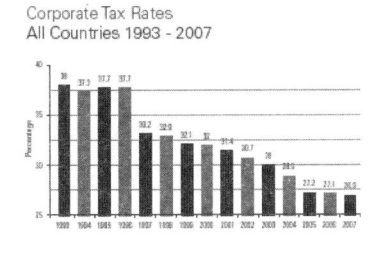

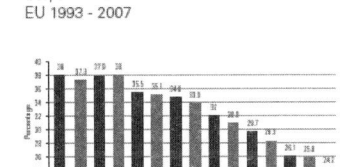

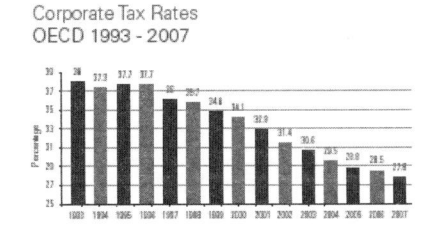

Fonte: KPMG's Corporate and Indirect Tax Survey 2007.

A taxa de IVA é relativamente alta em Portugal, apesar de se ter de levar em conta que há uma parte da receita deste imposto que é consignada à segurança social. A taxa de IVA poderia ser reduzida, mas nesse caso as contribuições para a

Taxas de impostos sobre o valor acrescentado ou vendas (2007)

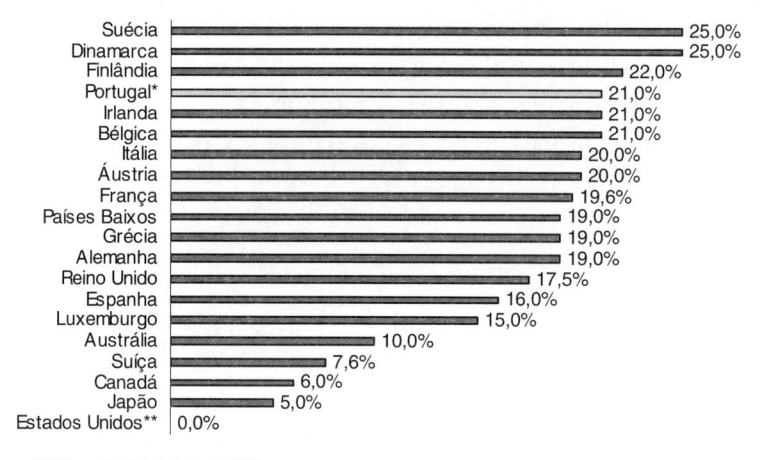

Suécia	25,0%
Dinamarca	25,0%
Finlândia	22,0%
Portugal*	21,0%
Irlanda	21,0%
Bélgica	21,0%
Itália	20,0%
Áustria	20,0%
França	19,6%
Países Baixos	19,0%
Grécia	19,0%
Alemanha	19,0%
Reino Unido	17,5%
Espanha	16,0%
Luxemburgo	15,0%
Austrália	10,0%
Suíça	7,6%
Canadá	6,0%
Japão	5,0%
Estados Unidos**	0,0%

* 20% a partir de 1 de Julho de 2008
** Não são considerados os impostos estaduais e locais sobre as transacções.

Fonte: KPMG's Corporate and Indirect Tax Survey 2007.

segurança social teriam provavelmente que ser mais altas. Em França, por exemplo, discute-se a redução das contribuições para a segurança social e o aumento da taxa do IVA.

As contribuições para a segurança social são frequentemente esquecidas neste tipo de análises. Conforme resulta deste quadro, na OCDE há apenas oito países com contribuições para a segurança social mais altas do que Portugal. Se adicionarmos às contribuições as receitas que estão afectas à segurança social, concluímos que talvez um dos factores onde Portugal é menos competitivo é precisamente na área das contribuições para a segurança social.

Em termos de impostos sobre o rendimento das pessoas singulares, assistimos também a um fenómeno de redução de taxas, mas não tão acentuada como a redução que se verificou nas taxas de impostos sobre os lucros. A este assunto voltarei adiante na minha apresentação.

OCDE - Contribuições para a segurança social (2007*)

País	Taxa (%)	
	Trabalhador	Entidade patronal
Alemanha	20,60	19,70
Austrália	0,00	0,00
Áustria	18,06	21,63
Bélgica	13,07	34,56
Canadá	6,75	7,47
Coreia	4,50	9,54
Dinamarca	8,00	0,00
Eslováquia	8,00	13,75
Espanha	6,35	30,15
Estados Unidos	7,65	13,85
Finlândia	5,63	24,00
França	21,56	41,70
Grécia	16,00	28,06
Hungria	8,50	29,00
Irlanda	6,00	10,75
Islândia	8,00	5,34
Itália	10,49	32,08
Japão	12,021	12,451
Luxemburgo	13,05	14,02
México	1,25	6,62
Noruega	7,80	12,80
Nova Zelândia	0,00	0,00
Países Baixos	31,15	12,05
Polónia	17,21	20,43
Portugal	11,00	23,75
Reino Unido	11,00	12,80
República Checa	12,50	35,00
Suécia	7,00	32,42
Suíça	11,05	11,05
Turquia	15,00	21,50

* Considerada apenas a taxa mais alta e ignoradas diferenças na base de incidência e limites máximos.

Fonte: www.oecd.org

Fala-se muito hoje em dia de outros tipos de taxas e designadamente, sobre se os impostos sobre os produtos petrolífero deverão baixar ou não (questão mais empolada quando aumenta o custo do petróleo e se reavivam as questões ligadas à competitividade do custo de energia).

Independentemente das teorias económicas, e para além de se discutir se, de facto se pretende incentivar ou desincentivar certo tipo de consumos, vale a pena analisar o valor do imposto arrecadado. Se, por exemplo, a receita do imposto sobre produtos petrolíferos e energéticos baixar 20%, enfrentamos de imediato

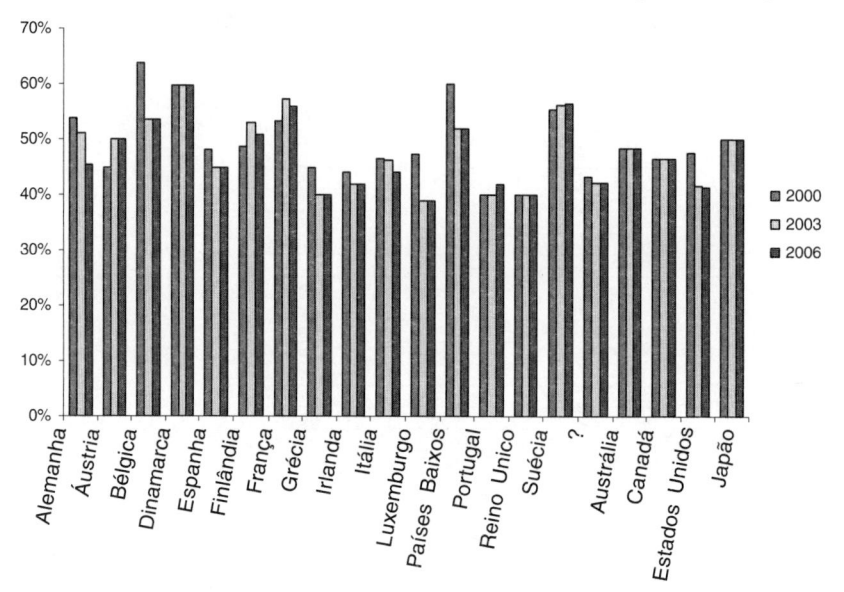

Taxas máximas de impostos sobre o rendimento (2000-2006)

Fonte: www.oecd.org.

uma questão fundamental: ou somos capazes de reduzir a despesa pública em mais de 500 milhões de euros, ou temos que cobrar esse montante noutro imposto. É certamente uma questão de opções, mas é também uma questão de considerações bem menos prosaicas, do que a mera discussão simplista sobre a receita e as suas alternativas.

As garantias dos contribuintes são certamente também um factor de competitividade. Uma das maiores garantias dos contribuintes é a rapidez de resposta e a possibilidade de obter uma resolução adequada e em tempo útil aos problemas colocados à administração. Há uma melhoria por parte da administração fiscal neste domínio, contudo, ainda haverá um longo caminho a percorrer, designadamente ao nível dos tribunais.

Portugal - Receitas fiscais e da segurança social (2008*)

Impostos e contribuições	Montante (em €000)	% do total
IRS	9.252.000	18,71%
IRC	5.511.000	11,14%
Outros impostos directos	10.000	0,02%
Imposto sobre produtos petrolíferos e energéticos	2.760.000	5,58%
IVA	14.145.000	28,60%
Imposto sobre Veículos	1.120.000	2,26%
Imposto de consumo sobre o tabaco	1.430.000	2,89%
Imposto sobre o álcool e as bebidas alcoólicas	213.000	0,43%
Imposto único de circulação	111.000	0,22%
Outros impostos indirectos	1.881.000	3,80%
Contribuições para a segurança social	13.016.411	26,32%
Total	49.449.411	

Fonte: Lei do orçamento do Estado para 2008.

* Orçamento

A simplicidade do sistema fiscal é também um factor de competitividade. Na origem da complexidade do nosso sistema fiscal está a dificuldade do legislador em fazer escolhas. Cada novo legislador corrige o anterior e a legislação, além de pouco estável, corre o risco de se trans-formar numa manta de retalhos, de difícil compreensão e percepção por parte dos contribuintes.

Num estudo realizado há alguns anos para o Ministério da Economia (e posteriormente publicado), a McKinsey concluía que a produtividade é afectada negativamente por seis factores, colocando a informalidade como um deles. Um dos entraves à nossa falta de produtividade em termos relativos era (é) a informalidade, a par da regulamentação dos mercados, dos

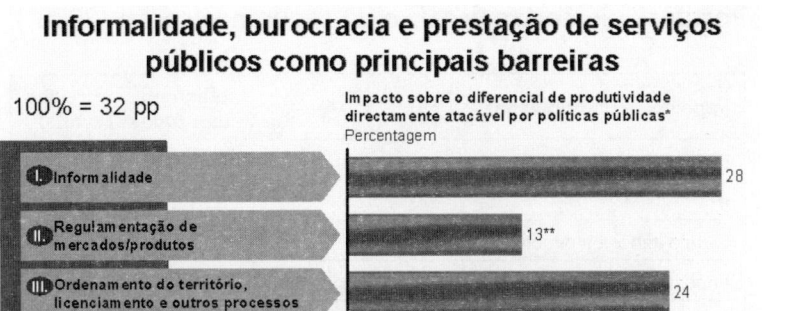

Informalidade, burocracia e prestação de serviços públicos como principais barreiras

100% = 32 pp

Impacto sobre o diferencial de produtividade directamente atacável por políticas públicas*
Percentagem

- I. Informalidade — 28
- II. Regulamentação de mercados/produtos — 13**
- III. Ordenamento do território, licenciamento e outros processos — 24
- IV. Prestação de serviços públicos — 22
- V. Legislação laboral*** — 13
- VI. Herança industrial — Resultado da interacção das restantes barreiras

* Baseado nos dados sobre emprego relativos aos sectores analisados
** Não inclui contributos positivos para a produtividade laboral que não são necessariamente positivos para a produtividade do capital (p. ex., regulação do arrendamento em nova construção residencial e taxas de interconexão fixo-móvel nas telecomunicações)
*** Anterior à revisão da legislação laboral

Fonte: McKinsey

licenciamentos e, fundamentalmente, da legislação laboral. A informalidade era a área que tinha maior peso de acordo com o estudo feito no diferencial de produtividade.

Os custos de cumprimento continuam a ser um factor importante de (falta de) competitividade. Trata-se de uma área em que certamente podemos melhorar, mas convirá também não esquecer a evolução favorável que se tem vindo a fazer sentir nos últimos anos, com, por exemplo, a introdução da informação empresarial simplificada, a eliminação dos livros selados, a emissão de certificados de residência via internet, a maior rapidez nos reembolsos de IVA (aliás, uma das poucas ajudas que Portugal pode dar aos exportadores). Trata-se certamente de medidas que potenciam a competitividade.

3. Tendências futuras

Perante este enquadramento, quais são as perspectivas futuras?

O motor da economia são sempre as empresas. São as empresas que criam rendimentos, geram riqueza e emprego e são, finalmente, desta forma, as verdadeiras entidades que possibilitam a cobrança de impostos.

Em termos conjunturais, a envolvente das empresas é caracterizada pela crise financeira e por um abrandamento no crescimento económico.

Global firms are under pressure on two fronts

Cyclical trends

A Financial crisis: credit and liquidity

B Economic slowdown in developed countries

Structural shifts

C Increased global trade, capital and talent flows

D Decoupling, leading to emergence of new economic centers

Fonte: McKinnsey, 2008

Em termos estruturais, a par das dificuldades inevitáveis em termos orçamentais que derivam das tendências demográficas em curso (envelhecimento e cuidados de saúde mais complexos)

que irão pressionar adicionalmente as finanças públicas por várias vias (menor dinamismo do crescimento económico; abrandamento da capacidade de arrecadação fiscal, maiores despesas sociais, reformas e despesas de saúde), assistimos a uma deslocação das economias e do respectivo crescimento, das economias da OCDE para as economias emergentes. É notória a redução do ritmo do crescimento nos países desenvolvidos.

Igualmente, os fluxos de comércio intensificam-se sobretudo de oriente para ocidente, ao contrário do que aconteceu no passado. Novos centros económicos, como a China e a Índia, afirmam-se no panorama mundial. Colocar-se-ão as questões da deslocalização e aumentará a tensão entre a tributação no Estado da fonte e a tributação no Estado da residência, que já foi aqui referida.

D Asia looks set to return to its natural position in the world economy

Share of total world GDP (1AD–2007 AD), GDP share, percentage

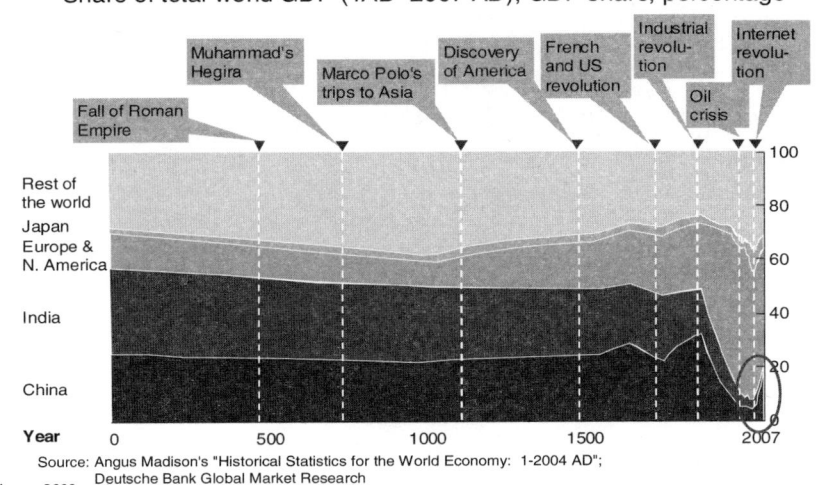

Fonte: McKinnsey, 2008

Temos assim um factor de deslocalização da produção do comércio e da poupança para as economias emergentes. Historicamente, em parte devido a causas demográficas, a riqueza esteve concentrada na Ásia até à Revolução Industrial. A partir desta e nos últimos duzentos anos, a riqueza cresceu exponencialmente no ocidente (na Europa e no Norte da América), com o correspondente impacto nas receitas fiscais. Hoje assistimos ao que alguns afirmam ser o regresso do crescimento das economias aos seus lugares naturais, o que significa um maior crescimento na China, na Índia (com base no seu modelo económico de baixos custos de produção, forte exportação, reduzido consumo interno e elevada poupança), com a consequente pressão sobre o rendimento e as receitas fiscais dos países da OCDE.

Trata-se pois de uma tendência que deverá inviabilizar a continuação da descida das taxas que temos observado, de impostos sobre os lucros e, sobretudo, das taxas de impostos sobre o rendimento das pessoas singulares, já que será muito difícil continuar a descer taxas face às previsíveis reduções das receitas fiscais resultantes do menor rendimento disponível na classe média nos países do ocidente.

Neste contexto de globalização, mobilidade de factores e de elevada despesa pública, discute-se a tributação sobre novas realidades, designadamente ao nível do consumo, e, surge, com maior acuidade, o novo enquadramento fiscal teórico – como refere o Prof. Casalta Nabais "Um Estado Fiscal em duplicado" – onde para além dos impostos, teremos o pagamento de um conjunto de contribuições em matéria fiscal, taxas ou coimas, sobre lâmpadas, emissões de carbono, automóveis, ou outras bases tributárias afectando de forma decisiva, embora menos transparente, a competitividade fiscal. De facto, é cada vez mais difícil percepcionar correctamente os níveis efectivos de fiscalidade na medida em que a tributação é mais dissimulada nos preços do consumidor.

Esta tributação de "proximidade" com a sua génese no conceito de utilizador-pagador, encerra contudo diversas limitações e origina diversas dificuldades uma vez que, por exemplo, a disseminação do consumo via comércio electrónico torna este caminho de difícil concretização. Há actividades de quase impossível identificação entre utilização-valor-pagamento, como por exemplo a segurança; a utilização de um preço para o utilizador não abarca externalidades positivas e que por isso justifica outras fontes (mais genéricas) de taxação, para além de levantar sérias reservas em termos de equidade e complexidade no combate à evasão fiscal.

Por outro lado, o direito comunitário e, sobretudo, o processo de integração negativa dos sistemas fiscais dos Estados Membros da União Europeia que o Tribunal de Justiça da Comunidades Europeias tem vindo a desenvolver, são factores que condicionam a competitividade fiscal de Portugal. Algumas medidas que poderiam ter um efeito concorrencial positivo confrontam-se com estas limitações de uma forma muito mais evidente que no passado.

Para terminar, de referir que apesar da importância de todos os factores analisados anteriormente, as principais condicionantes à competitividade de Portugal são os nossos níveis de desenvolvimento económico e de despesa pública. Com um crescimento estimado do Produto Interno Bruto de 1,5% nos próximos cinco anos, e com um crescimento previsto dos mais baixos da OCDE em termos estruturais, não é de esperar que o crescimento da receita possa ocorrer por esta via. Relativamente à diminuição da despesa pública é de referir "que o peso do Estado (e portanto o nível geral da tributação) resulta menos importante do que os destinos da despesa (eficiência e eficácia na utilização de recursos escassos) e da forma como a fiscalidade está estruturada constituindo um incentivo ou desincentivo à produtividade. O elemento da competitividade fiscal não está na receita mas na despesa, na dimensão do contrato social (o que os cidadãos têm de pagar para receber bens públicos desejados em troca), na eficiência da administração fiscal; e na ponderação do investimento público e sinais transmitidos aos agentes económicos".

Ficamos assim limitados em termos de instrumentos disponíveis para melhorar de forma drástica a competitividade fiscal. Podemos procurar influenciar as decisões de deslocalização e de não deslocalização de empresas, mas a baixa generalizada de taxas não será uma solução (embora valha a pena lembrar que Portugal baixou com êxito a taxa de IRC recentemente e aumentou a receita deste imposto nos anos seguintes). As vias a explorar deverão ser outras como a redução dos custos de cumprimento com uma clara melhoria na capacidade de resposta aos agentes económicos por parte da justiça, nomeadamente através do reforço dos tribunais fiscais, e da redução dos níveis de informalidade que dependem essencialmente da nossa vontade e que poderão ter um impacto considerável em termos de competitividade fiscal de Portugal.

Muito obrigado pela vossa atenção.

Perspectivas de Comércio Luso-Americano

Oradores:

Alfredo Baptista
António Rebelo de Sousa
Basílio Horta

Novos Contextos no Desenvolvimento dos Negócios de Comunicações

Alfredo Baptista[*]

Ora muito bom dia a todos e muito obrigado por este convite do Instituto.

De acordo com os últimos dados disponíveis, a indústria CMT-Comunicação, Media e Tecnologia continua a ter uma importância primordial nos mercados financeiros, com uma capitalização bolsista de $8.2 biliões em 2007 (14% do valor mundial). A contribuição das economias "maduras" foi determinante, como expectável, na ordem dos 80% (46% EUA & Canadá, 24% Europa Ocidental e 10% Japão).

A novidade está na dimensão dos crescimentos relativos das economias "maduras" face aos das economias "emergentes": respectivamente 19% e 72% em termos de CAGR, no período 2002 a 2007. Este comportamento diferenciado permite antever uma influência crescente das economias emergentes no mercado global CMT, onde a China já representou 9% da capitalização deste mercado, em 2007, e a Índia 2%.

---

[*] Administrador da PT Portugal, S.A.

Constata-se, por outro lado e considerando o valor de mercado das 450 maiores empresas em 2007, que a criação de valor a nível mundial ainda tem maior expressão nas componentes "Comunicações Fixas e/ou Móveis" (35% do CMT) e "Hardware, Equipamento e Semi-condutores" (31% do CMT), embora as componentes "Media" e "Software e Serviços" já valham 14% cada uma. Mas a distribuição por regiões e empresas não é uniforme, traduzindo diferenciação de aptidões e hábitos de consumo, mas também potencial para o aprofundamento da globalização.

Esta diferenciação é patente tanto nas economias maduras como nas emergentes. É assim que enquanto nos EUA&Canadá e Europa Ocidental existe equilíbrio na componente "Media" (18% do CMT em ambas as regiões), em dissonância com o Japão onde ela representa apenas 6%, na componente "Comunicações Fixas e/ou Móveis" observa-se equilíbrio entre as regiões EUA&Canadá e Japão (17% e 19% do CMT, respectivamente) e disparidade com a Europa Ocidental (49% do CMT). No tocante à China e à Índia, o que releva é a grande concentração do valor dos respectivos CMT: na China 65% do valor do CMT provêm da componente "Comunicações Fixas e/ou Móveis", na Índia 59% provêm da componente "Software e Serviços".

Outro aspecto que é interessante sublinhar tem a ver com os poderes de mercado e as relações entre esses poderes. Como já referido, 46% do valor do mercado CMT mundial está concentrado em empresas da região EUA&Canadá e 24% na região Europa Ocidental. Mas será que existe um posicionamento de concertação entre estas duas regiões, nomeadamente através de investimentos cruzados entre empresas do CMT? A resposta é não. Apesar de historicamente terem sido feitas algumas tentativas, como a seguir veremos, o facto é que esses cruzamentos são pouco relevantes, como os últimos dados disponíveis o ilustram: em 2007, o total do investimento directo estrangeiro em empresas de Telecomunicações e TI/SI's dos EUA foi de apenas $20.3 M (7.3% do investimento estrangeiro nos EUA) e o investimento directo dos EUA no estrangeiro em empresas de Telecomunicações e TI/SI's foi ainda inferior, no montante de $19.2 M (8.9% do total do investimento dos EUA no estrangeiro).

Face às restrições regulamentares e aos vultuosos investimentos necessários para fazer aquisições, na década de 90, os operadores de telecomunicações europeus e internacionais começaram a fazer alianças, como forma de minimizar os efeitos da concorrência e maximizar as oportunidades de um mercado com crescente complexidade, ao nível da tecnologia e dos serviços, e em globalização.

Destaque para: a Unisource, criada em 1992 entre a sueca Telia, a holandesa KPN, a Swiss Telecom e a Telefónica, a que aderiu mais tarde a AT&T (EUA); a Concert, *joint venture* da British Telecom e MCI (EUA), criada na sequência de um acordo estabelecido em 1994, em que a British Telecom adquiriu 20% do capital próprio da MCI, tornando-se o principal accionista; e a GlobalOne, consórcio entre a France Telecom e a Deutsche Telecom, formado no âmbito do acordo de compra de 10% do capital da Sprint (EUA) por cada uma.

Só uma destas três importantes alianças viveria até à década seguinte. A Unisource terminou em 1999, assim como a GlobalOne, esta última num ambiente de perdas e elevada conflitualidade. A Concert acabaria por terminar de forma natural, por integração na British Telecom, após a compra da MCI pela Verizon, em 2005.

De um modo geral, a falência do modelo de alianças deveu-se à falta de compromisso, evidenciando o dilema "controlo *versus* compromisso", num processo dinâmico de desenvolvimento do negócio e de alterações accionistas e de *governance* nas organizações que as constituem.

A emergência de novos mercados, nomeadamente na América Latina e Ásia, mas também em África, e o consequente aparecimento de um número significativo de novos *players,* voltou a colocar na ordem do dia a questão da partilha do mercado global. As empresas operando em mercados maduros constataram a necessidade de reposicionar-se, através do reforço das condições de domínio a nível mundial, nalguns casos, ou do avanço para novos mercados, noutros casos, de forma a assegurarem o seu desenvolvimento e a sustentação/aumento das rentabilidades.

É assim que, na presente década, se tem vindo a assistir a alguns movimentos interessantes, que perspectivam o futuro próximo e alicerçam já algumas realidades.

Ao nível do *manufacturing* de HW, SW e Serviços, tem vindo a ocorrer uma forte concentração mundial, baseada em fusões e aquisições, com um número reduzido de *players* detendo significativas quotas de mercado. Atente-se nos seguintes casos: Nokia Siemens Networks – fusão entre a Nokia Business Group of Nokia e a *"carrier-related operations"* da Siemens, em 2006, tornando-se no 3.º maior fornecedor mundial de equipamento de telecomunicações; Alcatel-Lucent – aquisição da Lucent Technologies Inc (EUA) pela Alcatel SA (França) em 2006; HP – tornou-se no 1.º fornecedor mundial de TI, após um conjunto de compras "milionárias" e sucessivas (Compaq em 2002, que já comprara a Digital, e EDS em Maio de 2008); IBM – reforçou a sua posição, adquirindo em 2006 a ISS (Internet Security Systems).

No tocante às telecomunicações, continuou a observar-se um interesse moderado dos operadores europeus em investirem no mercado norte-americano e vice-versa, verificando-se uma crescente expansão dos operadores europeus para outras geografias e para os mercados emergentes. Complementarmente, e face à crescente sofisticação e interpenetração dos diversos serviços, os operadores de rede de telecomunicações e fornecedores tradicionais de equipamento evoluíram para as áreas de conteúdos e de banda larga.

Mas já estão aí novos desafios...com o surgimento de um novo tipo de *players* globais, como o Google ou a Apple. Por exemplo, o Google, que surgiu como um motor de busca, tornou-se um gigante em termos de serviços gerando importantes volumes de receitas publicitárias, evoluiu para outras áreas de negócio (nos mails, nos maps, etc), investiu noutros países e, hoje em dia, acaba por ter uma presença mundial crescente, com uma relação permanente com milhões de utilizadores.

Neste momento, identificam-se quatro tendências de desenvolvimento dos mercados de comunicação, cada vez mais digital, que comportam uma série de novos desafios para os operadores de telecomunicações:

1. "*User Centric*" – ofertas atractivas, nas vertentes facilidade e versatilidade de acesso aos serviços, controlo de serviços pelo utilizador, transparência quanto à rede de acesso e preços competitivos;
2. "*Content is King*" – primado dos conteúdos face à tecnologia, nomeadamente através da oferta de um vasto leque de conteúdos incluindo *premium*, disponibilizados em *broadcast* e *on-demand*;
3. Rede de Suporte – adaptar a rede aos requisitos das ofertas, de forma rápida e *cost effective*;
4. Novos Modelos de Negócio – alavancar a expansão das receitas em parcerias, incluindo com os utilizadores dos serviços (exemplos: interactividade e micro-pagamentos,

publicidade direccionada e de acordo com o perfil do utilizador, conteúdos gerados pelo utilizador e partilha de receitas).

É neste contexto, em que as fronteiras entre telecomunicações e media se esfumam na óptica do utilizador, que surge a proposta de valor baseada em soluções *Triple Play* (vídeo, dados/internet e voz), com a qual os operadores de telecomunicações poderão responder aos desafios.

A Portugal Telecom lidera esta vaga de mudança em Portugal, através do Meo, uma solução *Triple Play* multiplataformas (TV, PC, Telemóvel...) fornecendo serviços convergentes de vídeo, dados/internet e voz.

As empresas portuguesas no Mercado
Norte-Americano e as Empresas
Norte-Americanas no Mercado Português[1]

António Rebelo de Sousa[*]

1. A questão do Comércio bilateral

Se considerarmos a quota dos EUA – Estados Unidos da América nas exportações portuguesas, poderemos salientar que a mesma passou de 5,7%, em 2003, para 4,8%, em 2007, e 3,72%, no curto período de Janeiro / Março de 2008.

Por outro lado, o peso dos EUA nas nossas importações evoluiu de 1,89%, em 2003, para 1,71%, em 2007, e 2,23%, no primeiro trimestre de 2008.

Os EUA oscilaram entre o 5.º e o 7.º lugar como nosso cliente e entre o 8.º e o 11.º lugar como nosso fornecedor, sendo, todavia, certo que, em princípios de 2008, Portugal estava em 53.º lugar como cliente e em 56.º lugar como

---

[1] O autor agradece ao AICEP – Agência para o Investimento e Comércio Externo de Portugal a informação estatística disponibilizada.

[*] Instituto Superior de Ciências Sociais e Políticas.

fornecedor e que o Saldo da Balança Comercial (bilateral) se tem vindo a apresentar positivo, oscilando, no decurso dos últimos anos de uma forma signifivativa.

Se procurarmos, agora, analisar a decomposição do comércio bilateral Portugal – EUA, afigura-se possível afirmar que, para o sobredito período de referência, as principais exportações de Portugal para os EUA consistiram nas seguintes:

- óleos de petróleo ou materiais betuminosos;
- circuitos integrados e micro-conjuntos electrónicos;
- objectos diversos de cortiça natural;
- papel e cartão usados para escrita ou fins gráficos;
- cortiça aglomerada;
- vinhos de uvas frescas.

Por outro lado, em termos de decomposição das importações pro-venientes dos EUA, temos a considerar que as principais são as seguintes:

- soja, mesmo triturada;
- produtos laminados, turbo-propulsores e outras turbinas a gás;
- croque e betume de petróleo, bem como outros resíduos de óleos de petróleo;
- veículos aéreos, veículos espaciais e seus veículos de lançamento.

Importa ter presente que o comércio externo corresponde à forma mais fraca de internacionalização quando analisamos o que se convencionou designar de "estratégia de internacionalização empresarial", sendo, ainda, de salientar que as trocas comerciais existentes entre Portugal e os EUA são reveladoras de um certo grau de especialização intra-sectorial, mas que, se atendermos à distinção entre vertical e horizontal, não se apresenta tão intensa ou tão qualitativamente evoluída como seria de prever, considerando o grau de desenvolvimento das estruturas produtivas dos dois países.

Melhor dizendo, a tipologia da especialização intra-sectorial não parece estar de acordo com o grau de desenvolvimento das economias consideradas[2].

2. A questão do investimento directo em Portugal de empresas americanas – IDAP e do investimento nos EUA de empresas portuguesas – IDIPA

Se analisarmos o investimento directo de empresas americanas em Portugal, tendo como período de referência 1998--2007, chegamos à conclusão de que não se registou uma evolução significativa.

Em 1998, o investimento externo directo proveniente dos EUA atingiu 771.267 milhares de euros, enquanto que, em 2007, foi de 772.810 milhares de euros, o que, em boa verdade, significa não se ter registado uma tendência no sentido de um substancial incremento ou de uma diminuição.

Registou-se, isso sim, um "pico" em 2003 (atingindo, nesse ano, os 1182,5 milhões de euros), mas tal não correspondeu à existência de uma qualquer tendência de fundo no sentido do incremento dos fluxos de capital provenientes dos EUA.

Já o mesmo não poderá dizer-se relativamente ao investimento de empresas portuguesas nos EUA (IDIPA), uma vez

---

[2] *Vide*, a este propósito, LAFAY, Gérard; HERZOG, Colette; FREUDENBERG, Michael; UNAL-KESENCI, Deniz in "Nations et Mondialisation", Ed. Económica, 1999.

que o mesmo evoluiu de 51.094 milhares de euros, em 1989, para 421.123 milhares de euros, em 2007[3].

Esta evolução apresenta-se, particularmente, positiva, representando um elevado esforço no sentido da compreensão dos desafios que, ao nível do "marketing" internacional e do progresso tecnológico (e da aposta em sectores estratégicos), a globalização representa para o empresariado do nosso tempo.

Todavia, se considerarmos o investimento líquido dos EUA em Portugal (i.e., o investimento directo de empresas americanas em Portugal deduzido do investimento directo de empresas portuguesas nos EUA) ao longo dos anos compreendidos entre 1998 e 2007, chegamos à conclusão de que o saldo acumulado atingiu cerca de 130 milhões de euros, sendo, todavia, certo que, desde 2008 para cá, se regista uma tendência no sentimento do desinvestimento por parte das empresas americanas.

3. De alguns aspectos caracterizadores da economia americana

Segundo os dados do Banco Mundial, os EUA ocupam o 3.º lugar no "ranking" destinado ao "estabelecimento de um clima favorável ao comércio", logo a seguir a países como Singapura e Nova Zelândia.

Apesar de as tendências existentes, em termos de evolução do nível de actividade produtiva, não se apresentarem, particularmente, animadoras, importa salientar que os EUA continuam a desempenhar um papel fundamental ao nível do comércio mundial.

---

[3] Nos últimos anos, o investimento de empresas portuguesas nos EUA viria a aumentar significativamente.

Em 2006, os EUA eram os maiores importadores do mundo (16% do total) e os segundos maiores exportadores, a seguir à Alemanha (com 9% do total).

Contudo, o Saldo da Balança Comercial, tradicionalmente negativo, tem vindo a registar um agravamento ao longo dos últimos anos, sendo de realçar que o coeficiente de cobertura das importações pelas exportações era de, aproximadamente, 58% em 2007.

O Canadá era o principal parceiro comercial dos EUA, ao nível das exportações (21%), e o segundo maior, em termos de importações (16%), confirmando, na prática, o modelo de Gérard LAFAY, de acordo com o qual a adjacência e a distância geográfica continuam a ser as principais variáveis explicativas do grau de intensidade do comércio bilateral[4].

E o México era o segundo maior mercado de exportação dos EUA (absorvendo cerca de 11,7% das exportações americanas) e o terceiro maior fornecedor.

Contudo, a China – segundo maior parceiro comercial dos EUA, com um incremento da ordem dos 12,6% dos fluxos comerciais, entre 2007 e 2006 – e o Japão – em quarto lugar – constituem excepções à "regra de LAFAY", importando, ainda, sintonizar os principais parceiros comerciais dos EUA na Europa, a saber, a Alemanha, o Reino Unido e a França (por ordem de importância).

No atinente à estrutura do comércio externo americano, em termos de decomposição por grupos de mercadorias, importa destacar – com base nas estatísticas de 2007 – as máquinas mecânicas e eléctricas, os veículos automóveis, as aeronaves e os

---

[4] Vide LAFAY, Gérard; HERZOG, Colette; FREUDENBERG, Michael; UNAL-KESENCI, Diniz – "Nations et Mondialisation", Ed. Económica, 1999.

instrumentos de óptica, do lado das exportações, e os combustíveis, as máquinas eléctricas e mecânicas, os veículos automóveis e os instrumentos de óptica, do lado das importações.

Em termos gerais, o comércio intra-sectorial apresenta-se relevante nos EUA, muito embora – como se disse para o caso do comércio bilateral com Portugal –, em termos de peso relativo do comércio bilateral horizontal *versus* vertical, não revele nem a intensidade, nem a qualidade que seria de esperar, de acordo com o grau de desenvolvimento das estruturas produtivas internas.

Já no que concerne ao investimento externo, os EUA ocupam posição cimeira, quer como receptores de IDE (Investimento Directo Externo), quer como emissores.

As entradas de capitais alógenos nos EUA atingiram 314.000 milhões de US dólares, em 2000, baixando nos anos seguintes, atingindo um montante mínimo em 2005 (altura em que os EUA passaram para a segunda posição), aumentando, novamente, nos anos subsequentes.

Os principais investidores nos EUA eram, no período compreendido entre 2000 e 2007, o Reino Unido, o Japão, a Alemanha, a Holanda e a França.

Se se enveredar por uma análise sectorial, importará reconhecer que os sectores que têm sido, prioritariamente, objecto de IDE nos EUA são os da indústria transformadora (34,5% do "stock" de capital), dos serviços financeiros (19,8%) e do comércio por grosso (13,2%).

Convirá, por outro lado, reconhecer que os EUA são o país que mais aplicações faz no exterior (30% do total mundial, em 2004), sendo certo que, apesar de se ter registado uma forte quebra em 2005, se constatou um novo impulso em 2006.

Se considerarmos os principais países de destino, temos o Reino Unido, o Canadá e a Holanda.

Os principais sectores contemplados pela estratégia de investimento externo americana têm sido, também, a indústria transformadora, os serviços financeiros, os seguros e o comércio por grosso.

Afigura-se possível concluir que se tem vindo a registar uma transformação gradual na estrutura do comércio externo americana, com reforço da especialização intra-sectorial[5].

Por outro lado, e conforme se disse, continua a apresentar-se relevante o investimento americano no estrangeiro, havendo, todavia, alguma quebra no afluxo de capitais alógenos ao mercado dos EUA.

É sabido que, já na década de 80, os EUA se confrontaram com a problemática dos "Défices Gémeos" (a saber, o défice orçamental e o défice externo), procurando-se compensar o défice comercial com um "supéravit" da Balança de Capitais Consolidada induzido por um "spread" significativo entre a taxa de juro doméstica e as taxas de juro praticadas no exterior (designadamente, na Europa).

A política de taxas de juros da Administração americana permitiu que o afluxo de euro – dólares compensasse o défice comercial, possibilitando que o reequilíbrio externo fosse obtido não a partir de variações na taxa de câmbio, mas antes de taxas de juros domésticas elevadas indutoras de saldos positivos na Balança de Capitais (ou, para utilizarmos a terminologia actual, na Balança Financeira)[6].

---

[5] No que respeita à Balança de Serviços, importa salientar, por mera curiosidade, que, apesar de os americanos preferirem o turismo doméstico, ocupam, em termos de despesas turísticas internacionais, o segundo lugar do "ranking" mundial, ficando, tão somente, atrás dos alemães.

[6] *Vide*, a este propósito, a análise da Balança de Pagamentos de Feldstein-Horioka.

Todavia, no decurso dos últimos anos, as taxas de juro aumentaram, significativamente, na Europa, enquanto que o Federal Reserve tem vindo a intervir no sentido do abaixamento da taxa de referência, tornando impossível a obtenção de um "spread" taxa doméstica menos taxa externa favorável ao afluxo de capitais.

Tal evolução criou dificuldades adicionais no que concerne à problemática da compatibilização dos Défices Gémeos.

4. De uma análise mais detalhada sobre as relações económicas Portugal – EUA

Ao longo dos últimos cinco anos, as exportações de Portugal para os EUA aumentaram a uma taxa média anual de 4%, enquanto que as importações sofreram um incremento de 7,3% ao ano.

Contudo, em 2007, registou-se um agravamento do saldo negativo do Comércio Bilateral, o que resultou de uma redução das exportações em 15,3% e de um aumento das importações provenientes dos EUA em 21,3%.

A composição do comércio externo tem vindo a sofrer alterações entre os anos 90 e o período de 2003 – 2007, tendo, de alguma forma, sido substituídos grupos de mercadorias como o calçado, a roupa de cama, a cortiça, os moldes, os tecidos e os vinhos por combustíveis, máquinas e aparelhos eléctricos e matérias têxteis.

Grupos particulares de mercadorias como, por exemplo, os cordéis, as cordas e cabos e os tapetes têm vindo a conhecer um crescimento significativo das exportações, sendo, ainda, de mencionar – a título de curiosidade – que Portugal é o principal fornecedor de formas para a confecção de chapéus, o terceiro maior fornecedor de máquinas e aparelhos para brochuras e encadernações e o quarto maior fornecedor de filamentos sintéticos.

No atinente aos fluxos de capitais, os EUA ocupam o nono lugar no "ranking" dos investidores estrangeiros em Portugal, enquanto que, em termos de destino do investimento directo português no estrangeiro, os EUA ocupam a sétima posição.

A presença dos EUA em Portugal é, sobretudo, forte nas telecomunicações, no "software" e nas tecnologias da informação.

Por outro lado, as principais apostas, em termos sectoriais, do investimento português no mercado dos EUA são o sector financeiro (todos os grandes bancos nacionais marcam presença nos EUA), o comércio por grosso e a retalho, a indústria transformadora, as actividades mobiliárias e as empresas prestadoras de serviços.

De um modo geral, convirá reconhecer que, de acordo com a Teoria das vantagens competitivas dinâmicas, se registaram alterações na estrutura do nosso comércio externo com os EUA, com tendencial incremento do grau de incorporação de combinações mais capital – intensivas.

Por outro lado, a presença portuguesa no mercado americano verifica-se, crescentemente, em sectores avançados, incluindo o das energias renováveis, havendo, ainda, boas oportunidades de negócios em sectores como o das infraestruturas, o dos moldes e o dos componentes de automóvel.

5. Das condições legais de acesso ao mercado americano ao regime aberto de investimento estrangeiro

Como é sabido, apesar da maioria dos bens poder entrar livremente nos EUA, a importação de certas categorias de produtos provenientes de alguns países pode ser proibida ou, de alguma forma, condicionada, com o objectivo de proteger a economia e o que se convencionou designar de segurança do mercado, salvaguardar a saúde e o bem-estar dos consumidores e preservar a vida animal e vegetal.

Por outro lado, também é do conhecimento geral que a entrada de alguns produtos no mercado americano pode estar condicionada, ainda que temporariamente, à aplicação de um sistema de quotas absolutas ou tarifárias (v.g., certos produtos agrícolas, lacticínios, vinhos e chocolates).

A própria importação de alguns produtos como, por exemplo, bebidas alcoólicas, animais vivos e medicamentos, está sujeita à emissão de uma licença por parte dos organismos governamentais competentes.

Todavia e sintetizando, importa reconhecer que o Sistema Pautal dos EUA, baseado no "Harmonized Tariff Schedule of the United States" é simples, beneficiando a maioria dos países do estatuto de Nação mais favorecida.

E o regime a que está sujeito o investimento estrangeiro apresenta-se relativamente aberto, havendo, no entanto, algumas áreas que se encontram sujeitas a limitações quanto à participação do capital estrangeiro, tais como as concernentes aos sectores energético, das comunicações e dos transportes aéreo e marítimo.

As propostas de investimento não estão sujeitas nem a aprovação prévia, nem tão pouco a registo.

Existe, no entanto, legislação que obriga o investimento estrangeiro a apresentar relatórios informativos sobre os projectos a desenvolver quando a parte estrangeira seja detentora de uma participação igual ou superior a 10% dos direitos de voto da empresa comercial americana, desde que o respectivo capital social seja superior a um milhão de US dólares[7].

Paralelamente, existem diversos formulários a preencher quando se realiza um investimento estrangeiro, os quais devem ser apresentados ao "Bureau of Economic Analysis" (BEA).

Está em vigor, desde Janeiro de 1996, uma Convenção para Evitar a Dupla Tributação e Prevenir a Evasão Fiscal em Matéria de Impostos sobre o Rendimento que foi assinada entre Portugal e os EUA.

Em resumo, a economia americana apresenta-se como uma economia aberta, embora apresente alguns mecanismos de tipo proteccionista, sendo, ainda, de sublinhar que o regime de investimento estrangeiro se apresenta, no essencial, bastante aberto e flexível.

6. Dos desafios que se colocam à economia portuguesa, no quadro da internacionalização

Se admitirmos que o modelo de desenvolvimento mais adequado à economia portuguesa é o de especialização industrial e diversificação de serviços, então convirá ter uma ideia acerca dos sectores estratégicos e das áreas prioritárias, em termos de canalização preferencial de recursos.

Havendo deficiência de "stock" de capital e inadequação do coeficiente de intensidade capitalística – que o mesmo é

---

[7] Independentemente de se tratar de participações detidas directa ou indirectamente.

dizer, do tipo de combinações produtivas –, o recurso ao investimento estrangeiro afigura-se da maior importância.

Para que o investimento alógeno seja mais atraído para os sectores estratégicos da economia portuguesa importará criar melhores condições de acesso ao IDE, o que passa por políticas macroeconómicas consistentes (Novo Diamante – Macroeconómico), pela escolha de parcerias adequadas (Novo Diamante Empresarial – Microeconómico), pela existência de uma legislação laboral e social mais flexível, que contribua para uma maior mobilidade horizontal e vertical do factor produtivo trabalho e por um Sistema Judicial mais eficaz (Diamante da Relatividade Económica).

Sem a implementação das políticas mais ajustadas a estes propósitos, numa perspectiva que contemple, por conseguinte, estes Três Diamantes (os Três Diamantes do Bem-Estar) não será possível criar condições para um substancial incremento do investimento alógeno que ajude a ultrapassar as limitações existentes ao nível do "stock" de capital e do coeficiente de intensidade capitalística.

Finalmente, existindo indícios de desaceleração do crescimento económico, a nível internacional, e estando a economia portuguesa confrontada com uma situação de para-estagnação (ou de para-recessão), haverá que não subestimar o papel do Estado, o qual deverá ser chamado a desempenhar um papel relevante, quer promovendo directamente investimento público reprodutivo, quer recorrendo a parcerias público-privadas, com eventual envolvimento de agentes estrangeiros.

É neste quadro que a problemática da abertura da nossa economia ao exterior e, muito em particular, aos EUA se apresenta da maior importância para a compreensão do papel dos capitais alógenos, portadores de novas tecnologias, eventualmente geradoras de condições propiciadoras de transformações qualitativas ao nível das vantagens competitivas dinâmicas da economia portuguesa.

Trata-se de um importante desafio...

Se não podemos ignorar a nossa qualidade de europeus, também não faz sentido esquecer a relevância de um aliado que sempre se apresentou vital para a Europa, no seu conjunto.

As Empresas Portuguesas no Mercado
Norte-Americano e Empresas Americanas
no Mercado Português
– Experiências Cruzadas

Basílio Horta[*]

Breve Apresentação

Agradeço o convite para estar presente nesta iniciativa, que se reveste do maior interesse na actual conjuntura financeira global.

Na minha intervenção abordarei, de forma muito sintética, as relações económicas entre Portugal e Estados Unidos – qual a sua evolução, quais os principais sectores envolvidos e quais as dificuldades em presença – nos domínios do investimento e do comércio.

O investimento dos Estados Unidos em Portugal é muito irregular embora, por razões de dimensão, o seu volume seja claramente superior ao investimento português nos EUA.

No período de 1998 a 2007, os Estados Unidos investiram em Portugal um valor acumulado de 7,6 mil milhões de euros,

---

[*] Presidente da ALCEP.

sendo o fluxo líquido acumulado no mesmo período de 1,03 mil milhões. É importante notar que este fluxo líquido é da ordem do saldo do investimento português nos Estados Unidos, sendo portanto o desinvestimento dos EUA de Portugal (6,6 mil milhões de euros) muito superior ao desinvestimento de Portugal dos EUA (0,5 mil milhões de euros). Há cerca de 145 empresas dos EUA a investir em Portugal. A evolução desse investimento, como disse, é muito irregular, e chamo a atenção para um facto que deve ser registado: em 2003 e em 2005 o investimento líquido em Portugal foi negativo, tendo mesmo, em 2005, atingido um valor bastante elevado, pois foi negativo em 313 milhões de euros, o que é já significativo.

Evolução do Investimento Directo dos E.U.A. em Portugal
1998-2007

	Investimento	% Total	Desinvestimento	Líquido	Posição [a]
1998	771267	7	523212	248055	8
1999	428941	3,1	296578	132363	9
2000	306474	1,2	398344	-91870	11
2001	898947	3,2	587998	310949	8
2002	833106	3,8	648529	184577	9
2003	1182472	3,7	1367273	-184801	9
2004	1044201	3,9	920510	123691	8
2005	657626	2,4	970887	-313261	9
2006	788729	2,4	491799	296930	9
2007	772810	2,6	443583	329227	9

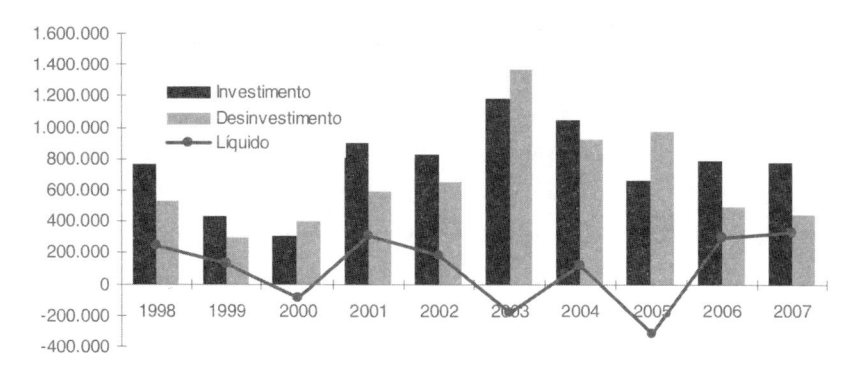

```
1.600.000
1.400.000
1.200.000    ■ Investimento
1.000.000    ▓ Desinvestimento
             —●— Líquido
  800.000
  600.000
  400.000
  200.000
        0
 -200.000    1998  1999  2000  2001  2002  2003  2004  2005  2006  2007
 -400.000
```

Fonte: Banco de Portugal
Unidade: Milhares de Euros
Notas: (a) Posição do país enquanto destino do IDPE ilíquido

Informação disponibilizada pelo Banco de Portugal em Março de 2008

Este é o quadro que existia nos períodos, digamos, de normalidade e que se estendeu até Dezembro de 2007, embora no último trimestre de 2007 já se tenha sentido alguma turbulência.

Não obstante, o investimento directo dos EUA em Portugal continua a ser relevante ocupando, nos últimos dois anos, o nono lugar no *ranking* dos investidores estrangeiros em Portugal, o que corresponde a uma percentagem de 2,4% e 2,6% de IDE em 2006 e 2007, respectivamente.

Historicamente, a maioria do investimento bruto dos EUA em Portugal destina-se às indústrias transformadoras, seguindo-se o comércio por grosso e a retalho e as actividades imobiliárias embora, actualmente, a presença dos EUA seja mais forte nas áreas das telecomunicações, *software* e tecnologias de informação. Também surgem oportunidades nos serviços partilhados, serviços de assistência técnica, serviços financeiros, logística, biotecnologia e farmacêutica, sectores nos quais Portugal oferece mão-de--obra altamente qualificada, flexível e com competências próprias, nomeadamente linguísticas, vantagens internacionalmente reconhecidas pelas empresas americanas que têm vindo a investir no nosso país.

As dificuldades que se colocam ao mercado português para melhorar os volumes de captação de investimento, derivam da insuficiente visibilidade, da falta de competitividade (a nível fiscal, da educação, da formação profissional, da dimensão do mercado, da produtividade, da legislação laboral, da burocracia e custos de contexto, do elevado preço da electricidade, etc.), do aumento da concorrência internacional e da deslocação de muitas empresas para países mais competitivos, nomeadamente da Europa Central e Oriental e da Ásia, e demonstram que Portugal necessita melhorar a imagem de país, os modos de divulgação das suas marcas e acelerar a inovação e o *design* para aumentar as taxas de sucesso no mercado americano.

Quanto ao investimento directo português no exterior (IDPE), é incontroverso que Portugal investe muito significativamente nos Estados Unidos. Segundo dados do Banco de Portugal, os EUA alcançaram, em 2007, o 7.º lugar como destino de IDPE, o que corresponde a 3,4% do total do IDPE, com predominância das actividades imobiliárias, do comércio por grosso e a retalho e das actividades financeiras.

Mais recentemente, registaram-se investimentos de diferente natureza, com maior componente tecnológica e maior valor acrescentado. Em 2007 verificou-se um aumento muito significativo tendo por base, fundamentalmente, o investimento da EDP em energias renováveis. Mas a EDP não foi a única empresa portuguesa a investir fortemente nos Estados Unidos. Também a Hovione no sector farmacêutico, a Logoplaste no sector de embalagem, a Brisa no sector de auto-estradas, a Ydreams e a Critical Software no sector das novas tecnologias e a EFACEC no sector eléctrico, contribuíram decisivamente para este aumento.

Identificam-se também oportunidades de investimento para as empresas portuguesas nos EUA nos sectores das infra-estruturas (considerando os importantes projectos em curso, com vantagens para toda a fileira da engenharia portuguesa) e a constituição de Parcerias Público//Privadas em áreas em que Portugal possui um *know how* internacionalmente reconhecido, de que é um exemplo a componente de concessão e gestão de projectos integrados. Para além destes, existem outros sectores que merecem especial atenção, nomeadamente os moldes e os componentes automóveis. Neste caso, não obstante a crise por que está a passar a indústria automóvel norte-americana, projectos como o da parceria com o MIT, e como o trabalho que está a ser desenvolvido para o sector dos componentes, indiciam a existência de nichos onde o *know how* das empresas nacionais poderá beneficiar de interessantes oportunidades.

O investimento de Portugal nos EUA entre 1998 e 2007, atingiu um valor acumulado de 1,8 mil milhões de euros em números redondos, a que corresponde um investimento líquido de cerca de 1,3 mil milhões de euros. São números muito interessantes, resultado do investimento de cerca de 40 empresas portuguesas nos Estados Unidos.

Para dar uma ideia da evolução do comércio externo, em 2006 as nossas exportações aumentavam a um ritmo de cerca de 14%, o que era verdadeiramente excepcional em termos europeus. Em 2007 houve uma descida para 10,5%, mas esse valor continua a ser muito relevante. E, de Janeiro a Abril deste ano, houve uma taxa de 6,8% de crescimento, para o que fortemente contribuiu o mês de Abril, visto que de Janeiro a Março o crescimento ficou nos 5%, sendo as previsões para Portugal neste domínio da ordem dos 4,9% a 5%.

Evolução do Investimento Directo de Portugal nos E.U.A.
1998 – 2007

	Investimento	% Total	Desinvestimento	Líquido	Posição[a]
1998	51094	0,5	12772	38322	14
1999	60180	0,6	16013	44167	13
2000	202405	1,4	20727	181678	9
2001	84128	0,6	22351	61777	13
2002	204771	1,8	31628	173143	6
2003	66496	0,7	54183	12313	11
2004	308946	2,6	119860	189086	7
2005	195599	2	101729	93870	11
2006	229033	2,3	68978	160055	10
2007	421123	3,4	52202	368921	7

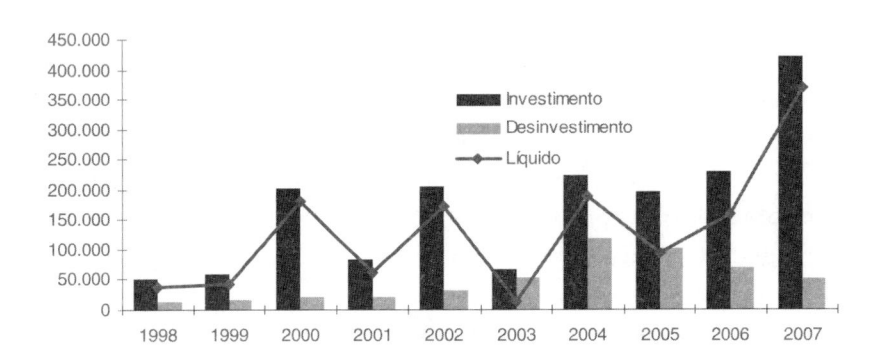

Fonte: Banco de Portugal
Unidade: Milhares de Euros
Notas: (a) Posição do país enquanto destino do IDPE ilíquido

Informação disponibilizada pelo Banco de Portugal em Março de 2008

Os Estados Unidos foram durante bastante tempo o nosso 5.º mercado de exportação e o 1.º mercado fora da União Europeia. Já não são: de Janeiro a Março deste ano foram ultrapassados por Angola, confirmando que, em termos de comércio externo, a situação não é brilhante. A nossa presença já não era muito significativa anteriormente: embora os Estados Unidos fossem o nosso quinto mercado, o que me parece muito importante, nós éramos só o 56.º cliente dos Estados Unidos, mesmo nos anos em que mais exportávamos para os Estados Unidos. Agora, de Janeiro a Março de 2008, há uma redução sensível nas nossas exportações. Neste período, os Estados Unidos passaram a ser o nosso 7.º cliente e nós fomos o seu 64.º fornecedor. Em termos de quota, representaram 3,2% ao nível das nossas exportações e nós representámos 0,12% ao nível das suas importações. O que acontece em termos de exportações para os Estados Unidos é que. de Janeiro a Dezembro de 2007, elas desceram 20%, o que significa em números redondos uma perda superior a 200 milhões de euros. De Janeiro a Março deste ano esta situação tende a agravar-se. E é provável que de Janeiro a Abril, de acordo os dados provisórios que temos, nós tenhamos perdido em termos dos Estados Unidos cerca de 30% das exportações.

Trata-se, obviamente, de uma situação preocupante, que levanta a questão de saber como é que Portugal tem procurado compensar esta descida dos valores de exportação para os Estados Unidos.

Exportando para destinos situados fora da União Europeia. Fundamentalmente Angola, porque tem tido um crescimento muito grande, e também para Singapura que, embora partindo de uma base pequena, vai sustentadamente assumindo uma relevância cada vez maior. Estamos em condições privilegiadas para o afirmar, porque abrimos um Centro de Negócios em

Singapura. Partindo da situação de nem sequer existirem relações diplomáticas, a AICEP decidiu abrir, não um escritório, mas um Centro de Negócios, que é o grau mais elevado de representação externa da Agência.

E é, precisamente, a partir de Singapura que estamos a coordenar os nossos escritórios do Japão e que vamos, também, coordenar um escritório e uma representação individual que abriremos a curto prazo, respectivamente na Malásia e no Vietname.

Depois, há outros mercados que têm crescido. Na União Europeia, o mercado alemão não se tem ressentido até agora e quanto a Espanha, embora a diminuição da taxa de crescimento das exportações para Espanha já seja notória, continua a ser positiva e com um aumento que se situa na ordem dos 4%.

Nesta situação interrogamo-nos sobre se enfrentamos ou não uma crise estrutural e, perante uma situação que se configura tão complicada e tão difícil, é difícil encontrar a resposta. Na AICEP apercebemo-nos dos seus efeitos em muitos domínios alastrando, interna e externamente, de um modo que não corresponde a nenhuma matriz conhecida. Há quem pretenda que, mais do que uma crise, se trata de uma revolução silenciosa. Se for o caso de estarmos perante uma mudança profunda nos padrões de consumo da maioria dos povos e se for verdade que estão a chegar ao consumo largas camadas de população em muitos países que anteriormente não tinham acesso a ele – lembro que os salários na China, em US$, estão a crescer 28% ao ano – isto significa que muita gente (mesmo que seja uma pequena parte da população chinesa, em termos mundiais é um número elevado de pessoas) está a ter maiores rendimentos e vai seguramente querer consumir, querer ter televisões, querer ter frigoríficos, querer fazer, enfim, aquilo que vê nos povos mais evoluídos. O que, certamente, terá impacto global, em termos económicos e em termos políticos. Depois, obviamente, há todo um investimento especulativo – mas isso seria tema de uma outra análise.

Acredito que o nosso empenhamento face ao mercado americano deve manter-se, porque este continua a ser o grande mercado de expansão para a economia portuguesa. A crise é transitória e os EUA têm de ser o grande mercado das nossas exportações: não é possível, não podemos aceitar que Portugal seja o 56.º país com quem os Estados Unidos têm relações comerciais.

Se olharmos para as nossas exportações para os Estados Unidos, percebemos que há uma mudança enorme dos anos 90 para os nossos dias. Nos anos 90, como já referido, as exportações para os Estados Unidos estavam muito concentradas na área do têxtil, na área da cortiça, na área do calçado, em alguns produtos alimentares, mas pouca aparelhagem e poucos instrumentos.

Agora a situação é bastante diferente: o primeiro *item* de exportação para os Estados Unidos são aparelhos e instrumentos e média e alta tecnologia. Quanto aos investimentos portugueses nos Estados Unidos, são feitos na área da construção civil, em infra-estruturas e todas as indústrias correlatas e depois num sector que, creio, não tem sido devidamente explorado: o sector dos componentes dos automóveis. Nós temos uma indústria de componentes automóveis que é talvez das mais competitivas indústrias que temos em Portugal. Estive recentemente na Marinha Grande com empresários do sector dos moldes e, sem dúvida, mesmo com a crise continuam a crescer a um bom ritmo. Exportam para todo o lado, até para a Eslováquia, que é um mercado muito competitivo.

Sabemos que a indústria automóvel dos Estados Unidos está em crise, mas sabemos também que, apesar de tudo, é e continua a ser a maior do mundo e nesse contexto estamos a pensar abrir um 3º escritório nos Estados Unidos. Temos um escritório em Nova York, outro em São Francisco e gostaríamos de abrir um escritório mais no centro, próximo da indústria automóvel. Temos que estar nos sítios certos no momento certo, e isto é possível porque estamos a fazer o *cluster* automóvel – não gosto muito do termo, mas a verdade é que pela primeira vez estamos a juntar a indústria automóvel portuguesa com os fornecedores. Convidámos a Volkswagen para presidir a esse grupo de trabalho e estamos a ter os componentes, estamos a ter a indústria representada e há aí, finalmente, a simbiose que espero venha alterar uma situação que até agora era pouco explicável: tendo nós uma indústria de componentes tão competitiva externamente, vendíamos pouco para a nossa indústria automóvel nacional, nomeadamente para a Volkswagen. As coisas estão a mudar, felizmente, e isto pode ter e deve ter repercussões externas.

Em síntese: Não é a crise dos Estados Unidos que nos abala, nem é a crise dos Estados Unidos que nos faz pensar que temos menos condições. Os Estados Unidos são uma prioridade enquanto mercado de expansão e, cada vez mais, assumidos por Portugal como o grande mercado de expansão.

ÍNDICE

Introdução 5

As Novas Sociedades de Informação na Europa e nos EUA
Douglas Rosenthal 25
David Hart 31
F. M. Scherer 41

Europa e EUA – Modelos económicos e sociais em confronto?
Carl Schramm 65
Eduardo Paz Ferreira 69
Peter Schuck 81

Sistemas jurisdicionais e conflitualidade económica
Josef Azizi 95
José Narciso Cunha Rodrigues 123
Kenneth Feinberg 137

As relações políticas e diplomáticas entre a Europa e os EUA
Carlos Gaspar 143
Fernando Neves 167
José Medeiros Ferreira 173
Luís Andrade 187

Desenvolvimento Sustentável das Finanças Públicas e da Segurança Social – Que contrato social para uma nova geração?
    João Ferreira do Amaral 193
    Michel Bouvier 201
    Nazaré Costa Cabral 207
    Peter Schuck 217
    Vito Tanzi 227

Relações comerciais e disciplina do investimento estrangeiro
    Gary Clyde Hufbauer 255
    Jacques Bourgeois 267
    Marco Bronckers 293

Supervisão financeira e Governo Societário
    Ministro de Estado e das Finanças – Fernando Teixeira dos Santos 303
    Carlos Tavares 311
    Colin Carter 317
    Miguel Galvão Teles 335
    William T. Allen 351

Concorrência e Regulação
    Donald I. Baker 387
    Ernst-Joachim Mestmäcker 433
    F. M. Scherer 459
    Harry First 471
    Luís Silva Morais 535

Globalização, Reforma Fiscal e Concorrência Fiscal Internacional
    Carlos Loureiro 593
    Clotilde Celorico Palma 611
    Gary Clyde Hufbauer 619
    José da Silva Lopes 631
    M. H. Freitas Pereira 647
    Manuel Pires 667
    Paulo Macedo 677

Perspectivas de Comércio Luso-Americano
    Alfredo Baptista 697
    António Rebelo de Sousa 703
    Basílio Horta 717